意味と人間知性の民俗認知経済学

意味と人間知性の民俗認知経済学

「トランス・サイエンス時代」への教訓を求めて

中込正樹 著

青山学院大学経済研究所研究叢書 9

知泉書館

はじめに

　時代は変わろうとしている。変わらなければならない。われわれは科学に期待し「科学に依存した社会」を創り上げてきたが，しかしそれにもかかわらず，ますます深刻化する社会的問題に苦しんでいる。科学理論の有用性を否定することはできないが，単なる「科学至上主義」ではこの危機を乗り越えることはできない。「トランス・サイエンスの時代」が到来したのである。しかし実際に「科学に依存した社会」を超えて先に進むためには，どうやったらよいのだろうか。本書では，「トランス・サイエンスの時代」への教訓を求めて，歴史民俗の世界へ目を向ける。われわれの先人たちは，科学的知識も医学的知識も不十分な時代において，それでも「科学以外の人間の知性」を発揮して生き抜いてきた。では「科学以外の人間の知性」とは何であり，それはどのようにして実現できたのだろうか。本書では「意味を希求し意味を創り出す行為」，つまり「センスメーキング」の行為の重要性に着目する。人びとの日常生活における「物語を語る」という形での「意味を創りそれを伝承し活用する行為」こそが，狭い「科学至上主義」を超えて，より大きなスケールで，人間の知性の発揮を可能にするものであったと考える。先人たちは，形式論理を展開する科学理論によってではなく，まさに日常生活の中のセンスメーキングの行為によって，知性を発揮して生き抜いてきた。そこでは「科学に依拠しない人間の知性」が，「生きるため」に発揮されていた。われわれはこのような先人たちの「意味の創造の知恵」を学ぶ必要がある。歴史民俗学的な「知恵」の研究は，これからの「トランス・サイエンスの時代」を生きるわれわれにとって，新たな希望をもたらすものである。

　概略的に，本書の内容を説明する。ここでは，Bruner（1990）や

Weick (1979, 1995) の考察を導きの糸として,議論を展開する。彼らの考察の中心は,まさに「意味を希求し意味を創り出す行為」に関するものであった。ワイク (1995) は,人びとが社会的な相互関係性の中で,共通な意味的情報を創り出し,それによって理解や解釈の多様性から生じる意見の相違を「縮減」していくという問題を考察しなければならないと主張した。「問題は多様性であり,不確実性ではない。問題は混乱にあり,無知ではない」(37頁)。この混乱と多様性の中で,センスメーキングの行為は,新たなる共通な意味的情報を創り出し,「混乱と多様性を縮減する」機能を果たすと考えられた[1]。

われわれも,「意味を創りそれを活用する行為」が多様性を整理・調和・縮減することに着目して,以下のような順序で考察を進めていく。第1部の第1章では,準備として,本書の執筆に至った経緯を簡単に述べ,それに加えて,多様性を整理・調和・縮減していくセンスメーキング行為によって,人間の知性がいかに発揮されるのかを基本的に説明する。第2章では基本的説明を受けて,さらに具体的に,センスメーキングによる多様性の整理・調和・縮減が,日本文化=雑種文化をいかにダ

---

1) ここで関連した議論として,行動経済学でよく語られる「選択肢過多」の問題について言及しておきたい。行動経済学でよく取り上げる典型的な例は,Iyenger (2010) の実験から導かれたいわゆる「ジャムの法則」である。あまりに多くの種類の「ジャム」が店内に陳列されていると,その「選択肢の過多」によって消費者は「選択回避」の心理を持ってしまい,購買に関する合理的な意思決定ができなくなってしまうという話である。このケースでも,たとえば何らかの「意味づけ」によって,選択肢がいくつかのグループにうまくカテゴリー化されれば,こうした「選択肢の過多」から生じる意思決定の困難性は回避できる。したがってここでもセンスメーキングによる多様性の整理と縮減が問題の解決に役立つことは確かである。しかし以上述べた従来の行動経済学の議論だけでは,われわれが本書で考察していきたいトランス・サイエンスの問題の核心に迫ることはできない。なぜならば,上述の「ジャムの法則」という話は,明らかに個人の意思決定における困難性の問題のみを扱っており,人間の集団や社会における意思決定の困難性やさらにそれらを解決するための「集合知」の問題を,直接の考察対象にしていないからである。Bruner (1990) やWeick (1979, 1995) や本書でわれわれが議論する「集合知」発揮の問題は,従来の行動経済学の射程を超えて,人間の集団や社会における意思決定に関するセンスメーキングの人間行動の機能とその意義を研究しようとしており,単なる個人的な意思決定の問題のみを研究対象にしているのではない。トランス・サイエンスの問題の困難性は,本質的に,「社会的問題」であり,個人の意思決定やそこにおけるセンスメーキングの機能の重大性を認めはするが,それはあくまでもブルーナーの言葉を用いれば,まさに「フォークサイコロジー」のいう社会的文脈の中で強い相互作用性を持って行われる行為として理解されねばならないものであり,そうした従来の行動経済学の視点を超えた研究視点を持たなければ,この「社会的問題」としてのトランス・サイエンス問題にアプローチすることはできないと考える。

イナミックに創りあげてきたのか，歴史民俗的な事例研究を交えて，この問題を解明する。日本文化の中における「雑種化と多様性増大の常在的性向」は，他方でわれわれの先人たちが示してきた強い「センスメーキングによる多様性の縮減」という形での知性の発揮に支えられて，初めて可能になったことを明らかにする。

第2部の第3章，第4章，第5章では，「生業」の問題をメインテーマとして取り上げる。人間がともに生きそして働く中で，センスメーキングによって知性を発揮してきたことを，歴史民俗的な実例を含めて明らかにする。われわれの先人たちは，生業的な共働作業の中で，ハンナ・アーレント流に言えば「生きるリアリティ」を強く感じながら，その高い「覚醒度」と「志向する心」の中で，多様性を整理・縮減するセンスメーキング機能を促進させて「個別性を超える汎用的な意味」を見つけ出し，「知恵の世界」を創ってきたのである。第3章では，従来の行動経済学による生業の分析から出発して，さらに深く，「ともに生きそしてともに働く生業」の意味を考察する。第4章では，生業が「複合生業」として営まれてきたことを指摘しながら，その複合生業のあり方が人びとの「リスクとともに生きる知恵」と深くつながっていたことを考察する。第5章では，生業の中で人びとが共有の実践知とセンスメーキングの力を発揮して，「転用の知恵」を生み出し，具体的には「農具の改善や発明」を達成してきたことを示す。このとき議論される主役を農民層のみに限定する必要はない。農民とともに生きた在村または周辺の職人の世界に注目するならば，そこにおいても多様な仕事の実践知と情報が集まってセンスメーキングの力が働けば，「転用の知恵」による「農具の改善や発明」が生じたのである。なお第6章では，第3章・第4章・第5章の主張をさらに強化するための脳科学的実験研究を示す。人びとの共働作業がもたらす「自己拡大」の心理とアフォーダンス知覚の変化を，「世界が新しく見えてくること」として解明する。「世界が新しく見えてくる」ことは，人びとが新しい「知恵の世界」を生み出していく第一歩である。生業における共働作業は，仕事の熟練とともに，強い仲間意識という形で「自己拡大」の心理をはぐくみながら，人びとのアフォーダンス知覚としての「世界の見方」に大きな影響を与え，さらにそれを新しい「知恵の世界」の創造へとつなげてきたのである。実験

では，fNIRS（機能的近赤外分光装置）を用いた被験者の脳機能計測を行い，「仲間意識」から生じるアフォーダンス知覚の変化を，人間の前頭葉活動の著しい変化として捉え，そのデータ解析を行う。

　第3部は，第7章，第8章，第9章から構成されている。人はふるさとを離れて外の世界を旅することで，新たに多くの人と出会う体験をするが，こうした外の世界に向かっての挑戦的な体験が，いかなる「知恵」をもたらすのか。第7章では，センスメーキングという視点から，こうした「知恵」の形成を考えていく。具体的には，さまざまな地域を旅して歩いた「行商人」の知恵の形成を考える。日本中世において，商人といえば一般に「行商人」のことを意味した。先人たちは，われわれのイメージとは大きく異なり，驚くほどよく旅をしていた。各地を旅することは，地域差を認識することであり，その地域的多様性の認識はそれを整理・調和・縮減するセンスメーキングの力をも鍛え上げ陶冶することになった。そしてセンスメーキングの力の陶冶は，さらに新たな地域的多様性を受け入れる認知能力をも強化していった。これは第2章で取り上げた「多様性増大の常在的性向」と「センスメーキングによる多様性の縮減」という2つの力の相互的に強化されたダイナミックスと同じ話である。この相互的ダイナミックスによって，各地を歩き続けた行商人の「世間知」は，定住民のそれよりもはるかに高いものになっていった。われわれは，行商人の鍛えられた「世間知」が，それ以後の時代の経済社会的新陳代謝に大きな影響を与え，さらにいかなる推移をたどったかを明らかにする。第8章と第9章は，第7章とは逆方向の，つまり内面世界を深く見つめることで発揮されるセンスメーキングの問題を取り上げる。第8章では，センスメーキングが，「より良く生きたい」という人間の内面的欲求・価値観・幸福観に大きな影響を及ぼし，歴史民俗的に「生きる達人になる知恵」として先人たちの生き方の規範を形成してきたことを示す。また人びとの「生きる達人になる知恵」の考え方は，実際にも，和食文化などを含め，日本文化にきわめて広範囲な影響を及ぼしてきたことを事例研究によって明らかにする。第9章は第8章の主張を支えるための実験研究である。貝原益軒による「心理的長寿」の知恵の認知科学的・脳科学的実験を，fNIRS（機能的近赤外分光装置）を用いて行い，得られたデータの解析を行う。

はじめに

　以上の歴史民俗学的研究は，いずれもセンスメーキングという形で，人間の知性が発揮されてきたことを示すものである。「科学に依拠しない人間の知性の発揮」の具体的な姿を記述している。最後の結びでは，これらの「科学に依拠しない人間の知性の発揮」の具体的な姿から，われわれが学びうる「トランス・サイエンスの時代」への教訓を改めて整理しその含意を述べる。人びとが日常生活という「フォークサイコロジー」の世界の中で，「物語を語る」ことで「新しい意味を創り出す行為」を実践し，それが社会的な「集合知発揮の準備を整える」ことにつながっていくという壮大な「見えざる手」の因果律を理解する必要がある。われわれはその因果律の理解を「トランス・サイエンスの時代」を生き抜くための「知恵の世界」の構築に結びつけていく必要があると主張する。

　ここで本書のタイトルがなぜ「意味と人間知性の民俗認知経済学」となっているかを説明する。理由は2つある。（1）私がタイトルの一部に「経済学」という言葉を入れたのは，従来の経済学研究を踏襲して議論を進めたいと考えたからではない。若き柳田国男は，「経世済民の学」をめざして「農政学研究」から「民俗学研究」へと考察を深めていったが，その「大先輩の熱き思い」に対して，最大限の敬意を払いつつ，その思いを少しでも踏襲できたら素晴らしいことだと考えたからである。藤井（1995）も，東畑精一の「深化説」を継承して，柳田国男の諸研究を「経世済民の学」の展開という視点から再評価し，魅力的な議論を繰り広げた[2]。われわれも民俗学研究を，「トランス・サイエンス時代」への教訓を求める「経世済民の学」として展開したいと思う。（2）次はなぜ「認知」という言葉を，本書のタイトルに入れたのかという問題

---

[2]　もちろん柳田の「経世済民の学」への「思い」を踏襲して議論を展開すると言っても，本書での「経世済民の学」の具体的な方法論は，明らかに柳田とは異なっている。しかし「民俗学研究」を，「実践的目的」を明確にしながら展開したいという点において，「大先輩の熱き思い」に最大限の敬意を払いつつそれを踏襲したいと考えた。藤井（1995）は，柳田の「経世済民の学」について，次のように説明している。「柳田国男は，現実社会の動向にきわめて高い関心をいだきつづけた人であり，政府の近代化政策に根源的な批判を加え，代替的な政策を絶えず対置し，もう1つの近代化路線がありうることを提案しつづけてきた人であった。『経世済民の学』としての柳田学，この点を解明するのが本書の課題である」（3頁）。また谷川（1996）も，藤井（1995）の著作に対する書評として，この問題に対する見通しのよい展望を与えている。

である。これについては，どのように「経世済民の学」を展開するのかという「方法論」の問題から説明する。われわれは，「科学至上主義」を超えた視点から，人びとのセンスメーキング行為が「科学に依拠しない人間の知性」を導いてきたと強調し，ここから「トランス・サイエンス時代」への教訓を導き出そうと考えた。人びとは日常の「フォークサイコロジー」の世界の中で，「意味を希求し意味を創造する」ことで，問題意識や視点や価値観に関する多様性を整理・調和・縮減して，社会の中で「集合知」を発揮していくための「準備を整えた」のである。「何が問題なのか」「いかなる視点からその問題を把握しようとするのか」という関心や価値観に関して，あらかじめその多様性を整理・縮減しておくことは，人びとが社会の中で「集合知」を発揮していくための必要不可欠な条件である。本書では，新たな意味の創出によって多様性を整理・縮減するセンスメーキングの認知的能力が，議論の出発点になっている。人間のセンスメーキングの認知的能力の問題から始めて「科学に依拠しない人間知性の発揮」を明らかにし，さらに「知恵の世界」の形成を具体的に議論していく。これがわれわれの考察の大きな筋書きである。この認知論的な筋書きを強調するために，「認知」という用語が題名に入れられた。以上の（1）（2）の理由により，本書は，歴史民俗に関する「認知経済学」となったのである。

　本書は，2つの部分から成り立っている。新たに書き下ろした部分と，これまで『青山経済論集』や『経済研究』に掲載された諸論文を練り直しながら加筆・修正した部分である。『青山経済論集』や『経済研究』に掲載された原論文をこのような形で利用させていただくことについては，青山学院大学経済学会及び青山学院大学経済研究所から温かいご理解とご了解を頂いた。ここに感謝の意を表したい。加筆・修正された原論文は以下の通りである。

「フォークロアの行動経済学：『仕事』とは何か『生きる』とは何か」，『青山経済論集』，第67巻，第2号。

「環境リスクと生業のフォークロア：リスクとともに生きそして働いてきた人々の民俗認知経済学」，『青山経済論集』，第67巻，第4号。

「農具を発達させた転用の知恵のフォークロア：生業用民具の考古学および民俗認知経済学」，『青山経済論集』，第68巻，第1号。

「『生きる達人』になる知恵のフォークロア：娑婆世界の和楽と和食そして民俗認知経済学の展開」，『青山経済論集』，第68巻，第3号。

「歴史民俗学的な視点に立つ心理的時間論の実験研究：貝原益軒による『心理的長寿』の知恵の認知科学的・脳科学的実験による再検討」，『青山経済論集』，第68巻，第3号＊。

「旅と行商の経験がもたらした『身体的知恵』の民俗認知経済学：近江商人と石門心学の商人道および漂泊民・定住民による社会変動メカニズム」，『青山経済論集』，第68巻，第4号。

「ともに働く人々の共感と自己拡大そしてアフォーダンス知覚の実験研究：『世界が新しく見えてくるとき』を考える」，『経済研究』，第9号＊。

「『科学』に依拠しない知性を発揮した先人たちのフォークロア（前編）：トランス・サイエンス時代への教訓を求めての民俗認知学研究」，『青山経済論集』，第69巻，第1号。

「『科学』に依拠しない知性を発揮した先人たちのフォークロア（後編）：トランス・サイエンス時代への教訓を求めての民俗認知学研究」，『青山経済論集』，第69巻，第2号。

（＊印の2論文は，ともに私が第1著者の共著論文である。共著者の牧和生氏と小田切史士氏からは貴重な助力をいただいた。ここで改めて感謝の意を表したい。なお修正した共著論文の文責はすべて私にある。上記2論文以外はすべて単著である。）

目　次

はじめに……………………………………………………………………ⅴ

第Ⅰ部

第1章　意味の研究……………………………………………………5
第1節　本書の経緯……………………………………………………5
第2節　意味を創り出す行為とその社会的機能……………………10

第2章　「科学」に依拠しない知性の民俗認知経済学
　　　　　──トランス・サイエンス時代への教訓を求めて………17
第1節　序………………………………………………………………17
第2節　科学至上主義を超えて………………………………………21
第3節　拡大ピア・コミュニティの理念と問題点…………………25
第4節　等身大の科学と集合知の可能性……………………………30
第5節　センスメーキングと意味の多様性の縮減…………………35
第6節　物語を語る人間知性…………………………………………43
第7節　日本的雑種文化における多様性の促進と縮減……………49
第8節　江戸時代の外来文化の摂取──事例研究…………………52
第9節　まとめ…………………………………………………………78

第Ⅱ部

第3章　生業の行動経済学は可能か…………………………………89
第1節　序………………………………………………………………89
第2節　行動経済学による従来の生業分析…………………………92
第3節　民俗学が明らかにしてきた生業の特性……………………93
第4節　生業における「生きる」ことと「仕事」の意味…………97

第5節　公的空間の中の生業………………………………………99
　第6節　「ともに生きる業(わざ)」としての生業………………………103
　第7節　新たな生業分析へ………………………………………104

第4章　環境リスクと生業の民俗認知経済学………………………109
　第1節　序……………………………………………………………109
　第2節　危機にさらされてきた厳しい生活の歴史………………112
　第3節　環境リスクとともに生きた人びとの民俗………………114
　第4節　生業のかたち──複合生業について……………………118
　第5節　「遊び仕事」──環境リスクと複合生業の知恵（1）…124
　第6節　志向する心と強い覚醒度──環境リスクと複合生業の知恵（2）
　　　　　………………………………………………………………127
　第7節　まとめ………………………………………………………130

第5章　農具を発達させた転用の知恵
　　　　──生業用民具の民俗認知経済学………………………133
　第1節　序……………………………………………………………133
　第2節　備中鍬の発明………………………………………………135
　第3節　千歯扱きの発明……………………………………………143
　第4節　土搗臼と木搗臼の改良……………………………………149
　第5節　農具から祭祀用具への転用………………………………153
　第6節　明治以降の農具の工夫……………………………………157
　第7節　道具とは何か──道具のアフォーダンスと人間の知恵…162
　第8節　なぜ転用の知恵は可能だったか…………………………166
　第9節　まとめ………………………………………………………173

第6章　ともに働く人びとの自己拡大とアフォーダンス知覚の実験
　　　　──「世界が新しく見えてくるとき」……………………175
　第1節　実験の目的と意義…………………………………………175
　第2節　実験方法と実験タスク……………………………………178
　第3節　実験結果とその含意（1）…………………………………187
　第4節　実験結果とその含意（2）…………………………………193

第5節　まとめ……………………………………………………… 197

第Ⅲ部

第7章　旅と行商がもたらした「身体的知恵」をめぐって……… 205
　第1節　序………………………………………………………… 205
　第2節　歴史の中の行商人群像………………………………… 210
　第3節　近江商人の行商と経済活動…………………………… 214
　第4節　経験を通じた「身体的知恵」の民俗認知経済学…… 225
　第5節　江戸時代の石門心学の意義と限界…………………… 241
　第6節　旅の民俗学的意味──社会変動論の視点から……… 251
　第7節　まとめ…………………………………………………… 253

第8章　「生きる達人」になる知恵のフォークロア
　　　　──娑婆世界にける和楽・和食と民俗認知経済学の展開……… 257
　第1節　序………………………………………………………… 257
　第2節　貝原益軒『楽訓』が示した「生きる達人」への道… 263
　第3節　心理的時間論からの再検討…………………………… 269
　第4節　季節を楽しみ，書を楽しむ心──和楽の実践……… 278
　第5節　食を楽しむ心──「一期一会」の和食の知恵と時間論…… 283
　第6節　見えてくるもの──人間学としての経済学………… 294

第9章　歴史民俗学的な視点からの心理的時間論の実験
　　　　──貝原益軒「心理的長寿」の認知科学的・脳科学的実験による
　　　　　再検討………………………………………………… 299
　第1節　序………………………………………………………… 299
　第2節　実験の目的と意義……………………………………… 299
　第3節　実験方法と実験タスク………………………………… 302
　第4節　実験結果とその含意（1）…………………………… 307
　第5節　実験結果とその含意（2）…………………………… 311
　第6節　まとめ…………………………………………………… 315

結　び………………………………………………………………… 317

参考文献 ……………………………………………………………… 321
索引（人名・事項）………………………………………………… 341

意味と人間知性の民俗認知経済学
―「トランス・サイエンス時代」への教訓を求めて―

第Ⅰ部

第1章

意味の研究

―――――

第1節　本書の経緯

　ふり返ってみると，私の研究生活は，常に「意味」の問題とともにあった。大学院の修業時代には，先生がたから徹底的に「研究の意味を考えよ」とのアドバイスを受けた。「意味」とは何と深く人間の知の世界とつながっているものなのか，と痛感した。2001年に上梓した『意味世界のマクロ経済学』（創文社刊）という本は，このような「意味」への関心が醸成されて，1つの形になったものである。この本で私は，Knight (1921) の「真の不確実性」の概念を，Keynes (1921) の「確率論」の内容とも関連づけながら，「意味を考える人間」という視点から新たに見つめ直した。「真の不確実性」は，「確率さえもわからない深い不確実性の闇」であるが，この「深い不確実性の闇」の中で人間はいかにその事態を解釈しそして行動するのだろうか。これは，特殊な研究のように思われるかもしれないが，しかし現代のマクロ経済の特性を明らかにする上で，象徴的な意味を持つものであると考えた。「深い不確実性の闇」が，予想もしなかったタイミングで，また予想もしなかった「深刻さ」で生じるのが，複雑化し加速化した現代経済社会の変動特性と理解していた。

　当時私は「確率さえもわからない深い不確実性の闇」の中で，人間がいかに行動するかを思考するときの究極的な「支え」は，「意味」であると考えた。数学的に表現可能な確率という概念がまったく当てになら

ない，または信頼できない状況下では，人は「深い不確実性の闇」の「意味」をなんとか理解して，その「意味」を頼りに生きていくしかない。「確率さえもわからない深い不確実性の闇」をいかに「意味づけるか」が重大な問題となる。暗闇の中に「神」を見るか「悪魔」を見るか，その暗闇の意味をどのように解釈するかによって，その後の生き様や行動は大きく異なってくる。マクロ経済全体の変動も，こうした「意味世界」の中の人びとの行動によって決定されていくことになる。

　人間の知的活動における「意味」の重大性を強調していくと，従来の経済理論のフレームワークと衝突することになる。従来の経済理論は，もっぱら数学的定式化が可能な人間の合理的意思決定を基礎として構成されているからである。しかし人間が「意味」を理解できる範囲は，「形式論理によって矛盾なく表現できる世界」のみにとどまらない。われわれが理解可能な意味の領域は，形式論理で矛盾なく表現できる世界の「外にまで広がっている」。たとえば私は大学の授業の中で，よく学生さんたちに，「こだわってこだわらない」という心で生きることが大切だと語る。「こだわりながらこだわらない」という生き方の主張である。明らかに形式論理的には，「矛盾した主張」である。しかし人間は，こうした「矛盾した主張」でも，何となく，その「意味」がわかる。人生の達人には，さらにその深い意味を理解することができるのだろう。これは大乗仏典の1つの「維摩経」で説かれる「不二法門」の考え方だからである。われわれは「意味を考えて行動する人間」の研究をめざすことで，形式論理の表現にこだわる「制約された学問世界」を超える必要性と，その可能性を強く意識するようになる。フランクナイト的な「真の不確実性」は，「確率さえもわからない深い不確実性の闇」であり，そこでの人間行動の理解は，数学的に表現可能な確率概念つまり「リスク」の議論だけでは対処することができない問題であった。「真の不確実性」の状況下での人間行動の研究は，「意味を考えて行動する人間」の姿を描くことで，初めて可能になると考えた。私の2001年の本は，こうした問題意識を持って書かれた。

　しかし『意味世界のマクロ経済学』における私の考察は，今考えるとまだいくつかの点で，従来の経済学のフレームワークに強く制約されたものだった。第1の制約は，あくまでも「個人主義的」な視点に立った

考察にすぎなかったことである。個人が、「確率さえもわからない深い不確実性の闇」の意味をどのように解釈し意味づけるか、そのことによって個人の経済的意思決定がどのように行われ、そしてその個人的意思決定を集計して、マクロ経済全体の変動がどのように決まっていくのかを考えた。しかし人びとが「深い不確実性の闇」の「意味」をどのように解釈するのかは、単に個人の「自由な選択」によって決まるわけではない。Vygotsky（1978）以来の「文化心理学」の諸研究が、この問題に関して1つの解答を与えてくれる。つまり人びとがいかなる価値観を持って世界を意味づけ解釈していくかの「心」は、そもそもそれぞれの人がこれまで生きてきた「文化」という社会的な環境世界の中で育まれ形成されてきたものである。1つの特殊な文化のなかで、人は誕生以来さまざまな経験をしながら、意味を理解するための心や意味解釈の規範となる価値観を身につける。人びとは「文化」という共通の「意味世界」に生きながら、その中で、この「確率さえもわからない深い不確実性の闇」の解釈の仕方を身につける。けっして個人的な「自由な選択」によって、意味の解釈を決定しているわけではない。第2の制約は、与えられた可能性の中からどの意味を選択して、それを「深い不確実性の闇」という状況に「貼り付ける」のか、つまり既存の意味の「利用」という側面にのみ重きを置いて考察してきたということである。しかしこれに対しては、ブルーナーやワイクの議論は、既存の意味の「利用」という問題だけでなく、「意味を希求し意味を創り出す行為」まで考察の射程に含めていた。むしろ後者の「創り出す」問題に重点を置いて議論を展開していた。この時、ブルーナーの『意味の復権』という著作の中心的関心は、「行為の意味」についてではなく、つまり「行為をいかに意味づけるか」についてではなく、「意味の行為」を論じること、つまり「意味を創り出す行為」を論じることにあったと理解されねばならない[1]。われわれも「科学に依拠しない人間の知性の発揮」を論じるとき、

---

1) ブルーナーが『意味の復権（Acts of Meaning）』の著作で「意味を希求し意味を創り出す行為」の研究を主張し始める契機になったのは、1983年に彼が書いた自伝『心を探して（In Search of Mind: Essays in Autobiography）』ではないかと田中（1993）は述べている。このブルーナーの「自伝」の延長上に、"Acts of Meaning" での主張を位置づけることができるというのである。また横山（2015）の論考も魅力的である。ブルーナーが『意味の復権』で論じていることの本質は、「行為の意味」つまり「行為をどのように意味的に解釈す

単に意味を「利用」する「解釈」の問題だけを論じるのではなく，むしろ「意味を希求し意味を創り出す行為」によって実現可能になる人間の知性の発揮の問題を論じていく必要がある。

以上述べてきた『意味世界のマクロ経済学』が有していた2つの制約のうち，第1の問題については，その後，2008年に上梓した『経済学の新しい認知科学的基礎』（創文社刊）という本の中で実質的に考察した。この「認知科学的基礎」の本は，「文化心理学」の方法論に忠実に則ったものではないが，私はMead（1913，1934）の哲学を参照しながら，「社会的自我意識」を有する人間像を，経済学の新しい理論的基礎として設定すべきだと主張した。その内容を，以前に書いた『フラクタル社会の経済学』(1999)とあわせて説明すると，次のようになる。つまり，それぞれの人の心の中には，「自分を含む社会」の姿があり，またそうした心の中に「自分を含む社会」の姿を持った人間たちが集まって，さらに実際の「自分を含む社会」が構成されている。実際の「自分を含む社会」の有り様は，それぞれの人の心の中にある「自分を含む社会」の姿によって大きな影響を受けるが，しかしそれぞれの人の心の中にある「自分を含む社会」の姿も，逆に，実際の「自分を含む社会」の有り様によって大きな影響を受けるのである。このような「フラクタル的な相互作用性」を考慮するならば，各個人が社会から完全に独立した心を持って生きているとは到底考えられない[2]。従来の経済学の単純な個人主義的人間という理解は，フラクタル的な意味世界の中で「社会的自我意識」を持って生きる人間という理解に置き換えられる必要がある。では「社会的自我意識」を有する人間を主人公とすることで生まれ変わる新しい経済学は，これまでの経済学と，具体的にどのように異なったものになるのか。これが当時考えた問題であった。

私はそもそも人間が「文脈を読む大きな力」を有していることの理由を，人間の「意識」の機能にあると考えてきた。進化論的に言えば，人間が「意識をもっている」ことは，生存上，何らかの「有利性」があっ

───────

るのか」という問題ではなく，「意味の行為」つまり「意味を希求してそれを創り出すための行為がどのようになされるのか」の問題を論じることにあったと主張している。

[2] 人間の心の中の世界と現実世界との「フラクタル構造」の含意については，詳しくは中込（1999）を見られたい。

たからだということになるが，1つの理解の仕方は，「意識」の機能が人間に「文脈を読む大きな力」をもたらしているのだと考えることである．他者とともに生きねばならないこの複雑な人間集団や社会において，社会的文脈を読み，そしてその文脈の中にある自分の存在性と意味を理解することができれば，自分の生存的適応性を著しく改善できるのである．そして人はこの「意識」を，まさに社会の中で他者とともに生きることで，初めて創り出し獲得できるのである．この「社会的自我意識」の問題を，「意味を考えて行動する」人間像とリンクさせると，いっそう考察を深めることができる．社会的自我意識を持って社会的文脈を深く読むことができるのは，具体的には，「意味の解釈」や「意味づけ」を行う行為として実践されるからである．このとき，他者とともに共通の「意味世界」に生きていることが自覚できていれば，社会的文脈の流れを，さらに容易にまた深く読むことができるようになる．フラクタル的な構造世界の中核に，「共通の意味世界」を埋め込むことの必要性と必然性は，このようにして論証可能となるだろう．

　『意味世界のマクロ経済学』が有していた第2の制約については，これまで私の意識としては，実質的に「手付かず」のまま残されてきた．本書を執筆しようと考えたのは，この理由による．先に述べたブルーナーやワイクの考察を導きの糸として，新たに議論を展開せざるを得ない．ところで，この「意味を希求し意味を創り出す行為」を考察することは，新しい大きな問題を，研究対象に引き入れることになる．それは「意味を希求し意味を創り出す行為」が，単なる意味の「利用」としての「解釈」を超える，さらに強い積極的な人間の行為だからである．なぜ人は，このように強い積極的な行為を行うのだろうか．ブルーナーやワイクの主張は明快である．それは「多様性を整理・調和・縮減する」ためである．しかしわれわれは，このようなブルーナーやワイクの主張がいかに「魅力的」なものであろうとも，ここで立ち止まるわけにはいかない．なぜならば本書でめざすのは最終的には「心理学」ではなく，社会科学としての「経世済民の学」だからである．われわれはさらに次のように問わなければならない．ブルーナーやワイクが主張するように，「意味を創り出す行為」が「多様性を整理・調和・縮減する」ための積極的行為であるとしたら，さらにそれは人間社会に対して，どのような影響を

及ぼしていくのか。たとえばそれは人間社会の「集合知」の実現にどのように寄与していくのか。このように問うとき，それは「トランス・サイエンス時代」への教訓を求める挑戦的な試みにつながっていく。今この時代の流れの中で，狭い「科学至上主義」を打ち破る人間知性の発揮の方法が求められているからである。

私は「トランス・サイエンスの時代」への教訓を求めるという視点から，「意味世界」の研究に再度挑戦することにした。「意味を創り出す」という人間の強い積極的行為が，いかなるメカニズムで，「科学」に依拠しない人間知性の発揮を可能にしていくのか。この問題の解明が，本書のめざすところである。特に歴史民俗的世界に踏み込みながら，具体的にわれわれの先人たちが実践してきた「科学」に依拠しない人間知性の発揮の方法を，「意味を創り出す行為」の視点から明らかにしていく。今こそ「意味の研究」が，現代におけるもっとも根源的で実践的な「経世済民の学」になりうることを主張していきたい。

第2節　意味を創り出す行為とその社会的機能

第2章に進む前に，準備として，ブルーナーが考察した「意味を希求し意味を創り出す行為」とその社会的機能について説明しておこう。本書を貫くもっとも重要な概念だからである。ブルーナーの主著『意味の復権』（Bruner（1990））では，単に「行為をどのように意味づけるか」と問うのではなく，さらに「意味を求めそして意味を創り出す行為」がいかなるものであるかについて考察を行っている。このブルーナーの考察は，学説史上革新的な意義を有している。ブルーナーは，まず1950年代末における「認知革命」について，当初は，意味を心理学の中心概念として定着させる努力が行われたと述べている（3頁）。しかしその後の「認知革命」の進展は，分析技術的な成功によって，むしろ「心理学を他の人間科学や人文科学からかけ離れたものにしてしまった」（2頁）と批判する。研究の中心は，「意味」から「情報」へとシフトしていったのである。ブルーナーは，次のように述べている。「『意味』から『情報』へ，意味の構成から情報の処理へと重点の移行が始まったのはずい

ぶん早い時期からである。これらは根本的に異なった問題である。この移行へのカギとなる要素は，支配的なメタファーとしての『計算操作』ということの導入であり，良き理論モデルの決め手となるのに必要な基準として，計算可能性という考えを導入したことである。情報は，意味の側面に対しては関心を示さない」（5頁）。ここでは人間の認知的プロセスは，「計算装置上を走らせることが可能なプログラムと同等視された」（8頁）。人間の心の過程を分析するときにも，「意味にまったく関わる必要はなかった」（9頁）のである。

　心理学のこうした進展に対して，ブルーナーは批判的立場をとり，改めて強く「意味の復権」を主張する。ブルーナーは，心理学の中心となるべき概念はあくまでも意味であり，さらに意味の構築に関わる過程と交渉作用の研究が重視されるべきであると強調する（47頁）。ブルーナーは，心理学研究における「意味の復権」の重要性を，Vygotsky (1978)の「文化心理学」やGeertz（1973, 1983）による文化の「構成的役割論」つまり「われわれは文化を通じて自分自身を完成し，仕上げるのである」(16頁)という主張を参照しながら，次のように3点に分けて説明している。第1は，「構成的な理由」である。「個人だけに基づいて人間心理学を構成できないのは，人類が文化の中に参加し，文化を通じて心的な能力を実現するからである。……人間はあるがままで終わるのではない。つまり，人間は文化の表現である。世界というものを，個人それぞれの方法によって処理される情報の冷淡な流れとして論じることは，個人がどのように形成され，どのように機能するのかを見落とすことになる」(17頁)と述べている。個人主義的な情報処理過程としてのみ，心の機能を分析していくことへの強烈な批判である。人びとは同じ文化の中で，強い相互関係性を持って，それぞれの心や規範的な価値観を育み形成していくと考えるのである。第2は，第1の論点を基礎として，意味の研究の重要性を主張することである。心理学は，人びとの意味の創造や意味使用のプロセスを中心に研究すべきである。ブルーナーは，「心理学が文化にすっかり浸されているとすると，心理学は，人類を文化に結びつけている意味作成や意味使用の過程を中心にして組織されなくてはならない」(17頁)と述べている。このときしばしば懸念される問題は，意味を中心に研究することになると，心理学はあまりに

も「主観主義的」になってしまうのではないか,ということである。こうした懸念に基づき,従来の心理学研究は,「意味」や「志向的な心」の概念を,研究対象から一切排除してきたのである。これに対してブルーナーは,人びとが「文化に参加することによって,意味は公共的で,共有されるようになる」(17頁)と主張する。「『秘密』のように,見かけは私的な現象でさえ,いったん明らかにされると公然と解釈できるようになり,ありふれた——まるで広く認められている事実であるかのようにパターン化された——ものにさえなるのである」(18頁)と述べている。第3は,「フォークサイコロジー」の重要性を見直すことである。フォークサイコロジーとは「民間心理学」と呼べるものであり,「何が人間をそのようにふるまわせるのかということを,文化によって説明する」(18頁)ものである[3]。「フォークサイコロジーは文化の反映であるが故に,その文化の知の様式のみならず,価値づけの様式にもあずかっているのである」(同19頁)と述べている。このフォークサイコロジーは,「科学」の枠の中に収まらないものである。それはフォークサイコロジーが,「自分自身および他の人びとたちの心の理論,動機の理論,その他すべてを含んでいる」からであり,「志向的状態——信念,欲求,意図,社会的関与——の本質や原因や結果を扱う」ものだからである。これに対して科学的心理学は,「人間の主観性の外部に立つ観点」から展開されており,志向的心理状態の研究を「却下」してきた(同19頁)。ブルーナーは,科学的心理学とは異なって,フォークサイコロジーが人びとの心の「志向的状態」を扱うことの意義を強調し,フォークサイコロジーが「科学」の枠の中に収まらないものであるとしても,その理由だけで,その重要性を否定することはできないと強調する。ブルーナーは,これまで多くの心理学者から強い批判を受けてきたフォークサイコロジーを再評価し,『意味の復権』の中で次のように主張している。「フ

---

[3] ブルーナーの訳本では,フォークサイコロジーを,「民族心理学」(19頁)と訳している。またブルーナー自身,フォークサイコロジーを「民間社会科学(folk social science)」(訳49頁)または「常識」と言い換えているが,私は日本語訳としては「民間心理学」が適切ではないかと考える。なおブルーナーがフォークサイコロジーという概念を重視したのは,本文でも述べたように,「信念,欲求,そして意味といった志向的状態を進んで取り入れたい」(同51頁)ためであったが,このフォークサイコロジーという言葉が,文献的に初めて使わたのは,Frake (1964) からである。その後の経緯については,詳しくはブルーナー『意味の復権』51-55頁を参照されたい。

ォークサイコロジーは固定されたものではない。文化が世界とその世界の人びとに対する反応を変えるのにともなって，フォークサイコロジーも変わるのである。DarwinやMarxやFreudのような知的ヒーローの見解が，どのように次第に変形され，フォークサイコロジーの中へ吸収されてゆくのかを問うことは価値のあることであり，また，私がこのことを言うのは文化心理学が文化史とほとんど見分けがつかないことを明らかにするためである。フォークサイコロジーに対する反メンタリストの激しい怒りは，単にこの点を見落としているだけである。人間行動の日常的な説明の中の心的状態を取り除くために，フォークサイコロジーを投げ捨てるという考え方は，心理学が説明することを必要としているまさにその現象を捨て去ることと同然である。フォークサイコロジー的なカテゴリーによって，われわれは自分自身と他者を経験するのである。人が互いに期待し，判断し合うこと，人生のやりがいについて結論づけることなどもフォークサイコロジーを通してなされているのである。人間の心的機能と人間の生活を支配するフォークサイコロジーの力とは，文化がその必要に応じて人間を形作るまさにその手段を提供する点にある」(20頁)。

　意味を創り出しそれを物語る人びとの行為は，日常的なフォークサイコロジーの世界の中で行われている。では「意味を物語る行為」とはどのようなものであり，それは人間社会にどのような影響をもたらすのであろうか。ブルーナーは，フォークサイコロジーにおいては，「志向的な心理」の形で，たとえば「信念」という形で，「世界についての知識」が保有されていると述べている(58頁)。そして「物語的意味」が新たに創られ語られ始めるのは，「フォークサイコロジーの構成要素である信念が侵されるまさにその時である」(56頁)と主張する。ところで「物語」とは何であろうか。ブルーナーは，「物語の第1の特性は，本来的に内在する時系列性であろう。1つの物語は，事象，精神状態，そして登場人物つまり行為者としての人間に関わる事件の，独自の一連の流れから成り立っている」(62頁)と説明している。また「物語の二番目の特徴は，それが1つのストーリーとしての力を失うことなしに，『事実』上のことにでも『想像』上のことにでもなりうるということである」(63頁)と説明している。なぜ物語の中で，事実とフィクションが

同じ形式をとるのか。この疑問については，ブルーナーは，「物語にその構造を与えるにあたって，因習と伝統が重要な役割を果たしていること」，そして「そのように伝統を保ち，伝統を練り上げるしごとを果たしうるのは，物語に対する何らかの『レディネス』が人間にあるから」（以上65頁）ではないかと論じている[4]。

物語の特性としてわれわれが一番注目する問題は，次の「逸脱性」に関する考察である。ブルーナーは，物語の重大な特徴として，「物語は例外的なものと通常のものとをつなぐ環を鋳あげることを専門としている」（67頁）と述べている。このことをもう少し詳しく見ていこう。まずフォークサイコロジーは，「規範性という衣をまとっている」が，他方で，規範から外れた「例外的なもの，通常でないものを理解可能な形にするという目的達成のための強力な手段でもある」（67頁）。この「理解可能な形にする」のは，具体的には，規範的なものと例外的なものについて，「相違点を解明し，折衝を繰り返して共同体的意味を創り出す」（68頁）ことによって達成される。そして「共同体的な意味」を創り出すこと，つまり「折り合いをつけられた意味」を創り出すことは，「規範性と例外性を同時に扱う物語装置によって可能になる」（68頁）。「フォークサイコロジーがこの種の意味を達成するために依拠しているのは物語と物語解釈である」（68頁）。「ストーリーはほとんどいつも，その出会った例外的事象が何らかの理由を持ち，『意味』をもつことが可能である世界を説明するものになるだろう」（70頁）と述べている。

このようなことが実現可能である理由は，人間が「物語の意味を解釈したり，人間の生活の『正常』な状態に生じた裂け目や『正常な』状態からの逸脱に対しても，物語的意味を与えることができる」（95頁）知

---

[4] 人間は物語に対して，何らかの「レディネス」を持っているかという問題は，なかなか判断が難しい問題である。ブルーナーは，まずAristotleの「ミメシス（模擬）」の概念を取り上げ，「ミメシスとは『行為としての生』をとらえたものであり，実際に起きたことをより入念に構築し，より良く創りあげることである」（66頁）と述べている。そしてRicoeur（1981）の主張にしたがって，ミメシスとは「一種の現実のメタファーである」，ミメシスは「現実を写しとるためではなく，現実に新しい読みを与えるために現実に言及するのである」（66頁）と説明する。そしてメタファーを用いることで人は物語を円滑に語ることができるのだというリクールの主張に同意している。ブルーナーは次のようなリクールの言葉を引用している。「『日常言語の指示的説明が宙に浮いたままのような場合』でさえ，つまり言語の外にある現実の世界といちいち『対応づける』という義務を負わないままでさえ，物語が進行しうるのは，このメタファー的な関係のおかげなのである」（66頁）。

的能力を有しているからである。人間は，次のようにして「適切性条件」を利用して，新しい意味を創造することができる。意味創造の「適切性条件」とは，「『現実』についての多岐にわたる解釈を説明するような緩衝状況を創り出す」(96頁)ことを可能化する条件である。人はこの「適切性条件」のもとで，新しい意味を創造して「意味のちがいを解決するのである」(同96頁)。人類は，子どもの頃から，こうした「物語に組み入れられ得る逸脱を説明しうる能力，すなわち物語りの力を」(96頁)育み獲得してきている。

　人間はこのように新たな物語的意味を創り出しながら，「例外的なものと通常のものとをつなぐ環を鋳あげる」のであるが，この行為は，1人の人間の心の中で独立して行われるのではない。人は，新しい意味を創りながら「例外的なものと通常のものとをつなぐ環を鋳あげる」ことを，文化に参加する「社会的行為」として，フォークサイコロジーの共同世界の中で，行っていくことに注目すべきである。人びとが，社会的行為として「例外的なものを通常のものと調和させる」ように意味を創り出すことで，例外性が生み出した多様性の整理・調和・縮減が，社会全体で強力に押し進められる。この多様性の整理・調和・縮減は，後述するように，人間がさまざまな社会的難問に対して，「集合知」を発揮していくための「準備」となる。「いかなる視点から問題を考えるか」という関心や価値観の多様性を，あからじめ整理・縮減しておくことは，その後人びとが具体的に「集合知」を発揮していく可能性を拡大する。物語的意味を語るフォークサイコロジーの世界は，確かに「科学」の枠を逸脱した世界であるが，「科学」とは異なったやり方で，人間の知性の発揮の新たなる可能性を与えてくれるのである。次章以下，われわれは歴史民俗的世界に足を踏み入れながら，先人たちが示してくれた「科学」に依拠しない人間知性の発揮の方法を，具体的に明らかにしていく。

第2章

「科学」に依拠しない知性の民俗認知経済学
――トランス・サイエンス時代への教訓を求めて――

第1節　序

　「科学の時代」と言われる一方で，人間にとって「科学とは何か」という問題が真剣に検討されている。本章ではこの科学への批判的検討を展望しつつ，具体的に歴史民俗の世界に分け入って，新たなる視点からその議論をさらに深めるための考察を行う。ここで明らかにしたい内容は以下の通りである。科学的思考法あるいは科学的研究法という意味での「科学」が不必要だというわけではないが，しかしそうした「科学」は人間が知性を発揮するための唯一の方法ではない。われわれが歴史民俗の世界に分け入って考察を展開するのは，この主張を具体的に裏付けるためであり，さらにわれわれの先人たちが「科学に依拠しない知性を実際にどのように発揮してきたのか」を明らかにし，「現代の科学至上主義の世界を超えたところにあるもの」が何であるかを見通す1つの「ヒント」にしたいということである[1]。

　なぜ「科学」以外の知性の発揮を考える必要があるのか。この問題に関する議論の火付け役は，Weinberg（1972）でありRavetz（2006）であった。ワインバーグは「トランス・サイエンス」という概念の提示によ

---

[1]　ここでは，科学的思考法・科学的研究法・科学理論などに採用されている形式論理的な論法を限定的に表現するために，特に「科学」と記述している。議論の文脈より明らかであるが，この限定的な意味での「科学」は，このような方法論のみならずそれを用いて導いた成果としての科学的知識なども含めた広義の科学概念と，明確に区別して理解されなければならない。

り，ラベッツは「ポスト・ノーマル・サイエンス」という概念を提示することにより，多くの人びとの問題関心を高めた。ラベッツはこうした問題の核心を，次のように説明している。

　「長い間，科学は，人類の真の救済への道であるとみなされてきた。しかし現在では，科学はわれわれを滅亡させる可能性のある道具とも考えられている。この矛盾を理解することは，今日の知的な人々にとっての最も重要な課題である。そのためには，科学知識の特殊性や科学と社会との相互作用についての，これまでの受け入れられてきた前提を再検討する必要があるだろう。」（御代川貴久夫訳『ラベッツ博士の科学論』13頁）

　ラベッツのこの言葉は，読む人の心に改めて大きな衝撃を与える。これまでわれわれは，自分たちの社会を，「科学に依存する社会」として作り上げてきた。人間社会が直面する難問は，科学に依存して解決されてきたし，さらなる社会的難問も将来の科学の発展によって解決されていくであろうと考えられてきた。ラベッツの言葉を用いると，まさに「科学は人類の真の救済への道である」と信じられてきたことになる。「科学に依存する社会」という視点に立てば，高い科学レベルを有する社会は「先進的な社会」であり，低い科学レベルの社会は「未開社会」または「後進的な社会」と評価されることになる。しかし時代の流れは大きく変化しつつある。今や「トランス・サイエンスの時代」あるいは「ポスト・ノーマル・サイエンスの時代」と言われる中で，われわれの科学への期待は，大きな修正を迫られている。ラベッツは，「科学はわれわれを滅亡させる可能性のある道具とも考えられている」とまで指摘する。これまで当然のものとして受け入れられてきた「科学への信仰」は，根本的に批判されねばならない。ラベッツは「科学知識の特殊性や科学と社会との相互作用についての，これまでの受け入れられてきた前提を，根本的に再検討する必要がある」と主張している。

　「トランス・サイエンスの時代」あるいは「ポスト・ノーマル・サイエンスの時代」と言われる状況は，村上（2010）の言葉を用いれば，「科学化した社会の中で，さまざまな考察を必要とする社会的な問題が

浮かび上がり、全体の不確実性を考えたときに、科学者の証言は多様な証言のひとつではあっても、最終的な意思決定のために100％活用することはできない（あるいは100％信用することはできない）。そのような問題が多く現れてきている」（80-81頁、（　）内は著者の付加部分）、ということである。これらの言葉は、具体的に現実社会で生じている深刻な事例を思い浮かべると、さらに強い切迫感をもってわれわれの心を捉える。たとえばワインバーグは核物理学者らしく、原子力発電装置の事故の可能性を取り上げている。原子力発電の事故確率がたとえ低い数字で示されていたとしても、もし一度事故が生じれば甚大な被害が発生するので、それらを総合的に判断すると、どこまで費用をかけて安全装置を設置しておくべきかの問題は、「科学だけでは判断できない」トランス・サイエンス問題であると指摘する。小林（2007）は、巨大地震への備えをどの程度まで行うかの判断の問題を取り上げている。巨大地震の発生確率は低いかもしれないが、一度発生すれば甚大な被害が生じる。このようなケースでどこまで費用をかけて安全対策を事前に行うべきなのか。これもまさに「科学だけでは判断できない」トランス・サイエンス問題と言える[2]。

　「トランス・サイエンスの時代」あるいは「ポスト・ノーマル・サイエンスの時代」という問題提起を受けて、その後、科学知識と社会との相互作用を改善・修復するための試みが考案され、さらに実践に移されている。代表的なものとしては、科学研究の進め方やその成果の評価を、専門家集団の「ピア・コミュニティ」のみに任せずに、非専門家である市民なども含めた参加型の「拡大ピア・コミュニティ」を構成して討議・検討する試みがある[3]。しかし一方で、より大きな視点に立った考

　　2）小林は、ワインバーグが取り上げた原子力発電以外にもいくつものトランス・サイエンス問題があると述べ、それらを3つのグループに分類している。（1）「知識の不確実性や解答を得ることの現実的不可能性という意味での科学の不十分性」が重大な意味を持つ例、（2）発生の可能性がきわめて低いにもかかわらず、一度現実に事故が発生すると甚大な被害が予想される例、（3）「科学と価値の不可避的なかかわりゆえの科学の不十分さ」が生じている例である。本文で取り上げた原子力発電や巨大地震のケースは、第2の分類に属している。詳しくは小林（2007）の126-128頁を見られたい。また学術誌などでは海外の事例を中心的に扱っているが、藤垣編（2005）では、むしろ日本における水俣病・イタイイタイ病・もんじゅ訴訟・薬害エイズ・BSE・遺伝子組み換え食品・医療廃棄物・地球温暖化・先端技術などの諸問題を取り上げ、それらをトランス・サイエンスの視点から再検討していて貴重である。

察も同時に深めていかなければならない。それは参加型の「拡大ピア・コミュニティ」の実践をさらに先に進めるために，「羅針盤」としての役割を果たすものである。ラベッツは，こうした大きな視点に立つ考察の方法を，次のように説明していた。「ポスト・ノーマル・サイエンスの『拡大ピア・コミュニティ』はいまやっとその独自性を見出しつつある。さらに先に進むためには，東洋のさまざまな文明は，長い期間にわたって，科学を含む（高い）文化水準にあったが，それに比べれば当時のヨーロッパは未開であったことを思い出すべきである。そしてもう一度言おう，『未来は開かれている』と」(178頁)。

　この言葉の中には，コメントを付け加えなければならない部分もある。たとえば東洋の文明・文化が「科学を含めて」高い文化水準にあったかどうか，という問題である。もしラベッツが「科学を含めて」という言葉を，人間が知性を発揮する方法一般を広く見渡したとき，という意味で述べているのならば何も問題はない。しかし「科学」は人間知性の発揮の「特殊な方法」であり，その「科学」のみに限定して考えるとすると，東洋の文明・文化は必ずしも高い水準にはなかったことを指摘しなければならない。たとえば日本の江戸時代について見ると，確かに工学的・技術的には驚くべき高い水準の道具の作成を確認できるが，「科学理論」という特殊な知性の発揮方法については，そのレベルはけっして高いものではなかった。しかしこのようなコメントが付くとしても，ラベッツの言葉の大きな価値は失われるものではない。それは「羅針盤」としての大きな価値である。冷静に歴史を振り返ってみれば，われわれの先人たちは「科学理論」以外の方法を用いて，自己の知性を大いに発揮することができたのだという事実を確認できるのではないか，そのような予感を抱くのである。われわれは，ラベッツの示唆を実践するために新たに日本の歴史民俗的世界に立ち入り，そこで認知科学的視点を活用しながら研究を展開していくことにする。「科学」（または科学理論）とは異なった人間の知性の発揮の方法を具体的に抽出しそれを評価して，トランス・サイエンスの時代を生きるわれわれの新たな力に活用していきたい。これが本書のめざすところである。

　　3）　このような努力に対しては，現実的には困難な問題も生じてきている。本章第2節以下を参照されたい。

第2節　科学至上主義を超えて

　トランス・サイエンスおよびポスト・ノーマル・サイエンスの問題を理解するためには，その対極にある「科学至上主義」の考え方を理解し，そこからの脱却の意義を明らかにする必要がある。柴谷（1998）は科学に対する「信仰」を次のように説明していた。

> 「今日までに自然科学が人間にもたらした恩恵なり便益なりは測り知れない。われわれは，多少とも真実に近い宇宙像・世界像をもつことができ，宇宙のなかにおける地球の位置，地球の上における人間の位置，歴史のなかにおける人間の位置を理解し，不条理な迷信から解放されている。伝染病の予防と根絶はいちじるしいものがあり，生産の増大を通じての日常生活の便益と快適さはきわめて大きい。通信・交通の便宜が，われわれの心情的・物理的必要をみたす度合も，ほとんど測り知れないほどである。したがって，近代人の科学に対する信仰はただならず大きく，当然，われわれが当面する問題も，必要な措置さえうまく講ずれば，自然科学的にこれを解決できるという信念に，疑いをさしはさむ理由は少しもないようにおもわれる」（89-90頁）。

　須藤（1990）も，科学至上主義の趣旨を次のように手際よく説明している。科学至上主義とは，「（1）科学が唯一の正真正銘の知である，（2）『合理的』な問いなら一切の問いに答えうる，（3）すべての人間の営みを科学の権威の指導にゆだねるべきである。以上のように考え，あるいは主張する立場である」（19頁）。こうした考え方は，われわれにとってそれほど奇異に感じられるものではない。柴谷も須藤も，科学至上主義的な考え方は，「疑いをさしはさむ理由は少しもないようにおもわれる」，また「一般市民の常識ではなかろうか」と述べている。そして現在の未解決の難問も，やがて科学のいっそうの進歩によって必ずや解明されるであろうと一般に信じられているのではないだろうかと指摘

している。われわれの経済学の分野でも，事情は同じである。「経済学は科学でなければならない」という主張は，至極当然な方法論的態度として受け入れられている。明示的な仮定集合のもとで，反証可能な理論モデルを設定し，それを実験や観測されたデータを用いて検証することで，経済学という学問体系を構築してきた。そうした「科学としての経済学」の方法論を採用しなければ，苦労して導いた研究成果も，経済学者という専門家が形成する「ピア・コミュニティ」で，有効な学問知としては認められないのである[4]。科学至上主義の考えは，いわばわれわれの「血肉の一部」になりきったものであると言える。

しかし現状に目を転じれば，われわれの科学は，あまりにもわれわれの「信頼」を裏切るものになっている。柴谷（1998）は『反科学論』のなかで，「科学の客観性の神話」と「科学の中立性の神話」を主張し，また村上（2010）も科学至上主義を批判して，トランス・サイエンスの問題の重要性を主張した。村上は「自然環境に拮抗する人工物環境によって深刻化する地球環境問題，情報技術や生命技術の発展に伴う伝統的生活スタイルや価値観との相克など，社会的存在としての科学技術によって生じているさまざまな問題が，社会システムや思想上の課題として顕在化してきている。今や，われわれは，過去の経験に学びつつ，科学技術と人間・社会の間に新たな関係を構築することが求められているのである」という2001年の「科学技術社会学会」の設立趣意書を引用しつつ，「トランスは『超えた』ですが『広がった』ととらえたほうがぴったりきます……科学が絡んでいるけれども，もはや科学だけでは結論を出せない広がりをもたざるを得なくなった問題，課題，社会を指しています」と述べ，先に引用したように「科学化した社会の中で，さまざまな考察を必要とする社会的な問題が浮かび上がり，全体の不確実性を考えたときに，科学者の証言は多様な証言のひとつではあっても，最終的

---

[4] 経済学に隣接する心理学・認知科学では，「心理学は科学でなければいけないのか」という本源的な問いかけが堂々となされ，本格的な議論が展開されている。「質的研究法」や「ナラティブアナリシス」などをその例としてあげることができる。具体的には，荒川（2005, 2006），森岡（2002），やまだ（1997, 2000），野家（2005），サトウ（2013），西条（2003），下山・子安（2002）などを見られたい。このような状況を考えると，経済学だけがいつまでも科学至上主義の一辺倒で突き進んでいくことには，大きな疑問があるし，あまりに「片意地」で「頑迷」な方法論的態度であると思われる。

第2章　「科学」に依拠しない知性の民俗認知経済学　　　　23

な意思決定のために100パーセント活用することはできない。そのような問題が多く現れています」(80-81頁)と述べている。さらに同様な意味内容は，ポスト・ノーマル・サイエンスの主張の中にも表れている。ポスト・ノーマル・サイエンスの議論は，科学的問題であるにもかかわらず「科学だけでは解決できない問題が幅広く存在する」ことを強調するものである。小林(2007)は次のように説明している。「ラベッツは社会が意思決定する際に利用できる科学技術のタイプを2つの軸で分類してみせている。1つは縦軸の『意思決定に関する利害』である。もう1つは横軸の『システムの不確実性』である。両者の程度が低い領域を『応用科学』と彼は呼ぶ。これが現代社会の文明的生活を支えてきた研究領域である。科学的原理がかなり明確に把握され，それを問題に適用して解決するという営みである。……しかし両者の程度が少し高い領域がある。それが『専門家への委任』の領域である。外科医が手術を開始した場合，事前の検査によって把握していたものとは異なる状況に直面することは珍しくない。その場合，しかるべき訓練を積んだ外科医は臨機応変の対応をとるであろう。土木工事でも設計段階の調査とは異なる状況に遭遇することはある。その場合でも上級の技術者は，現場の状況に応じた最適な判断を行おうとする。こういった状況において，われわれは『専門家に委任する』以外に手はないし，実際にそうしている。……こういった専門家の判断に委任することが問題の解決に必ずしもつながらない領域が存在している。それが2つの軸の程度がともに相当高くなる領域である。それを彼は『ポスト・ノーマル・サイエンス』の領域と呼んだのである」(138-139頁)。ポスト・ノーマル・サイエンスの領域は，「意思決定に関する利害」と「システムの不確実性」の双方が高くなることによって現実化する。この領域の問題は，「科学のみでは解決することができない」ものであると考えられる。ではもう少し詳しく「意思決定に関する利害」と「システムの不確実性」の双方が高くなるとはいかなる意味なのか，考えてみることにしよう[5]。

---

5) 小林(2007)が「意思決定に関する利害」と呼んだ問題は，本来ラベッツ(2006)が「決定のステークス」と呼んでいた問題のことである。小林とラベッツの用語法は異なっているが，意味している内容は同じである。本書では，議論の混乱を避けるため，より意味内容が理解しやすい小林の「意思決定に関する利害」という用語を統一的に使用して，以下の議論を展開していく。

御代川（2010）は，「システムの不確実性」と「意思決定に関する利害」の意味を，次のように区別して説明している。前者は，「そのシステムに関する科学的知識の不確実性を表し」，後者は「ある決定を下したときにそれが誤っていたときの影響の大きさ，その決定の影響を受ける利害関係者の数，決定に影響する価値観の多様性などを表現する」（204-205頁）と言うのである。では前者の「システムに関する科学的知識の不確実性」とは，どのような理由から生じるのか。御代川は1970年代以降深刻な問題として意識されてきた環境問題を例にとりながら説明している。「環境問題に対して，科学は人々が期待するようには機能しなかった。実験室で起こる自然現象には有効であった科学も，多くの要素が複雑に絡み合った，自然界で起こる変化を説明するには十分な力を発揮できなかった。その結果，環境問題にかかわりの深い生物・医学・地球科学といった分野での科学的知識の不確実性や無知が人々に意識されるようになってきた。また，かつてはオゾン層，現在は気候変動に代表される地球環境問題の原因論争，原発事故の評価における原発推進側と反対側の科学者の間にしばしばみられる大きな食い違い，政策に関連する科学についての科学者コミュニティの分裂などは，あらゆる科学的問題には唯一の正解があることを前提にした，科学の客観性に対する信頼を揺るがすことになった。いわば，近代科学が保証した客観性と確実性が成り立たない科学の『難問』が出現し……『科学神話』の崩壊が始まったのである」（204頁）。科学が提供する知識の「不確実性」が強く認識されるようになったのと同時に，そもそも科学の研究対象自身が，多くの要素の複雑に絡み合った「複雑系」の性質を帯びるものになってきたと指摘されているのである[6]。

　これに対して，もう1つの「意思決定に関する利害」の問題は，科学的決定によって生じる影響の大きさ，影響を受ける利害関係者の数，そして決定に関係する価値観の多様性の問題として説明されている。グロ

6）池内（2015）も，この複雑系の問題を重視して，トランス・サイエンス問題を論じている。要素還元主義で成功を収めてきた科学に方法論的困難をもたらした原因の1つが，複雑系の問題であったと指摘する。御代川は，この複雑系の研究を進めるためには，従来の方法を超えて，たとえば研究者のみならず市民も参加した対話の中から，科学的知識を「生きた知識（社会で活用される知識）」に変化させていく必要があると主張している（同書205頁）。

ーバル化し複雑化した現代社会の中である特定の科学的決定を実施するならば、多様な価値観を持った広範囲の人びとに強弱さまざまな複雑な影響が及ぶのであり、その利害関係を調整して社会全体としての是認・同意を取り付けるのは、きわめて困難であると予想される。このようなポスト・ノーマル・サイエンスのケースでは、従来の「スモール・サイエンス」のケースとは異なって、科学者コミュニティだけで科学研究の実践とその適用を決定することはできない。御代川は「科学者コミュニティがPNS（ポスト・ノーマル・サイエンス）に属する問題に対する有効な解決法を提示できないならば、解決法を探すための新しい仕組みが必要である。ラベッツはそのために市民と専門家が対等の関係で参加する『拡大ピア・コミュニティ』という組織を提案する。そこでは、科学の歴史上かつてなかった『科学への市民参加』が実現するのである」（205頁）と述べている。われわれは節を改めて、「拡大ピア・コミュニティ」の実践がどのように行われてきたか、そこではどのような現実的問題が発生しているか、順次検討していくことにしよう。

第3節　拡大ピア・コミュニティの理念と問題点

　科学技術政策の現場で市民の参加と関与が重視されるようになった先駆的きっかけとして、Irwin-Michael（2003）および中村（2008）は、2000年2月に発表された英国議会上院科学技術委員会（House of Lords Select Committee on Science and Technology）の報告書「科学と社会」の意義を重視している。中村は、次のように本報告書の一節を引用している。「市民との直接的な対話は、科学に基づく政策決定や研究機関や学協会の活動にとって、付随的なオプションにとどまるべきではなく、不可欠で標準的なプロセスに組み込まれるべきである」、「市民との対話はいかなるものでも誠実に実施される必要があるし、政策形成におけるその目的と役割ははじめから明確でなければならない」（2頁）。これに対して小林（2007）は、世界で最初に行われたデンマークでの「コンセンサス会議」の意義を強調する。デンマークでは、1984年にすでに国会内の委員会で報告書を作成して、「新たな科学技術のテクノロジー・アセ

スメントに関しては，技術の専門家による評価に加え倫理的，社会的，政治的側面の多様な視点からの評価が必要だ」と強調し，それを「包括的なテクノロジー・アセスメント」と呼んだのである。それまで主流であった技術導入後の「事後的評価」のみならず，技術導入前の「事前的評価」の重要性も強調した点で，この報告書は画期的な意味を持っていたと言えよう（小林同書，186頁）。

　こうした科学技術政策の趣旨は，日本においても，たとえば「第3期科学技術基本計画」（2006-10年度）で明確に採用され記載されている。日本における最初のコンセンサス会議としては，1998年以来，小林（2004，2007）たちが中心になって開催してきた「遺伝子治療」「IT技術」「遺伝子組み換え農作物」などをテーマにしたものがある。その後さらにさまざまな実践が見られるようになってきた。市民の意見を単に「世論調査」という従来のやり方で収集するだけでなく，コンセンサス会議，または「パブリック・コメント」「タウン・ミーティング」という形式で収集する積極的試みが展開されるようになってきた。

　科学技術をめぐる拡大ピア・コミュニティの発展に対して，その意味と問題点を改めて深く考え直す必要も出てきている。中村（2008）は，さまざまな取り組みの中で，「市民参加」「市民関与」という言葉の意味がかなり多様に理解されており，またその内実に関する詳しい再検討が必要であると指摘している。こうした再検討の判断基準としては，Arnstein（1969）の市民参加に関する「8つのレベルの分類」が有益である。アーンシュタインは，市民参加の程度を示す次のような8分類を「参加の梯子」と呼んでいる。（1）誘導・操作（manipulation），（2）ガス抜き（therapy），（3）情報提供（information），（4）意見聴取（consulting），（5）懐柔（placation），（6）パートナーシップ（partnership），（7）権限委譲（delegated power），（8）市民によるコントロール（citizen control）[7]。中村はこれらの内容に関して，「市民参加を掲げながらも，計画策定や事業の実施への市民の参加が目指されているので

---

　[7]　Rowe - Frewer（2005）は，科学技術に関する市民参加に焦点を絞って，「参加の梯子」を，（1）public communication（市民への情報提供），（2）public consultation（市民からの意見聴取），（3）public participation（市民参加，対話による情報交換・意見交換）と3分類している。

第 2 章 「科学」に依拠しない知性の民俗認知経済学　　27

はなく，実際には，（1）特定の結論への誘導・操作，（2）ガス抜きでしかないようなものがあり，これらは市民参加とは言えない。（3）情報提供，（4）意見聴取，（5）懐柔では，市民の声を聞こうとする姿勢が登場するが，彼らの意見が取り入れられる保証はなく，『形式的な参加（tokenism）』にとどまっている。これに対して，（6）パートナーシップでは，市民と行政が対等なパートナーとして位置づけられ，実質的な市民参加が実現される。さらに，（7）権限委譲，（8）市民によるコントロールにいたると，意思決定において市民が実権を握ることになる」（5頁）と説明している。アーンシュタインの「参加の梯子」においては，（1）（2）ではとても市民参加とは言えず，また（3）（4）（5）でも形式的な市民参加であって，意見が反映される保証はなく，（6）（7）（8）に至って初めて実質的に市民参加や市民関与が実現されるというのである。

　実質的な市民参加を実現するためには，具体的にどのような工夫をしたらよいのであろうか。中村はHagendijk（2005）にしたがって，市民が科学技術政策決定に参加・関与する際の「アジェンダの設定」つまり議題の設定と，「フレーミングの設定」つまり問題解決に向けての視点や切り口の設定において，積極的で主体的な役割を果たすべきことを強調している。小林（2004，2007）は，実際に日本で開催されたさまざまな市民参加のコンセンサス会議の実例を紹介しながら，市民サイドが積極的で主体的な役割を果たしてきたことを説明していて興味深い。標準的なコンセンサス会議の例としてデンマーク型の会議を見てみると，それは（1）運営委員会（2）専門家パネル（3）市民パネルという3グループから構成されている。当初は運営委員会がリーダーシップをとるが，しかし会議の計画が進んでいくと，市民パネルが実質的に中心的役割を果たすようになる。具体的には，市民パネルは，専門家パネルから基本的知識を得つつ課題に関する「鍵となる質問」を主体的に決定して，それを専門家パネルにぶつけ，そこから「鍵となる質問」に対する解答を得ながら討議を重ねて自分たちの見解をまとめ，最終的な「コンセンサス文書」の原案をとりまとめるという役割を果たすのである[8]。

8）　これらの詳しい説明は，小林（2007）190頁などを見られたい。

このような工夫が積み重ねられてきたからこそ，逆に問題の困難さや深刻さも見えてきた。小林（2007）は，コンセンサス会議に関する問題点を，次のように語っている。「私は『コンセンサス会議』の『合意形成』を要求するのは必ずしも望ましくないと考えている。『コンセンサス』という言葉はもちろん『合意』という意味である。しかし私はこの会議名称そのものがよくないのではないかと思う。現実に社会的に対立している問題を扱うのがコンセンサス会議であるが，この社会的『対立』は同時に科学者の『対立』でもあることが多いのである。つまり専門家のあいだで対立が存在している。遺伝子組み換え作物に関してもこの専門家のあいだの対立は存在している。専門家のあいだでも解消できない対立を，限られた人数の一般市民が限られた時間で解消し，合意を形成するというのは，そもそも難しい話のはずである。さらに言えば，専門家の対立には科学上の対立も含まれるが，同時に専門家の価値観レベルでの対立も含まれるのである。先に『トランス・サイエンス』について論じたように，現代社会にはこの種の問題が増えている。そして，一般市民のあいだでも生き方，価値観のレベルでの対立は当然存在する。……そしてこのレベルの対立は，容易に解消し得ないものなのである。したがって，最終的に作成される『市民提案』において，両論併記あるいは少数意見が記載されることは，ある意味で必然である」（253頁）。

コンセンサス会議の根源的な機能的限界性を，われわれはいかに理解したらよいのだろうか。小林（2007）は「社会に投入される新たな科学技術に関して，その社会に生き，さまざまな経験をもつ普通の人々の視点から評価・検討を加えるという行為を，従来の専門化の検討に付加する」という意味で，「新たな『理性的』討議の場を創出する」（255頁）こと自体が，評価されるべきであると述べている。コンセンサス会議という「付加された新たな討議の場」で作成された「市民提案」がたとえ最終的に人びとの対立を解消した統合的なものにならなくても，「拡大ピア・コミュニティ」として「合理的」な討議が行われること自体が，またそうした討議の場が出来たということ自体が，高く評価されねばならないというのである。そして「究極のところ，われわれにできることは，合理的な失敗の模索に尽きるかもしれないのである。失敗するならば，納得して失敗したいではないか。トランス・サイエンス時代，科学

技術を使いこなすにはこれくらいの覚悟がいるようである」(281-282頁)と述べている。多くのコンセンサス会議を手がけてきた経験者だからこそ言える深い思いを含んだ感想である。

　しかしコンセンサス会議という「拡大ピア・コミュニティ」の実践の成果を，一定の「諦観」を持って語るのは，まだ早すぎる気もする。トランス・サイエンス時代の中で，さまざまな工夫をこらしながら「拡大ピア・コミュニティ」を作って問題を討議し，得られた貴重な経験からいかなる知見や含意を導き出すかについては，さらにさまざまな視点から深く検討されるべきである。大きな想像力も必要である。トランス・サイエンス問題の困難性を，客観化し相対化して眺めたとき，いったい何が新たに見えてくるのだろうか。私が強く感じるのは，「科学」は人間知性を発揮する唯一の方法ではない，ということである。このように「科学」を突き放して見つめることは，人びとがトランス・サイエンス時代の中でもがき苦しむ経験をしたからこそ，初めてリアリティをもってできるようになったことである。小林（2007）も「トランス・サイエンス的情況は，科学技術の成果に大幅に依存した社会を選択したことの必然的な帰結なのである」(281頁)と述べていた。まさにこの点が根源的な問題なのである。現実には「科学」は人間が知性を発揮する唯一の方法ではないのに，われわれは「科学」にあまりに強く依存した「特殊な社会」を作り上げてしまった。もし「科学」のみに大幅に依存した社会を作らなかったら，われわれは何を手にすることができたのだろうか。われわれが実際に手にすることができなかったものを考えることは，意味のないことではない。トランス・サイエンス時代を生きるにあたって，「科学のみに依存した社会」を作ったためにわれわれが犠牲にしてきたものを，改めて想像力を働かせて確認することは，「われわれの今後の生き方の幅を広げていく」ために役立つだろう。こうした大きな方向性で，人びとの価値観の多様性を「整理・調和・縮減」していくことは可能ではないだろうか。人びとがさまざまな形でトランス・サイエンス問題の困難性を経験すればするほど，この価値観の多様性の整理・調和・縮減のメカニズムは，改めて強く機能し始めると考える。そして実は多様性の整理・調和・縮減のメカニズムを可能にする人間の知性の力こそが，科学のみに依存した社会の中で，われわれが見失ってきた「最大の

もの」であることにやがて気づいていくことになるだろう。私は期待をこめてこのように予想する。

　以下本章では，歴史民俗的世界の中に踏み込んで具体的に現代との比較研究を行い，もしわれわれが「科学」に大幅に依存した社会を選択しなかったら，そのとき手にすることができたものは何であったのかを明らかにしていきたい。現代のトランス・サイエンス時代を相対化して，「われわれの生き方の幅を広げていく可能性」を考える。「科学」以外の方法でも，人間が知性を発揮できる可能性を，歴史民俗的世界の中で再認識し再発見していきたい。先人たちは「科学」とその成果のみに依存する社会には生きていなかった。彼らが実践してきたことは，主に「科学」以外の人間知性の発揮の方法あり，その知恵の力によって厳しい自然・社会環境のなかを生き抜いてきた。この先人たちの生き方を，歴史民俗的研究によって明らかにして，トランス・サイエンス時代への新たなる教訓としたい。

第4節　等身大の科学と集合知の可能性

　トランス・サイエンス時代における「拡大ピア・コミュニティ」の理論的意義を認めても，実際にそれを具体的に専門家・市民双方の参加によるコンセンサス会議という形で実践してみると，多くの困難に直面する。小林（2007）は，コンセンサス会議の実践を通じての深い感想として，いくら熱心に討議してもその結果を，メンバー相互の合意によって一つの首尾一貫した提案文書にまとめることは，困難であることが多いと述べている。もちろん「拡大ピア・コミュニティ」として合理的な討議を行うこと自体，またそうした討議の場ができたということ自体が，高く評価されねばならないという考え方もあるのだが，もう一歩進んだ工夫はできないものだろうか。

　たとえば池内（2012, 2015）や，それ以前には里深（1980）などによって，「等身大の科学」という考え方が議論された。これらの主張は，トランス・サイエンス時代に立ち向かう新たなヒントをわれわれに与えてくれないだろうか。ここでは，最近の池内の主張を取り上げてみたい。

池内（2015）は，トランス・サイエンス問題に対処するには，「科学とは別の論理を考える必要がある」と強調した。そして，「1つ1つのケースによって異なり，すべてに通用する論理はないと思います。それぞれケースに応じて使い分ける，あるいはこの問題についてはこういう考え方がもっとも適当と議論しながら進めていく他ないのでしょう。そして，科学はあくまで参照事項にすぎないのです」（27-28頁）と述べていた。その理由は，複雑系の問題への対応である。複雑系の問題に対応してわれわれが「持続可能性」という視点を重視して思考する必要性があるということだった[9]。「持続可能性」を重視する思考とは，（1）通時性の思考，（2）予防措置原則，（3）被害者や弱者など少数者の立場・意見を優先する「反功利主義」の立場，（4）逆に「徹底した功利主義の立場」や「徹底したコスト・ベネフィット論」を含むものである（26-27頁）。このようなケース・バイ・ケースの論理の使い分けを，「持続可能性」を重視しながら実行するための1つの具体的なアイディアが，「等身大の科学」の提案であった。「科学を身近なものにするために，安い費用で誰もが参加できる，そういう状況が必要」（30頁）であること，そして「オープンサイエンスは，ボランティアで誰でも（素人も玄人も）参加でき，無料の自由参加で，暇なときにやっているという意味で，まさにデジタル時代の『等身大の科学』として新しい可能性が開かれるのではないか」（35頁）と述べている。「等身大の科学」によって得られるベネフィットとしては，「（1）最新鋭の科学に接することができ，新しい発見もある，（2）まったくの素人でも参加でき，実行するうちに学んでいくことができる，（3）個人個人はほんの『部分知』であっても多数の協力で活かすことができる」（36頁）ということである。池内の提案は，このようにいくつもの興味深い意味を有していたが，ここではあえて問題点のみの検討を行うことにする。

　私は以上の池内の主張を，西垣（2013，2014）の「集合知」の議論と比較してみたい。集合知という視点から比較検討することの理由は，多

---

[9] 池内（2015）は，要素還元主義で成功してきた科学が，複雑系の問題をも扱わなければならない状態に変化してきたことを強調する。複雑系固有の問題とは，「（1）部分の和が全体にならない，（2）カオスが発生する，（3）自己組織化が起こる，（4）小さな揺らぎ，雑音，誤差などのような人間の手では制御できない要素が，結果を大きく変えてしまうことが起こる（バタフライ効果）」（22-23頁）と説明している。

くの人びとが参加する「オープンサイエンス」として「等身大の科学」が主張されているからである。ではオープンサイエンスとしての「等身大の科学」の場は，本当に集合知が有効に発揮される場になるであろうか。

　集合知が発揮されるためには一定の条件が必要である。西垣の結論は明快である。解かれるべき問題が明確であり，かつそこには正解が存在していることが確認されており，多くの人びとはその正解を自由に推測し合うという状況が成立している必要がある。このような条件下では，いわゆる「集合知定理」が成立する。「集合知定理」では，「集合知による推測の誤差」つまり「集団誤差」という概念を，次のように表現する[10]。

　　　（集団誤差）＝（平均個人誤差）－（分散値）

　西垣（2013）は集合知定理を次のように説明している。「集合知定理がしめすのは，集団における個々人の推測の誤差（第1項）は多様性（第2項）によって相殺され，結果的に集団としては正解に近い推測ができる，ということである。均質な集団ではこの利点を活かせないが，さまざまな推測モデルをもつ多様な集団なら，個々人がかなりいい加減な推測をしても，集団全体としては正しい推測が可能になるのだ」（37頁）。もちろん個々人の推測がより正しければ，第1項は減少するので，集団としての誤差は減る。したがって結論としては次のようになる。「推測をおこなうメンバーのそれぞれの推測モデルの質がよいこと，しかも多様な推測モデルが用いられることが，集合知によって正解がえられる条件にほかならない」（37－38頁）。ところで集合知定理は，常に成立するわけではない。西垣は「正解がなく，人々の意見や価値観が対立している問題についてはどうだろうか。……これにたいして拙速に集合知定理を採用することは禁物である。ネット投票を利用して直接民主主義的な決定をくだすのは容易だろうが，それが人々を真に満足させる保証はまったくない」（193頁）と警告を発している。ではこのような場合

　　10）　この式の導き方は，西垣（2013）36頁または西垣（2014）50頁を参照されたい。なおPage（2007）はこの集合知定理を「多様性予測定理」と呼んでいる。

はどうしたらよいのか。実はこの場合にも，集合知がまったく無力というわけではないが，しかしこれまで述べてきた直接民主主義的な投票による決定とは「逆のアプローチ」がまず準備的に必要になると主張される。西垣 (2013) は，「多様な意見や価値観をもつ人々が，相互討論をつうじて妥協できる合意点をみつけていく努力が肝心なのである」(194頁) と強調する。また「集団メンバーがお互いにコミュニケーションを繰り返し，合意にむけて自分の個別意思（合理的順序づけ）を変更していく」(西垣 (2014) 79頁) ことが必要だと述べている。

　これはBruner (1990) やWeick (1995) によって考察されたセンスメーキングのプロセスで生じる多様性の縮減の話につながる。多様性の縮減は，解かれるべき問題は何か，それをどのような視点から考えていくべきかの意見の統一をめざし，集合知定理を機能させる準備を整えると理解できる。具体的には人びとは社会的な相互関係の中で，共通な意味的情報を創り出し，それによって人びとのあいだの価値観の多様性から生じる意見の相違を実質的に整理・調和・縮減して，集合知実現への道を切り開いていく。センスメーキングにより創り出される新たな意味的情報は，こうして人びとの意思決定や行動の有り様を本質的に変えていき，人間のさらに大きな社会的知性の発揮を可能にする。それは従来の「価値中立的で客観的な科学」という概念を超えて，人間の新たな知性の発揮が開始されねばならないことを意味している。

　センスメーキングによる価値観の多様性の縮減が，「中立的かつ客観的科学」という概念を超える新たな人間知性の発揮の方法として理解され，それが改めて新しい集合知の実現のために強く要請されるのであれば，われわれはこれまで述べてきたトランス・サイエンスに関する議論のレベルを引き上げねばならない。すでに述べたように小林は，「拡大ピア・コミュニティ」としてのコンセンサス会議の実施を通じて，人びとのあいだの意見の相違や価値観の相違を解消することの困難性を改めて痛感し，たとえこうした意見の相違や価値観の相違の解消が不可能であるとしても，新しい科学技術の導入を専門家グループのみならず市民グループを含めて討議する場が形成されること自体は高く評価されねばならないと述べていた。しかしこれだけではトランス・サイエンスの時代において，人びとの集合知の実現を担保することはできない。やはり

センスメーキングによる人びとの価値観の多様性の縮減という形で，中立的かつ客観的科学という概念を超える新たなる人間知性の発揮が達成されなければ，「拡大ピア・コミュニティ」での集合知は実現できないのである。なぜならば，「拡大ピア・コミュニティ」としてのコンセンサス会議が扱うトランス・サイエンス的問題は，西垣の言葉を用いるならば，一般的にはまさに「正解がなく，人々の意見や価値観が対立している問題」(193頁) だからである。池内の「等身大の科学」の主張に関しても，同じことが言える。「等身大の科学」の場で行われるべき活動内容に関しても，要請される水準が引き上げられねばならない。多くの素人も参加でき，みんなが先端的な科学を学びながら自分の「部分知」をもって協力することで成立するとされる「等身大の科学」にしても，「中立的かつ客観的科学」という概念を超える新たなる人間知性の発揮が目指されねばならない。伊東 (2015) は，「池内氏はまだ科学に固執していて，これを改良して等身大にしたらよい，と考えておられるようですが，私はそう考えません。『知の転換』がおこり，科学をやっていることがなにかおかしい，恥ずかしい，という状況が出てくると思います。いっぺんには変わらないが，だんだん，こういう (要素還元的で) 狭い分野だけやっていていいのか，こういう疑問が必ずおこるでしょう」(107-108頁) と述べていた。われわれもトランス・サイエンス時代のさまざまな試みを実質的に実り豊かなものとするために，「科学」を超える人間の知性の発揮の方法に関して，さらにいっそうの工夫を考えていく必要があると考える。その点で，私は伊東 (2015) の意見に大いに共感するものである[11]。

---

11) 伊東は「分科の学」としての「科学」を超えて「統合学 (holosophy)」を主張している。「科学の限界のあとにくるものはすでに科学ではない。……科学と社会と倫理が絡み合い，統合されようとしている。……それで私は『エヴォルーショナル・エシィックス』という概念を，『道徳の起源』という論文で論じました。これはすでに統合化です。自分の専門の中に閉じこもって解決するものではなく，認識や倫理は，ほかの領域と関わってそれを取り込み，いままでの科学が問題にしないようなものを取り込んでいくということが行われているのです」(105-106頁) と述べている。この伊東の「統合学」の主張は，われわれが本書で展開する内容と同じものではない。しかし「エヴォルーショナル・エシィックス」という概念は明らかに「センスメーキング」に関連した問題であるし，「科学に依存しない人間の知性」の発揮という問題を考えようという大きな方向性において，われわれの論考と一致している。なお伊東の統合学は，「地球文明」に関する歴史観の中で議論されている。これらの問題に関しては，伊東 (2013, 2016) および秋山 (2016) などを見られたい。

第5節　センスメーキングと意味の多様性の縮減

　われわれの戦略は，センスメーキングに関する理解を基礎として，「科学」に依存しない人間の知性の発揮の問題を考察していこうとするものである。ワイク（1995）は，人びとが社会的な相互関係性の中で，新たな意味的情報を創り出し，それによって理解や解釈の多様性から生じる意見の相違を「縮減」していくという問題を考察している。「問題は多様性であり，不確実性ではない。問題は混乱にあり，無知ではない」（37頁）と主張している[12]。センスメーキングとは，人びとが社会的な相互関係性のなかで，このような「多様性の縮減」を達成しうる新しい意味的情報を創り出すことである。人間は，センスメーキングの能力を用いることで，「科学という特殊な思考方法」とは異なった人間の知性の発揮をも実践できるのである[13]。

　ワイクの議論を詳しく見ていこう。ワイク（1995）は，Huber-Daft（1987）やWaterman（1990）にしたがって，これまでセンスメーキングがどのように理解されてきたかを，次のように説明している。「文字通りそれは意味（sense）の形成（making）を表現している……能動的な

[12) ワイクによるセンスメーキングの考察を検討していくが，ここではセンスメーキングによる「多義性の縮減」という視点を重視して議論していく。ワイクはBoland（1984）の主張を参照しつつ，次のように述べている。「センスメーキングとは，内省がなされる際に多数の異なるプロジェクトが進行しているために，多くの意味がありうるが，それらを統合する活動である。問題は意味が少なすぎるのではなく，あまりに多過ぎるという点にある。センスメーカーの直面する問題は，多様性であり，不確実性ではない。問題は混乱にあり，無知ではない。私はこれらの点を特に強調しておきたい」（36－37頁）。

13) 西垣（2014）は，意味作用を，身体を持って生きることと不可分であると主張している。「身体こそが意味作用発生の原器なのであり，身体をもつ動物も，それぞれの種に特有の意味作用をもとに生存活動をつづけている……『意味』とは本来，生命体の生存活動（選択行為）と不可分の存在なのだ」（101頁）と述べている。私は西垣の言葉をアーレントの主張とリンクさせて次のように考える。人間が生きるとは，アーレントが主張するように「人と人の間にありつづけること」であるとしたら，西垣が言うところの人間の意味作用は，「人と人の間に生きることと不可分」であると理解されねばならない。このことは本文で述べたように，意味作用としてのセンスメーキングの議論でも強調されている点である。センスメーキングは，人びとの社会的関係性の中で考察されるべきである。こうした主張の妥当性は，西垣（2014）の主張との関連からも深く了解されるべきである。

主体が有意味（sensible）で知覚可能な（sensable）事象を構築する。彼らは『未知を構造化するのだ』」。ではどのように構築するのかというと，ワイクはさらにStarbuck-Milliken（1988）の主張を引用しながら，「センスメーキングとはある種のフレームワークの中に異なるものを置くこと……人が何ものかをフレームワークの中に置けば，それを把握，理解，説明，帰属，類推，予想することができる」（以上5頁）と述べている。この時センスメーキングは，「行為」として，特に個人的行為というより社会的行為として理解されねばならない。これらのことを考慮して再述すると「センスメーキングとは，何ものかをフレームワークの中に置くこと，納得，驚きの物語化，意味の構築，共通理解のために相互作用をすること，あるいはパターン化」（8頁）と理解できる。

　さらにワイクは，センスメーキングと解釈（interpretation）がどのように異なるのかを説明している。センスメーキングはしばしば「解釈」と同義語であると理解されるが，しかしそうした理解では「センスメーキングの特異性を捉えようとするとき，それはいくつかの決定的とも思える違いをぼかしてしまう」（8頁）恐れがある。ワイクは，Rabinow-Sullivan（1987）の議論を参照しながら，「解釈に関するほとんどの議論は，テキストをどう読むかが焦点になっている。しかし，センスメーキングは，テキストがどう読まれるかだけでなくそのテキストがどのように構築されるのかということも問題にしている。センスメーキングは，読みだけではなく創作でもあるのだ」（8-9頁）と主張する。そして創作であるセンスメーキングの特性を，不確実な状況下で「問題をいかに設定するか」というテキストの「囲い込み」の問題に適用して，次にように説明する。まずSchon（1983b）らが「問題設定こそプロフェッショナルな仕事の核心である」と主張していることを評価し，彼の著作から特に以下の部分を引用する。「実際の現実世界では，問題が所与として現れることはない。問題は，謎めいていて，面倒で，不確実でやっかいな状況という素材から構築されるものだ。……問題を設定するとき，状況のうちから『大切なこと』として扱うだろうものを選択し，注意の境界を定め，（何が誤りであるかを示したり，状況の進むべき方向を示唆するような）首尾一貫性をそれに押しつける。問題設定は，相互作用を通して，自分たちが注意するだろう大切なことに名前を付け，注意す

第2章 「科学」に依拠しない知性の民俗認知経済学　　37

る際に用いるコンテクストをそれらに当てはめる過程である」（Schon [1983b] 40頁，ワイク [1995] 11-12頁）。西垣が述べていた「集合知」を働かせるための条件を思い出すと，ここでのワイクの議論の重大さが理解できる。センスメーキングは不確実な状況下で「問題をいかに設定するか」という点で大きな役割を果たすのであるが，これは結局のところ，「集合知」の発揮を可能にするための条件を整えるという意味をもっているのである。

　問題設定の機能を，過去の経験に関して適用すると，次のようなGarfinkel (1967) の言葉につながっていく。「一連の行為からなる経歴の中に，自分が行為している状況の性質を発見する。……行為者自身の行為こそ，状況の意味を左右するもっとも重要な決定要因であり，文字通り，その中で行為者は自分自身を発見するのである」（Garfinkel [1967] 115頁，ワイク [1995] 14頁）。自分の行為が自分の認知を形成していくのである[14]。

　また問題設定の意義を未来へ目を向けて考えてみよう。このとき重要なポイントは，「センスメーキングの真髄は過程に焦点を当てるという心構えを喚起する」（同頁）ことである。つまり「解釈するという営みは，何かすなわち世界の中のあるテキストがそこにあり，発見され近似されるのを待っているということを匂わせている……しかしセンスメーキングは発見よりも発明に近い。センスメーキングをするということは，構築すること，フィルターにかけること，枠を組むこと，事実性を創造すること……そして主観性をもっとも実体的な何かにすることである。……センスメーキングとは，やがて有意味になるものの構築を暗示しているのである」，さらに「センスメーキングという概念は，それが解釈に先立つ発明に光を当てているがゆえに価値がある。またその概念は，行為者のより高次の社会参加（engagement）を暗示するので価値がある。一方，解釈は，センスメーキング活動よりも，受動的で社会との関わりも薄い活動を意味している」（18頁）と述べている。未来を志向する時間軸の中でセンスメーキングの意義を考えると，それがきわめて高次な

---

14) ワイクはこの点に関して，Festinger (1957) の認知的不協和理論との強い関連性を指摘している。認知的不協和理論についてはFestinger-Riecken-Schachetér (1956) なども参照されたい。

社会参加を可能にするということに気づかされる。センスメーキングをする者は,「構築すること,フィルターにかけること,枠を組むこと,事実性を創造すること」で,解釈に先立って,「事物の中に自分の見たいと願う意味を読み込んでいる,つまり彼らは物事や発話,行為などに,(世界を自分たちにとって理解できるようにしてくれる)主観的に意味を付与している」(Frost-Morgan [1983] 207頁,ワイク [1995] 18頁)のである。このセンスメーキングの行為により,解釈に先立って行われる「意味の付与」は,明らかに事前的な「多様性の縮減」の機能を果たしている。そして社会の中で人びとが何らかのコンセンサスを得ようとするとき,センスメーキングの行為はきわめて大きな力を発揮する。Drucker (1974) も述べているように,集団としてのコンセンサスを達成しようとするならば,みんなで意思決定すべき問題をまずセンスメーキングの力によって,「うまく定義する」ことがきわめて重要だからである[15]。

　先に進む前に,センスメーキングの機能とその意義を,簡単な図を用いて要約しておこう。図1で示されているように,センスメーキングは社会的関係の中から意味を創造しそれを経験に付与して,潜在的に可能なさまざまな問題設定やそこから導かれる解釈の多様性をあらかじめ整理・縮減し,人びとの間でコンセンサスを達成するのを容易化する。これは,社会の中でともに生きる人間が「集合知」を発揮するための準備を整えるという意味で,「価値中立的な科学」とは異なった「きわめて大きな人間知性の発揮」のプロセスであると言える。センスメーキングは,人間が自分たちの知性をさらに具体的にさまざまな形で発揮していく根源的な力になっている。なおこの図1では,Weick (1979) と遠田 (2001) に基づいて,センスメーキングが「イナクトメントによるフィードバック効果」の影響を受ける可能性をも重視し,それを2つのルー

---

15) ワイクは,この点を,Drucker (1974) の本の一節を引用して次のように説明している。「日本人にとって,意思決定の重要な要素は問題を定義することなのである。その重要かつ決定的なステップでは,そもそも決定する必要があるのかどうか,またその決定は何に関するものなのか,が決定される。そしてそれは,日本人がコンセンサスを得ようと努力するステップで行われる。確かに,日本人にとって,決定の急所は,このステップである。問題に対する答(西洋人が決定だとかんがえているもの)は,問題の定義から自ずと導かれる」(Drucker [1974] 466-467頁,ワイク [1995] 19頁)。日本人を少し誉めすぎている感じもするが,ともかく一般的に集団としてのコンセンサスをうまく達成できる理由を,センスメーキングの視点から,明快に説明できるということである。

第2章 「科学」に依拠しない知性の民俗認知経済学　　39

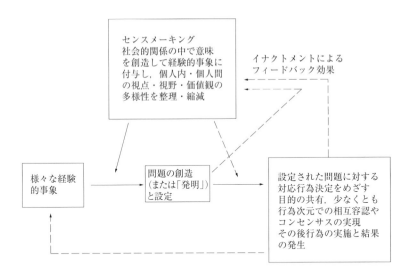

図1　センスメーキングの機能とその意義

トとして明記している。

　ワイクは，こうしたセンスメーキングの基本的な機能を前提にして，さらに具体的なケースに関して，センスメーキングのプロセスが示す多面的な特性を説明している。その内容を，われわれの議論に関連するところに限定して紹介する。ワイクはセンスメーキングのプロセスの特性を，次のような7項目に整理している。（1）アイデンティティに根付いていること，（2）回顧的であること，（3）有意味な環境をイナクトすること，（4）社会的であること，（5）進行中であること，（6）抽出された手掛かりが焦点となること，（7）正確性よりももっともらしさ主導であること，である。ここでは（1）（3）（4）（7）の問題を取り上げる。

　（1）のセンスメーキングがアイデンティティに根付いているという指摘は，きわめて重要なポイントである。ワイクは「センスメーカーなる言葉は単数だが，どの個人も単数としてのセンスメーカーのようには振る舞わない」（24頁）と述べている。ワイクは，Knorr-Cetina（1981）の議論を参照しながら，次のように説明している。「アイデンティティは相互作用のプロセスから構成されるものだ。相互作用を変えれば，自

己の定義も変わる。したがって，センスメーカーとは自分自身が進行中のパズルで，再定義を繰り返し，その都度他者に対してある自己を提示し，いずれの自己が適切かを決定しようとしている存在だ。そして，私が何者かということが変われば，『そこにあるもの（out there）』も変わる。私が自己を定義することは，私が『それ（it）』を定義することであり，逆にそれを定義することは，私を定義することでもある。自分が誰であるかを知ることは，そこに何があるか知ることである。しかし，自己の定義から状況が定義されるのとは逆に，状況の定義から自己が定義されることがよくある。そしてそれこそ，アイデンティティの確立と維持がセンスメーキングの中核的な前提となることの理由であり，またわれわれがリストの一番最初にアイデンティティを持ってきた理由である」(26頁)。

　センスメーキングによってアイデンティティを持ちたいという人間の欲求は，「自己の概念の尊厳と一貫性を維持できるような状況への一般的な志向から生じる」(29頁) ものであり，本源的なものである。したがって「自分自身でイナクトした『自己』の確認に失敗すると，センスメーキング・プロセスが再び生じ，イナクトメントと自己表出がその後再び行われる」(同頁) と述べられている。人間は，社会的アイデンティティを求めて繰り返しセンスメーキングを行い，社会的・集団的価値観を身につけた「社会的存在」になっていく。ワイクは，Chatman et al. (1986) の次の言葉を重要なものとして引用している。「組織における個人の行動を観察するとき，われわれは実際には2つの実体を見ている。つまり彼個人としての個人と，集団の代表者としての個人である。……したがって，個人は，普通いわれるところのエージェントという意味において組織のために行動するだけでなく，集団性の価値観や確信や目標が染み込んでいるときには，無意識に『組織として』行動してもいるのである。その結果，個人の行動は，思われている以上に『マクロ』なものである」(Chatman et al. [1986] 211頁，ワイク [1995] 30頁) [16]。

---

16) 社会的存在としての人間に関しては，Mead (1913, 1934) の哲学を参照されたい。ワイクはここでも「意味の縮減」の重要性を指摘している。「アクセスできる自己の数が多ければ多いほど，抽出し，押しつけることのできる意味の数も多くなる。さらに，アクセスできる自己が多ければ多いほど，びっくりしたり，驚いたりする可能性は減るが，その分，可能な意味が過剰で混乱し，多義性に対処するのに追われることになるかもしれない。

第2章 「科学」に依拠しない知性の民俗認知経済学　　　41

次に（3）の「有意味な環境をイナクトすること」に関してワイクの主張を見ていこう。ワイクはここでイナクトメントという言葉を用いることの重要性を強調している。「私は，組織の生において自分の直面する環境の一部を自分が生み出しているという事実を強調するために，イナクトメント（enactment）という言葉を用いる。私はこの言葉が大変気に入っている。……人が法律を制定する（enact）とき，彼らは未定義の空間や時間それに行為をとり上げ，境界線を引き，カテゴリーを確立し，以前には存在しなかった環境の新しい面を創り出すラベルをはりつける」（41頁）と述べている。これはセンスメーキングがさまざまな概念を認識したり理解したりするだけでなく，「行為を含んでいる」つまりmakingしているということを強調するためである。たとえばワイクはCzarniawska-Joerges（1992）を参照しながら次のように述べて，「囲い込み（bracketing）」という問題の重要性を強調する。「石は，われわれの認識から独立して存在している。しかしわれわれは，認知的囲い込みによって，つまり注意をその石に集中させることによって，その石をイナクトするのである。こうして，精気が吹きこまれ，注意を引きつけられたその石は，石という概念や属性および使用などを通じて社会的に構成されるのだ。このような社会的構築にもとづいて，われわれは，物理的な行為（それは石を打ち砕くといった行為であるかもしれないが）をすることができるのである……社会的に創造された世界は，行為や志向性を制約する世界になる……まさにこの社会的構築が物事のやり方の制度となり，そうした制度が継承される……センスメーキングは，制度化の素材なのだ」（48-49頁）[17]。

（4）の「社会的プロセス」についてワイクの議論を見ていこう。ワイクは，センスメーキングが社会的プロセスであることを強調する。「センスメーキングという言葉には，個人レベルのものと思わせる響き

自己概念にとって柔軟性や可変性や適応性が大切なのだと思われないところでは，融通無碍な自己も，『自己概念の斉合性』にとってかえってマイナスとされてしまうだろう」（31-32頁）と述べている。

[17] センスメーキングが「創造する」ことであると言っても，ワイクは行為によってなされるものばかりを考えているわけではない。「計画されただけであったり，空想だったりもする。……これらの結果は，どれも創造にはいたらないが，意味を生み出しうる」（50頁）と述べている。

があって，それがある種の盲点を生み出しやすい」(52頁) と注意を促す。そして「センスメーキングが社会的プロセスであることを忘れてしまうと，解釈や解釈活動を形成するある重要な基盤を見落とすことになる」(53頁) と述べ，センスメーキングの場である組織が，「共通言語の開発と使用，および日常の社会的相互作用を通じて維持される間主観的に共有された意味のネットワーク」と解釈するWalsh-Ungson (1991)の考え方を紹介している。センスメーキングが社会的なものであるからこそ，組織も「間主観的に共有された意味のネットワーク」として維持できるのだと考える。しかしBlumer (1969) は，組織内での意味の共有までは必要なく，社会的なセンスメーキングによって人びとの間に連携が成立し，その連携によって「明確な見通しを持つ行為のコースの安定化」が成り立てば，組織は，Miller (1993) の言葉を用いれば，徐々に「簡潔性の構造物」になっていくと主張する。社会的なセンスメーキングが，連携的行為という形で，組織内での「多様性の縮減」を実現するのである。

　最後に (7) の「センスメーキングが正確性よりももっともらしさ主導である」ことについて考えよう。このセンスメーキングの特性は，「科学」という特殊な知性の発揮の方法と比較したとき，重大な含意をわれわれにもたらしてくれる。ワイクは，Starbuck-Milliken (1988) の言葉を借りて，「物のわかった経営者は，完全に正確な認知など必要としない」(77-78頁) と述べ，さらに「センスメーキングの観点に立てば，それは重大な問題ではないのだ。展望を与えてくれるものとしてのセンスメーキングの強みは，それが正確性に依存せず，また対物認知をモデルにしてもいないという事実から生じる。センスメーキングにとっては，もっともらしさ，実用性，一貫性，道理性，創造，発明，道具性などが必要である」(77-78頁) と主張している。またワイクは，Fiske (1992) の言葉を借りて，次のようにも説明する。「センスメーキングにあっては，真実というものに対して相対的なアプローチを採る。なぜならば，そこでは人は，感覚的経験を説明するものだけでなく，面白くて，魅力的で，情緒に訴え，目的に関連したものをも信じると思われるからである」(78頁)。これらのワイクの説明は，「科学」と「科学」以外の方法を，人間の知性の発揮という視点から相対化し比較して論じるとき，

「科学至上主義」を超えて，われわれの心に大きな「覚醒」をもたらすものである。ワイクは，「優れた物語」の創造という視点から，次のように論じている。「正確性が良きものだとしても，センスメーキングにおいては必要でないならば，必要なものとは一体何か？ それは，もっともらしさや一貫性を有するものであり，理に適い記憶しやすいもの，過去の経験や予期を具体化するものであり，他者と共鳴するもの，回顧的に構築できるものでなおかつ予測にも使えるものであり，感情と思想のどちらをも捉えるもの，現在の異常事態にふさわしい脚色を可能にしてくれるものであり，構築していて面白いもの，というのが答である，手短に言ってしまえば，センスメーキングに必要なのは，優れた物語である」(83頁)。センスメーキングという人間知性の発揮に関して言えば，われわれに必要なのは，正確で客観的知識を生み出すことをめざす「科学」ではなくて，「優れた物語」を生み出し，それを相互に語ることなのである[18]。ワイクのセンスメーキングの研究は，われわれがトランス・サイエンス時代の中で探し求めている教訓や知恵への大きなヒントを与えてくれるものである。

第6節　物語を語る人間知性

　センスメーキングは，「良き物語」の創造という形で行われて「多様性の縮減」を実現し，人びとの間の連帯やコンセンサスの達成を導くものである。社会的存在としての人間の偉大な知性の発揮の方法である。本節では，さらに「物語を語る人間の知性」という問題に関して，最近の研究を展望し，「科学」以外の人間知性の発揮の可能性をさらに深く考えていく。
　荒川 (2005) は，「科学＝正しい」，「非科学＝間違いを多く含む」という「単純なイメージ」を批判し，心理学は「本当に『科学的』でなければならないのか」と問いかける (31頁)。そして具体的には近年積極的に議論されている「質的研究法」を念頭において，「科学の知」に対

---

[18] Simmons (2001) や楠木 (2010) は，企業経営の面に関して，リーダーが「優れた物語」を語ることの意義とその影響力の大きさについて，適切かつ高い評価を与えている。

してオルターナティブな知としての「物語りとしての知」を対峙させ，知識生産と知識流通の有り様を論じることで，「科学の知」を相対化する（荒川同書4－9頁）。このような「物語りとしての知」に対する関心は，1990年代以降特に強く意識され始めた「人間科学全体が有している大きな壁」と深い関係がある。森岡（2002）は次のように説明している。「人間科学，社会科学の諸領域で，1990年代以降『物語』(narative) という接近法が大きく取り上げられつつある……『物語』についてそれぞれの領域での定義に色合いの差はかなりあるにしても，背景には共通したパラダイムの転換をむかえつつあることが推測される。対象を精密に分析し，定量化数量化する手法はきわめて洗練されてはいても，大きな壁にぶつかりつつあるのは，人間科学全体で共通する認識なのであろう。関係性，社会的文脈の中での構成という立場が重視されつつある中での必然的な帰結として，『物語』への注目があると考えられるのではないだろうか」(190頁)。

　ところで「物語」とは何だろうか。Cron（2012）は次のように述べている。「困難なゴールに到達しようとする誰かに対し，起きたことがどう影響するのか，そしてその誰かがどう変化するか。それが物語だ」(26頁)。つまり「物語とはプロット（起きたこと：著者追加）について，あるいはそこで何が起きているかについて書かれたものではない。物語とは，人間の周囲の世界ではなく，人がどう変わっていくかを描いたものだ。そのプロットのなかを進むのがどんな感じか，それを読み手にも体験できるように書かれていなければ，物語が読者をとらえることはできない……物語とは内面的な旅であって，外面的な旅ではないのだ」(27頁)。このような「物語を語る」人間の知的能力は，生得的なものであり，また社会の中を生きることによって陶冶されてきたものである。クロンは「人は物語で考える。物語は人の脳に組み込まれている……脳は投げ込まれたすべての情報から耐えず意味を求め，生存するために重要なことを必要に応じて引きだし，脳が知っている過去の経験や，それについて感じること，人間への影響などに基づいて，その物語を伝える」(22頁) と述べている[19]。そして良き物語はすばやく人の心をとら

19）「人は物語で考える。物語は人の脳に組み込まれている」とクロンが述べている点は，Gazzaniga（2008）の次のような説明に対応している。ガザニガは，Damasio（1999）

えるものである。特に人の心に驚きを与える物語ほど，人の心を奪うものはないのである（28頁）。この後半の指摘は，後に取り上げる江戸期における見世物の人気を考えるとき，重要なポイントになる。両国・浅草や大阪などで興行された江戸期の見世物には，しばしば驚くべき規模の「細工物」が登場したが，それに口上芸人の名人芸的語りが加わり，当時の人びとの心を見事に魅了したのである。

問題を森岡（2002）の議論に戻そう。人間科学をもっぱら「科学」として展開しようとするときの「大きな壁」とは何だろうか。Hanson（1958）は，近代科学の「理論負荷性」の問題を指摘し，野家（2005）は，自然科学が「あらゆる人間的視点から切り離された非人称科学」（330頁）として構築されてきた問題を指摘している。この自然科学に対して，人間科学や社会科学は「人間の心や行為を扱う」学問領域であり，「それゆえ，そこには『誰にとって』という視点と人称性とが介在し，それを排除することは原理的にできない」という問題，つまり人間科学や社会科学は「『人称科学』であらざるをえない」（野家，331頁）という必要性が存在している[20]。ここには大きなミスマッチが存在する。つまり「人称科学」であるべき人間科学を，「非人称科学」としての近代自然科学の方法論で展開しようというディレンマが，深刻に意識されることになる。この深刻な問題意識を背景として，人間科学の分野では，オルターナティブな知としての「物語りとしての知」が注目を集めるようになってきた。

確かにFeyerabend（1991）も野家（2005）も「科学的知識は物語に過ぎない」または「科学的説明を物語的説明の特殊ケースと位置づけることも可能」だと述べている。しかしやまだようこ（2000）も指摘しているように，科学的説明と物語的説明では，出来事の因果関係を「筋立て

にしたがって，人間の意識のレベルを2つに分けている。第1は自己意識を含まない生物学的で基礎的な「中核意識」であり，第2はそこから「複雑性を増していく意識のレベル」としての「延長意識」である（396頁）。後者は，人間がさまざまな情報をまとめ上げて1つの「物語」としての「自己意識」を生み出していくプロセスで形成されるものである（604頁）。人間の高度な「延長意識」は，脳の中に組み込まれた「物語」を語る認知的能力によって成立していると理解できる。

20）野家（2005）は次のように述べている。「人間科学は『行為』の記述を不可欠の要素として含んでいる。それゆえ，自然科学のようには，二次性質（感覚）や心的述語（意図や信念）を排除し，無視点的記述を貫くことはできない」（328頁）。

る（plotting）」やり方に決定的な違いがあることを強調しておく必要がある。野家はこの点に関して次のように説明している。「2つの出来事を因果的に結びつけて説明するという点では，科学的説明と物語的説明との間に決定的な差異は見当たらない。違いがあるとすれば，それはプロットの設定の仕方である。比喩的に言えば，科学的説明は2つの出来事を最短距離の『直線』で結びつける。つまり，一般法則を『中間』に置いた一義的説明である。その一義性を目指すために，デカルトやガリレオ以来，近代科学は主観的な二次性質や心的述語を記述のボキャブラリーから排除し，無視点的で客観的な説明のプロットを洗練させてきたのである。それに対して物語的説明は，2つの出来事を多様な『曲線』で結び合わせる」（328頁）。物語的説明が出来事を「曲線」で結び合わせるやり方は，「『なぜ』という人間的関心に応えることを主要な目的としている。それは法則的な一般化よりは，個別事情を範例とした受容可能な物語的説明を目指している」（332頁）からである。野家の説明は，科学的説明と物語的説明の共通点と相違点を見事に描いている。2つの出来事を因果的に結びつけるという点では，科学的説明も物語的説明も同じ機能を果たすが，しかし科学は出来事の因果関係を「無視点的な一義的説明を用いて最短距離の直線で結ぶ」のに対して，物語は「出来事の因果関係を人間的関心に応えることを主要な目的とした受容可能な物語的説明を用いて曲線で結ぶ」というのである[21]。

　物語が2つの出来事の因果関係に「受容可能性を与える」という機能は，きわめて重大な意味を持っている[22]。それは荒川（2006）の言葉で

　21）　野家は科学と物語の違いを，結婚式での祝辞の例で説明していて興味深い。「本日華燭の典を挙げられた新郎新婦のそもそもの出会いは，5年前の七夕の祭りの夜のことでした」という祝辞についてである。これは過去と現在の2つの出来事を「人間的関心に応えることを主要な目的とした受容可能な物語的説明」によって結びつけている。つまりこの祝辞は「物語文」である。しかし「七夕の夜にであった男女が恋に落ちて結婚するという一般法則は存在しないので，これは科学のような一義的説明ではありえない」（328頁）。したがって科学的説明とはならない。しかしわれわれ人間は，科学的説明でなくても，この結婚式の祝辞を，結婚式という文脈においては，「受容可能な物語的説明」として認めるのである。

　22）　Arendt（1977）は「人が語るのは，つねに物語である。そしてこの物語のうちで個々の事実はその偶然性を失い，人間にとって理解可能な何らかの意味を獲得する」（訳357頁）と述べている。野家はこのアーレントの言葉を引用しながら，「理解不能なものを受容可能なものへと展開する基盤である『人間の生活の中の特定の主題への関連』を形作ることこそ『物語り』のもつ根源的な機能なのである。このような『現実との和解』を生じさせる

表現すれば，物語に関する「流通のガバナンス」をどのように構築するのか，つまりどのようにして「悪しき物語の流通を防ぐのか」（6頁）という問題にもつながっていく。荒川の問題意識は，厳密科学としての「科学」に対抗して，物語も「信頼にたる知の生産方法」になりうるのかどうかという疑問に応えようとするものである。荒川は，「悪しき物語の流通を防ぐ」ために，すでに提案されている2つの考え方を紹介している。第1はKazdin (1999) やJacobson et al. (1999) などによる「臨床的有意性」という概念であり，第2はWolf (1978) などによる「社会的妥当性」という概念である[23]。野家が説明した「受容可能性を与える」という物語の機能は，主にこの後者の「社会的妥当性」の概念に関係している。ウルフは「社会的妥当性」の詳しい説明の中で，物語が人びとにとって受容可能かどうかというポイントを強調していた[24]。

物語は，「科学」における統計的ツールを用いた反証可能性とは異なるものの，しかし「科学」と同様に，一定の自己チェック機能つまり「悪しき物語を排除するガバナンスの方法」を備えていると考えられる。それは野家の言葉によれば，「ロウ・ナラティヴィスト」の主張である。つまり「物語を外部を持たない自己完結した『テクストの織物』と見るハイ・ナラティヴィストの見解を退け，物語りを直接的体験（生きられた経験）を境界条件としてもつ外部に開かれたネットワークと見る立場である。……科学の全体は経験的『反証例』という異他的なものと遭遇し，それをきっかけに場の再調整と心理値の再配分という更新のダイナミズムに身をさらすのである。『科学』を『物語り』に，『経験』を『直接体験（生きられた経験）』に置き換えるならば，このテーゼはそのまま

物語りの機能については，H・アーレントが……見事に語っている」（316頁）と強調している。

23) 荒川 (2006) は，臨床的有意性 (clinical significance) という概念について次のように説明している。「この臨床的有意性とは，学範志向的な統計的有意性 (statistical significance) に対抗するために作られたものであり，Kazdin (1999) によると『ある介入の効果の実践的，応用的な価値や重要さ』を示すものであり『その介入が，そのクライエントや，クライエントが関わる人々の日々の生活において実際的な違いを生み出すかどうか』に着目したものである」（6頁）。

24) ウルフの「社会的妥当性」に関する詳しい説明は，荒川 (2006) 7頁を見られたい。その説明の中には，物語が達成しようとする目標が人びとによって共有されているか，物語が人びとにとって受容可能かどうか，物語は人びとを満足させる結果を生み出すことができるか，という諸点が含まれている。

物語り論にもあてはめることができる」(320頁)。「科学」も物語も，具体的な方法は異なるものの，しかしどちらも自己の外部にある経験的「反証例」によって再調整を強いられるというダイナミックなメカニズムを備えた人間の知の発揮であると言えよう。「科学至上主義」への執着を超えて，それを相対化し，物語も「科学」とは異なるが，1つの有力な知の生産のやり方であると評価しなければならない。

　この物語りの実践については，人間のセンスメーキングの能力が基礎的条件になっていることを確認しておく必要がある。ある物語が繰り返し語られ流通するためには，人称的なコンテクストにおける「社会的受容」が必要である。1人の人間による受容だけでなく，その社会的文脈に生きている多くの人びとによって直接的体験（生きられた経験）に基づいて，その物語が多様性の中から選ばれ是認されなければならない。どのような物語りが社会的に受容されていくのかは，社会的文脈におけるセンスメーキングの認知的プロセスにおける「多様性の縮減」によってしぼりこまれていく。センスメーキングによる「多様性の縮減」こそ，社会的に受容された物語りの成立と流通の「母」である[25]。そして「多様性の縮減」によって成立した物語は，「集合知定理」の実現を準備するものとなる。最初から問題が特定化されておりまた問題に一義的な答の存在がわかっている特殊な例を除けば，そもそもどのような問題をどのような視点から取り上げるかといういわゆる「問題設定」が，センスメーキングのプロセスでの「多様性の縮減」によって規定されていかなければならない。問題設定が，人びとの間で共通に理解されるようになって初めて，「集合知定理」の実現が期待できる。具体的にはセンスメーキングの認知プロセスでの「多様性の縮減」を母として生み出された社会的に受容された物語の成立と流通は，その物語が繰り返し語られることで，意味論的に人びとの共通の問題設定の成立を確認し，「集合知定理」の実現を可能にしていく。物語りの実践は，「科学」という特殊な形式とは異なるが，しかし人間が社会的存在として知性を発揮する

---

25) センスメーキングによる「多様性の縮減」は，その社会的文脈に生きている多くの人びとによって直接的体験（生きられた経験）に基づいて実践されるため，「悪しき物語を排除するガバナンス」の機能も果たしていることは明らかである。したがってセンスメーキングによる「多様性の縮減」は，良き物語の成立とその流通の「母」であると言うことができる。

ためのきわめて強力で現実的な「知恵の行為」なのである。

第7節　日本的雑種文化における多様性の促進と縮減

　「物語を語る」という「科学」とは別の知性の発揮は，「意味を創り出す」という人間の認知能力があって初めて現実化すると述べてきた。このような主張は，トランス・サイエンスの時代に立ち向かうわれわれに大きなヒントを与えてくれるものである。しかし実際に，物語を語るという人間知性の発揮がうまくいった例はあるのだろうか。実例があるのなら，それを手掛かりとして，さらに深く具体的な教訓を求めて考察を進めたい。この本では日本の歴史民俗に目を向けて，その中でも特に江戸期を取り上げて，先人たちが西欧からの近代科学の流入に対して，それを学ぶために，どのように知性を発揮してきたのかを見ていくことにする。当時は流入する近代科学と伝統的な文化が衝突して，大きなドラマが巻き起こされていたに違いない。われわれはこの実例研究により，「東洋の文明に目を向けて教訓を学ぶべきだ」というラベッツの期待にも応えることができると考える。

　「日本的なものとは何か」，「日本文化の特性とは何か」について卓越した論考を示した著作として，加藤周一（1968, 1976, 1979abc, 1980）の作品群をあげることができる。加藤は，丸山真男（1952, 1961, 1964）などから影響を受けながらも，さらにそれを超えて独創的な論考を展開した[26]。加藤の主張は，一般に，「日本文化＝雑種文化」論であると理解されている。加藤（1979b）は確かに「英仏の文化は純粋種であり，それはそれとして結構である。日本の文化は雑種であり，それはそれとしてまた結構である」（12頁）と述べていた[27]。日本が実際に，古来より繰り返し外来文化の流入にさらされ，その都度大きな適応力を示して

---

　26)　加藤が丸山の著作を高く評価していたことは，たとえば加藤（1979a）の「文芸時評」などを見れば明らかである。田口（2002）も，これらの文献を含めて，加藤が丸山から受けた強い影響を詳しく論じている。
　27)　しかし英仏を含めたヨーロッパの文化が「純粋種」であるかどうかの問題に関しては，加藤はその後に自分の意見を修正している。詳しくは，加藤（1968）の『続・羊の歌』などを参照されたい。

今に至っている歴史的事実を思えば，加藤の「日本文化＝雑種文化」の主張は至極当然のものと考えられる。しかしこの雑種文化の意味を，単純に，異なる文化が量的に混じり合った状態だと理解するのは早計である。加藤の「日本文化＝雑種文化」の主張も，有田（2014）が明確に指摘しているように，1980年頃を境にして大きく深化を遂げた。つまり単なる常態として文化的雑種が存在するというよりも，「むしろ日本の社会には文化の雑種性を促す常なる傾向がある」という主張に変化したと解釈できる。日本社会の中に常に存在する「文化的雑種性を促す傾向」について，有田は菅野（2011）を参照しつつ，次のように説明している。「積極的意味を帯びて生産的でもある『雑種性』は，『古代いらい日本文化をいわば貫流してきた常数というか伝統』であって，丸山真男の『執拗低音』に『近似する』と考えるべきだろう。つまり，加藤の言った日本的『土着』と欧米的『外来』は，たんなる量的関係ではなく，下にあるものは決して無くならず，構造転換のようなものがあると，下にあるものを型にして文化が再生する，という考えだったと納得される」（以上71頁）。

　具体的に言えば，日本社会の中に常在する「文化的雑種性を促す傾向」とは，多様な外来文化を次々と取り込んで「自己」を再生・発展させてきた動態的な文化力のことだろう。その典型的な例としては，なんと言っても「食の問題」をあげることができる。たとえば神崎（1987）は，「世界に冠たる『雑食性』……ごく特殊な料理をのぞいては，東京で各国・各民族の代表的な料理をさがすことは，それほど困難なことではない。それほどに東京は，多国籍なさまざまな料理をとり入れている都市といえる」（12頁）と述べていた[28]。

　私は，多様な外来文化を次々と取り込んで自己を再生産していくという「文化的雑種性を促す常在的傾向」を単に指摘するだけでなく，さら

---

28) しかし神崎はこの「東京の多国籍料理」については，次のようにも指摘している。「しかし，おそらく，諸外国から東京を訪れた人たちは，そのいずれの料理店に入っても，それぞれの民族が連綿と伝えてきた，独特にして微妙な味と香りをもつ料理がそこで味わえないことに不満を感じるにちがいない……日本にある西洋料理は西洋料理にあらず，中華料理は中華料理にあらず，インド料理はインド料理にあらず，総じて日本人の生み出した異風料理なのである」（13頁）。日本の雑食文化は，あくまでも外来の食文化を取り入れつつ自己を再生産して達成したものであると言える。

第2章　「科学」に依拠しない知性の民俗認知経済学　51

に一歩進んで，なぜ日本社会がそうした「文化的雑種性を促す強い常在的傾向」を持ち得たかの理由を考えなければならないと思う。そこまでしなければ，加藤の主張を深く理解したことにはならない。ここでは再びワイクによるセンスメーキングの研究をふり返りつつ，認知科学的視点から考察を行ってみたい。ワイクはDrucker（1974）の本の一節を引用しながら，日本人がセンスメーキングの高い能力を活用して社会の中でコンセンサスをうまく形成してきたことに驚きの声を上げていた。つまり「西洋人と日本人は，『意思決定』について語るとき，別々のことを言っている。西洋では，問題に対する答にすべての重点が置かれている……しかし，日本人にとって，意思決定の重要な要素は問題を定義することなのである。その重要かつ決定的なステップでは，そもそも決定する必要があるのかどうか，またその決定は何に関するものなのか，が決定される。そしてそれは，日本人がコンセンサスを得ようと努力するステップで行われる。確かに，日本人にとって，決定の急所は，このステップである。問題に対する答（西洋人が決定だと考えているもの）は，問題の定義から自ずと導かれる」（19頁）と述べていた。日本人が集団としてのコンセンサスをうまく達成する理由を，センスメーキングを活用する見事さから説明していた。センスメーキングは，実際に「人の顔が見える」社会的状況の中で行われ，人びとが集合知を発揮するための準備的環境を整えるという重大な役割を果たすものである。ワイクによる日本人のセンスメーキングの能力の高さの指摘は，「岡目八目」と言うべきであろうか。当の日本人よりも見事に日本人の認知能力の真髄を理解していた。

　ところで日本人のセンスメーキングの高い認知能力は，加藤が主張する「日本社会が有する文化的雑種性を促す常在的傾向」とどのような関係があるのだろうか。私は「日本社会が有する文化的雑種性を促す常在的傾向」は，日本人の高いセンスメーキングの能力の発揮によって，初めて実現できるものであったと考える。そしてさらにこれら両者は，互いに支え合う相互関係を持っていたのではないだろうか。つまりセンスメーキングの高い認知能力があったからこそ，日本社会は次から次へと新たな異質文化を取り入れて文化的雑種性を増加させることができたのだが，問題はそれだけではない。センスメーキングの高い認知能力は，

逆に日本社会が有する文化的雑種性を促す常在的傾向の中で，さらに磨き抜かれ陶冶されてきたものでもあるということである。センスメーキングはワイクも述べていたように，人間の社会関係性の中で具体的に機能するものであり，それは混沌とした流動的な意味的状況の中において問題設定や視点の多様性を整理・縮減して，人びとが「集合知」を発揮しうる社会的環境を事前的に準備・整備するのである。外来の多様な文化の流入によって生じた混沌とした状況の中でも，社会的な意味的多様性の状況を整理・縮減し，外来文化をそれまでの日本的「土着文化」にいかになじませて吸収しやすくするのか。センスメーキングは，こうした外来文化の「日本化」へ向けての具体的な創意工夫をもたらし，さらにそれに続く「集合知」の実現への道を切り開くものであったろう。また逆にこうした「日本化」という創意工夫を生み出す歴史を積み重ねることで，われわれの先人たちは，センスメーキングの高い認知的能力を磨き上げてきたのではないだろうか。日本社会が，センスメーキングによる強い「多様性縮減機能」を保持していたことと，「文化的雑種性を促す常在的傾向」を保持しえたことは，強い相互関係性の中で支え合ういわば表裏一体の関係であったと考えられる。

第8節　江戸時代の外来文化の摂取——事例研究

　これまで日本文化を「雑種文化」として理解し，センスメーキングとの認知論的関連性を論じてきた。センスメーキングが「多様性縮減」の機能を持つことを重視すると，日本社会を単に「文化的雑種性を許容し促進する常在的傾向」を持つ社会と理解するだけでは不十分であると考えた。日本文化は確かに多様な外来文化を吸収してきた「雑種文化」と言えるが，他方で人びとがセンスメーキングという認知能力を発揮してすばやく文化的多様性を縮減し，具体的には外来文化の「日本化」に創意工夫をこらしてきたからこそ，さらに多様な外来文化の吸収が加速化できたのである。日本文化においては，文化的雑種性の促進だけでなく，その雑種性を社会的に縮減する逆のプロセスの重要性も，同時に強調されなければならない。

第 2 章 「科学」に依拠しない知性の民俗認知経済学　　53

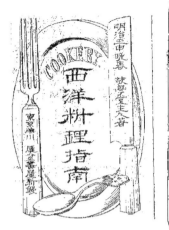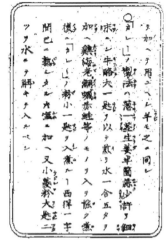

図 2　『西洋料理指南』によるカレー製法の説明
出典）　敬学堂主人著『西洋料理指南』（明治5年刊，雁金書屋出版，国立国会図書館蔵）
表紙と下巻31頁より引用。

　最終節では，歴史民俗的な事例を取り上げて論じてみる。われわれの先人たちは，どのように「文化的雑種性を縮減するプロセス」と「文化的雑種性を促進するプロセス」を機能させたか，具体的に考えてみることにする。
　はじめに，生活のもっとも基本にある「食文化」の問題について見ていこう。ここでは典型的な例として「カレー」の問題を取り上げる。Sen (2009) は，「グローバルという言葉にふさわしい料理があるとしたら，それはカレーだ。カナダのニューファンドランド島から南極，北京，ワルシャワまで，世界中でカレーが食べられない場所はないといっても過言ではない」（訳書 7 - 8 頁）と述べていた。小菅 (2013) と森枝 (2015) は，文献資料上，日本に伝えられた一番古いカレーに関する記述は，明治 5 年の『西洋料理指南』であると主張している。しかし図 2 で示したように実際に『西洋料理指南』を見てみると，そこには驚くような内容が記されている。まず原型となるインドのカレー料理には見られないカレー粉の使用と，小麦粉を使ってとろみを出す新たな方法が説明されている。森枝が詳しく述べているように，一般にインドでは，調

理のたびごとに何種類ものスパイスを調合して擦り合わせてカレーを作っており,「カレー粉」という概念はそもそもなかった（26頁）。またカレーの語源をタミール語に求めると,「カリ（kari）」はご飯にかける「タレ」状のものという意味であり（37頁），インドでは普通には小麦粉を使ってとろみを出すということも行われていない。なぜ日本にカレーが伝えられたときには，このように原型のインドのカレー料理とは大きく異なったものになっていたのだろうか。その理由は，カレーがインドから直接日本に伝えられたのではなく，イギリスを経由して日本に伝えられたことを思い起こせば納得できる。カレー粉はイギリスで初めて作られた。文化的に異なった人びとがさまざまなスパイスを料理のたびごとに調合して使用するのは難しく，それを簡略化するためだったのであろう。そして同じ理由で，日本にもカレー粉を使用したカレー料理が伝えられることになった。特にC&B社製のカレー・パウダーが輸入された（森枝同書，80頁および117頁）。またイギリスで小麦粉を使ってとろみを出す方法が採用されていたことも，当時のイギリスの代表的料理書である『ビートン夫人の家政読本』（1861年）の記述から確かめることができる（119頁）。

　しかしさらに驚くべき問題がある。この明治5年の『西洋料理指南』には,「カエルを入れて煮る」と書かれている。「カエル入りカレー」に関しては2つの説が考えられるそうである。第1は，中国南部の人はカエルを食べるので，中国人の料理人のアイディアが含まれていたのではないかということ，第2はむしろフランス料理からの影響ではないかと考えられることである。小菅（2013）は，これら2種類の可能性に関して,「明治初年のカレーは国際色豊かだったことは確かである」（61頁）と述べるに留めている。

　その後，日本に伝えられたカレーの料理法は，どのように変化したのだろうか。大きな方向性は，カレーが真に「日本人の食」となるように，さまざまな工夫が加えられていったということである。具体的に次の3点に絞って，カレーライスが日本人に受け入れられていったプロセスを明らかにする。（1）明治初期のカレーには，いわゆる「三種の神器」としてのタマネギ・ニンジン・ジャガイモが用いられていなかったが，これらはいつごろから新たな具材として用いられるようになったのか。

第2章 「科学」に依拠しない知性の民俗認知経済学

またどのような理由で、タマネギ・ニンジン・ジャガイモがカレーに取り入れられていったのであろうか。(2) カレー料理の調味料として、やがて鰹節や醤油が用いられるようになり、広く日本人に受け入れられていくのであるが、その歴史的いきさつはどのようなものであり、最初にこうした鰹節や醤油による味付けを工夫した人はどのような意図を持ってそれを行ったのであろうか。(3) 現在、日本のカレーライスには、赤い福神漬けが添えられているが、このような工夫は世界のどの地域にも見られないものである。このような福神漬けが添えられたカレーは、いつから、またいかなる理由で生まれたのだろうか。そして日本の人びととはそれを見てどのような反応を示したのだろうか。このような問題に焦点を絞って、日本式のカレー誕生の歴史を眺めていくことにする。

最初に (1) の問題を取り上げる。森枝によれば、タマネギだけに限定すれば、それが初めてカレーに取り入れられたと確認できるのは、明治21年の『実地応用軽便西洋料理法指南』ということである (153頁)。しかしカレーの具の「三種の神器」であるタマネギ・ニンジン・ジャガイモがそろって初めて紹介されるのは、小菅によると、さらに時代を下って、明治44年に出版された『洋食の調理』ということになる。この段階になると、現代のカレーと基本的にほぼ同じ作り方になり、カレー料理の原型が出来上がったと評価することができる。ではなぜタマネギ・ニンジン・ジャガイモという具が重用されるに至ったのであろうか。小菅は「目でも食を楽しむ」という日本人の心に着目して、このタマネギ・ニンジン・ジャガイモという具が重用されるようになった理由を次のように説明している。「お皿にご飯と黄色のカレーだけだったら、もし日本のカレーがいわゆるターメリックの黄色一色だったら、日本のカレーブームはなかったと断言できる。タマネギのみずみずしい白、クリーム色がかったジャガイモ、そしてオレンジ色のニンジンのハーモニー……『くちばしでついばむ中国人』、『目で食べる日本人』という言葉がある。器と料理で四季の移ろいを楽しみ、目と口で四季を味わうという長い習慣のなかで育ってきた日本人にとって彩りは何物にも代えがたい料理の基本なのである」(99頁)。タマネギ・ニンジン・ジャガイモをカレーの具の定番として支持する日本人の気持ちは、食文化の中で「彩り」をも重視するという伝統にそった感覚に基づいたものであった。

こうした日本人の心とともに，カレーという外来の文化がみごとに受容されて，われわれの食文化をいっそう豊かで幅の広いものに進化させたのである。

次に（2）について考える。今度は調味料の話である。カタジーナ・チフィエルトカ（1997）は，日本社会が西洋料理を取り入れたパターンを5つに分類して説明している。そのうちの第1番目の分類が「西洋料理における醤油，味醂，出汁などの調味料を加えて，日本人の嗜好に近づけるプロセス」である[29]。カレーについてのわれわれの（2）の問題は，チフィエルトカが指摘した第1番目の分類に相当するものである。明治26年発行の『婦女雑誌』の記事によると，カレーに初めて鰹節や醤油で味付けを行ったのは，米津恒次郎である。恒次郎は，両国にあった米津風月堂の次男で，7年半，主にパリとイギリスに滞在して西洋菓子と西洋料理の修業を積み，明治24年に帰国した。小菅は，この恒次郎が帰国後，鰹節や醤油という和風の調味料で味付けしたカレーを作り出したと述べている。「恒次郎は日本へ帰ってみて日本では西洋の方法を踏襲しても受け入れられないことを身をもって体験した。そこで，イギリス，フランスで習い覚えた技術を取り入れつつ日本在来のものを取り込み，商売に結びつける才覚も身につけた。このカレーを見るとそんな気がしてならない。作り方の基本はイギリスのカレーである。そこへ鰹節，醤油という在来の味を取り込んだ。本場ものをマスターしたからこそできたアレンジということも考えられる」（107-108頁）。このような本場仕込みの恒次郎の工夫は，これまでの日本の西洋料理業界に大きな刺激を与えた。上野精養軒なども，日本人客を対象として「和」のテイストを大きく取り入れた店構えに工夫したし，またカレーのメニューも急速に多様化させた。森枝は明治30年の『増補日用西洋料理法』および明治32年の『家庭全書：和風料理』を参照しながら，当時すでに「牡蠣カレー」「鶏児カレー」「鶏卵カレー」「野菜カレー」「インド製カレー」「魚類カレー」「エビカレー」「かにカレー」などが考えられていたと述べて

---

29) カタジーナ・チフィエルトカが，西洋料理を取り入れるパターンとして，この第1の分類以外に指摘しているのは，次の4つのパターンである。（2）西洋料理に和風素材を加えるプロセス，（3）日本料理の西洋版，（4）西洋料理の日本版，（5）西洋料理と日本料理が並立された料理（170-173頁）。チフィエルトカは第1の分類を含めたこれら5つのパターンが，「同時併行」で進行したと述べている（173頁）。

いる（159–160頁）。カレーを日本伝統の調味料で作るという工夫が契機となって，その後一挙に，日本人の創意工夫が爆発的に開始されたのである。

最後は（3）カレーライスに福神漬けが添えられるようになったいきさつである。カレーライスに福神漬けが添えられるようになった歴史的経緯については，日本郵船説と帝国ホテル説の2つがある。小菅は史料検討の結果，日本郵船説を支持している。つまり明治35-36年に，日本郵船の一等食堂で，初めて「福神漬け付きのカレー」が出されたということである。ちなみに，二・三等食堂では，「沢庵付きのカレー」だったそうである。このような変化には，まさに象徴的意味が含まれていた。それはカレーが，真に日本人の「国民食」になっていく可能性と資格を獲得したということであった[30]。

表面的に言えば海外からのカレーの導入で，日本における食の多様化が進んだことになるが，しかしカレーの調理に鰹節や醤油という和風の調味料を用いたり，さらに最終的には福神漬けを添えて盛りつけるということに象徴されるように，カレーは日本の食文化の中に取り込まれて，意味的には食文化の「多様化の縮減」も同時に生じていたのである。これはセンスメーキングの機能の結果である。食文化の多様性を容認し，「雑種文化を増進させる」力が働いていたことは確かであるが，しかし同時に，センスメーキングによって，その多様性を伝統の中に取り込むという「多様化の縮減」の力も共時的に強く働いていたことが，この具体例からも確認できる。日本の文化的変動・進展は，これら共時的に働く2つの力の絡み合った相互関係の中で決定されていったと理解すべきである。森枝は，「これが日本料理」だという固定的なものがあったわけではなく，実は「日本料理」というものは「流動的」なものであり，外来の食文化を次々に取り入れることで「日本料理」の伝統を繰り返し「再生産」してきたのだと主張している（179–181頁）。

ところで「カレーに福神漬けを添えて盛りつける」ということには，強い「物語性」を感じる。人びとは，カレーに福神漬けを添えるという

---

30) カレーに福神漬けという組み合わせに匹敵するものとして，小菅は牛丼とショウガ，とんかつに味噌汁や漬け物などの例をあげている。そして「西洋料理は和洋折衷的なコンビを組めたものが，国民食として市民権を得ているのである」（123頁）と述べている。

「物語」をお互いに語りそしてそれを自分でも実行しながら，カレーが日本人の「国民食」になっていったことを確認しそして確信したのであろう。具体性をもった「物語」は，いかなる形式論理による説得より，人びとの心を強くつかむものである。しかし今のわれわれには，当時の人びとが語るそうした「カレーの物語」を実際に見聞することはできない。われわれにとっては，カレーと福神漬けの物語は，「物質的」な形でしか確認できない「暗黙の語り」でしかない。もっと直接的に，現代のわれわれでも確認できる先人たちの「物語り」の証拠はないものだろうか。

そこで次に，先人たちが心を奪われたと明確に確認できる別の「物語り」の問題を取り上げてみる。ここでは江戸期において民衆が熱中した「見世物」の問題を考える[31]。見世物では，口上芸人が巧みな話術をも

---

31) 見世物は日本だけにあったわけではない。たとえばAltick (1978) は，ロンドンでの見世物興行が大いに人気を集めたことを紹介している。オールティックによれば，見世物はロンドン市民にとって読書の「代替媒体」としての機能を果たし，大いに好奇心を満たしてくれる娯楽であると同時に啓蒙的機能をも果たしており，「諸階級間の文化的相互乗り入れ」を可能にしたということである。オールティックは次のように述べている。「事実，見世物は活字の代替媒体で，言葉の具象化であり，見世物を通じて代償物が直接のものとなり，理論的・一般的なものが具体的・個別的なものとなった。見世物とは，字の読めぬ者を含めた共同体活動の場であり，ロンドンの一般市民にとっては，読書という行為が偶発的であれ意図的であれ，一部市民の個人的習慣として果たしたと同じ役割を果たしてくれた」(14頁)。また「ロンドンの見世物の歴史を通じて見とどけられる現象は，諸階級間の文化的相互乗り入れで，これはヴィクトリア朝の緩慢な社会的デモクラシーの進展の序曲とも言うべきものだった。いつの時代でも，好奇心は平等化をもたらす。『下賤の輩』の注目を引いた見世物は，教養ある人びとをも魅惑し，程度は少し減じるが，その逆もまた真であった」(17-18頁)。このようなロンドンの見世物が果たした役割は，確かにわが国の江戸時代の見世物が果たした役割と共通のものがある。その共通点の核心にあるものは，人間の大いなる好奇心を刺激しつつ得られる娯楽的楽しみと知識欲の充足ということである。しかしこうした共通点とともに，ロンドンの見世物と江戸の見世物が果たした役割の相違についても十分に注意を払う必要がある。その相違は，ロンドンの見世物では，イギリス社会の中だけの「諸階級間の文化的相互乗り入れ」だったのに対して，鎖国下の江戸時代における見世物では，流入する新奇な西洋文化をどのように日本の伝統文化と融合させつつ受容していくべきかという「西洋文化と日本伝統文化間の相互乗り入れ」が生じていたということである。もちろん日本の中でもロンドンと同様に，「諸階級間の文化的相互乗り入れ」は生じていた。川添 (2000) は十方庵敬順著『遊歴雑記』(5編15巻) の文政3年 (1820年) の記述に「諸侯大夫の内室従者数多見せし男女も見物する」とあるのを引用し，「高位の身分の者やその奥方，家臣，従者から，市井のご隠居，丁稚小僧までを含め，上下・老若・男女のわけへだてなく，じつに幅広い層が，盛んに興行される見世物にひきつけられていたことがわかる」(10頁) と述べている。しかし日本の江戸期においては，こうした問題を超えてさらに大きく，上述のように「西洋文化と日本伝統文化間の相互乗り入れ」も生じていたのである。本

って，当時流入した西洋近代科学の珍品などを，多くの人びとに驚きを与えつつ紹介した。西洋近代科学の紹介といっても，けっして論理的な科学的説明がなされたわけではない。口上芸人の巧みな話術が作り上げる「物語り」の中で，つまり「非科学的方法」ではあるが，人びとの心に強い感動を巻き起こす物語を語ることによって，民衆とともにある「等身大の科学」の場が生み出されたのである。われわれは江戸期における西洋科学技術の流入と見世物との関係を，「物語り」という視点を重視しつつ，以下詳しく見ていくことにしよう。

　江戸時代，新たに顕微鏡と望遠鏡という西洋科学技術の道具を入手した人びとが，それらの道具を活用して，その後どのように「等身大の科学」を楽しみながら，新たな文化的変化への理解を深めていったのかを調べてみる。Screech（1996）は，顕微鏡と望遠鏡という科学技術の道具を入手した江戸の人びとが，いかなる「視覚革命」を起こしたかを詳細に論じている。西洋の科学的凝視（western scientific gaze）は，従来の日本的な視覚とは相容れない方法であった。スクリーチは，「分解し，選別し，対象に専心集中し，対象を自律した個別的なものとして分離し，それらの文化的背景の方は排除するのである。西洋の科学的凝視は，客観化する精密な観察に根ざしていた」（10頁）と述べている。当時の江戸の人びとは，こうした西洋的凝視の方法を，具体的な顕微鏡や望遠鏡という科学技術的道具の使用から，大いなる驚きをもって学んだ。そしてその影響は，日本の文化に広く深く浸透していったのである。

　最初に，顕微鏡の伝来がもたらした日本社会および日本文化への影響を見ていく。内山（1996）と大石（2009）は，1600年頃に顕微鏡がオランダやイギリスで作られ始め，日本には明和2年（1765年）に刊行された後藤梨春著『紅毛雑話』で初めて一般に紹介されたと説明している。顕微鏡本体については，寛政4年（1792年）にロシアへの漂流民で元伊勢の船頭の大黒屋光太夫が，遣日使節ラクスマンといっしょに帰国した際に，精巧な顕微鏡を持ち帰っている。その後，金属製の舶来品とは異なって木製ではあるが，やがて日本国内でも大阪の服部永錫などによって国産の顕微鏡が作られるようになった。そのレベルの高さは舶来のも

節ではこの日本の江戸時代における見世物の（ロンドンの見世物を超える）大きな歴史的役割に注目しながら，以下議論を展開していくことにする。

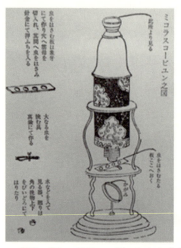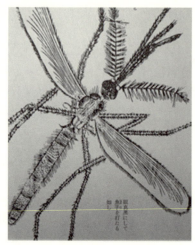

図3 「ミコラスコーピユン」とそれを用いて描かれた「蚊のまつげ」の図
出典） 森島中良・大槻玄沢『紅毛雑話・蘭説弁惑』八坂書房出版、65頁および71頁より引用。

のをしのぐほどだったと言われている。

　図3は、『紅毛雑話』に示されている当時の顕微鏡（「ミコラスコーピユン」）の図と、司馬江漢がこの「希代の珍器」（64頁）を用いて描いたとされる「蚊のまつげ」の図である。これらの図を眺めていると、当時の人びとがいかに大きな感動をもって「視覚革命」を体験したか、われわれも時間の流れを超えて、先人たちの心の躍動を直接感じ取ることができる。

　新しい顕微鏡を用いて、日本国内でも学術的な科学研究が行われた。『解体新書』のメンバーたちが人体検分をする際にも利用したと言われている（杉田玄白『解体新書』322頁およびScreech［1996］訳402頁）。またその他としては、幕府医官の栗本丹洲による膨大な昆虫観察記録『千虫譜』、農学者の大蔵永常による稲穂の構造研究を含む『再種方附録』、京都の土田英章らのバクテリア顕微鏡観察、さらに下総の大名であった土井利位の雪の結晶研究をまとめた『雪華図説』などをあげることができる。これらの研究成果のいくつかは、当時の西洋の研究水準と比べても、なんら遜色のない優れたものであった。たとえば土井利位について説明すると、彼は下総国古河藩の藩主であり、老中首座も務めていたが、そ

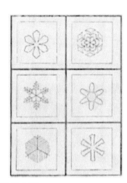

図4 『雪華図説』で示された雪の結晶の図
出典） 土井利位『雪華図説』（天保3年刊，国立国会図書館蔵）の表紙と8-9頁より引用。

の激務の間を縫って科学者の目で雪の結晶を観察するとともに，なぜ雪の結晶は六出（六方対称）なのかの理由も考察し，『雪華図説』で86種，『続雪華図説』で97種の詳細な結晶の形態を明らかにした。図4はその『雪華図説』の内容の一部を示したものである。同時代のオランダの自然科学者マルチネットの著書『格致問答』では，12種類の雪の結晶図が示されていたのみであり，土井利位の研究成果には及ぶべくもなかった（大石［2009］，105-106頁）。この頃の研究が，世界的に見ても，予想以上に高いレベルで行われていたことに驚かされる。

顕微鏡の導入が日本社会に及ぼした大きな影響は，科学研究以外の領域にも見いだせる。特に人びとの生活に密着した領域への影響は驚くべき大きさであった。大石は，土井利位の描いた美しい雪の結晶が，鈴木牧之著『北越雪譜』に引用されて多くの人びとに知れ渡り，ニューファッションとして，衣装，手拭いなどの地模様，さらに武士が使用する刀の鍔や印籠などのデザインに採用されるに至ったと説明している（109頁）。また絵画への影響も大きかった。たとえば浮世絵版画の技法もその写実性が大きく飛躍し，画題としても，顕微鏡で拡大して見たときのような虫・貝・鳥などが写実的かつ大胆に大写しで描かれるようになった[32]。先駆的な秋田蘭画への影響も大であった。秋田藩主・佐竹曙山

32) Screech（1996）と内山（1996）は，これら大胆な写実性を示した浮世絵の代表作として，喜多川歌麿の「画本虫撰」・「潮干のつと」・「百千鳥」および北尾政美「海舶来禽

の『曙山写生帖』の中には，素晴らしく立体的で拡大された昆虫の絵がある。さらに小野田直武の「不忍池図」には，花の茎やつぼみの部分に，ルーペで見たように克明に，アリのうごめく姿が描かれている。内山は，こうした秋田蘭画への影響は，巨人・平賀源内を通じたものであろうと指摘している（29頁）。

　新たに導入された顕微鏡の影響は，さらに「見世物」として，江戸庶民の心に深く浸透していった。見世物は，江戸期を中心に一大ブームを巻きおこした庶民の娯楽形態である。朝倉（1992）の『見世物研究』は，この分野の草分け的業績であるが，その中では次のように説明されている。「見世物とは寺社の境内又は繁華なる場所の一隅に小屋を掛け，奇鳥珍獣異魚畸形児等より，籠貝菊等の細工及生木偶の類，さては手品軽業力持曲馬等を興行し，観覧料を徴収して公衆に縦覧せしむるのを云ふ」（20頁）。ここで書かれているように，見世物は，神仏開帳のタイミングなどにあわせて寺社の境内やその周辺で興行されることが多かったが，内容的には大きく分けて3種類のものがあった。「第1に，手品，軽業，曲独楽，力曲持等の技術類，第2に，畸人，珍禽獣，異虫魚，奇草木石等の天然奇物類，第3に煉物や張抜きの人形から，籠貝紙菊等の細工物類であった」（朝倉［2002］13頁）。顕微鏡の見世物は，第3のグループの細工物類に属した。内容的には，たとえば，自分が微小世界に入っていって小人になり，現実とは異なった大小倒錯の世界を味わうというものであった。大小感覚を「玩具化」して楽しむものであり，それを細工物の作成と展示で表現した。顕微鏡がもたらした世界観の深まりが表れていると考えられる。ところで具体的な見世物の種本は，何と言っても図5で示したように，平賀源内の戯作『風流志道軒伝』であった。これはスウィフトの『ガリバー旅行記』のように，主人公が巨人国に行って小人としての体験をするという内容のものであり，「読者を大小の倒錯した世界へと引きずりこんだ」（内山同書32頁）。図6は，一勇斎国芳が描いた浅草奥山で興行された生き人形による見世物の一場面の錦絵である。明らかにこの見世物は平賀源内著『風流志道軒伝』を種本として構成されていたことが見て取れる。

　　図彙」・「龍の宮津子」，さらに山東京伝著『松梅竹取談』の中の歌川国貞が描いたいくつかの巨大昆虫図をあげている。

第2章 「科学」に依拠しない知性の民俗認知経済学　　63

図5　見世物の種本としての風来山人（平賀源内）『風流志道軒伝』の世界
出典）　風来山人『風流志道軒伝』第2巻（刊行年不明，国立国会図書館蔵）の表紙と12頁および21頁より引用。

図6　『風流志道軒伝』を種本とした見世物の錦絵
出典）　一勇斎国芳が描いた江戸浅草奥山で興行された生き人形による見世物の錦絵（安政2年，井筒屋により発行，国立国会図書館蔵）。明らかにこの見世物は，平賀源内『風流志道軒伝』を種本としていたことが見て取れる。

　見世物では，大小倒錯の世界を，具体的には錦絵として描き，また籠細工の巨大な人形として表現して，江戸庶民を大いに驚愕させその好奇心を満たした。朝倉によれば，見世物のメッカは，江戸の両国・浅草周辺であったということであるが，図7で示したように，江戸期のみならずその後明治期になっても見世物のメッカは浅草・蔵前・深川という地域であったことが確認できる。大阪でも驚くべき見世物が興行されていた。一田正七郎の見世物は，最初に大阪で興行され，その後江戸で興行された。この一田正七郎の見世物では，巨大な涅槃像・仏弟子・鳥獣・

図7 『懐中東京案内』に示されている見世物小屋の場所一覧
出典）福田栄造編『懐中東京案内』(明治10年刊，同盟舎出版，国立国会図書館蔵) の表紙と39頁より引用。

さらに巨大な蝸牛・蜘蛛・カマキリ・芋虫・蟻・蚤までも登場したそうである。日常，自分たち人間よりはるかに小さな生きものが，見世物の世界では，逆に自分たちより巨大な生き物になって眼前に立ち現れてくる。人びとは顕微鏡がもたらした世界観の変化を，こうした大小倒錯の玩具化されたバーチャルな世界として体験し，それを大いに熱狂しつつ楽しんだのであった[33]。

重要なポイントは，これらの見世物が，口上芸人の巧みな話術による「物語り」によって興行されていたという点である。川添（2000）は，一田正七郎が文政2年（1819年）7月に，浅草奥山で興行した「籠細工関羽」の見世物について詳しく論じている。この見世物は，江戸下りしてきた一田正七郎によって行われ，江戸での細工物のブームを生み出した歴史的な興行であった。籠細工の関羽の座像は2丈2尺または2丈6尺（6.7メートルまたは7.9メートル）あって，見る人を大いに驚かせたということであるが，人びとの興奮をさらに効果的に高めたのは，紋服袴

---

33) 大小倒錯の世界を玩具化する方法は，見世物という手段だけではなかった。絵画においても行われた。内山は，長沢蘆雪や林十江という画家の名前をあげている。蘆雪は蚤を屏風大に描き，また十江は1メートルを超すトンボを描いているそうである。さらに葛飾北斎も江戸護国寺境内で，120畳大の継紙を用意してそれに半身の巨大達磨を描いたそうである（37頁）。また玩具化して楽しんだというだけでなく，宗教の領域においても影響は現れた。たとえば江戸の龍興寺にあったという加藤信清作の「五百羅漢図」は，法華経の経文の文字を虫眼鏡で見なければならないほど小さく書いて，それを線として描かれていたそうである。これと同様な技法は，日野の高幡不動の「阿弥陀三尊像」でも用いられている。確かにこのような技法は，平安時代からあるものだが，しかし江戸期においては，これら2例以外にも，日本各地でこうした技法が採用され，流行している。「絵に近づけば文字が見え，遠ざかると文字は消えてしまい全体が見えてくる，といった体験……これら視覚遊戯に類するような絵画の流行も，やはり顕微鏡やルーペなどのレンズの存在が大きく関与しているのではないだろうか」（内山同書，41頁）と考えられる。

第 2 章 「科学」に依拠しない知性の民俗認知経済学　　65

の口上芸人・「天口齋玉眠」の名人話芸であった。川添は「天口齋玉眠。『天の口』とはまた巧妙な名だが、そこからも想像されるように、この男は舌先三寸を家業としたプロの舌耕芸人である。彼の師匠は、呑龍という名の当時大阪で活躍した僧侶くずれの話芸の達人、能弁な法話と観音ご詠歌が風狂に転じた結果、おどけ説教とあほだら経になってしまったという、なかなか愉快な人物である。師弟の様子は、大阪の考証家で歌舞伎作家の浜松歌国による『摂陽奇観』と、尾張藩士、高力猿猴庵が記す一連の日記（『金明録』『文化日記大略』）ほかにうかがえる」（25頁）と説明している。見世物では、こうした口上芸人の名人芸的な物語りに導かれて、西洋近代科学がもたらした驚くべき「視野の拡大」が、具体的には巨大籠細工として表現され人びとの眼前に示されたのであった。

　次に望遠鏡という科学的道具がもたらした日本文化への影響を見ていこう。望遠鏡は17世紀初めにイギリスで発明され、その後慶長18年（1613年）にイギリス国王から徳川家康に献上された。望遠鏡は当初、軍事戦略的意味があるという理由で、一般人が保有することは禁止されたが、徳川吉宗の時代になってむしろ積極的に国産のものが作られ利用されるようになった[34]。吉宗は天文好きで自分でも望遠鏡を使用していたが、長崎のレンズ職人・森仁左衛門に命じて国産の望遠鏡を作らせた。また天体観測を重視する西洋天文学を応用して、新しい暦を制定するようにと命じた。当時すでに渋川春海によって「貞享暦」が作られていたが、その後、高橋至時などの努力によって、日本で初めて西洋天文

　34）　吉宗の時代は大きな転換点である。鈴木（2016）は吉宗の時代の重要性を、日本の翻訳文化の歴史的な有効性から論じている。吉宗の時代になって洋書の輸入が一部解禁になった時、吉宗が蘭学者に命じてオランダ語の翻訳をさせたことが、日本の翻訳文化を象徴しており、後年日本の科学技術の発展に大きく貢献したと高く評価している。鈴木は次のように述べている。「それまでにも有用な漢語の書籍は直ちに翻訳されていましたが、それとまったく同じように、役に立つオランダ語の書物を日本語へと翻訳していったのです。この翻訳文化は現在でも続いており、日本では多くの優れた外国語書籍を、その分野の第一人者が翻訳し、日本語で読むことが可能なのです……最先端の科学技術研究を何の齟齬もなく母国語だけで行える欧米以外で唯一の国である……このように、江戸時代の日本では知識や技が独占されず、社会全体に広く知らしめられ、人々もまたそれを楽しみながら受容し、身につけていったのです。そしてそれが明治以降の近代化、現代へと続く、日本社会のポテンシャルの高さに繋がっているのではないでしょうか」（5頁）。翻訳文化が、世界の最先端の知識や技を社会全体に広く知らしめ、人びともまたそれを楽しみながら受容し身につけていったことを高く評価する重要な指摘であると思う。

学を取り入れた「寛政歴」が作られるのである[35]。吉宗の没後40年して，彼の新しい暦作成への願いはかなえられることになった（大石[2009] 55-57頁，内山50頁）。また吉宗の改暦計画には直接参加しなかったが，天文学の研究で大きな成果を上げたのは，麻田剛立である。彼は地動説を唱えるとともに，それだけでなく，ケプラーの法則がまだ日本に伝わっていなかった当時，すでに「惑星の公転周期の2乗は軌道の半径の3乗に比例する」というケプラー第3法則を実質的に導いていたと言われている（鈴木[2016] 58頁）。江戸期の科学研究の驚くべき高さを示すものである。さらに近江の鉄砲鍛冶だった国友藤兵衛（一貫斎）も，国産の精巧な反射式望遠鏡を作り，天体観測を行っている[36]。大石（2009）は一貫斎がいかに技術の高い反射望遠鏡を作ったかについて次のように説明している。「反射望遠鏡の作成で一貫斎が最も苦労したのは，錆びて反射率が低下しない反射鏡を作ることであった。実験を繰り返し，銅56％，錫35％ほどの高錫青銅が反射鏡に適していることがわかったが，この合金は鋳造するのにも研磨するのにも，たいへん高い技術が必要であった。現代の技術者でも難しいといわれるこの困難な作業を，江戸時代に一貫斎が成功させたことは，その知識と技術がいかに優秀なものであったかを証明している。完成した反射望遠鏡について『オラン

---

35) 1日の時間概念について言うと，事情は少し異なっている。日本では伝統的に延喜式以来いわゆる「不定時法時刻制度」が採用されてきた。日の出の30分前が「明け六つ」，日の入りの30分後が「暮れ六つ」で，それらを基軸として昼夜を区別し，さらに昼夜をそれぞれ6等分して，順番に12支の名前が時刻に付けられていた。この時間概念は江戸時代になっても維持されており，人びとは自然の動きにそった生活をしていた。ところで西洋から流入した機械時計は，この日本の時間概念と異なって，「定時法時刻制度」によって作られていたため，これらの西洋式機械時計は日本の事情にあわせて「和時計」に作りかえられねばならなかった。そのため「速度を変える方法や文字盤を取り替えるという方法で，このやっかいな問題を克服したのである」（大石[2009] 21頁）。田中久重の作った傑作「万年自鳴鐘」と呼ばれた時計は，一度ゼンマイを巻くと200日以上も動き続けるだけでなく，西洋式時計，和時計，さらに七曜表や月の満ち欠けなどもすべて同時に表示できる優れものであった。江戸においては，西洋の近代技術を象徴する機械時計がそのまま使用されたのではなく，あくまでも日本的時間概念にあわせてそれを作りなおした「和時計」が使用されたのは，先人たちの知性の発揮の方法的特性を如実に示している。これらの問題については，大石（2009），鈴木（2016），角山（1984, 2000）などを参照されたい。

36) 岩橋善兵衛は，和泉国貝塚の商家の生まれであるが，国友一貫斎の反射望遠鏡の40年も前の寛政5年（1793年）に，優れた国産の屈折式望遠鏡を完成させている。善兵衛の望遠鏡は「窺天鏡」と名付けられ，その改良版は，伊能忠敬も使用した。江戸の科学技術力の裾野の広さを痛感する。詳しくは鈴木（2016）を参照のこと。

第 2 章 「科学」に依拠しない知性の民俗認知経済学　　67

図 8　庶民の生活への望遠鏡の普及
出典）　瓜生政和『童蒙心得草（巻之下）』(明和 6 年刊，須原屋茂兵衛等出版，国立国会図書館蔵) 21 頁より引用。旅籠に到着して脚絆や草鞋を脱いだ 2 人の女性が，望遠鏡で沖合の島を眺めて楽しんでいる様子が描かれている。

ダ製のものより星が 2 倍大きく見えた』と大阪の町民天文学者・間重新 (1786-1838) は驚きの言葉を残している」(101 頁)。この一貫斎の反射望遠鏡を用いた天体観測も，大きな成果を上げた。特に太陽黒点の連続観測は，天保 6 年 (1835 年) 1 月 6 日から翌年の 2 月 8 日までの間，毎日午前 8 時と午後 2 時の 2 回，総日数 157 日間実施され，その記録は著書『日月星業試留』に記載され，貴重な業績と高く評価されている（同頁）。内山はこの藤兵衛の連続太陽黒点観測について「もちろん日本では初めての試みで，西洋においても黒点の連続観測がなされたのが，これよりわずか 10 年前の 1826 年だったことを考えると，世界的にも貴重な業績と判断できる」と述べている。また「天文学者でもない市井の一制作者によって描写された月面のクレーターや太陽の黒点の動きの記録などを見るとき，江戸の科学に志す人々の広い裾野と水準の高さに驚かざるをえない」(以上 53 頁) と評価している。

望遠鏡という新しい道具の導入は，上述のようにいくつかの科学研究の成果を生み出したが，しかし顕微鏡の場合と同様に，その大きな影響は人びとの生活に直接関係が深い領域に現れた。図 8 は，明和 6 年 (1769) に子ども向け及び一般向けに出版された『童蒙心得草（巻之下）』(瓜生政和著) で描かれている旅の一場面である。旅籠に到着して脚絆を

解き草鞋を脱いだ2人の女性が，望遠鏡で沖合の島を眺めて楽しんでいる様子が示されている。この例を見ると，性能はともかくとして，望遠鏡がきわめて早い時期に庶民のあいだに普及したことがわかる。

　こうした望遠鏡導入の大きな影響は，絵画・美術の分野にも見られたが，さらにそれが見世物という形で民衆の心に深く浸透していった[37]。まず浮世絵については，画面の一部に円形枠で囲った遠景を描き，まるで望遠鏡で見ているような感覚を引き起こす作品が現れた。たとえば鳥居清長作「江都八景・両国橋夕照」などである。円山応挙も「人物正写惣本」において，望遠鏡の縁を思わせる構図の絵を描いている（内山53-54頁）。また望遠鏡の導入を契機として，西洋の遠近法への関心が高まり，具体的に西洋の透視画法を取り入れた「浮絵」が現れた。「浮絵」というのは，画面の奥行き感を強く出すことで，「描かれた景観が浮いて見える」ことからつけられた名前である。「従来の描法と比較するとき，この浮絵が合理性において格段に進歩したものだった」ことは確かである（同書57頁）。特に絵を描くときの「視点の位置」を強く認識させることになった。地平線・水平線の高さは，視点の高さを表すものであり，画面上で「視覚的な整合性」を保つことが要求されるようになった。伝統的には，これまでも俯瞰的な視点は採用されてきたが，水平視や仰角視の新たな導入は，浮絵の新しさと言えるだろう（同書64頁）。しかし江戸の浮世絵の発展は，単に西洋の遠近法を学んだだけの水準には留まらなかった。秋田蘭画にも取り入れられた遠近法の技術から影響を受けながら，広重・北斎などは，きわめて高い独創性を発揮するに至る。広重・北斎などの高い独創性は，フランス印象派への大きな影響力

　37）　木下（1999）は，美術やそれを展示する美術館のルーツは「見世物」であったと論じている。しかしその後の美術の発展は，見世物を「低俗で貧しいもの」として忌み嫌って排除し，自己を確立してきた。木下はもう一度，近代の美術の枠から外れた見世物の世界を掘り起こし，忘れられた豊かな美術への視点を復活しなければならないと主張する。「興行形態としてみれば，ポスターやちらしをばらまき，大衆に呼び掛け，料金を取って美術品を見せて，一定数の観客が動員できなければ経営が成り立たない美術館は，江戸時代からの見世物の形式をはっきりとひきずっている。形式に連続性が認められるなら，内容にもひとつながりのものがあるに違いない。見世物は美術館が育った家なのである。長じてのち生家をやみくもに忌み嫌い，その貧しさを恥じるのは，実は，近代社会の中で，日本人が美術にどのような地位を与えてきたかに密接にからんでいる。見世物に向けた憎悪の形成は，近代美術の形成と裏表の関係ある。そのあたりの事情を知るために，生家は本当に貧しかったのかどうかを見つめ直す」（16-17頁）と述べている。

第2章 「科学」に依拠しない知性の民俗認知経済学　　69

からも証明される。エディキューブ (2012) は，安政3年 (1856年)，フランス人画家フェリックス・ブラックモンが，日本から送られてきた荷物を開けて北斎の浮世絵を初めて見た時の大きな衝撃を記述している。この出来事の後，ヨーロッパでは浮世絵ブームが巻き起こり，ゴッホ・モネ・ドガなどの印象派の人びとに大きなインスピレーションを与えていった（エディキューブ，22-23頁）。彼らが驚いたのは，浮世絵の構図の斬新さであった。「今にも波に飲みこまれんばかりの富士を描いた『富岳三十六景・神奈川沖浪裏』や富士が大桶のうちに収まってしまった同じシリーズの『尾州不二見原』などは，その好例であろう」(内山 71頁)。こうした浮世絵の高い独創性は，流入した西洋の遠近法つまり透視画法を誠実に学び模倣しただけでは達成できないものである。西洋の透視画法の模倣・学習を超えて，これまでの伝統文化や技法とも融合させ，さらにまた江戸の人びとの好奇心に満ちた自由な心を追い風にして工夫を重ねたからこそ発揮できた高い独創性であった。内山は，優れた構図を持つ浮世絵を普及させていった要因として，いわば「機知に富んだ卑俗性」という問題を指摘していて興味深い。「構図の前景には，多くの場合，卑俗のものが描きこまれている……たとえば広重の『名所江戸百景』シリーズでは，棒手振りの綱・一部をのぞかせた鰹（「日本橋江戸ばし」），放魚のために売られる亀（「深川万年橋」），牛車の一部・履き捨てられた草履にたわむれる子犬・食い捨てられた西瓜（「高輪うしまち」）といった具合である。これらは，もちろん季節感を絵に盛り込む重要な役割を担っているのではあるが，この種の道具だては必ずや江戸っ子の琴線をくすぐったにちがいない。この機知に富んだ卑俗さこそが，この構図の普及を確実なものとしたのではなかったか」(71頁) と述べている。「機知に富んだ卑俗性」を庶民といっしょに楽しもうという「自由なる心」が，これらの浮世絵から強く感じられる。絵師たちが江戸庶民とともに「自由なる心」をもって生きたからこそ，こうしたきわめて独創的な構図を持つ浮世絵が完成したのであろう。

　望遠鏡の導入は，遠近法という視覚認識の革新をもたらし，浮世絵をはじめとして広くさまざまなジャンルの絵画・美術へ大きな影響を及ぼしたが，影響の大きさはこれだけに留まらなかった。顕微鏡のケースと同様に，見世物に取り入れられるという形で，庶民の心理に深く浸透し

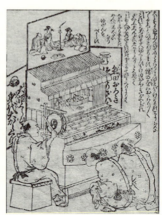

図9 山東京伝『遍奇的見世物語』に描かれている「覗きからくり」の例
出典）　山東京伝『遍奇的見世物語』（寛政13年刊，蔦屋重三郎出版，国立国会図書館蔵）の表紙と10頁より引用。

　ていった。望遠鏡の玩具化・見世物化の典型的な例は，「覗き眼鏡」または「覗きからくり」の登場である。これらの「覗き眼鏡」または「覗きからくり」には，大きさにバラエティがあった。小さなものとしては１人用の「小箱」のようなものもあり，大きなものとしては口上芸人としての弁士の語りを聞きながら複数の人が同時にそれぞれの覗き穴から見て楽しむ，いわば見世物としてのセッティングになっているものもあった。図９は，山東京伝著『遍奇的見世物語』（寛政13年［1801年］刊）に描かれている大型の「覗きからくり」の様子である。口上芸人としての弁士の語りを聞きながら，複数の人が同時にこの「覗きからくり」を楽しんでいることがわかる。

　そもそも覗き眼鏡の原型は，西洋や中国でも流行し，それが18世紀になって日本にも伝わってきた。覗き眼鏡の大きさにはさまざまなものがあったが，基本的な形態はとにかく狭い空間から間接的に凸レンズを通して画像を覗いて楽しむ娯楽装置である。現代人には，こうした覗き眼鏡の楽しさはなかなかイメージしにくいものであるが，風景画等を直接眺めるよりも，その風景画の奥行き感を強く知覚することができる。このような娯楽装置は昔，西洋や中国でも流行したことはあるが，重要な点は，江戸期のものは眺めるために用いられた風景画が，日本独自の透

第 2 章　「科学」に依拠しない知性の民俗認知経済学

視遠近法を極端な形で導入した「浮絵」だったことである。喜多川歌麿の「婦人相学拾鉢・覗き眼鏡をみる美人」に描かれているように，覗き眼鏡は小さな箱形のものとしても作られた。その魅力は，覗き眼鏡の中を見れば実際にその風景を見ているような錯覚にとらわれるが，目を離せば単にそれは小さな箱に入れられた絵に過ぎないという「認識のギャップ」を感じるおもしろさであった。人びとはこの「ギャップ」の中で，「大きな広がりを持った世界を，まさに『手に取る』ことができた快感」（内山56－57頁）を楽しめた。また興津（2013）は，江戸時代から大正時代くらいまで，大きなセッティングとしての「覗きからくり」があり，この見世物が大衆に愛されていたことを詳しく説明している。興津は次のように述べている。「数枚の絵を順に転換させて一編の物語りを拡大鏡で見せる仕掛けで，幅1メートルほどの屋台の上部に看板をかかげ，下部ののぞき穴（上段が大人用，下段が小人用）の眼鏡でのぞくと，なかの絵が拡大されて見えるようにしてあった。屋台の左右には男性と女性とが立って，細い竹の棒を持って拍子を取りながら物語を唄って聞かせた。物語の進行につれて，看板の横にさがっている紐を引くと，バタンと音を立てて，のぞき穴の絵が変わるという仕掛けだった」（201頁）。ここで説明されている「からくり」の構造は，図9とは多少異なるが，重要な点はやはり弁士の存在である。「屋台の左右には男性と女性とが立って，細い竹の棒を持って拍子を取りながら物語を唄って聞かせた」というところである。お客たちはこの物語の唄を聴きながら，覗きからくりを楽しんだのである。興津は，式亭三馬が『浮世床』初編（文化10年，1813年）の中で，寛政10－11年（1798－99年）ごろの覗きからくりの弁士の口上を次のように描いていたと指摘している。具体的な語りの例として，きわめて興味深い歴史的資料である。「ソリャご覧じろ。じゃがたらのこんぱんや（集会所）は，おらんだの出張（でばり）にございる。遠見の番所の体，松の木が2本，あねさまが3人まで，このような些さな箱の中にしかけてある。ソレ，立ったる唐人，窓からあいさつする体。楓の木ぶり，松の木のふといこと，ナント，どうじゃ，おまえも見なされ，眼鏡は紅毛の十里見」（201－202頁）。この口上の中には，「紅毛の十里見」つまりオランダ製の望遠鏡という言葉が出てくる。つまり望遠鏡がオランダから伝わってきて，日本の見世物に影響を与えたことを明

確に表しているのである。このように望遠鏡の導入は，単なる1つの科学技術的道具の導入という意味には留まらなかった。それは人びとの強い好奇心と自由なる心の発露とともに，視覚感覚の大きな革新を引き起こし，人びとはその視覚感覚の大きな革新を，この現実の生活の場において，具体的には玩具や見世物という形で大いに味わい楽しんだのである。

　最後に，もう1つ，江戸期における解剖学の導入がもたらした影響を考えてみたい。西洋で人体の解剖が行われ始めたのは14世紀初めであるといわれているが，医学的内容において大きな進歩を成し遂げたのは1543年に刊行されたヴェサリウスの書いた解剖書『ファブリカ（人体構造論）』によってである。わが国における最初の人体解剖は，宝暦4年（1754年）山脇東洋が官許を得て京都で行ったものであり，その内容報告は5年後に解剖図とともにわが国最初の人体観察記録『臓志』として刊行された。そこでは漢方医学が説く内蔵の概念を打破して，自然観察の重要性が説かれ，これを契機としていわゆる実験主義的な古医方がさかんになっていくのである（鈴木［2008］87 - 88頁，内山90頁）。しかしこれらの医学技術的レベルを大きく前進させた試みは，何と言っても明和8年（1772年）3月4日に杉田玄白・前野良沢・中川淳庵などによって江戸千住骨ヶ原（小塚原）で行われた人体解剖であり，このときには持参した蘭書『ターヘルアナトミア』の解剖図との注意深い比較が行われた。この腑分けの結果は参加者たちに大きな衝撃を与えた。杉田玄白も『蘭学事始』の中で次のように述べていた。「さてさて今日の実験，一々驚き入る。且つこれまで心付かざるは恥ずべきことなり。苟くも医の業を以てお互ひに主君に仕ふる身にして，その術の基本とすべき吾人の形態の真形をも知らず，今まで一日一日とこの業を勤め来りしは面目もなき次第なり。なにとぞ，この実験に本づき，大凡にも身体の心理を弁へて医をなさば，この業を以て天地間に身を立つるの申訳もあるべしと，共々嘆息せり」（『蘭学事始』上之巻より）。鈴木（2008）も，『蘭学事始』のこの言葉を引用し，玄白たちの痛切な自己批判とこれからさらに真の医学を究めたいとの強い決意がなされたことを説明している。この出来事を契機として，安永3年（1774年）に翻訳書『解体新書』が刊行される。解体新書の付図は，やがて秋田蘭画の中心人物になる小野田直

第2章　「科学」に依拠しない知性の民俗認知経済学　　73

  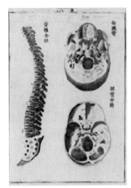

図10　『解体新書銅版全図』の発行と細密な人体解剖図
出典）　南小柿・寧一『解体新書銅版全図』（文政9年刊，須原屋茂兵衛他出版，国立国会図書館蔵）の表紙と5-6頁より引用。

武によって描かれた。これらの付図は当初いずれも木版画であったが，細密な銅版画に匹敵する高いレベルを示すものであった。実際にその後，図10で示したように，細密な銅版画による『解体新書全図』が刊行されることになる。

　またそれ以外でも高度なレベルの解剖図が描かれていく。これら日本の解剖図には，西洋の解剖図とは異なった大きな特徴が見いだせる。内山（1996）は日本の解剖図の特徴を次のように説明している。「西洋の解剖図においては，解剖途中の死体や骸骨がしばしば生けるがごときポーズをとらされている。それも時に，解剖とはなんら関係のない風景までが添えられて，彼らは，死体となっても理想的な人体美を誇らずにはいられなかったのだろうか。そこでは死のイメージは払拭され，血なまぐささは微塵も感じられない。それに対し日本の解剖図においては，切り刻まれ千切りにされた肉片，付着した血液までもが描かれる」（94-95頁）。なぜ日本の解剖図は「凄惨ともいえる表現」を採用したのだろうか。恵心僧都源信の『往生要集』の「今この娑婆世界はもろもろの留難多し。甘露いまだうるおはざるに，苦海朝宗す」という世界を連想し，日本人の仏教的宗教観が大きく影響していたのではないかとも考えられる。しかしそれはどの程度深いレベルの仏教思想の影響であったのか。若く美しい人でも，やがて年老いて死ねばこうした屍になるぞという通俗的な「諸行無常」を示すだけのものであったのか。しかしそれに対し

て，私は同じ江戸期に書かれた白隠禅師「座禅和讃」の冒頭の有名な言葉を思い出す。「衆生本来仏なり　水と氷のごとくして　水を離れて氷なく　衆生の外に仏なし　衆生近きを不知して　遠く求むるはかなさよ　譬ば水の中に居て　渇を叫ぶがごとくなり」（來馬［1911］，鎌田［1991］，芳澤・山下［2013］）。無相の心に到達して「生死の中に仏あれば生死なし。ただ生死即ち涅槃と心得て生死として厭うべきもなく，涅槃として願うべきもなし。是時初めて生死を離るる分あり」（『修証義』第１章）と悟れば，いたずらに切り刻まれ千切りにされた肉片の「凄惨ともいえる状況」を絵画で描く必要もない。宗教的視点から言えば，白隠が描く禅画の超越した気高さに，これら凄惨な姿を描いた解剖図がどれだけ近づけたのだろうか。疑問が残るところではある。

　さて解剖学導入によるこのようなさまざまな影響も，見世物になることによって初めて，庶民の心に深く浸透していくことになる。象徴的には，今にも動き出しそうな等身大の「生き人形」の作成技術の登場，そしてそれを使った見世物の興行が指摘されねばならない。この人形師の第一人者は，松本喜三郎であり，二代目・泉目吉であった。前者は張り子細工で生き人形を作ったが，後者は蠟人形で化け物細工を作った。これらの作品は，解剖学者たちをも驚かせるような高いレベルのものであった。このことを裏付ける証拠の話がある。文永３年（1863年），幕府医学所の頭取であった松本良順は，学術的目的で人間の頭蓋骨の作成を彫り物師の旭玉山に依頼したが，彼の髑髏の彫刻は科学的にも正確で専門家の間でも定評があったからである。また松本喜三郎自身も，明治５年（1872年）に東校（後の東大医学部）から人体模型の製作を依頼されており，さらに精巧な人体模型をウィーン万国博覧会に出品して絶賛を浴びたということである。「科学的な目的に供される模型が，細工や見世物の職人に任されていたのである。精巧な細工技術という点において，科学と見世物とを隔てるものは何も存在しなかった」（内山同書126頁）と結論づけることができる。

　ところで，名人・松本喜三郎作成の「生き人形」を使った見世物の興行であるが，ここでも巧みな話術の口上芸人が大活躍している。彼らによって語られるストーリーのなかで，医学的知識を活用して作成された「生き人形」に命が吹きこまれ，それが民衆の心を魅了した。川添

図11 歌川国芳・国貞の錦絵に描かれた松本喜三郎作「生き人形」による見世物の一場面

出典　歌川国芳・国貞の錦絵（国立国会図書館蔵）に描かれた松本喜三郎作の等身大の「生き人形」による見世物（安政3年2月に浅草奥山で公演）の有名な一場面。国立国会図書館のHPに掲載されている木村八重子氏の解説によると，「前年の地震で仮宅営業となった吉原の黛という遊女が『内証』と呼ばれる裏方の部屋で身仕舞いをしている場面。黛は実在の佐野槌屋抱えの遊女で，大地震の後30両出して御救小屋へ大量の炊き出し鍋を寄贈し，北町奉行から褒美を頂いた『時の人』である。左図の色の黒い男は，黛が30両をこしらえるために2つの箱に一杯の装身具を惜しげもなく手放すのに驚いていると解されている」ということである。

(2000)によれば，喜三郎がブレイクしたのは，安政元年（1854年）1月の大阪難波新地で興行した「鎮西八郎島廻り・生き人形細工」においてであり，その後，安政2年に江戸に下って同じ作で浅草初興行を行ってまた大ブレイクしたそうである（169頁）。これらの興行を盛り上げたのが，口上芸人として名高い「あまからや」であった。彼の語りの名人芸を今に伝えるものとして，歌川国芳作の錦絵「浅草奥山生き人形」がある。この錦絵のなかの象の長い舌の先には，何と，紋付き袴姿の口上芸人「あまからや」の姿が描かれている。口上芸人の名人芸によって当時の人びとにおなじみの「鎮西八郎（源為朝）物語」が語られ，それとともにリアルな「生き人形」が登場し人びとの心を奪ったのである（170頁）。また図11は，歌川国芳・国貞作の錦絵である。松本喜三郎が作成した等身大の「生人形」による見世物の有名な一場面を描いている。この見世物は，実際には，安政3年（1856年）2月に浅草奥山で公演されている。大地震の後に1人の遊女が驚くほどの多額な寄付をして，多くの人びとを救ったという美談を語る内容となっている。伝統的な民衆の

倫理と医学的知識を利用したリアルな細工物の組み合わせが，1つの語りの中で融合して，人びとの心を魅了した。

　最後に，これまで述べてきた先人たちによる西洋文化の吸収の歴史を，「学び」という視点から評価してみよう。佐伯（1975）は，日本人が陥りやすい「学び」を妨げる要因を，次のように3点にまとめて論じていて興味深い。つまり（1）権威主義的知識観，（2）主観主義的知識観，（3）方法主義的学習観である。これらの諸点に照らしてみると，以上述べてきた江戸時代の庶民による西洋文化吸収のやり方は，どのように評価できるであろうか。まず（1）についてであるが，日本では知識を持っている者が知識を持っていない者に「伝授」するという権威主義的知識観が重視され，忠実に模倣する写本や写経などの作業をこなすことが学習であると見なされてきたのではないか，そしてこの権威主義は今でも相変わらず日本を覆い尽くしていると指摘されている（25-26頁）。こうした権威主義の心理にとらわれると，その知識の内容を主体的に検討してそれをどのように現実に適用するかの自由度は失われることになる。佐伯は，「（知識を）創った者だけがそれを使わないことができる。創れる者だけがそれをのりこえることもできる」（26頁）と述べている。江戸期の庶民たちの自由闊達な西洋文化の吸収のやり方はどうだろうか。すでに説明してきたように，人びとは自分たちの伝統文化にそった語りとともに，こうした西洋文化の科学的機器類や技術を楽しんで見世物にし，いわば「自分たち風」に西洋文化を作り変えて学び，「人生の幅を広げる」ためにそれらを利用するというコンセンサスを達成していた。ここでは，西洋文化を権威主義的に祭り上げそれを抑圧された心理で単にひたすら模倣するという心理は，まったく見られない。人びとは大いなる好奇心をもって「自分たち風」に西洋文化を作り変えることで，「創れる者だけがそれをのりこえることもできる」という佐伯の指摘を見事に実現していたと言えるのではないだろうか。（2）の主観主義的な知識観については，佐伯は「真理というものの実在感の欠如である」（27頁）と述べている。この状況下では，真理はそれぞれの人が主観的に「悟る」ことができればそれでよいのであって，それをみんなの共通の話題として取り上げてその妥当性と一貫性を吟味・討議するという試みは軽視または不必要とされることになると考えられる（27-28頁）。

第2章 「科学」に依拠しない知性の民俗認知経済学　　　　77

　この点については，江戸期の庶民たちの西洋文化の吸収のやり方はどう評価されるのであろうか。確かにこれら江戸期の人びとが，西洋文化の基礎にある原理の意味の妥当性・首尾一貫性を，「科学的方法」を用いてより深く掘り下げる努力をしたかといえば，その点については否定的な評価となる。しかし江戸期の人びとは主体性と大いなる好奇心を持って，西洋文化をいかに自分たちの人生の幅を広げ豊かにするために活用できるか，この問題を伝統的文化と照らし合わせながら，社会的文脈の中で，その妥当性と一貫性という視点から実質的に検討しているのである。たとえばもし見世物にされた西洋文化の取り上げ方が，自分たちの伝統的で意味的な語りとマッチしない「不適切」なものと考えれば，その見世物は人気を博することなく見捨てられていくのである。人びとの共通な関心事として，西洋文化をいかに理解し吸収すべきかが，主体的に判断されていたと言えるのではないだろうか。
　最後は（3）の方法主義的学習観についてである。この意味ついては，知識を「すべて『うまくやる工夫』とみなす方法的（工学主義的）学習観」（24頁）であると説明されている。日本ではこの傾向が強く，その結果，「手順」や「分類」の明確さにはこだわるが，その基礎にある「意味を問う」または「一貫性を追求する」という志向が弱いとされている（64頁）。これに対して，江戸期の庶民の西洋文化の吸収のやり方はどう評価されるであろうか。この問題は，上述の（2）の問題と部分的に重なっている。確かに江戸期の人びとは，西洋文化の基礎にある科学的原理の意味を深く理解すべく大いに努力したとは言えない。したがって西洋の科学技術の工学的活用法のみに強い関心を払ったというように見られるかもしれない。しかしこれだけで，江戸の人びとがまったく「わかる」ための努力をしなかったと判断するのは早計である。彼らは，西洋近代技術がもたらす意味を，確かに西洋的科学理論の原理を参照しつつ理解する努力はあまりしなかったけれども，しかし自分たちのこれまでの伝統文化と照らし合わせて，その意味を「わかろう」と努力したことは明らかである。佐伯も述べているように，新たなるものが「わかる」ということは，過去に蓄積された知識に照らし合わせて，その関係性を首尾一貫したものとして明らかにするということである。佐伯は「『わかる』とは『絶えざる問いかけを行う』」ことであり，「無関係であ

ったもの同士が関連づいてくる」ことであると述べている（62頁）。まさに至言である。江戸の人びとは，自分たちの伝統文化をもとにして，それとの照合の中で，具体的には伝統的な弁士の語りとの調和関係の中で，西洋近代科学の意味を理解しようとしたのである。そしてこの江戸期の人びとの理解の仕方は，きわめて「開放的」な文脈の中で行われたことも同時に強調されねばならない。この「開放性」には2つの意味がある。第1は，当時の江戸の人びとが見世物をみんなで楽しんでそれを「人気」という形で社会的に評価し表現したこと，第2は，鎖国時代とは言いながら，実質的に西洋からの科学技術の流入は比較的開放的であり，人びとはその西洋文化の流入にきわめて強い好奇心と関心を抱いて，それを迎え入れたということである。佐伯もこの「開放性」の問題を，「一貫性」の問題と同時に重視して，次のように述べていた。「われわれがもたねばならないのは，単なる一貫性だけではないことは明らかである。ここで，その一貫性を『閉じたもの』にしない何ものかが必要であり，それをわたしはここで『開放性』（『ひろがり』）と呼ぶことにする」（84頁）。江戸期の人びとが示した自由闊達な西洋文化への「学び」は，まさに伝統文化への参照という首尾一貫性を求める心理と，それを「開放性」という社会的文脈において実践しようとする心理によって支えられていたと評価することができる。

第9節　ま と め

人間知性の発揮の意味を，「人びとが社会の中で他者とともに充実感を持って豊かに暮らしていくために知力を用いること」と理解するならば，その知性の発揮の方法は，必ずしも科学的思考法・科学的研究法という特定の方法にこだわる必要はない。事実，われわれの江戸期の先人たちの歴史を振り返ると，西洋から流入した近代科学技術の活用法は，明らかに科学的思考法・研究法に基づいたものではなかった[38]。典型

---

38) Screech（1996）は，従来日本には「科学」という概念はなかったが，しいて一番近い言葉を探すなら，それは「究理」だろうと述べている。しかしその意味は，西洋的な「科学」の考え方とは大きく異なっていたと，次のように説明している。「18世紀西洋の科学

的な例として，見世物興行をあげることができた。そこでは，口上芸人の名人芸的語りによって，西洋科学技術が庶民に紹介され，人びとは熱気と大きな好奇心をもってその科学技術の新奇性を知りそして楽しんだ。見世物以外では，特に絵画・美術が身近な人物や風景を描く中で，近代科学に触発されて新しく認識された世界観を表現した。これら絵画・美術に表れた変化も，人びとが西洋文明に触れたときの感動や影響を，いわば「物言わぬ語り」として表現するものであった。本章では，さらに「カレーライスと福神漬け」という食の問題についても触れたが，それも日本社会に常在する強い「多様性を増進する力」と，逆に「多様性を縮減するセンスメーキングの力」の同時的機能によって現れた1つの具体的な「物言わぬ語り」であった。先人たちは，このような「科学」に依拠しない「語り」という形式によって，西洋の近代科学を自分たちの心の中に浸透させ，「生きていくことの幅を広げる」ために活用してきたのである。

　従来，わが国では，こうした先人たちの方法や行為を，「科学至上主義」という固定概念にとらわれて，あまりにもネガティブに評価してきた。これらの評価には，西洋文明に対する必要以上に強い劣等感が含まれていたと思われる。これに対して，江戸庶民が示した明るい「語り」の中の「等身大的科学の世界」は，何と屈託がなく，のびのびとしていたことであろうか。人びとは，大いなる好奇心をもって，この初めてふれる近代科学を迎え，それを自分たちの主体的なやり方で吸収し「生きていくことの幅を広げるため」に活用したのである[39]。そして注目す

の概念に一番近い日本語は『究理』であった。文字通り『理（本質）を究める』のである。『究理』とは自然の核心の純粋無比の源に迫ることで，経験的なものの背後にあって，その他の経験的なものの中にはついに観察不可能な何ものかを探求することであった。研究結果の応用を口にすることは野暮なことであり，学問を馬鹿にしていることでさえあった。（西洋）啓蒙主義の哲学者たちが客観性と自然の法の完全掌握をめざしたのに対して，『究理』の徒は『造化（創造）』を構成するさまざまな内在的な力を明らかにしようとしたのである。『造化』は元来道教の言葉だったが，儒教では理の顕在化したものという意味になった。日本人は全体を捉えようとしてホリスティック（holistic）であり，一方西洋人は分解して解き明かそうとしてディコンストラクティブ（deconstructive）であったと言ってもよかろう」（訳96-97頁）。

　39）鎖国にもかかわらず，当時の日本人たちが西洋の文化に対して抱いた好奇心はきわめて高いものであった。たとえば片桐（2004, 2008）は，歴史的資料の詳細な検討から，このことを証明している。

べき点は，このような庶民達の強い好奇心と熱気をともなった「等身大の科学の世界」の盛り上がりに応えて，次々と優れた民間の技術者・細工師・絵師が現れ，当時としては世界的レベルに達する技術的成果や芸術的作品を創り出していったことである。私は昔アメリカのシアトルで大リーグの野球観戦に行ったとき，隣にいた名も知らぬアメリカ人の青年が，「優れたプレーヤーは良き観客によって創り出されるんだ」と言った言葉を思い出す。まさしくこの江戸時代でも，「良き観客が優れたプレーヤーを創り出した」のである。観客である江戸庶民の強い好奇心と熱気に応えて，人びとの中から次々優れたプレーヤーとしての技術者・細工師・絵師が現れ，当時としては世界レベルに達する驚くべき技術的成果や芸術的作品を創り出していった。西洋近代の科学技術思考のみが，唯一の人間知性の発揮の方法であるわけではない。先人たちが示したこの歴史民俗の世界の中から，われわれはこの事実を改めて強く学び直す必要がある。

　トランス・サイエンスの時代あるいはポスト・ノーマル・サイエンスの時代と言われる状況の中で，ラベッツは，むしろ東洋世界において行われていた「西洋近代科学とは異なった人間の知性の発揮の方法」に思いをはせ，その詳しい研究の必要性を主張した。本章では，認知科学的視点から改めて江戸時代の歴史民俗を振り返ったが，その意図は，このラベッツの期待に応えようと考えたからであった。そこで得られた教訓は，とりあえず，次のようにまとめることができる。われわれは，トランス・サイエンス時代の難問に立ち向かうために，科学以外の方法も活用した人間の知性あふれる社会を作っていかなければならない。具体的には，物語を語りあう中で，自由な心の発露とセンスメーキングの力を発揮できる人間社会を作っていく必要がある。図12で簡略化して示したように，自由な心の発露は人びとに大いなる好奇心の高揚をもたらして「多様性を増大させる文化的な力」を生み出し，他方，センスメーキングの力の発揮は，伝統に基づいて「多様性を縮減していく社会的・文化的な力」を生み出す。これら2つの動態的で文化的な力は，相反する方向のものでありながら，お互いを支えあい強化する関係のものである。「多様性を縮減していく社会的・文化的な力」があるからこそ「多様性を増大させる文化的な力」を現実に機能させることができるのであり，

また「多様性を増大させる文化的な力」があるからこそ「多様性を縮減していく社会的・文化的な力」をいっそう陶冶する契機が与えられるのである。この考え方は，前節の最後に説明した佐伯（1975）の言葉を用いると，「一貫性を求める心」と「開放性（ひろがり）を求める心」の相互依存関係と表現することができる。このような相互依存的で動態的な文化的プロセスの中で，さらに大きな「集合知」を実現していく可能性が形成される。このプロセスの中で，トランス・サイエンスの時代に立ち向かう人間の知性の発揮を，「等身大の科学・文化・社会」の実現をめざすという形で集約化することができると考える[40]。

ところで「多様性を増大させる文化的な力」と「多様性を縮減していく社会的・文化的な力」を同時に機能させる可能性は，人間心理や人間の認知能力のどのようなメカニズムから生じるのだろうか。「多様性を増大させる文化的な力」は，さまざまな文化的内容を区別して認識し，それらの差異を楽しむ心から生じる。それに対して「多様性を縮減していく社会的・文化的な力」は，区別された異なる文化的内容の中から調和しうる要因や共通の意味要因をさがし出し，それらを融合させて，首

---

[40] 新たな日本文化の伝統の形成と再生産も，こうした「多様性を増大させる文化的な力」と「多様性を縮減していく社会的・文化的な力」の相互作用的な動学的プロセスの中で実現していく。したがって日本文化の内容は，時間の経過の中で見れば，けっして一定なものであり続けるわけではない。文化の内容は，絶え間なく変化し続けていく（たとえば深化し豊穣化していく）ことになる。平川（2017）は，こうした日本文化の動態的変遷を十分に考慮することなく従来，「和魂」の議論がなされてきたことを次のように批判している。「平安朝後期の『やまとだましい』と幕末以降の『和魂』では内実は変貌したにもかかわらず，『大和魂』を強調する形で用いられていたことを考えると，『和魂』を内容的に深く吟味することなく，他者との関係における自己把握として『和魂』を使っているだけに過ぎないのです。このような心理は，外地に行った日本人が，外地にいるためにかえって日本を意識し，『その知識がないにもかかわらず』日本文化や日本精神を強調したがるさまと似通っています」（41頁）。またこれと同じ内容は，別の著作（平川［1987］）では，次のように主張されている。「外国の物質的文明の優越を認めても，精神の分野では従来の価値を維持したいという願望は，人間の発想としては自然のものである。形而下の面だけでなく，形而上の面までも外国のものに頼らなければならないとするならば，それはとりもなおさず自分をもはや自分とは呼べなくなることであり，そこには人格崩壊に似た苦痛が秘められている。人間は自己の存在をおびやかすその種の圧迫にたいしては抵抗を試みずにはいられない。それでことさらに『日本人の日本人たる所』や『国体の尊重』などが強調されるのである。しかしその種の自己主張は，対外関係から唱えられたものであって，自己の精神の内容を把握した上での主張ではなかったから，しばしば修辞の横溢におちいらざるを得なかった。……鴎外が『なのりそ』で……『和魂洋才』を批判したのはそのような心理を洞察したからであった」（31頁）。

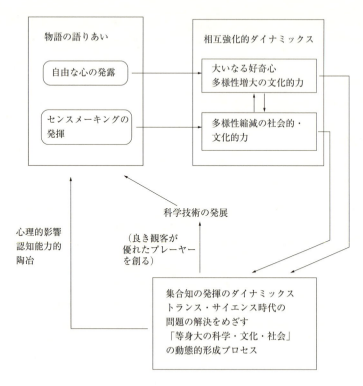

図12 人間が知性を発揮できる社会の可能性

尾一貫した生活世界を実現していきたいと願う心から生じる。差異を認識して楽しむ心と，差異を滅して融合した首尾一貫性を願う心を同時に保有して，それに基づいた行動を柔軟にとることが要請されているのである。しかし「区別して区別せず」「区別を楽しみながら区別を願わず」という境地を，われわれは本当に実践しうるのだろうか。宗教的に透徹した「覚者」であれば，鎌田（1990, 1994）が述べているように「一切種智」「不二法門」の境地で「矛盾を矛盾とせず」生きていけるのであろうが，われわれ世俗に生きる者にはそれは難しいのではないか。どのような要因を手助けとしたら，われわれでもこうした「区別して区別せず」「区別を楽しみながら区別を願わず」ということが実践できるのか。先人たちが歴史民俗の世界の中でこうしたことを実践してきたと言うのであれば，それは具体的にどのような要因を手助けにして，その実践が

可能になったのだろうか。この問題を明らかにしておかなければならない。

　ここで「語り」の意味を思い出す必要がある。「語り」とは日常言語を用いて人間の知性を発揮する方法であり，本章では「科学」に依存しない人間知性の発揮の方法であると論じてきた。図12でも，人は物語を語り合うことで，自由な心の発露とセンスメーキングの力を発揮し，「多様性を増大させる文化的な力」と「多様性を縮減していく社会的・文化的な力」の相互強化的ダイナミックスを生み出していくのだということを示した。この日常言語を用いた「語り」の持つ大きな可能性を改めて確認するためには，村上（1979）の議論が役立つ。村上は，日常言語を用いる生活世界と，理論言語を用いる科学的世界を比較しながら，日常言語と理論言語との差は，「実体的というよりは，機能的である」（159頁）と主張する。その機能の違いをもたらす要因の１つに「顕在化の条件を明示しているかどうか」という問題がある。日常言語では，たとえば「赤い」と言った時，「『顕在化の条件』としては，一応，通常の自然光乃至それに類する光のなかで通常の視覚をもった人間が見たとき，というようなものを考えることができる」が，それ以上の条件を明文化しているわけではない。これに対して，理論言語の場合には，顕在化の条件は「一般物理学，量子力学，素粒子論など，粗密さまざまな理論系の明文化されたネットワークが整備されているところに求められるべきであり」，「介在する理論のネットワークが，豊富であればあるほど，その全体の『規約性』は高くなるといってよい」。こうして理論言語の顕在化の条件は「明文化された取り決めになる」のである（157-160頁）。この日常言語と理論言語における顕在化条件の明文化の有無の違いは，「パラダイム転換」が生じるか否かの問題に重大な影響をもたらす。村上（1979）はこの点に関して次のように述べている。「『日常言語』の用語における顕在化の条件が曖昧であるときには，そうした条件が明文化されている場合に比べて，一見自由度は大きく変化や移行にとってむしろ有利と思われるにもかかわらず，１つには，変化や移行が曖昧なるがゆえに『変化』，『移行』として自覚されることが少なく，また１つには，変化や移行は，柔軟な（曖昧な）構造のなかに吸収されてしまってなかなか，全体の構成の変化，移行には繋がらない。それゆえ，こうした外

見上の自由度の大きさは，必ずしも，ここで問題にしているような意味での自由度を導かない，と言わなければならない。こうした『日常言語』と『理論言語』のもつ機能面での相異は，科学的理論の転換のダイナミックスを論じるための基盤を提供してくれることになるだろう」(161–162頁)。ここで注意しなければならないのは，上の引用文で「自由」と言っているのは「選択の自由」のことである。たとえば，本章に関して言えば，「多様性を増大させる文化的な力」か「多様性を縮減していく社会的・文化的な力」か，これらのうちのどちらを選択するか，またその時「選択の自由」はあるかどうかを論じることである。しかし理論言語の場合と違って，日常言語の場合には，顕在化の条件が曖昧であり，そもそもわれわれはこうした「選択」という問題に直面しない可能性がある，というのが村上の主張である。つまり日常言語で語られる「語りの世界」では，「多様性を増大させる文化的な力」と「多様性を縮減していく社会的・文化的な力」は，オルターナティブな関係，つまりどちらかが選択される関係に立っているのではなく，ともに同時的に実施されることも可能な関係に立っていることになる。これはいわば「選択」の問題を「超越」した状況であると言える。日常言語を用いた「語り」による人間知性の発揮の方法によって，初めて，われわれは「多様性を増大させる文化的な力」と「多様性を縮減していく社会的・文化的な力」を同時に働かせて，フォークサイコロジーの世界を「生きていく」ことができる。「科学」のみに依存した世界では，このような形で「生きていく」ことはできない。

　われわれは，歴史民俗の世界に踏み込んで，科学と文化の問題を考えてきた。もちろん歴史民俗の世界は広大な研究領域であり，とても1人だけで研究し尽くせるようなものではない。多くの人びとがこの分野に強い関心を抱いて，研究を積み重ねていく必要がある。私はこうした東洋の歴史民俗に関する認知科学的視点に立つ研究が進むことで，いつの日か，本格的にラベッツの期待に応えうる深い含意を持つ成果が生み出されることを期待する。困難なトランス・サイエンスの時代あるいはポスト・ノーマル・サイエンスの時代の闇を切り開くさらに「大いなる教訓」が得られるのではないかと考える。

第Ⅱ部

センスメーキングによって文化的多様性を整理・調和・縮減する機能が働き，これによってまた文化的多様性を増大させる常在的力が強化されるという相互関係的な動学プロセスが発生することを示した。歴史民俗の世界を見ると，われわれの先人たちはこうして「科学」に依拠しない形でも，人間の知性を発揮して生きてきた。前章では，1つの象徴的な事例として，江戸期における外来文化の摂取の問題を取り上げて議論した。しかしセンスメーキングによって形成される意味世界が，「科学」に依拠しない人間知性を発揮するのは，何もこうした外来文化の摂取の問題に限ったことではない。歴史民俗の世界を見渡せば，きわめてバラエティに富んだ形の「科学」に依拠しない人間知性の発揮の事例を見いだすことができる。

　第3章，第4章，第5章では，人びとがともに生きそして働いてきた「生業」の問題を取り上げ，そこでのセンスメーキングの機能を考えていく。生業の本質を理解するためには，「ともに生きる」ことと「ともに働く」ことの関連性を深く考察する必要がある。本書では，ハンナ・アーレントが『人間の条件』で展開した考え方にそって，議論を展開する。アーレントは，人が生きるとは「人と人との間にあり続けること」であると説明する。「人と人との間にあり続けること」によって初めて臨場感を持って，「生きていることのリアリティを感じる」ことができると考える。「ともに働く」とは，単に生きていくのに必要な食料物資を獲得するためだけではない。それは「人と人との間にあり続けることを強化する行為」でもある。アーレント流にいえば，人は「ともに働くこと」によって，より強く，「生きていることのリアリティを感じる」ことができる。また逆に「ともに生きている」ことを強く実感するためには，「ともに働くこと」が必要である。アーレントは「私的な状態」を「欠如した状態」だと論じた。他者の存在が「欠如している」のである。"private"（私的）の語源は，"privative"（欠如した）であると指摘した。

　生業の中での共働は，心の中に「生への高い覚醒」を生じさせる。第3章では，生業の基本的考察として，まずこの点を，具体的事例をあげながら詳しく論じる。また人びとにもたらされた高い「生への覚醒」は，新たな知恵の世界を作り出していく。第4章では，「リスクとともに生

きてきた」先人たちの知恵を，生業の問題と関連させながら考える。特に生業が，しばしば「複合生業」という形をとって行われたことは注目に値する。複合生業とは，人びとの生活に必要なさまざまな物資を，農業のみならずその周辺の仕事をも含めて広く技術的な関連性を工夫しながら，家族内や村落共同体内の人間関係を踏まえた共働と助け合いの中で複合的に生産するという，自然発生的で多様性に富んだ生業の形態である。多様性を持った生産形態は，それ自体，リスク回避的な生産形態といえるが，問題はそれだけではない。柔軟で多様性に満ちた複合生業を他者とともに行うことで，「生への高い覚醒」が生まれ，それによって初めて持続的に「リスクとともに生きていく」ことが可能になる。他者とともに「生きるリアリティ」を強く感じることが，人びとのセンスメーキング機能を促進して，「リスクとともに生きる」という1つの具体的な叡智を生み出すのである。われわれはこのことを，事例研究を交えて考察していく。第5章でも，生業の中の共働と高い「生への覚醒」が，センスメーキングの機能を高め，それがさまざまな人の経験知の多様性を縮減・統合して，共有される経験知や仕事領域を超えた「転用の知恵」をもたらし，具体的には農具の改良や発明による生産力の増進につながっていった歴史民俗的な事例を考察する。農民のみならずその周辺に存在した職人層をも含めた民衆が，共有された経験知やそれからもたらされた「転用の知恵」を働かせて，農具の改良や発明を生み出したのである。多様な仕事の熟練と経験知，人びとの高い覚醒度，そしてセンスメーキングの力が，転用の知恵の「生みの母」であった。なお第6章では，第3章・第4章・第5章の主張をさらに強化するために，追加的に，1つの脳科学的実験研究を示す。人びとの共働作業がもたらす自己拡大の心理とアフォーダンス知覚の変化を，「世界が新しく見えてくること」として解明する。「世界が新しく見えてくること」は，人が新たなる知恵の世界を見つけ出していく第一歩である。この実験では，fNIRS（機能的近赤外分光装置）を用いた脳機能の計測を行い，仲間意識から生じるアフォーダンス知覚の変化を，人間の前頭葉活動の著しい変化として捉え，そのデータ解析を行う。

第3章

生業の行動経済学は可能か

第1節　序

　フォークロアの研究は，魅力的である。それは，歴史を生き抜いてきた人間の姿を，飾り気のない素朴な「事実」として示してくれる人間学である。経済学が理論的前提としてきた「合理的個人」という「机上の空論的人間観」が幅をきかす余地は微塵も存在しない。フォークロア研究は，あくまでも名もなき多くの人びとが自分たちの歴史や伝統を背負いながら，いかに生きそして死んで世代を重ねてきたのか，その姿を事実として重厚に語ってくれる。現代のせわしい時代の中で，われわれがいつしか忘れ去ってしまった生活の中の伝統的知恵やそれを生み出した人びとの心に関する記述も数多く含まれている。それは「人間とは何か」という問いに対する現代のわれわれの自己満足的かつ傲慢とも思える理解を，完膚なきまで打ち砕いてくれる。「ここに存在する問題」の深さを改めて気づかせてくれる。

　行動経済学は，周知のように，遅ればせながら，人間のなんたるかを改めて問い直して，経済学に新しい風を吹き込もうとする新分野である。実験研究等により，現実の人間行動や心理の中に合理的個人の行動や心理とは異なった「アノマリー現象」を見つけ出し，その理由を心理学的アプローチも援用しながら解明しようとしている。生身の人間の心理や行動は，合理的個人の心理や行動と単にランダムに異なっているのではない。ある特定の方向に，偏奇し異なっているのである。それゆえに，

人間心理や行動の偏奇が，経済や社会の変動にいかなる影響を及ぼすのか，また逆にそうした経済や社会の変動を，人はいかに主観的に理解し評価するのか。従来の経済学的考察とは異なった研究アプローチが進められることになる。

しかし行動経済学は現状では，まだ民俗学が明らかにしてきた人間行動の分析に，積極的な関心を示してはいない。これは今後の大きな研究課題となるであろう。私は，潜在的には，民俗学が提供してくれる人間の生きる姿の重厚な「事実」は，汲めども尽きぬ深い教訓を含んだ人間研究の至高の教材であると考える。また逆に民俗学が明らかにしてきた内容を，行動経済学がどれだけ深く咀嚼できるかは，今後の行動経済学の発展を考えると，その学問的有効性を試す重大な試金石であるように思われる。

本章では，具体的に，「生きること」と「仕事」の意味を再考する作業を通じて，民俗学が与えてくれる「事実」の鉱脈の一角を，行動経済学的視点からどこまで深く考察できるのか，試してみようと思う[1]。単

---

1) 最初に方法論的な議論を少し展開しておく必要がある。本章の目的は，民俗学が与えてくれる実証的研究の成果をいかに咀嚼し，それを出発点としてどのように新たな「人間学」としての行動経済学をめざすべきなのかを議論することである。ここではその第一歩として，生業の意味を行動経済学的に考察していくことにした。ところでこれまでも「民俗経済学」と呼ばれている興味深い研究分野は存在した。菅野（2003a，2003b）および日本民俗経済学会（2008）などを参照されたい。菅野（2003a）の説明によると，民俗経済学とは，環境変数としての風土または文化的要因と経済変数との累積的相互関係を明らかにする長期動態理論であると定義されている。つまり，「限界革命後の近代経済学が環境変数を不変とすることによって，精緻な理論を構築し得た反面，短期理論としての性格をもたざるを得なかったのに対して，環境変数と経済変数の累積的相互依存関係に焦点を当てようとすると，おのずから長期動態論としての性格をもつことになる。風土とのかかわりを問題にする民俗経済学は非常に長期の変化を取り扱うことになるであろう」（198頁）と述べられている。この民俗経済学の定義に出てくる「経済変数」の論理とは，欧米の社会から抽出された個人主義と合理主義の人間行動に由来するものであろう。したがってこの経済変数の論理をそのままストレートに日本の経済社会に適用して考察を行うことは，「没主体的」であり，未成熟のそしりを免れない。むしろこの「経済変数」の論理が，「環境変数」としての日本独自の風土・文化的要因によっていかに影響を受けて変質するのか，また逆にこれらの環境要因が経済変数の論理によっていかに影響を受けて変化するのか，これらの相互依存的関係を考えることが重要な問題になる。こうした相互依存的関係を長期動態理論として研究するのが，民俗経済学の課題であると主張されている。

われわれが本書で展開する内容と比べると，論文題目の表面的類似性にもかかわらず，内容は大きく異なっていることに気づかされる。そして研究内容が異なっていることは，お互いに補完しあって研究が進められていくことを意味していて良いことであるが，しかしとも

第3章　生業の行動経済学は可能か

に人が労働を供給するというときの心理と行動の特性を考えるというのではない。「生きること」との関係で，人間の「仕事」の意味を再考するのである。厳しい生活環境の中で，生きること，生き続けることは，長い人類の歴史の中で，最大にして究極的な目標であり続けた。この厳しい環境の中で生きることを目標にしてきた人間は，どのような心理でどのような働き方をしてきたのだろうか。それは「生業(なりわい)」の問題を考えることである。生業にたずさわる人間の心理と行動パターンは，近代的市場における利潤最大化または効用最大化の人間行動とは大きく異なっている。近代的市場での人間行動を合理的個人の行動として記述する従来の経済学から見たら，生業にたずさわる人間の心理と行動パターンは，理解したり説明したりすることが困難な「アノマリー現象」ということになる。しかし，民俗学が明らかにしてきた生業のあり様は，まさに

かくも相互の研究の方法論的な相違は明確にしておく必要がある。まず方法論的な相違の第1は，従来の民俗経済学の考え方では，経済変数と風土・文化などの環境要因を分析的に分離して，その間の相互依存関係を考察するということである。この方法は，もちろんファーストステップとしては便宜上許されることであろう。しかし人びとの日々の生活やその中での行為に注目するとき，これらの行為をあえて「経済的要因」と「風土・文化的要因」に分解して考えることは，かなり難しい問題を生じさせる。それは最初から「理念」という「色眼鏡」を持って，人びとの日々の生活の意味を眺めることになる危険性があるからである。人びとの素朴な日々の生活の中にある経済合理的要因と，風土・文化的要因を，それぞれの理念の色眼鏡で見て「拾い出す」という作業になりかねない。これでは「還元主義・要素分析主義」になってしまう。しかし民俗学の魅力とは，まずは人びとの「あるがままの素朴な生活や行為のパターン」を，「全体論的」に捉えてその本質を理解し，これまでの固定概念で曇らされてきた研究者の眼に「新鮮な驚き」を与えるものではなかったのか。経済変数と風土・文化的変数に問題を「分解」して，それらの相互作用を研究するという方法の有効性を全面的に否定するつもりはまったくないが，しかしそれだけでは「民俗学的研究方法」の魅力やその中に含意されている「大切なもの」を見失いかねない危険性もあることに注意したいと思う。本書では，この問題を避けるために，人びとの生業の行為を「全体論的」に捉えて，それをいかなる行動経済学の方法で研究すべきか，議論することにしたい。第2は，経済的変数を決定する論理といっても，それは現実世界の中では，純粋な意味での人間の「合理性」に基づいて行われているとは限らないという問題である。人は経済的意思決定をするときでも，高々，限定合理性を持って意思決定をしているのみである。この点については，近年の行動経済学，実験経済学，さらにはニューロエコノミクスが種々のケースについて明らかにしているので，ここでは繰り返さない。またこの合理性からの乖離は，ランダムに発生しているのではなく，「ある一定の方向性」を持って「ずれている」のである。このことは，人間が心理学的にある特定の「癖」をもって意思決定していることを意味する。この心理の「癖」が，それぞれの風土や文化の中でどのように具体的に形成されるのか，これはVygotsky (1978), Cole-Scribner (1974), Cole (1996) などによる文化心理学の分析視角であるが，今後の興味深い研究課題になると考えられる。

「生きること」の中で人びとが示してきた仕事のやり方の確固たる歴史的事実なのである。そして生業の根強い存続性は，現代社会の中においても，完全に途絶えてはいない。それはこの世の中に命をつなぐ人間の営みがある限り，いつまでも根源的存在として残っていくものである。生業の中で見られる人間の働く姿は，決して特殊な性質のものではない。歴史や伝統の蓄積の中で長期にわたって形成されてきた人間の心理や行動の本質的意味を含むものである。経済学が，「人間学」として再生を果たすためには，この生業の「生きること」と「仕事」の深い意味論的な研究を避けて通ることはできない。

第2節　行動経済学による従来の生業分析

　最初に，これまでの行動経済学が生業に関して説明してきた内容について展望しておこう。Camerer-Babcook-Loewenstein-Thaler（1997）は，行動経済学の「心の家計簿」（mental accounting）の考え方を，現実の労働供給の事例に適用して，興味深い議論を展開している。従来のミクロ経済学が明らかにしてきた合理的な労働供給分析では説明しえない「アノマリー現象」を，「心の家計簿」の考え方を用いて議論している。その内容は，研究者本人たちが気づいているかいないかは別として，実質的にはまさに生業に従事している人びとの行動パターン（の一部）を明らかにするものとなっている。

　上述のキャメラーたちの論文は，ニューヨークのタクシー・ドライバーの例を取り上げて考えている。ドライバーたちは通常12時間をひとまとめとしてタクシーを借り受け，それに対する固定料金を支払っている。その中で何時間働いてもよいが，支払った固定料金を超える収入が彼らの所得になる。これらのドライバーたちは，それぞれ毎日の収入の目標額を心の中で設定していて，その目標額に到達すると，一日の労働を打ち切ってしまうという行動をとっている。たとえば生活するのに必要なだけの所得が得られれば，彼らはもうそれ以上は働かないのである。この労働供給パターンは，まさに生業の1つの特性を表している。

　さてタクシーへの需要はその日の天候によっても大きく左右される。

雨の日はタクシーの需要が多く，単位時間あたりの収入も大きいのであるが，ドライバーたちは一日の収入の目標額に達したところで早々とその日の労働を打ち切ってしまう。雨の日には単位時間あたりの収入が高いことから，彼らの労働時間は短くなる。そして雨の日にこそタクシーを利用しようと思っている多くの人びとは，普段以上に少ないタクシーのサービスの供給量に悩まされることになる。駅前でタクシーを待つ人びとの列が長くなる。しかしタクシーはなかなか来ない。晴れた日には，これと逆のことが生じる。タクシーの需要が少ないため，ドライバーたちの単位時間あたりの収入も小さくなり，長時間働いても一日の収入の目標額にはなかなか達しない。したがってドライバーたちの労働時間は長くなる。駅前での客待ちのタクシーの列は長くなるが，しかし利用客はなかなか来ないのである。

これらの不都合は，キャメラーらが指摘するように，ドライバーたちが心の中で1日を単位として収支決算を考え，実際の労働時間を決めていることが原因である。それぞれのドライバーの心理をのぞき込むと，そこでは1日の収入の目標額が参照点として設定され，それを基準としてゲインまたはロスの評価がなされている。いわば1日単位の「心の家計簿」が，ドライバーたちの心を支配している。彼らのこの行動は，従来の経済学が考える合理的な労働供給パターンとは大きく異なっている。合理的な行動とは，単位時間あたりの所得が高いときにはレジャーの時間を短縮しても長時間働き，逆に単位時間あたりの所得が低いときには労働時間を短縮してレジャーの時間を長くすることである。合理的行動の理論は，上述のニューヨークのタクシー・ドライバーたちと，まさに逆の労働供給パターンを主張する。生業に見る人びとの行動は，従来の経済理論の主張とは著しく異なったものになっていることがわかる。

第3節　民俗学が明らかにしてきた生業の特性

前節では，行動経済学による生業分析を紹介したが，これはあくまでも従来の経済学では説明困難な「アノマリー現象」の発生理由の解説であった。しかし生業にたずさわる人びとの心理と行動は，けっして特殊

で例外的な「アノマリー現象」というべきものではない。それは歴史や伝統の蓄積の中で長期にわたって形成・維持されてきた人間の心理や行動の「本質的意味」を含むものである。本節では，直接的な考察対象を行動経済学から民俗学の分野に移して，そこで生業に関していかなる研究がなされてきたか，いくつかの例を紹介していく。

　宮本（1984, 1985, 2009, 2012a, 2012b）・芳賀（2014）・網野（2001）は，生業に関する数々の興味深い民俗学的事実の報告およびその意味の考察を行っている。本節では，まず宮本民俗学の生業に関する代表作である『生きていく民俗：生業の推移』からいくつかの例を取り上げて，その内容を見ていこう。

　宮本は『生きていく民俗』の中で，人びとが暮らしを立てていく2つの典型的なパターンをあげている。第1は鹿児島県大島郡十島村にある「宝島」という小さな島のケースである。第2は，青森県下北半島のケースである。前者の宝島の例では，気候温暖で植物もよく茂るので，狭いながらも田畑の耕作によって米やサツマイモを収穫でき，村人たちはほぼ自給自足できる自然環境に恵まれていた。塩は周りの珊瑚礁の海水をくんでそれを煮詰めて手に入れることができたし，酒もサツマイモを煮てそれを醗酵・蒸留してイモ焼酎を作ることができた。明治16年には，この島には64戸が存在したが，各戸の耕地面積にはほとんど大きな相違はなく，それぞれが自給を行っていたために，貨幣の流通もほとんど見られなかったと記されている。各戸の財産の格差も大きくなかった。もちろん完全な自給自足が可能だったわけではなく，鍋鎌や農機具である鋤鍬などの金属類は，購入しなければならなかった。したがってこの村には，鍛冶屋という職業的分化は存在していた。しかしそれ以外の職業的分化としては，神主と巫女が存在していただけであった。つまり職業的分化は，ほとんど発達していなかったと言える。例えば家の建築などは，仲間の共同作業によって行われたが，一家の戸主は大工技術を身につけていなければならないということになっていた。多くの人びとが一様にこうした大工技術を身につけており，この点での職業的分化は発達していなかった。宮本（2012a）は，宝島のようなほぼ自給自足の地域が，日本には広く分布していて，人びとの暮らしのたて方の1つの典型的なパターンを示していたと述べている。

第3章 生業の行動経済学は可能か 95

　この宝島の状況と比較して興味深いのは，第2の青森県下北半島のケースである。下北半島は本州の最北端にあって，農具の斧のような独特な形状をしている。その斧の刃にあたる地域は，昔はヒバの深い原生林であった。また斧の背にあたる地域は丘陵地になっていて，砂鉄をとることができ，また沿岸の浅い海ではイワシ・ニシン・昆布をとることができた。しかし厳しい自然環境のために，明治・大正時代までは水田では米がとれず，人びとは米の代わりにヒエを食していた。畑でもソバ・大豆などが，少量収穫できただけであった。とても宝島のケースのように自給自足をして生きていくことはできなかった。したがってこの地方に入植して定住しようという人びとは，始めからある特定の産物のみを採取してそれを他の地域に運んで交易を行い，その交易活動に依存して生活をたてていこうと考えざるをえなかった。具体的には，森林山野で狩猟を行い，また丘陵地で家畜の粗放的な放牧を行った。また海の沿岸で魚や昆布をとった。近世以降になると，その魚から魚油や魚肥を製造し販売もした。こうして生産物を売って生活に必要なさまざまな品物を手に入れるためには市場まで出かけていかなければならなかったが，その市場までは遠く，また途中の道路事情はきわめて悪かった。そこで輸送や交易の不便を回避するために，各村には物資を運搬して売買の世話をする親方が現れ，またその下に物資運搬の専門の人びとが現れた。下北半島の各地には，輸送を生業とするこれらの人びとが集まる村がいくつも形成された。そこでの人びとは，運賃によって生活をたてた。このように下北半島では，厳しい自然環境の中で低い農業生産力しかなかったという理由から，早く分業と交易が発展し，人びとの生業は連結して支え合うことを要請されたのである。

　近代的市場経済における分業と交易の発展が産業の生産力の高まりとともに生じたことを思い浮かべながら上述の宮本の議論と比較すると，前近代における生業の特性さらにそれをつなぐ分業と交易の特性に気づかされる。前近代の生業の時代には，その中心となる農業生産力の高い地域では，分業や交易はあまり発達せずに自給自足経済となった。他方，農業生産力の低い地域においては分業と交易が発達し，人びとの生業が持続してやっていけるように，いわば経済社会的セーフティネットが形成されたと理解することができる。

さらに詳しくミクロ的経済学的に，人びとがどのように生業を行っていたのか，その人びとの心理と行動パターンを考えていこう。ここでは，谷本（1997）の考察を取り上げてみる[2]。

谷本は，在来的な綿織物業に関する興味深い研究を行っている。ここで研究対象として取り上げられているのは，和泉地方（大阪府南部）と入間地方（埼玉県西南部）の事例である。特に，入間地方の東金子村に関する考察が本章との関連があったので，以下，詳しくその内容を見ていく。1914年の時点で，東金子村には織物業に従事する農家が52戸存在していた。その内訳は，織元が1戸，家内工業を営むものが15戸，残りの36戸はすべて賃織物を行っていた。賃織物を行う農家は，農業を本業とし，賃織物を副業としていた。谷本は，この賃織物の工賃の変動と生産量の変動の関係を図に表して考察している[3]。賃織物の生産量は，季節的に5月-6月が一番低く，10月以後が年間で一番高かった。織物の反あたりの工賃は，逆に5月-8月が高く，10月以降はむしろ低下した。谷本は，このような綿織物の生産量と工賃の変動を，養蚕を含めた農業労働の繁忙期からの影響として理解すべきだと主張している。つまり農業を主とし綿織物を副業とする農家の世帯内労働配分の問題として，上述の綿織物生産量と工賃の変動を理解すべきだというのである。

---

2) 中村（1997）では，生業の実態が「在来産業」の名で研究されている。在来産業とは，その大部分が江戸時代以来の産業であって，明治以降に急に現れたものではない。中村は在来産業の特徴を次のように整理して説明している。第1は，農林業における従事者吸収能力の限界から農林業に留まることができなくなった人口の流出部分を，この在来産業が引き受けていたということである。明治中期から昭和初期にかけての資料を見ても，在来産業の人口吸収力は，近代産業の吸収力をはるかに上回っていたことがわかる。第2の特徴は，在来産業部門では低所得状態が一般化していたことである。しかし完全に失業状態というのではなくて，何とかかろうじて生活がやっていける雇用状況が広く存在していたのである。東畑（1956）はこの在来産業の雇用状況を，完全雇用とは意味的に区別して「全部雇用」と呼んだ。第3の特徴は，在来産業は，主に生活に密着した最終消費財生産や小規模な運輸流通を引き受け，近代産業は主に生産財やエネルギーの生産および大規模な運輸流通を引き受けるという社会的分業が成立していたことである。こうした社会的分業関係の中で，在来産業は，持続的な発展を続けることができた。（なお在来産業は，その後戦時中の企業整理によって一時的に縮小するが，戦後また復活を遂げる。しかし戦後の高度成長期にいたって，在来産業分野への近代産業からの参入が本格化し，在来産業は急速に縮小化への道をたどることになる。）なお在来産業のさらに詳しい定義や説明については，中村（1985）なども見られたい。

3) 谷本（1997）の148頁に掲載されている図3-1と図3-2を参考にして，以下の議論を行った。

この谷本の研究例から読み取れるものは，人びとは本業である農業労働をフル稼働で行うときの収入や労働時間を「目標値」としていて，その「目標値」を達成できないときにだけ，それをカバーするものとして，副業としての賃織物労働を行っているということである。賃織物労働はその「目標値」が達成されたところで打ち止めとなる。この人びとの行動パターンは，本業と副業の区別があるという点では前出のニューヨークのタクシー・ドライバーのケースと異なっているが，しかし日常的な「目標値」を基準にして労働を行っている点でまったく同一の行動パターンとなっている。洋の東西を問わず，生業に従事する人びとの心理はこの点で共通していることが確認できる。

第4節　生業における「生きる」ことと「仕事」の意味

　なぜ生業に従事する人びとは，生活するために必要な経済的資源や所得を得ることだけをめざし，その目的が達成されると，そこで追加的な労働をやめてしまうのだろうか。行動経済学は，「心の家計簿（メンタルアカウンティング）」という心理学的側面から，この「アノマリー現象」を説明したが，そもそもなぜニューヨークのタクシー・ドライバーたちは「その日暮らし的」に，一日の生活に必要な所得さえ稼げればそれでよいと考えるのか，この「理由」を説明していない。彼らは「その日暮らし的」な働き方をやめて，もっと高所得をめざして仕事をしたいとは考えないのか。この「根源にある問題」を解き明かすためには，われわれは，生きることと仕事をすることが意味的に不可分な関係となっている「生業」の本質をもっと深く考察していく必要がある。
　働くこと，仕事をすることの意味を論じている興味深い著作は，いくつも存在する[4]。その中でここでは今村（1998）の論考を取り上げてみる。
　今村の考察は重厚である。近代以降の労働概念を相対化するために，議論を古代ギリシャの労働観やアルカイックな社会の労働観から始めて，

---

[4]　今村（1998）の他に，清水（1982），鷲田（2011）などを参照せよ。

それらと近代以降の労働観を対比させている。その議論の中で，われわれに大きなヒントを与えてくれるものは，ミシェル・パノフ（1984）「エネルギーと力：ニューブリテン島における労働と労働表象」の人類学的研究の紹介である[5]。パノフは，南太平洋のニューブリテン島の住民であるマエンゲの人びとの生活と労働の問題を扱っている。マエンゲの社会には，近代以降の人びとが考える意味での労働は存在しない。確かに物理的な意味での肉体を用いた焼畑農業の作業は存在するが，それは単に食べるための労働ではない。むしろ人びとにとって本質的な問題は，公共空間の中で，いかに審美的な価値基準と綿密な仕事の配慮にしたがって畑作をやっているのかを，相互に評価し合うことである。美しく畑作ができる人は社会的・道徳的に「良い人」であり，美しく畑作ができない人は道徳的に劣った人または「悪い人」と判断される。マエンゲの人びとの生活は，この公的な相互評価をめぐって展開されている。とりあえず生きるために必要な最低限の収穫が得られれば，あとのすべての時間は村人全員が集まっての価値討議のために費やされる。外部から見ると，これらの人びとは，働かずに無駄な世間話ばかりしている怠惰な人びとと思ってしまうが，しかし本人たちにとってはまさにこの共同討議こそが最重要で緊張感を持って行われねばならない社会的な仕事なのである。今村（1998）はマエンゲの人びとの生産活動は「それ自体で独立した領域ではなくて，つねにこの公共空間のなかに位置づけられ，そこから意味を汲み出している」（181頁）と述べている。仕事や労働は，単に自分が食べて生きていくための「私的に行う行為」ではなく，本質的に他者とともに生きている公共空間の中で意味づけられそのために行われる社会的行為なのである。ハンナ・アーレント（1994）流に表現するならば，「人が生きるということは，人間の間に生きることである」という公共性の重要さが直接的に伝わってくる。

　生業に関する考察は，生きることの中にある仕事の意味の再発見の旅となる。このとき「生きる」という行為の意味を，身体的生存を継続させる私的行為とのみ狭くとらえてはならない。マエンゲの事例研究は，このことをわれわれに強く示してくれる。「生きる」という行為の意味

5）長谷川（2006）も，今村（1998）によるパノフ研究の紹介の意義を評価している。

を，私的世界から公的世界の中の意味的問題に拡張してとらえ直すと，生業に従事する人びとの「心」そして行動パターンの「本質」が見えてくる。われわれは再度民俗学の分野に立ち戻って，さらに深く，生業がわれわれの身近な世界の中で公的世界からの意味づけを受けて行われている事実を見てみよう。

第5節　公的空間の中の生業

芳賀（2014）は，民俗学がとらえた生業の姿を，文章と写真でなまなましく伝えている。人びとの生業としての生産活動が，いかに季節の神事や宗教的行事と不可分に結びついて，それぞれの村落で共同作業として営まれてきたかを示している[6]。たとえば農業であれば，まず年神様を迎える正月元旦から始まって，農作物の豊作を祈る小正月への一連の行事がある。小正月を過ぎると，正月の年神様は天に帰るが，それを送る村の行事がある。一般に「左義長」とか「どんど焼き」といわれる行事がそれである。小正月の夕刻，みんなで集まって稲わらを積み上げて，門松やしめ縄などを燃やす。春の種まきも，神社の太鼓の音などを合図に，村人総出で苗田に立って稲の種を蒔く。田の神様に，稲霊のよみがえりを祈りながら，種を蒔いていく。種まきが終わると，地方によって

---

[6] 芳賀（2014）は，折口信夫の「まれびと」論が自分の仕事の出発点・原点を与えてくれたと論じている。「まれびと」論は，折口（1929）によって提示されたもので，現実世界で行われる季節の祭りや芸能が，「まれびと」や「常世」の思想・信仰と深い関連を有していることを指摘した。この点については，慶応義塾大学国文学研究会（1983），福田（2009 a），上野（2008），安藤（2014）なども参照されたい。折口（1975）自身は，「まれびと」について次のように説明している。「時を定めて来り臨む神である。大空から，海のあなたから，或村に限って，富と齢とその他若干の幸福とをもたらして来るものと，村人たちの信じていた神の事なのである。此の神は宗教的な空想には止まらなかった。現実に，古代の村人は，このまれびとの来たって，屋の戸を押ぶるおとづれを聞いた。……此のまれびとなる神たちは，私どもの祖先の，海岸を逐うて移った時代から持ち越して，後には天上から来臨すると考へ，更に地上のある地域からも来る事と思ふ様に変って来た。古い形では，海のあなたの国から初春毎に渡り来て，村の家々に，一年中の心躍る様な予言を与えて去った。此のまれびとの属性が次第に向上しては，天上の至上神を生み出す事になり，従ってまれびとの国を高天原に考へる様になったのだと思ふ」（33－35頁）。生業もこうした神の概念に基づいた季節の神事や宗教行事と不可分に行われており，われわれの先祖が「人と人との間で生きていた」と同時に，「神仏の間で生きていた」ことを強く感じるのである。

は，共同苗代の代表者が神社の護符をつけた笹を使って，種まき祝いの儀式を行う。また餅米や御神酒を供えたりする。次の大きな行事は田植えである。苗を苗代から抜いて，本田に植える。田植えは，菅笠をかぶった早乙女と言われる女性のみの共同作業で行うか，男女共同作業で行う。男性のみの共同作業で田植えを行うことはほとんどない。田植えが終わると，神棚に三把の苗を供え，家族全員で「しろみて」と言われる祝宴をあげて，豊作を祈念する。盆の行事は，祖先の霊を迎えて行う日本の大きな宗教行事である。家族全員で墓の周りに集まり，また家の前で麦わらなどを燃やして，先祖の霊のための迎え火とする。家の中には祭壇を作る。その祭壇には先祖の位牌を並べ，仏像を置き，祭壇の背後には曼荼羅などを飾る。キュウリやナスで作った馬や牛も飾り，先祖の霊の乗り物とする。盆の期間中は，いつも遠く離れている親戚などもふるさとに集まって来て，膳を囲み，親睦をあたため，また故人をしのぶ。盆が終わるとともに，秋が来る。秋は収穫の季節である。家族総出で，また村人同士が助け合って，収穫を行う。初穂は神に捧げられ，刈り取った稲は束にして掛けられ，天日で乾燥される。その後は，村全体で収穫を祝う祭りが催される。

　農業だけではない。芳賀（2014）は，生業である漁業に従事する人びとの姿も伝えている。ここでも漁村の仕事が，季節の神事や宗教的儀礼と不可分に結びついて，村全体で共同作業として営まれたと述べられている[7]。芳賀は，自分も長く住んでいた伊豆半島の妻良という漁村の例を取り上げている。昭和20年代後半から30年代にかけての写真が示されている。この漁村では，正月が過ぎた1月15日から，春の漁の準備が本格化する。村全体の人びとが集まって，稲わらで縄をない，大謀網を作

　7）宮本（1966）は，漁業神としてのエビス神の信仰について，詳しい説明を行っている。「この神が漁業神であったことを物語るのは神像の姿である。立烏帽子をかぶって魚を脇下に抱えている。この神像のもっとも古いものは室町前期にさかのぼることができる」（120頁）と述べている。エビス神の抱えている魚は鯛であり，各地の漁民や航海業者によって信仰されてきた。エビス神は，豊漁と幸福をもたらす神として尊ばれてきた。瀬戸内海地方のエビス神信仰では「漂着神」としての性格を有しており，「海の彼方からやって来たということによってエビス神とよばれた」のかもしれないと指摘されている。エビス神信仰は時代が下ると，単に漁業神と言うだけでなく，魚市などにも祭られ，次第に商業神としての性格も帯びるようになっていった。今でも10月になると各地で商人のエビス講として市が開かれ，多くの買い物の人でにぎわいを見せている。しかしそれでも神像の鯛を抱いている姿は変わらないのである。

る。妻良では2つの大謀網を作る。畑地がわずかなので，ここでの生活はこの網による漁獲高に大きく依存している。浜辺をいっぱいに使って，みんなの人力のみで大きな網を作り上げる。網作りは，3月中旬まで続く。できあがると，またみんなで力を合わせて，網を漁船に積み込み，大漁と海上安全を願って，餅と御神酒を供える。漁船は，風に大漁旗をなびかせ軍艦マーチを鳴らして，村の人びとが見守る中を出帆し漁場に向かう。大謀網の設置後，網を引き上げて漁獲するときも，村の男たちは協力して働く。各漁船には，船頭を含めて10名ほどの乗組員がいるが，すべて腕力で網を引き上げる。梅雨が明けて真夏になると，天草とりが始まる。これは，ところてんの材料になる。10数名の海女たちが海中の天草とりを行う。お盆になると，青年団の若者たちが浜辺に櫓を立て，盆踊りの準備をする。この地方独特の盆踊りは，幕末に関西から伝えられたものと言われ，女性たちは編み笠と浴衣姿で踊る。文化の伝承として大切に保存されている。青年団は，秋祭りにも活躍し，舞いを氏神様に奉納して大漁と村の繁栄を祈り，山車を練り歩いて村のみんなの気持ちを盛り上げる。青年団は火の用心の夜警組織としても働き，海難救助の機能も受け持っている。70歳以上が加入する老人会の活動も活発である。老人たちは頻繁に集まって，ともに親しく語り合い，孤独感を感じることがない。芳賀は，「人と人のつながりが非常に濃密である」(263頁) と述べている。ここの人びとは，確固とした公共空間の中で共同して仕事を行い，そして生きて，歴史を重ねてきた。

　これらの民俗学的な記述から，われわれは生業としての仕事が，私的な仕事というよりも，1つの村落共同体という公共空間の中で，季節の神事や宗教的儀式と不可分な形をとって，共同で執り行われてきた事実を確認できる。しかし話はまだこれだけでは終わらない。生業は1つの村落共同体という狭い枠を超えて，より広域的な公共空間の中での意味も持っていたのである。このような事実を確認するために，例えば網野 (2001) の主張を取り上げてみたい。網野は漁労にたずさわる人びとの系譜を歴史的に考察し，これらの漁労活動が全国的規模での宗教的・文化的意味を持つものであったことを歴史学として裏付ける考察を行っている。具体的な話を要約すると以下のようになる。

　11世紀後半以降，仏教思想による殺生禁断の影響は次第に日本社会に

浸透し，具体的な影響も現れてきた。これらの影響は，12世紀の白河院政期になると一段と大きくなり，たとえば1114年（永久2年）には鴨川で魚を捕っていた者が捕らえられるという事件も発生した。また1126年（大治元年）には，紀伊国で使用していた網を院の門前で焼却する事件が起きた。さらにまた諸国で使用していた網を五千帖あまり集めて廃棄するという事件も起きた。これらの事件には，白河院の意思もからんでいたと推測されている。こうした殺生禁断の主張の影響は，漁労にたずさわる海民・漁猟民に，大きな危機感をもたらし，自分たちの生業を保証してほしいとの切実な願いが巻き起こった。この海民・漁猟民の願いは，その後，彼らが天皇の供御人になること，または神社の神人になってその海産物を貢納するということで，次第に成就していく。例えば賀茂社の供御人になった海民・漁猟民たちは，白河院から絶大な漁労特権を与えられた。その他，賀茂社と競合関係にある日吉社・春日社についても，具体的状況はそれぞれ異なるが，いずれも海産物を貢納することで特権を獲得することに成功した職人的な海民・漁猟民が現れた。さらに畿内を中心とする大社のみならず，諸国の有力な神社も同様な特権を有する職人的な海民・漁猟民を組織していった。このことは西国のみならず東国においても，いくつかの例をあげることができる。伊豆国那賀郡三嶋宮，伊豆国仁科荘松崎下宮などは，その良い例である[8]。このように海民・漁猟民の身分とその活動である漁労という生業の性質は，単に1つの村落共同体という公共空間の中で意味づけられるものではなく，広域的な日本全国レベルでの文化・宗教的影響を受けて，政治的な意味での公共性をも背負って成立していたと理解することができる。

---

[8] その後，このような海民・漁猟民の公的で特権的な身分および彼らの漁労活動の特性は，時代とともにさらに大きく変化していく。特に注目すべき点は，室町時代以降，海民・漁猟民を束ねる海の領主たちの登場，または海民・漁猟民自らが自治的な共同組織を各地に形成していく動きが強まることである。生業としての漁労活動は，このような社会の動きの中で，また新たな公共的意味を獲得していく。詳しくは，網野（2014）を見られたい。また海民を日本社会・文化の中でどのような社会集団ととらえるかについては，羽原（1949），水野（1978），宮本（1966）などを参照せよ。

第6節 「ともに生きる業(わざ)」としての生業

　人が生きるとは何か，また生きるための仕事とは何かの意味を改めて深く考えてみたい。民俗学が残してくれた人びとの生きる姿の記録は，われわれに多くのことを教えてくれる。人が生きるとは，単に生命体として生理的に存続していくことではない。ハンナ・アーレント流に言えば，人が生きるとは「人と人との間にあり続けること」である。他者とともに社会の中で生きることで，人は初めて「リアリティをもって生きること」ができる。このような理解に立つならば，生きるための仕事とは，「自分のためであると同時に，他者のためでもある仕事」でなければならない。そのような仕事は，自分と他者を，社会という場においていっそう強く結びつけるからである。仕事をすることを通じて，人と人がいっそう強く結びつき，このことによって「人と人との間で生きる」ことのリアリティが，いっそう強く認識できるようになる。生業とは，「人と人との間で生きる」ことをいっそう強化するための仕事であり，そしてそのように認識されて営まれるものである。民俗学が明らかにしてきた人びとの仕事の姿は，このことを強く示唆している。生業の仕事は，公共空間における他者との関係において強く意味づけられ，その人間相互間の社会的関係性をいっそう強めるために行われてきたものであったと言える。

　また「生業＝人と人の間にいっそう強くあり続けるための仕事」という理解は，人と神仏の関係としても成立していた。つまり生業とは，自分が「神仏の間にいっそう強く生き続けるための仕事」でもあったと考えられる。民俗学が明らかにしてきたように，生業は，神事や宗教的儀式ときわめて自然な形で強く結びついて営まれてきた。この「神仏の間に生き続ける」ことは，厳しい自然環境の中で科学的知識も十分に持たないで強く生きなければならなかった先人たちにとっては，きわめて強い精神的支えであったと推測される。生業とは，この意味において，「自己を大いなる神仏の心にそって生かすための業（わざ）」としても営まれたと考えられる。

さて神仏の心にそって生きるためには，単に自己と神仏の関係が，個人的かつ閉鎖的に結ばれていればそれでよいというわけにはいかない。他者とともに生きる社会の場における自己の振る舞いが，神仏の心にかなったものとなっているかどうか，この点が重要な問題になる。つまり神仏の心にそって生きることと，自分が他の人びととどのような社会的関係を取り結んでいるかという問題は，不可分な問題となっている。このことを示す重要な例として，「ナラカシ」の心理そしてそれに基づく人びとの行動を指摘することができる。「ナラカシ」とは，「ならす」つまり平準化するという意味である。自分だけが幸運にも特別多くの収穫を得たとき，その収穫の一部を神仏に感謝して奉納すると同時に，自分の周りの人びとにも「お裾分け」して，ともに喜ぼうという行為は，神仏の心にかなったものであると考えられた。保立 (1987)，園部 (2002)，桜井 (2011) が指摘するように，この「ナラカシ」の心理は，長い歴史の中で，素朴な民衆の心に強く息づいてきたものである。神仏の心にそって生きることは，他者とともに「人と人との間にある」生き方を要請する。こうして「自己を大いなる神仏の心にそって生かす」ためになされる仕事としての生業は，同時に「人と人の間にいっそう強くあり続けるための仕事」でもあり，民俗学が明らかにしてきたように，それは当然，神事や宗教的儀式ときわめて自然な形で強く結びついて営まれることになったのである。

第7節　新たな生業分析へ

これまでの行動経済学の立場からすると，生業の問題は，「心の家計簿」という視点だけで十分に分析できると思われたかもしれない。しかし「生きること」と仕事の意味を，民俗学の研究蓄積を参考にして改めて深く考え直すと，「心の家計簿」という視点からの行動経済学の生業分析は，生業のごく表面的な現象面しか説明していないと強く感じる。それは単に市場経済的な労働供給パターンとは異なった1つの「アノマリー現象」としての分析であり，その「アノマリー現象」の発生メカニズムを，とりあえず表面的に説明するというレベルにとどまっていたと

言える。これまでの行動経済学は，まだ生業の深い意味をえぐり出すことに成功していないのである。しかしわれわれが生業を「人と人との間にさらに強くあり続けるための仕事」と理解するならば，生業の深い意味論を新たに展開することは，決して不可能ではない。本章の最後に，このような新たな考察の展開可能性について，見通しを述べておきたい。

確かに従来の経済学が想定してきたように，自分の所得を増やしてより贅沢で豊かな暮らしをするために働くという人間の生き方を前提にして考えると，心の家計簿にしたがって仕事をする人びとの行動は，単に奇妙な「アノマリー現象」と解釈されるだけだろう。そしてすでに述べたミシェル・パノフによる「エネルギーと力：ニューブリテン島における労働と労働表象」の人類学的研究が紹介した南太平洋のマエンゲの住民たちの働き方も，単に仕事途中で世間話ばかりしていて「怠惰」であると理解するだけになってしまう。これでは生業の本質的な意味を深く理解することはできない。まずは近代的な労働観念がもたらす先入観を捨て虚心になって，「生きる」ということの意味を改めて深く考え直す必要がある。「生きる」ということは単に私的欲求に基づいてそれをより多く満たすために生存するということではない。厳しい自然環境の中で十分な科学的知識も持たずに生き抜かざるをえなかったわれわれの先祖は，まずお互いに「人と人との間にあり続ける」ことが共通の生存可能性を高めるために必要なことであり，仕事は「人と人との間にあり続ける」ことを強化するための業（わざ）として行われたのであるが，それだけではなかった。厳しい自然環境の中で生き抜くための精神的支柱として「神仏の間にあり続ける」ことが必要であり，そのためにも共同して生業としての仕事を行ったのである。「神仏の間にあり続ける」ためには，生業によってさらに強くそしてより良く「人と人との間にあり続ける」ことが必要だったからである。仕事とは，「人と人との間にあり続ける」こと，さらに「神仏の間にあり続ける」ことのための作業という意味づけをもって行われてきた。行動経済学的に言えば，これはきわめて強い「理由づけ行動（reason-based behavior）」である。人びとは，他の行為に優先して，ある特定の視点から「理由づけが可能な行為」を選択し実行する。「人と人との間にあり続ける」こと，さらに「神仏の間にあり続ける」こと，このような理由づけができる行為を，他の行為，たとえ

ば私的欲求に基づいてそれを物理的な意味でより多く満たすための行為よりも，優先して行ったのである[9]。生業分析は，このようにして強い「理由づけ行動」として理解することができる。

実はこれまでの行動経済学の研究でも，すでにShafir (1993), Shafir-Simonson-Tversky (1993), Fehr-Schmidt (2004) などによって，「理由づけ行動」の研究は行われてきている。それは合理的行動から乖離した1つの「アノマリー現象」としての理由づけ行動の研究という限られた内容のものではあったが，しかしともかくも研究は行われてきた。この研究的視点を生業の分析に適用して，具体的に「人と人との間にあり続ける」こと，さらに「神仏の間にあり続ける」ことという理由づけ行為を，より深く探究していくことは潜在的に可能であると思われる。もちろんここで注意を要する問題もある。単に従来のように個人的視点からの理由づけ行動を行う場合と，今回のように公共空間で理由づけ行動を行う場合とでは，本質的に異なる性質の問題が生じる可能性もある。公共空間の中での理由づけ行動は，他者の理由づけ行動から，大きな影響を受ける。そのような公共空間内の理由づけ行動の相互依存性を，われわれはどのように分析したらよいのであろうか。理由づけ行動の強い相互依存性の研究は，これまでまったく行われていないものである[10]。

9) 近年の作業科学は，従来の自然科学的な還元主義・要素分析的な手法を超えて，「作業のフィロソフィー」（山根［1999］，3頁）をめざすものであり，興味深い研究分野である。その作業科学においても，人の作業が，目的性を持つものであると同時に，暗黙の目的性に導かれて行われるという性質を持っていることが指摘されている。中村（1992），山根（1999），Polany (1966) などを参照されたい。また作業は，みんなで「体験をともにする」ということから人と人のコミュニケーションを生み，さらに意味の共有性をもたらすことが指摘されている。Merleau-Ponty (1960) などを参照されたい。これらの指摘は，生業を「理由づけ行動」あるいは「意味づけられた行動」として理解しようとする本章の主張と合致するものである。

10) われわれは群集行動の発生を，理由づけ行動として研究した経験がある。つまり「みんながあのように行動しているから」という理由づけによって，群集の中で他者と同じ行動が選択されるかどうか，という問題をニューロエコノミックスの実験研究として行った。Nakagome et al. (2013) を参照されたい。また群集行動が理由づけ行動としての性格を強く帯びるようになると，他の要因からの群集行動への影響は弱められる可能性がある。われわれはこの点についても，ニューロエコノミクス実験研究を行って確認をした。Nakagome et al. (2014 a b) を参照されたい。私はこのような研究を踏まえて，生業の特性の一側面が，公共空間の中での集団的な理由づけ行動として，社会心理学的かつ行動経済学的に解明できるかもしれないという予感を持っている。もちろんこのとき，理由づけ行動の「理由づけ」の中に，「生きること」の意味をいかに深く「埋め込む」ことができるか，なぜその「理由

しかしこのような研究が今後行われるとしたら，そこでの問題意識は，Vygotsky（1978），Cole-Scribner（1974），Cole（1996）などによる文化心理学の分析視角に接近していく可能性が大きい。特定の理由づけを行う人間の心理が，相互依存的に1つの文化の中でいかに形成され強化されていくのかを考えなければならないからである。

　新しい研究の視野は，行動経済学の従来の学問的射程を超えて，民俗学や歴史学さらには文化心理学を含めた広い地平に拡張されなければならない。それはわれわれの考察を，真に「人間学」へと昇格させていくために必要なことである。本書全体の論考も，こうした「人間学」としての歴史民俗学研究でなければならないと考える。

づけ」の中に「生きること」の意味の「埋め込み」が強調されるようになるのかが，いっそう深く考察されるべきだと考える。これは単なる実験研究の次元の問題ではない。むしろ今後行われるべき「実験哲学」の課題であると言える。

第4章

環境リスクと生業の民俗認知経済学

第1節 序

　ベックの言葉を引用するまでもなく，多くの人びとはグローバル化した現代の複雑な社会を「リスク社会」であると認識している。特に日本社会は，現代特有の社会要因から生じるリスクに加えて，災害も非常に多い自然環境の中で営まれている。こうした日本社会に生きるわれわれは，さまざまなリスクに対してどのように立ち向かったらよいのか，またどのようにリスクとともに生き，未来を切り開いていくべきか，きわめて重大な問題となっている。しかしリスクへの対処法は，単純な問題ではない。科学研究によって導かれた「合理的解決策」を，単に上からの政治力によって強力に実行していけばそれでよいというわけではない。その理由は次のように考えられる。第1は，現代科学をもってしても未来に生じるかもしれないリスクを完璧に予知することは困難であるだけでなく，その発生確率の導出でさえも短期的な信頼性までを含めて議論すると，われわれは科学研究の限界性を強く感じざるをえない状況にある。第2は，仮に科学研究が将来のリスクを完璧に予知できたとしても，そしてそのリスクへの合理的な対応策を示すことができたとしても，われわれ人間はたかだか「限定合理的」な存在であり，その提示された合理的な対応策をときには「非合理」な心理や認知でしか理解し実行できないということである。こうした非合理な人間心理の具体例を，まずSlovic（1998）およびAkerlof（1984, 1987）の考察を参考にして説明し

てみよう。

　リスクに対応する非合理な人間心理の典型的な例として，次のようなケースをあげることができる。（1）「自分だけは大丈夫だろう」という楽観主義バイアス，またはリスクの可能性を知らされても「自分の問題として考えない」という当事者意識欠落のバイアス，（2）「とりあえずは大丈夫だろう」と思って短期的リスクを軽視する心理的バイアス，（3）防災行動の実行は「自分がリスクにさらされているのを認めることになる」ので，あえて防災行動を実行せず，自分がリスクにさらされているという心理的負担を忘れようとする心理，等々である。最後の（3）のケースは，アカロフが説明しているように，たとえば工事現場で「ヘルメットをかぶらない行為」として観察される。ヘルメットをかぶれば，自分が危険な職場で働いていることを自ら認めることになるからである。

　しかしこのような非合理な心理は，必ず生じるというものではない。人びとはリスクに対処するとき，常に非合理な心理を抱くわけではない。逆に状況に応じて，知恵を働かせて賢く行動することもできる。つまり人間の感情や認知の有り様は，リスクの状況下で，その社会的文脈を読むことによってさまざまに変化すると考えられる。さらに人間心理の変化は，逆にリスクそのものの大きさやその性質を，大きく変化させる可能性もある。あまりに非合理な心理の蔓延は，環境リスクの大きさを増大させてしまうし，そのリスクを対処困難な性質のものにしてしまう可能性がある。これに対して人間の叡智が発揮されれば，感情や認知の有り様が，リスクの深刻さを実質的に軽減しそのリスクへの対処を容易にする可能性もある。

　人間は文脈依存的な存在である。人間は文脈を理解して自分の心理や認知を大きく変化させ，環境リスクの大きさやその性質を大きく変質させてしまう。そしてまた変質した環境リスクは，人間自身の生存可能性を，大きく規定していく。では非合理な心理をなるべく抑制しつつ環境リスクとうまくつきあって自己の生存可能性を高めていくためには，自分をとりまく文脈をどのように作り替えていったらよいのであろうか。この問題を深く追求していくためには，第一に，リスクの問題を自分たちの存在から独立させて「非人称的」かつ「客観的」に考えていくとい

第 4 章　環境リスクと生業の民俗認知経済学

うパラダイムを捨てなければならない。環境リスクを従来の素朴な自然科学的方法論のように人間存在の有り様から独立した客観的なものとして扱うことはできない。むしろ環境リスクの意味をわれわれ人間の有り様と相互関係的なものとして理解するための具体的な方法を積極的に示していかなければならない[1]。このことは，人間が環境リスクという問題を契機として，自分自身の「自己変革」をいかにして達成するのかという精神的・哲学的・文化的知恵を求めていく作業であるとも言えよう。

　ここでの論考は，抽象的な哲学論議をめざすものではない。具体的に人間が歴史の中で，どのようにして環境リスクとともに生きる相互関係論的な知恵を見つけ出しそれを伝承してきたのかを，生業の歴史とからめて論じていく[2]。フォークロアの世界の中にある知恵とは何だろうか。われわれの先祖は，日々の生活の中で直面する厳しい環境の変化に対して，そのリスクをどのように受け止めてそれとともに生きてきたのか，また生きるための仕事としての生業を環境リスクとからめてどのように行ってきたのか。こうした民俗学的な知恵を掘り起こし，現代のわれわれの「導きの光」としてみたい。

---

[1] 矢守他（2005）は，「ニュートラルなリスク」と「アクティブなリスク」という2つの概念を区別して興味深い議論を展開している。リスクを受け取る人間の側の態度の違いが，リスクの性質を変化させることを明確に説明している。本章でこれから取り上げる「リスクとともに生きる人間」という民俗学的な話は，一応「アクティブなリスク」の話と言うことになるが，しかしそのアクティブの意味内容は，現代社会に生きる人間の立場から見る意味内容とは異なっていることに注意する必要がある。民俗学に登場する「アクティブなリスク」の話は，現代社会におけるリスクを支配しコントロールしようとするアクティブさではなくて，まさに「リスクとともに生きる」というアクティブさである。歴史の中を生き抜いてきた人びとが，リスクとともに生きることで，いかに「叡智」を発揮してきたか，そうした問題を考えようとするものである。

[2] 拙著（中込［2015ｂ］，本書第3章）でも，生業の問題を「フォークロアの行動経済学」として論じた。そこでは近代的労働概念と比較して，生業における「仕事」の意味がいかに異なったものであったのかを，行動経済学的視点から考えた。特に「生きるための業」としての生業の研究において，「生きること」の意味を，改めてハンナ・アーレントの哲学を参考にしながら考察した。本章では，前章の議論を受けて，生業の意味をさらに環境リスクとの関係の中で掘り下げて考えることにした。「生きるための業」である生業の意味が，われわれの生存の可能性を直接的に左右する環境リスクの問題を意識することで，さらに具体的かつ実態的に深く理解できるようになると考えたからである。

第2節　危機にさらされてきた厳しい生活の歴史

われわれの先祖は，危機にさらされ続けた厳しい生活を経験し，それを超えて何とか生き抜く工夫を積み重ねてきた。その典型的な状況は，飢餓の歴史およびそこからの脱出の歴史として語ることができる。宮本（2012）は，飢餓の問題を，民俗学的視点から次のように説明している。

> 「人間はその長い年月の間たえず飢餓におそわれ，死に直面しながら生き延びてきた。そして飢餓との戦はまだ終わっていないし，人間の存在するかぎり飢餓はたえずしのび寄ってくるものであろうが，それにしても飢餓から脱出することが如何にむずかしいことであったか……飢餓からの脱出のために，食糧確保の方法を考え，作物の育成を工夫し，これを災害から守り，また交易によって有無を通じた歴史が人間の歴史であった。」（8-9頁）

生活の厳しさは，村を構成する農家の死滅や逃亡による絶家がいかに多かったかで知ることができる。たとえ村の戸数が一定であっても，その中身においては，きわめて多くの農家の滅亡と交代が生じていたのである。宮本（2012c）はこの事実を，具体的に過去帳などのデータを丹念に調べて確かめている。

> 「古くからつたわっている本家筋の家は近世初期にあった戸数のうち1割程度というのが普通で，9割までは退転しているといっていい。そしてその1割程度の家の分家が退転した家のあとをついでいる例がきわめて多い。西日本ではこれを株をつぐという言葉でよぶが，関東・東北ではイセキをつぐとよぶところが多い。イセキは一跡または遺跡とかいている例もある。戸数は一定しているか，または徐々にふえていっても中身はかわっている。このように1つ1つの家の生命を見ていくと意外なほどはかないものであるが，とにかく村の一定の規模だけは保たれてきた。もとよりこのような現象は

第 4 章　環境リスクと生業の民俗認知経済学　　　　113

17世紀以降のことであるが，中世以前にあっては人の流動はもっとはげしいものであったと思われる。」(81頁)

　人はこの厳しさの中を生き抜くために，どのように知恵をしぼり，そして働いてきたのか。本章では，先祖の人びとが環境の変化から生じるさまざまなリスクに立ち向かうために，命をかけて工夫をこらした歴史を掘り起こし，現代のわれわれが必要としているリスク対応への新たなるヒントを見つけだしていきたい[3]。
　われわれは，ここでの議論を以下のように 3 つのステップを踏んで進めていく。第 1 は，環境リスクとともに生きた祖先の人びとの心理と行動の特性を明らかにすることである。第 2 は「生きるための業」としての生業の特性を明らかにすることである。第 3 は，上述の 2 つのステップで議論した内容を踏まえて，「生きるための業」としての生業が，「環境リスクとともに生きるための業」ともなっていたことを明らかにすることである。これらの 3 つのステップを通して，これまでの民俗学がフィールドワークで明らかにしてきた代表的事実を，認知科学の視点からどのように解釈できるのか，注意深い検討を行っていく。また本章の最後では，今後民俗学的研究が認知科学的手法を用いることで，どのように復権し発展していく可能性を持つのか，その意義を改めて考えることにする。

---

　3)　なお現代の飢餓の問題は，過去の飢餓の問題とは異なる特性を有している。飢餓の現代的特徴は，世界全体で見れば食料生産がけっして量的に不足しているわけではないのに，世界の発展途上地域では「慢性的な飢餓」が生じているということである。ハンガーフリーワールド (2012) によれば，世界人口69億人のうち 9 億2500万人が飢餓で苦しんでおり，そのうちの98％は発展途上国に住んでいる人びとだということである。こうした現代の飢餓の原因は，グローバルな市場経済の発展と生産技術の進歩にもかかわらず，これらの進歩の便益を広く多くの人びとに届けえない「政治の失敗」として語らねばならない。市場経済システムも，常に「市場の失敗」をもたらす可能性がある。高度に発展した複雑でグローバル化した市場経済ほど，「市場の失敗」が生じると，そのマイナスの影響はいっそう巨大なものになる。巨大な市場の失敗を修正し，よりよい経済的成果を世界的規模で多くの人びとにもたらすためには，さらに緻密で賢い政治の力が必要になる。これは民俗学的な生活の知恵の問題とはまた異なった難問として考察されなければならない。この現代の食料安全保障の具体的議論については，Pottier (1999) などを参照されたい。

第3節　環境リスクとともに生きた人びとの民俗

　現代に生きるわれわれが，環境リスクへの対処を考えるとき，暗黙のうちに前提としている特定のパラダイムが存在する。環境リスクに対して，そのリスクを支配・コントロールする対策を立て，それを実行すればよいと思っているのである。人間がリスクを支配・コントロールすることで，初めてリスクがもたらす損失・損害を効率的に防止することができると考えている。しかしこのようなパラダイムを前提にして考えると，これまで民俗学が明らかにしてきた歴史の中の人びとの生活の姿は，「理解しがたい」ものとなる。歴史の中に見る人びとの生活の姿は，環境リスクと対峙するのではなく，あくまでもそのリスクに寄り添って生きながらリスクの本質を学び，何とかリスクに順応しながら生き抜いていこうとするものであったからである。人びとの生活の有り様は，そうした工夫を積み重ねてきた点に大きな特徴があった。現代のわれわれの態度が，リスクに対して「対峙的」であり，客観的・科学的な立場に立脚しながら「合理的な環境・災害対策」をめざすことであるのに対して，民俗学が明らかにした人びとの姿は，必ずしも「合理的」とは思えないが，しかし漸進的に「生活の中の知恵」としての工夫を積み重ねることで，「生き続ける」ことを重視したものであった。リスクに寄り添って生きることが，リスクへの見方を変化させ，さらにリスク自身の性質をも異なったものに変えていった。そして客観的かつ合理的立場からは気づかなかった「知恵」の発見を可能にしてきた[4]。序でも述べたように，

　　4）　人間がリスクに寄り添って生きることで見いだした知恵は，科学技術の進歩の中で生み出された知識とは，本質的に異なった性質を持っている。例えば科学技術を活用した洪水対策は，巨大な高さと十分な強度を持ったコンクリート製の堤防を築き上げることに象徴される。しかし環境リスクとともに生きてきた人間の知恵とそこから生まれる伝統的な治水対策は，大熊（2004）が指摘しているように，例えば水害防備林を作ることや，状況によっては堤防の一部をあえて決壊させて致命的な被害を回避するという「自主決壊」の手段などであった。これらの伝統的な治水技術は，普段の生活の中で，川の流れや周辺の自然環境についての深い知識を得ていなければ成立しないものである。まさに自然に寄り添うことによって初めて見いだされた知恵であり技術であった。なおこのような性質を持つ治水工事の顕著な例としては，時代を少しさかのぼるが，戦国時代の甲斐国の「信玄堤」をあげることができる。信玄堤は，洪水を繰り返した釜無川水系に，ただ闇雲に強固な堤防を作るのではな

リスクはまさに人間の心理や認知の働き方と相関関係を持って，その内容や性格が決まってくるものである。われわれの先人たちは，このことをよく知っていたのである。

金子（2013）は，人びとが自然災害とともにいかに生きてきたかの意味を，次のように説明している。

> 「第一に，災害対応の発想である。民俗学の研究成果では災害対応を述べるとき，『技術をより自然の側に近づけ，自然から学ぶ』という発想に立っている。人々は自然環境に対する深い知識をもとにして，災害に対処してきたからである。治水にまつわる伝統技術も例外ではない。水害防備林や霞堤は川の特性を活かした技術であるし，また堤防をあえて決壊させることで被害を減少させる自主決壊は，水害を熟知していなければできないものである……第二に，災害と向き合う人々への理解である。それは香月洋一郎の次の指摘にあらわれている。民俗学が災害を描くときには，『人々がある困難をどう克服してきたかということではなく，どう困り果てながらつきあってきたのかについて生活文化の面から考えて』きたと指摘している。災害を克服していく人間像ではなく，災害に困り果てながら対応する人々の経験や思いが描かれているのである。」（202頁）

人びとが環境リスクに寄り添って生きてきた理由は，昔は技術力が低かったからしかたなくそうした自然への態度を採用したというわけでは

く，まず小さな堤防をいくつか分断的に築いて，川の流れを変え，洪水が頻繁に生じる箇所を回避して川の流れを別の場所の巨大な自然岩にぶつけるという工夫を凝らしている。また川の強い流れを，「聖牛」と言われる木と石で組み合わせた三角錐の構造物を用いて主流と副流に分け，流れの弱い副流のみを堤防に当てるという工夫も行っている。これらも川の流れの性質と周囲の地形を熟知しないと実現しえない人間の知恵であった。私は小学校時代，夏休みの昆虫採集で何回かこの信玄堤の近くの林に出かけたが，ある日，金緑色と赤い縞模様に輝く見事な玉虫が捕れたのを覚えている。（このヤマト・タマムシの種類は，古くは「玉虫厨子」として法隆寺にも保存されているものである。）付近にはカブト虫やクワガタ虫などの昆虫がたくさんとれる秘密の場所もあった。これらの地は，高度な科学技術が施された治水の場所とはまったく異なった，豊かな自然と生命が息づく快い空間であった。そこには風土に調和した治水対策つまり「人間の知恵」が存在していた。現代の科学技術万能主義の中で忘れられてしまったフォークロアの世界の叡智を，われわれはもう一度掘り起こす必要があると思う。

ない。宮本（1967）が指摘しているように，それは基本的には自然の変化に対する人びとの「関心」の強さの問題であった。環境リスクに寄り添って生きながら，人びとは自然の変化に対してきわめて強い関心を抱き続けた。しかし現代のわれわれは，自然を克服し環境リスクをコントロールしたように見えて，実は自然や環境の変化に対する積極的で主体的な関心を失いつつある。それは宮本も金子も指摘しているように，「生活者としては退歩」していることを意味する。民俗学が明らかにした人びとの姿，つまり環境リスクに寄り添って生きてきた人びとの姿は，現代のわれわれが失いつつある環境世界への強くそして持続的な関心の重要さを，思い起こさせるものである。

　金子（2013）は，千葉県印旛郡栄町布鎌地区における例を取り上げて，具体的に人びとが洪水のリスクとともにいかに生きてきたかを考察している。その概略を紹介する。考察対象となっている布鎌地区は，なんと利根川の中州を開発しそこで発展した村落であった。江戸時代の明暦3年（1657年）から数度の開発の段階を経て，比較的条件のよい高台から次第にリスクの高い低地にかけて村落が形成されていった。そこに住む人びとは，立地の相違から生じるリスクの差はあるにせよ，全般的に常に洪水のリスクにさらされて生きてきた。

　明治末から大正期に実施された近代治水技術の導入は，確かに洪水のリスクを軽減したが，しかしそのリスクをゼロにするように完全に洪水の危険性を排除したわけではなかった。こうした条件の下で，人びとは自分たちの生活の中で，洪水のリスクとともに生きる知恵を生み出し，それを伝承してきた。例えば，各農家の敷地内に「水塚」を設置してその上に蔵や納屋を建て，洪水のリスクへの備えとした。また水塚の入り口には必ず木を植えておいて，いざというときには洪水時の移動手段となる船をつなぐ柱とした。そして通常はその船は，田んぼで田舟として使用していたのである。このように生業である稲作を行うことと環境リスクへの対応策が密接にリンクしていた。また各農家は，共同墓地ができる前は，各戸でハカバタケ（墓畑）をもっていた。洪水で船に乗って墓参りをすることがしばしばだったので，先祖の眠る墓が少なくとも水没しないようにと，その地を小高く盛り上げて高台を作り，それをハカバタケとしていた。人びとの生活の中に常に洪水リスクへの備えが埋め

第 4 章　環境リスクと生業の民俗認知経済学　　　　　　　117

込まれていた。人びとは，それでも洪水からしばしば被害を受けた。しかし常に一方的に被害を受けるだけではなかった。布鎌の人びとは，「メソッコスクイ」や「ボッカ拾い」などを行って，洪水時に逆に利益を得ていたのである。

　人びとが洪水時に逆に利益を得ていたという事実は，生業がきわめて多様な形で柔軟な適応力を持って行われていた証拠である。この点については，また次節で複合生業の問題として詳しく取り上げるが，ここではまずともかく金子（2013）に従って，この印旛郡栄町布鎌地区での実態をさらに詳しく見ていこう。布鎌地区では水害時でも，安全を見切りながらであるが，人びとは「メソッコスクイ」や「ボッカ拾い」を行った。メソッコとは，ウナギの稚魚であり，5センチほどのものがシラスとして高く販売できた。「茶碗一杯で，大もうけできる」（209頁）とも言われていた。しかしメソッコをとることは，川のなかの地形に関する「土地勘」や経験がないとなかなか難しい仕事であった。メソッコは大水の時だけ河岸に近づいてくるのであるが，川の流れの特別な条件の場所にしか集まらないのである[5]。それゆえに，土地の「名人」たちは，ひそかな誇りと楽しみを感じながら，この貴重な臨時収入をもたらす仕事を行ったものと推測できる。さらにメソッコといっしょにドジョウや小魚や子エビもたくさんとれたので，それをおいしく佃煮にして，近所にお裾分けした。生業は単に自分が生き延びるための個人的な仕事ではなく，その地域に暮らす人びとの絆を強め，ともに生きるための「業」として行われた。またボッカ拾いは，増水時に行われた流木拾いのことである。布鎌地域には山林がないので，薪がなかなか入手できず，いつもワラを燃やして炊事していたし，また建築材も買わなければならなかった。しかし増水後の利根川の河川敷では，多くの良質な流木を容易に獲得できるチャンスがあった。人びとはこのチャンスを利用して貴重な木材を獲得するために，力をあわせて流木拾いに熱中した。こうしたことも，稲作では味わえない感動的な「生業のひとこま」であった。

　5）　私は釣りの趣味があったので，以上述べた利根川以外にも，河口近くで（たとえば神奈川県の相模川下流の馬入川などで），今でもこうしたウナギのシラスをすくう漁が行われているという噂をよく耳にした。「茶碗一杯で，大もうけできる」と語る釣り人が何人かいたのを覚えている。しかしウナギのシラスがとれる時間や場所や天候条件などはかなり限定されているらしく，それらはまさに「名人」たちの「秘密情報」ということであった。

このようにたくましく生きる人びとの心の支えになっていたのが，「水神様」であった。水神様の神社は，布鎌各地区の鎮守社の「惣鎮守社」という位置づけであり，元禄10年（1697年）に創建されたといわれている。金子（2013）は，この水神様が堤防の守護神として洪水を防いだとする伝説（白馬伝説）についても詳しく説明している。また水神様への信仰は，地域の人びとの心を支えたという面だけでなく，実はそれ以外にさまざまな合理的な理由を持っていた。水神社は，「舟形集落」である布鎌地区の上流に向かっての先端部に立地しており，「西の十文字」と言われる堤防の結節点に位置していた。それは地域全体の安全を守るのにふさわしい位置にあった。洪水の致命的被害を避けるためには，上流部での堤防決壊を防ぐことが最重要であったからである。さらに水神社の行事として行われた「水神相撲」も，単なる人びとの娯楽で行われたわけではなかった。山田（1996）が，著書『相撲の民俗史』の中で語るように，相撲で「四股を踏む」ことは，堤防の土の「地鎮め」を意味していた。この水神相撲にも，堅固な堤防であってほしいという人びとの願い，そして堤防を堅固に守れという子孫への教訓が含まれていたのである。こうして人びとは，洪水というリスクにさらされながらも，生業の有り様を工夫したり神仏を信仰したりして，リスクとともにたくましく生きる「知恵の世界」を創り出し，川とともに生きてきたのである。

第4節　生業のかたち——複合生業について

　人びとは洪水時でも逆に利益を獲得してしまうような，きわめて柔軟で大きな適応力を発揮しうる生業の形を採用してきた。本節では，このような特性を有する生業の問題を，改めて複合生業論として論じる。
　近年における民俗学研究の重要な発展の1つとして，複合生業論がある。これまでは，例えば稲作文化・畑作文化・漁労文化というように，生産技術を基準にした文化類型を考え，それに生業の問題をあてはめて議論してきた。しかし人間が生きるためにどのように働いてきたのかを総体的・統合的に理解するのには，こうしたアプローチでは不十分であ

る。人びとは，稲作だけとか畑作だけとかまたは漁労だけで，生計を維持して生きてきたわけではない。むしろ人びとがいかに生きてきたのかを，各生業間の関係性から積極的に解明していく必要がある。このような方法論的主張が，次第に多くの研究者に支持されるようになったプロセスを，安室（1984, 1997, 2008）は詳しく説明している。川喜田（1980）や渡辺（1977）が示したように，文化人類学や文化生態学からの民俗学への影響も大きかった。野本（1984）は，焼畑を行っている地域でも，焼畑以外の生業を組み合わせた労働が行われていたとして，文化複合の問題を論じた。こうした経緯を経て1990年代になり，複合生業論は本格的に展開されることになった。

安室（2008）は「生業複合とは単なる生業技術のレパートリーの提示やその足し算を意味するものではない。当然，複合生業論は，生業技術間の関係や社会との関係など，複合の様相がどうあるのかというところまで明らかにしていくことであり，またその対象は伝統的生業だけでなく商業活動や賃労働なども含むものである」(235頁) と述べている。きわめて重要な指摘である。複合生業論では生業と生産技術間の関係はもとよりさらに家族構成・村落構成との関係，また生業と市場との関係性なども議論する必要がある。

複合生業の典型的な例を見てみよう。安室（2013）は，長野県佐久地方において行われていた冬水と水田養鯉について詳しく説明している。冬水は稲作の水田作業の一環として行われ，当該地域ではゴミカケミズまたはヒガンミズとも呼ばれていたが，その効果は水田に肥料を補給し，春の雪解けを促進し，稲作作業の開始を早めるものであった。また農耕馬による耕起作業を容易化した。しかしこのようなゴミカケミズの効果は，稲作のためだけでなく，この地方の特産であり大きな収入源であった鯉の養殖にとっても，大きな効果を持つものであった。ゴミカケミズは一度水田を通って温められて池に流れ込むため，鯉の春先の目覚めを早め，食欲の活性化を促した。鯉を早く水田に移してゴミカケミズの中で発生した大量のミジンコを餌にして，さらに大きく成長させることができた。これらの手法は，各養鯉農家の「秘伝」の民俗技術であり，生活文化の中で重要な意味を持っていた。

稲作と鯉の水田養殖の関係は，さらに養蚕と関連して，農家経営の複

合化をいっそう高度なものとした。中西（2003）は，同じ長野県佐久地方の複合生業の問題に関して以下の点を明らかにしている。まず鯉の餌や排泄物が水田の肥料になることで，稲作の収穫量を増加させたこと，また鯉の遊泳で水田の除草労働が節約できたこと，さらに鯉の餌には蚕のさなぎが用いられたこと，蚕のさなぎは肥料にもされて水田や桑畑に散布されたことなど，生業間の密接な相互関連性を指摘している。そしてこれら関連しあう複数の生業を，家族間の分業と協業で有機的に運営し，農家の収入の増加が図られたと述べている。

　複合生業の実例を説明してきたが，問題の焦点をもう少し絞って，災害などの環境リスクとの関係性から，複合生業が持っていた意味を考察してみたい。特に「マイナーサブシステンス」といわれる複合生業の中に存在した「遊び」の問題に注目すると，人びとが環境リスクの中でいかに生きてきたかを複合生業と関連づけていっそう興味深く理解できるようになると考える[6]。

　「遊び仕事」の実例をあげてみよう。安室（2012a, b）は，上述の長野県佐久地方の水田養鯉ほどの本格的な生業ではないが，日本各地において特に昭和初期から高度経済成長期前の時代には，田んぼでの小規模な魚捕りが日常茶飯事に行われていたと述べている。ここで対象になる魚種や貝は，小さなフナ，コイ，ドジョウ，タニシなどであった。また魚捕りだけでなく，カモ捕りも一般的に行われていた。もちろん人びとは，田んぼで魚やカモを捕らなくても，とにかく稲作を行えば，それだけでとりあえずは生きていけたのであるが，しかしこうした魚捕りやカモ捕りは人びとにとっておもしろい「遊び仕事」であり，リフレッシュの機会を与えてくれるものであった。この小さな「遊び仕事」が，どのくらいまたどのように行われたかについては，農家ごとにまた個人ごとに大きな格差があった。主に魚捕りのみを行う人びと，逆にカモ捕りのみを行う人びとなど，どのような「遊び仕事」をどの程度行うかは，それぞれの人の自由であった。また天候の変化に応じて，さらに稲作などの主要な生業との関係や他の家族との関係に応じて，これら遊び仕事は熱心に行われたり逆に行われなかったりという柔軟な調整が可能であっ

---

[6]　松井（1998）なども参照せよ。

た。その意味でまさに「遊び仕事というのはその人の生き方そのものを反映していた」(447頁)。

遊び仕事のその他の例としては，すでに取り上げた印旛郡栄町布鎌地区でのメソッコスクイやボッカ拾いなどの「小さな生業」も挙げることができる。金子(2013)は，それは仕事とも遊びとも，どちらとも考えられるような生業の一部分であったと述べている。しかしその小さな生業は，稲作などの主要な生業部分では味わえないような新鮮な記憶を，人びとの心にもたらした。人びとは「遊び」の要素を持つ小さな生業を普段から行うことで，洪水などの災害時においても，その逆境を活用してたくましく生きる「心のゆとり」そして「柔軟な対応の仕方」を学んできたのではないだろうか。

「遊び」の要素を含む複合生業は，合理的な意思決定やひたすら効率性を求めて行動する人間の姿を基準にして考えると，その「奥深さ」を理解することがきわめて困難になる。しかし歴史の中で自然とともに生きてきた人びとにとっては，単なる「遊び仕事」とは言っても，それは生きる上で重要な意味を持つ仕事の1つになっていたのである。その重要性は，先に述べたように，人びとに稲作などの主要生業では味わえない大きな感動や喜びを与えるということであったが，しかしそれだけではなかった。われわれは「遊び」の重要性をさらに深く理解するために，追加的に「まごつき仕事」の問題も取り上げて考えてみたい。

安室(2012b)は「まごつき仕事」の例として，昭和4年6月7日の農家の実際の聞き取り調査から，「田仕事の行き帰りに魚やイナゴを捕ったりする」という遊び仕事的事例や，「稲刈り前に鎌を研いだり，田んぼに行く前に家の周りの草を刈ったりする」という「準備的仕事」の例を挙げている。安室はこれらの事例に関して次のように説明している。「いわゆる『仕事』の概念から外れてしまう労働であり，その意味から周縁と呼ぶが，本来的には生活を下支えするものであり，基礎的労働または触媒的労働と呼ぶべきかも知れない。そうした労働の特徴は，それ自体は非体系的であるが，ときに娯楽性に富み，かつ日常の生活行為全般と分かち難くおこなわれることにある。また，家族全員が何らかのかかわりを持ちえるという点も特徴として挙げられる……遊び仕事やまごつき仕事のような周縁的労働の場合，そのひとつひとつの行為は取るに

足らないものにすぎず，しかも個々の行為には何ら関連性がないように思われるが，それなくしては主労働は体系化できないし，生活自身も結局のところ維持できないのである。つまり，遊び仕事やまごつき仕事は諸作業の非体系的な集合でありながら，生活という観点に立ったとき，結果として種々の生業を家の生活としてまとめ上げる方向に作用するものだといえる」(450頁)。きわめて興味深い説明である。「遊び」や「まごつき」は，生きるための業としての生業を「複合生業」として体系化するために必要なものであり，その体系化した生業を具体的に営むために必要となる家族全員の分業や協業を容易化するものとしての基礎的労働や触媒的労働という意味を持っていた。まさに本章の目的は，このような遊びを触媒として成立している複合生業が，環境リスクとともに生きる人びとにどのような知恵や力を与えてきたのかを解き明かすことにある。われわれはこの主要問題を，次の第5節と第6節で考察する。

　さて上述の問題を考察する前に，1つの準備として，まず「遊び」を含む複合生業が，商品経済の発展に伴う稲作専業化の強化の中で，どのような影響を受けていったのか，確かめておきたい。一般的に考えると，商品経済の発展に伴う稲作の専業化は，複合生業のあり方と対立するものと考えられるので，こうした生業は急速に衰退していったのではないかと思われる。しかし必ずしもそうはならなかった。稲作への一元的特化に対して，「内部化」という形で，複合生業は稲作労働の中に「埋め込まれ」，実質的にはたくましく存続していくのである。安室 (2012b) は，この複合生業の稲作労働への内部化が，段階的に進展していったことを，次のようなわかりやすい図によって説明している。図1を見られたい。第1ステージは，稲作に対して，畑作や漁労や狩猟などの他生業が並列的に行われている状態である。第2ステージから第3ステージへの変化は，稲作に対してこれら他生業の内部化が次第に進行していくプロセスである。具体的に言うとこの生業の内部化とは，漁労であれば水田漁労から水田養魚への発展ということであり，畑作であれば二毛作や畦畔栽培の展開ということになる。この内部化による複合生業システムの再編成は，水田という生産空間が，関連した技術体系を用いた他生業を，多角的かつ臨機応変に展開できる可能性を持っていたことを示すものであった。

第 4 章　環境リスクと生業の民俗認知経済学　　　　　　　　123

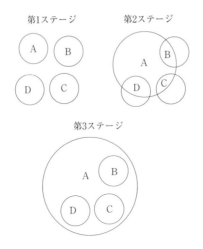

図1　生業の内部化プロセス
注）　ただし，Aは稲作，Bは畑作，Cは漁労，Dは狩猟を表している。
出典）　安室知著『日本民俗生業論』491頁より一部修正のうえ引用。

　以上のように，遊びの要素を持つ「ゆるい」複合生業の存在は，一見すると，市場経済的で効率的な稲作への画一化と矛盾しており直ちに消滅していくように思われるが，実際にはそうした急激な消滅は起こらず，とりあえずは内部化のプロセスの中で両立していくのである。効率性を求めて合理的に行動する人間の姿を基準にして考えると，この複合生業の存続理由を理解することは，きわめて困難に思われる。市場経済における合理的な意思決定ならば，地域間での分業体制によって，それぞれの地域が特定の1つの仕事に特化して専業的に規模の利益を求めて生産活動を行い，それを市場で交換することで利潤最大化をめざすのが望ましいと考えられるからである。「遊び」という無駄を含む複合生業が，なぜ存続していくのか。人びとはこの無駄や遊びを含む生産システムをなぜ放棄せず，実質的に保持していくのか。本章では，環境リスクの中で「生きる」ということの意味をもう一度深く考え直し，改めて「生きる業」としての生業という視点から，複合生業の存在理由およびそこに秘められた人びとの知恵を掘り起こしてみることにする。

第5節 「遊び仕事」——環境リスクと複合生業の知恵（1）

　生業とは「生きるための業」であった。われわれの先祖はこの生業を営むことによって，厳しい環境リスクの中を生き抜いてきた。前節では，生きるための業としての生業が，「遊び」を含む複合生業として営まれてきたことを明らかにした。では「遊び」を含む複合生業が，なぜ厳しい環境リスクの中を生き抜くのに役だったのか。われわれは，その生業形態の中に含まれていた人びとの「知恵」を掘り起こしてみることにする。

　最初に考えられるのは，高橋 (2013) が指摘しているように，「(生業の) 複合化によって生み出される危険分散」(90頁) の効力である。稲作の専業化による規模の経済をめざすのではなく，変化する環境リスクに対して柔軟に対応できる生業システムの多様性を，リスク分散の可能性の増大として評価することである[7]。しかしこれだけでは，合理的個人を基礎として理論構築をしてきた従来の経済理論に対して，何ら驚くべきインパクトを与えはしない。市場経済における合理的個人も，リスクに直面すれば，たとえばポートフォリオセレクションの議論が見事に示したように，一般に分散投資を実施するのである。複合生業の知恵とは，こうしたリスクの分散だけの話として理解することはできない。われわれは，上述の高橋の指摘の妥当性を基本的に認めつつも，さらにそれを超えて，複合生業に含まれる民俗学的な人びとの知恵を考えていきたい。

　本章では，第1節において，「仮に科学研究が将来のリスクの発生を完璧に予知できたとしても，そしてそのリスクへの合理的な対応策を示すことができたとしても，われわれ人間はその提示された合理的な対応策をしばしば『非合理的』な心理や認知でしか理解し実行できない『限定合理的』な存在だということである」と述べた。そしてこうした非合理的な人間心理の具体例を，SlovicやAkerlofの考察を参考にして説明

---

　7) この点については，平野 (2004) も，農業史研究の立場からであるが，江戸時代の農業経営の多様性と柔軟性を高く評価している。

した。まさにこの「限定合理的」にしか環境リスクに対応できないわれわれ人間の限界性をもう一度念頭に置いて議論を組み立てないと，上で述べた複合生業に含まれる人びとの知恵を理解することはできない。また「遊び」を含む生業の深い意味を理解することはできない。複合生業は，単に技術的に相互関連性を有する複数の生業を組み合わせたものではない。安室が強調しているように，複合生業は「遊び仕事」や「まごつき仕事」を含んでいたがゆえに，人びとはこの複合生業を行うことで，厳しい自然環境のリスクの中を生き抜くことができたと考えられる。なぜその「遊び」が，環境リスクの中で生き抜く力を与えてくれたのであろうか。

　そもそも「遊び」とは何か。安室（2012）は，Caillois（1967）の遊びの定義を紹介している。「カイヨワは，遊びには競争・運・模倣・眩暈という４つの要素が重要な意味を持って存在することを示した」（451頁）と述べている。この４つの要素に関して言えば，まず「運」という要素に注目する必要がある。運とは「風の吹くまま，足の向くまま」というように，自分の進退を「成り行きにまかせる」「状況にまかせる」ということである。目的意識的に，自分の進むべき方向を自分の主体的な意思によって決めて行動するのではなくて，目的を設定せず，自分を縛りつけず，状況依存的に成り行きにまかせて，それで「よし」とする心のゆとりが遊びには必要だということである。現代社会における「レジャー」は，この意味で言えば，真の意味の「遊び」にはなっていない。決められた予定に従って，ひたすらがんばってお金を使いつつ「行事をこなす」というレジャーのどこに，「風の吹くまま，足の向くまま」という心の自由の爽やかさがあるというのか。真の意味で遊ぶということは，なかなか難しい。しかし複合生業の中で見られる「遊び仕事」には，この真の意味の遊びの要素が多分に含まれていた。印旛郡布鎌地区で見られたメソッコスイは，計画を立ててやらなければならない仕事ではなかったし，水害が起こればその状況に応じて，まさに「成り行きで」行われた「遊び仕事」であった。

　「成り行きにまかせて」「状況にまかせて」行われる遊び仕事は，環境リスクへの対応としては，きわめて柔軟かつ大きな適応力を持つ仕事であった。状況にまかせて仕事をするということは，環境リスクの推移に

強い注意を払い続けなければできないことであり，そのリスクの推移に応じて，少しずつどのような仕事をなすべきかを判断して，一歩一歩漸進的に仕事を行っていくことである。このことは，限定合理的な認知能力しか持たない人間にとっては，自分の判断ミスの可能性を最小限度に抑制することができるきわめて賢明な方法である。もし逆に，最初からリスクへの対応策を長期的に大規模なスケールで決めてしまうのなら，限定合理的で感情の高まりなどに左右されてしまう人間は，取り返しのつかない重大な判断ミスをしてしまう可能性がある。これとは逆に，もし状況依存的にリスクに対して少しずつ漸進的に対応策を決めていくとしたら，細かい判断ミスを少しずつ修正しつつ進むこともできるので，結果的には取り返しのつかない判断ミスを避けることができる。つまり「ホームランは打てないかもしれないが，大きな失策もしない」というリスクへの対応策が可能になると考えられる。この意味で，成り行きまかせの「遊び仕事」を含む複合生業は，一見「ゆるく」て非合理的なやり方のように感じられるが，環境リスクとともに生きる限定合理的な人びとにとっては，リスクに対してきわめて大きな適応力を発揮できる仕事の進め方であり，民衆の知恵を含むものであったと解釈できる。

さらに，遊び仕事を含む複合生業の意味を，もう少し異なった視点から考えてみよう。私は以前「遊びの哲学」に関する小論を書いたことがある[8]。そこで説明したことだが，遊びは最適な覚醒水準を維持するためのものであるから，本質的に「非帰結主義」的な性質のものであり，目に見える結果に関してはしばしば「非目的的」な行為であると解釈されてきた[9]。複合生業の中に含まれる「遊び仕事」も，他の労働においては味わえない喜びや強い印象を人びとに与えることができると，民俗学的調査の中で示されていた。稲作などの主要な労働が，季節の推移の中できちんと決められた手順とルールで進められるのに対して，布鎌地

---

8) 中込 (2002) を参照されたい。

9) Ellis (1973) によれば，遊びの現代理論は大きく2つに分けることができる。第1は「覚醒—追求」（または「刺激—追求」）としての遊びの理論であり，第2は「能力—効力の動機付け」としての遊びの理論である。前者はSchultz (1965) やBerlyne (1960, 1966) などによって始められた研究の流れであり，後者はこの前者の理論を批判するWhite (1959) によって提示されたものである。エリスはこれまでの遊びの哲学を展望しつつ，結局は第1の覚醒—追求（または刺激—追求）モデルとして統一的に理解できることを主張した。詳しくは，中込 (2002) を参照されたい。

区のメソッコスクイやボッカ拾いという「遊び仕事」は，天候の急変から生じる洪水という「非日常性」の中で，予期せぬタイミングで行われるものであり，人びとに興奮と強い印象を与える仕事となっている。しかし問題はこれだけに留まらない。環境リスクの中で行われる「遊び仕事」から生じる非日常的な覚醒度の高まりは，さらに人びとの環境リスクへの関心を高め，そしてその関心を繰り返しかつ長期的に維持していくことに貢献するのである。関心を持ち続けることは「偉大」なことである。特定の問題に対して関心を持ち続けることは，その問題を適切に処理するための第一歩である。関心を強く持ち続けることで，人間は，自分の「限定合理性」による判断ミスやゆがみを繰り返し検討し修正して，結果的にそこから生じる損失の総額を少なくすることができる。「遊び仕事」は「非目的的」かつ「成り行きまかせ」で行われる「ゆるい仕事」であるが，人びとの環境リスクへの覚醒水準を高めてさらにそれを維持し，「思わざる結果」として，環境リスクへの判断ミスやゆがみを減少させるのに役立つのである。それは環境リスクとともに生きてきた人びとの，「意図せざる知恵」であったと考える。

第6節　志向する心と強い覚醒度
―― 環境リスクと複合生業の知恵（2）

　最後の節では，さらに別の視点から，複合生業がリスクとともに生きる人びとに，どのようなメカニズムでいかなる知恵をもたらしてきたのかを考えてみる。複合生業は，技術論的な視点から見れば，相互に利用しあう関係の複数の生業を，生きるために見事に組み合わせた体系である。しかし別の見方をすれば，その体系は，労働する人間同士の分業と協業のネットワークだと見ることができる。人びとは，技術的に関連する複数の生業を，家族内やさらには村落内での分業と協業の労働ネットワークによって営んでいる。このような人間同士の分業と協業のネットワークとしての複合生業は，前節で述べた「遊び」の知恵とはまた別の意味の「知恵」を，環境リスクの中でわれわれにもたらすものである。私はこの問題を，ハンナ・アーレントが主張しているように，人が生き

るということは「人の間にあり続ける」ことであるという考え方に関連させて論じてみたい。つまり複合生業とは,「人の間にあり続ける」ことを実現化しさらにそれを強化するための典型的な労働形態であり,その意味で「ともに生きるための業」としての生業の本質的意義を持つ代表的な営みの姿であると考えるのである[10]。

　「人の間にあり続ける」ことで,人は「強いリアリティ」を持って生きていけるようになる。そのことの中には,当然,環境リスクに対しても強い関心を持って生きていくということが含まれている。環境リスクは,われわれの生存の有り様に,重大な影響をもたらす要因であるからである。これは「リスクとともに生きる」という強い持続する心の発生を意味する。人が他者とともに社会の中で「強いリアリティ」をもって生きれば生きるほど,環境変化がもたらす恩恵と災害にどのように向き合うべきかを真剣に考えざるをえなくなる。自分たちは,この環境リスクの中で,どのようにして大きな適応力を発揮して生きていくのか,ますます「強いリアリティ」を持って考えることになる。

　この問題は,センスメーキングの発揮と知恵の形成につながっていく。「リスクとともに生きていく」という「志向する心」が,その強い覚醒度の高まりが,人びとのセンスメーキングの機能を刺激・促進するからである。「リスクとともに生きる」中で得られた人びとのさまざまな体験は,繰り返し相互に語られることで,新しい意味の創造という形で整理・縮減され,環境リスクの中で生きる知恵としてまとめ上げられていく。また逆方向のプロセスも発生する。つまり「環境リスクとともに生きていく」という高い覚醒と「志向する心」の維持のために,複合生業という「人の間にあり続ける」ことを典型的に示す労働形態の遂行が要請されるのである。

　ところで生への強いリアリティの獲得は,複合生業によってのみ可能となるのではない。このような生へのリアリティ獲得のチャンスは,地域での宗教行事や季節的行事などによってももたらされる。以下「リス

---

10)　「生きるための業」としての生業の意味づけを,ハンナ・アーレントが議論した「人の間にあり続ける」ときの「生のリアリティ」の獲得と関連づけた当初の論文は,拙著『フォークロアの行動経済学』(中込 [2015b]) である。その認知論的意義については,詳しくはそちらでの議論を参照されたい。

クとともに生きる」人びとの心を支えてきたさまざまな宗教行事の例を取り上げてみる。

先に説明した布鎌地区の水神社の祭りもその典型的な例である。金子（2013）はこの水神祭りの内容とその意味について詳しく考察している。水神社の祭りでは，地区に特有な「つく舞」，獅子舞，子ども踊りなどのほか，先に述べた奉納相撲が行われた。また一番重要な宗教的意味を持つものとして，「御輿の渡御・還御」が行われた。この御輿の渡御・還御は，堤防上の御仮屋に水神の神霊を一時的に移して，そこで洪水除けを祈るという意図を持っていた。利根川の洪水を防ごうという人びとの強い願いが表わされている神事である。しかしそれでも洪水は現実に生じた。この状況でもなぜ布鎌地区の人びとは，水神への強い信仰を維持できたのであろうか。金子はその理由として，実際この水神社が，洪水の危機の時の避難場所になっていたことを指摘している。明治43年（1910年）の洪水のときには，人びとは各家で保有する田舟で，水神社に避難してきた。水神社は，現実的に，地域の人びとの生命を守ってきたのである。もう１つの大きな理由は，布鎌地区内での利害関係の微妙な不一致を解消するための精神的な統一のシンボルとして，この水神社への信仰が強調されたということである。布鎌地区内での利害の微妙な不一致とは，例えばこの地区に降った雨の排水の問題についてであった。利根川の増水時，堤防で外水の浸入を防ぐことについては，布鎌地域全体の人びとの利害は一致していた。しかし川中島である布鎌地域自身の上に降った雨を内水としてどのように効率的に排水するのかについては，各地区の人びとの間に微妙な利害対立が生じた。ある特定の地区の内水を優先的に排水すれば，隣接する他の地区の排水が遅れ，それだけ浸水のリスクが大きくなるのである。このような各地区間の利害対立から地域全体の協力関係が崩壊するのを防ぐために，統一のシンボルとして，水神社の信仰が強調されてきたのである。

以上は，洪水という環境リスクを防止するための直接的な宗教行事の例であったが，しかし「人の間にあり続ける」ことを強く感じることができる共同の行事は，必ずしも直接的に環境リスクの防止を連想するものでなくてもよい。日本の各地で，稲作などに関する季節的な農村行事は数多く行われてきた。芳賀（2014）は，生業としての生産活動が，季

節の行事と強く結びついて，それぞれの村落で共同して営まれてきたことを，写真と文章で説明していた。これらの共同で行われる季節行事は，そこで生きる人びとに，日々の単調な労働では味わえない楽しみや喜びをもたらすものであった。人びとは季節行事を通じて「人の間に生き続けている」ことを改めて確認し，生へのリアリティを強く感じたのである。この生へのリアリティの高まりは，先に述べたように，人びとに自分たちの生存条件を直接左右する環境リスクへの関心を高めた。人びとは複合生業を行うだけではなく，村落で行われるさまざまな共同の季節的行事を活用して，環境リスクとともに生きることのリアリティと関心を保持し続けた。民俗の中に埋め込まれた人びとの知恵であった。

第7節 ま と め

図2は，生への強いリアリティ獲得の話と，環境リスクとともに生きる人びとの環境変化への強い関心の問題，そして複合生業や各種の宗教行事・農村行事の実施がどのような関連性を有していたかを，概略的に示したものである。人びとは，複合生業や各種の宗教行事・農村行事を実施することで，「人の間に居続けること」を繰り返し認識し，生へのリアリティを高め，自分の生存に直接関わる環境変化への関心をも強めていった。環境変化を持続的に強く意識して生きることは，環境リスクと「ともに生きていく」ことを意味する。また図2には直接示されていないが，複合生業が多角的に経営されてきたことに注目すると，リスク分散という意味でも，複合生業は環境リスクへの望ましい対応策としての性質を満たしていた。また本章5節で述べたように，複合生業が「遊び仕事」を含むものであることに注目すると，それは状況依存的に環境リスクの変化に注意を払いつつ，漸次的に環境リスクに対処しようとした人間の姿が見えてくる。われわれが限定合理的な認知能力しか持たずまた情動・感情のゆがみをもって状況判断をしてしまう「不完全な存在」であることを考えると，この状況依存的で漸次的な判断は，歴史の中で生きた人びとの知恵であったと理解することができる。われわれの先祖が生きていた生活世界は，このような全体的な構造を，多くの場合

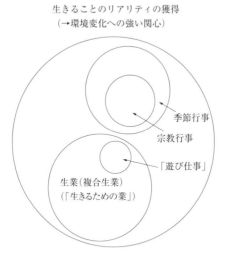

図2 生業・宗教行事・季節行事と生へのリアリティの獲得及び環境変化への強い関心の発生

無意識的な知恵の体系として保つことで，人びとが環境リスクとともに生きることを可能にしてきた。そしてその知恵は，これまで長きにわたり，時代を超えて伝承されてきたのである[11]。

これに対して現代のわれわれは，環境リスクに対して，どのような認識を持って生きているのであろうか。自然の変化から生じる環境リスクを征服しコントロールしようとする巨大な科学技術の力にフリーライドし，その力に依存して，かつて先人たちが持っていた自然や環境の変化に対する豊かで強い関心を喪失しつつある[12]。各種の宗教行事も季節

---

[11] 民俗学研究は，生活世界の中にある知恵の伝承の宝庫である。問題を環境リスクとともに生きることの知恵に限定しても，その伝承に関して，数多くの研究がある。近年の関連の著作としては，例えば，野本（1994, 2013），高橋（2014），鳥越（1994, 2012），山（2013），宮本（2012）その他がある。このように民俗学を，知恵の伝承研究として展開していくという方法論は，民俗学の創始者としての柳田国男の当初の立場からの影響も大きいと思われる。畑中（2011）も指摘しているように，柳田民俗学の当初の志の中には，1つの「迂回生産」であるかもしれないが，「現実に生きる人々の救済を目指す意図があったことは明らか」（39頁）である。

[12] 先に述べたように宮本（1967）は，現代の人間が，科学技術によって自然環境か

的行事も，民俗学的な本来の意味を失って形骸化し，単なるエンターテインメントに成り下がってしまっている。人びとの間から生まれるはずの「生へのリアリティ」を感じる心も，希薄化してしまっている。こうした現代的状況下で，環境リスクを強く意識する例外的なケースは，緊急的な災害発生時のみである。環境リスクが予想外の大きさに増大して，科学技術により構築された「リスクを征服するはずだった堤防」を超えて津波のように迫ってきたとき，現代人は初めて環境リスクの存在を狼狽しつつリアルに認識するにすぎない。しかしその認識は，怖れや不快をもたらす「得体の知れないものとしての自然」という内容のものでしかない。このような豊かさを失った自然環境への認識では，環境リスクとともに生きてきた先人たちの思いに深く共感して，その心の中にある叡智の神髄を学ぶことはできない。先人の叡智を，世代を超えて伝承していく責任を果たすために，われわれはまず，その先人たちの思いに共感しうる「心」を取り戻す必要がある。この目的達成のファーストステップとして，まず現代の学問体系の中で，民俗学的研究を新たなる認知科学研究の対象として位置づけることが必要であると考える。私は，この学問的変革が，多くの人びとの心に覚醒をもたらす「水先案内人」となることを期待している。

らのリスクを克服できるようになってきたと考える一方で，自然環境に対して無関心そして無知になりつつある点を強く批判している。金子（2013）もこの点に関して強い同意を示している。

第5章

農具を発達させた転用の知恵
──生業用民具の民俗認知経済学──

第1節　序

　「人のあいだで生きる業」としての生業は,「生へのリアリティ」という強い志向的な心を生み出し,人びとのセンスメーキングを刺激・促進することで,「リスクとともに生きる」知恵を生み出した。本章ではさらに民具の発達という新しい視点から,生業とセンスメーキングが生み出した民衆の知恵の事例を考察していく。人びとがともに生きともに働くなかで発揮されるセンスメーキングは,多様な実践知を整理・縮減して,その相互関係性の理解の中から仕事の壁を越えた共有の経験知さらに「転用の知恵」を生み出し,さまざまな民具の改良や発明を可能にした。特にここでは農具の改良や発明を中心として,農民・職人たちの自発的・自主的な農業技術の改善の歴史を見ていく。

　周知のようにベルグソンは,「道具を作り出す人間」の姿を「ホモ・ファーベル（homo faber）」という言葉で表した。類人猿も簡単な道具を作り出してそれを使うことができるが,人間の作り出す道具には,それらとは比較できないほどの高い知的工夫そして技術が埋め込まれている。人間がこれらの道具を自由に使いこなしさらに改良していくことができる理由は,ひとえに人間が有する高い知性のおかげである。この問題については,すでに優れた認知哲学や脳科学的な実験研究もあるが,しかしそれだけで人間の知性の実態を十分に深く解き明かすことになっているだろうか。

本章では，歴史の中で先祖たちが作り出してきた実際の道具を取り上げて，それを具体的にわれわれの認知研究の対象とする。そして道具に秘められた先人たちの知恵とはいかなるものであったのか，また人間の知恵がどのようにして道具の進歩を可能にしてきたのかを，歴史民俗学的に考察していく。ここで「民俗」的研究であることを強調する理由は，研究対象として取り上げる道具類が，特定の1人の天才によって作り出された発明品ではなく，あくまでも名もない民衆の中で生まれそして伝承されてきた道具，つまり「民具」だからである。しかしこれらの民具を，ひとり静かに見つめていると，素朴ではあるが，民衆の知恵の「すごさ」が伝わってくる。そして知恵の深さに共感し圧倒される。われわれが感じるこの強い共感の理由は，先人たちのこれら民具にこめられた知性が，飾り気のない素直な形ではあるが，時代を超えた共通の知性だからである。われわれはこうした共感の力を支えとして，先祖の作った民具を研究し，人間の知恵の秘密を掘り起こす努力をしていきたい。

　本章の大きな特徴は，先人たちの「転用の知恵」という問題を主張することである。近藤（1992，2002），岡本（2002），野外活動研究会（2003）なども，この「転用」という概念が，未開拓の民具研究の分野において，またわれわれの日常の暮らしの諸相を理解する上で，興味深くまた重要な視点を提供しうると述べている。例えば大量生産された規格化された工業製品であろうと，その使用に関しては，転用と再利用が自由に行われている。近藤は，「不用になったテレビ台の脚をはずして脱穀用品の代用とする行為は，どう解釈されるのか」（2002年，29頁）と問うている。また岡本も，「乳母車は本来，育児に使うものだが，幼児が大きくなって不用になると，おばあさんの荷車になる」（2002年，302頁）という例を示している。われわれは，近藤や岡本たちが重視したこの「転用」の概念を，民具の使用法のみならずその制作・改良・発明という問題にまで拡大して，人びとの知恵の問題を歴史的および認知経済学的に深く掘り下げていきたい。この方向での努力は，以下のような近藤の主張にも沿うものである。「民具研究は，渋沢敬三以来，半世紀以上を経て，今なお未整理な段階にある。収集活動はおおいに盛んになったが，いまだに方法論も分類体系も確立していない。状況に応じて人間が考えて作り出し，使い方をさまざまに考案するのは，どのような思考

パターンによるのかが究明されていない。……しかし，だからおもしろい。未着手の領域が多く，従来の民族学・民俗学とは別のカテゴリー，佐野賢治の言葉を借りるなら，非常に魅力的な『未開拓分野』なのである」(28頁)[1]。ここで述べられている「状況に応じて人間が考えて作り出し，使い方をさまざまに考案するのは，どのような思考パターンによるのか」という問題に対して，われわれは「転用の知恵」が重要な役割を果たしてきたと考える。民衆の知恵の多くの部分は，全くのゼロから突然に生まれた大発明ではなく，むしろ生業などの「ともに生きてそしてともに働くこと」の経験から得られたさまざまなアイディアをうまく整理して，今直面している問題の改善・改良に利用していく，そういうものであったに違いない。そのことを本章では，理論的・実証的に裏付ける考察を行っていく。民衆による「転用の知恵」の発揮という視点に立って，「未開拓分野」である民具の民俗認知経済学を展開していきたい[2]。

第2節　備中鍬の発明

明治維新以前の日本の農業は，すでに労働集約的農業としての1つの

---

[1]　渋沢敬三の主張については，渋沢 (1992) を見られたい。また佐野賢治の主張については，佐野 (1978) の文献を見られたい。

[2]　ここで「知恵」という用語をどのよう意味で用いるべきか，簡単に論じておきたい。問題は「知る」ということと「知恵を働かす」ということの意味の相違を明確にすることである。「知る」とは，知識や情報を獲得することである。これに対して「知恵を働かす」とは，その獲得した知識や情報を「活用する」ことである。先に述べたように，われわれの先祖は，この2つの概念の区別を明確に理解していた。我が国に伝えられた仏教を初めて本格的に研究したのは，周知のように聖徳太子であり，仏教教典の解説書として『法華義疏』『維摩経義疏』など多くの書物を書いている。法華経についてみると，「体」と「用」の概念ははっきりと区別されて論じられている。「体」とは，真理の本体・神髄のことであり，それを説明するために「如来寿量品」がある。「用」とは，真理を実践し活用することであり，その問題は「観世音菩薩普門品」で述べられている。その後，日本の民衆がどのような宗教心を持って生きてきたかを，民俗学的視点に立って考えてみても，このような「体」と「用」の概念的区別が，われわれの精神・宗教世界に大きな影響を及ぼしてきたことは明らかである。鎌倉期以降の各宗派でひたすら「称名」や「題目」の行が強調された理由は，「用」の視点を重視したことによる。近年，民俗学的視点から，日本の民衆が実際にどのような宗教心を持ちどのような宗教的行為を積み重ねてきたかについて新しい研究が進められていて興味深い。山折 (1993)，宮家 (1994)，五来重 (2010) などを参照されたい。

完成形に到達していた。特に鍬による土壌の耕起は，労働集約的農業を象徴するものであった。江戸時代の農書『百姓伝記』や大蔵永常著『便利論』は，この鍬を日本農業における「第一の農具」と意味づけていた。大型家畜を利用しての犂による耕作も選択肢としては潜在的に可能であったが，日本においては諸外国と異なって，主に人力による鍬を用いての土壌の耕起が広く行われていた。この理由としては，日本の単位経営あたりの耕地面積が狭かったこと，さらに日本の馬は小さくて非力であり，重い犂を牽引するのに適さなかったことなどを指摘することができる。

「第一の農具」としての鍬の最終的な発展形態は，「備中鍬」であった。備中鍬は，江戸時代の中期から後期にかけて，それまで使用されてきた平鍬(ヘラグワ)とは全く異なった形をなすものとして発明された。図1はこれまで使用されてきた平鍬の形を示す写真である。また図2は，左からそれぞれ平鍬・窓鍬(マドグワ)・備中鍬（サンボングワとシホングワ）の鉄製の刃の部分の写真である。平鍬は刃の部分が一般的に長方形をしているが，備中鍬は「熊手」の形をしている。窓鍬は，平鍬と備中鍬のいわば中間形をしている。江戸中期より以前に発行された農書には，この備中鍬に関する記載はまったく現れていない。江戸中期以降（文政5年，1822年）に刊行された大蔵永常著『便利論』の中で，初めてその形態と機能が説明される。備中鍬の出現は，特に粘土質の田畑の耕作に威力を発揮した。つまり備中鍬は耕作時に，鍬の先端の刃の部分に土の付着量が少ないため，粘土質の土壌の耕作を容易にし，必要な人力の省力化を可能にした。窓鍬も同じように，粘土質の田畑の耕作を容易にしたという意味で，備中鍬の亜種と考えてよいだろう。

ここで私は追加的に，備中鍬の登場について，1つの興味深い史実を示しておきたい。先に述べたように備中鍬は，大蔵永常著『便利論』の中で初めてその形態と機能が説明された。これに対して図3は，神奈川県小田原市にある二宮尊徳の「尊徳記念館」に展示されている「金次郎使用の鍬」の写真である。この鍬の説明書には「金次郎が下野（今の栃木県）桜町領復興指導中に使用した荒地開墾用のもの。まど鍬という」と書かれている。しかし明らかにこの「まど鍬」は，刃の部分が完全に3つに分離しており，図2で示されている典型的な窓鍬(マドグワ)とは異なってい

第5章 農具を発達させた転用の知恵　　137

図1　平鍬（ヘラクワ）とその鉄製の刃の部分（神奈川県「相模原市立博物館」蔵）

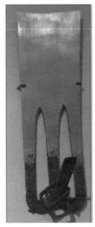

図2　平鍬（ヘラグワ）・窓鍬（マドグワ）・備中鍬（サンボングワとシホングワ）の鉄製の刃の部分（神奈川県「相模原市立博物館」蔵）

る。いわば窓鍬と備中鍬（サンボングワ）との中間形をしている。またこの金次郎の鍬は，備中鍬の刃をさらに特殊な形にしたものとして，備中鍬の高度な改良型と見ることもできる。いずれにしても尊徳がただ単に，世の中に普及していた農具をそのまま使用していたのではなく，さらにそれを独自に改良・工夫して使用していたことがわかる。また年代的に考えると，尊徳

図3 「金次郎使用の鍬」(神奈川県小田原市「尊徳記念館」蔵)
注)「金次郎が下野(栃木県)桜町領復興指導中に使用した荒地開墾用のもの。まど鍬という」の説明あり。

は天明7年(1787年)に生まれ,安政3年(1856年)に没していて,農学者として下野の桜町領の復興を命ぜられているのが36歳の時,つまり文政5年(1822年)である。したがって「金次郎使用の鍬」は,1822年以降使われたものであることは明らかである。これは大蔵永常著『便利論』刊行の年代(1822年)と驚くほど一致している。当時,尊徳は農学者として世に出たばかりの頃であり,新しく発明され普及し始めた「最新」の備中鍬にも注目していたと考えられるが,しかしそれだけではなかった。上で述べたように,早くもこの最新の備中鍬に独自の工夫を加えて改良し,それを自分も使い,また周りの人びとにもこうした鍬の使用を推奨したのだろうと考えられる。この「金次郎使用の鍬」から,われわれは尊徳の農学者としての高い志と情報収集能力の大きさを学び取ることができる。

さて従来の平鍬は,長年,さまざまな地域で広く使用されてきたものであった。それだけでなく,各地域の土質の違いに適応して使用しやすいように,きめ細かく工夫され作成されてきた。鍬の形は「三里をへだてずして違う」という諺もあった。渡部(2008)は,使用される平鍬の形が地域によって具体的にどのように異なるかを詳しく説明している。

第5章　農具を発達させた転用の知恵　　　　139

　例えば秋田県内の平鍬は，柄の長さが最短で107.6cm，最長で135.1cmであった。また柄と刃の角度については，最小が54度，最大が68度であった。これら鍬の刃の角度や柄の長さの違いは，その耕作地域の土質の違いから生じたものである。一般的に，砂地質の土壌に比べて粘土質の土壌では，刃の角度は小さく，また鍬の柄も短く作られていた。粘土質の重い土壌の耕作では，農民は膝をついた姿勢で，打引き鍬を用いた。大変な重労働だったことが推測される。こうした農作業の苦労に対して，備中鍬の発明は鍬の刃の部分への土の付着量を減らし，特に粘土質の土壌の耕作を容易にする上で，大きな効果をもたらした。

　本節では，どのような発想の転換やアイディアの創発から，従来の平鍬とはまったく異なる形の備中鍬が発明されたのかという疑問を，認知心理学的あるいは認知経済学的に考えていく。民衆の知恵がどのようなメカニズムで働き，そしてその成果が伝承されていったのかという問題を探求していく。従来の平鍬は，さまざまな土質の違いに適応するようにきめ細かく工夫され，そして長年使用されてきたものであった。しかしそれらの平鍬は刃が基本的に長方形の，いわば同じ「平鍬スタイル」に属するものばかりであった。この固定的なデザインは，長年伝承されてきたものであり，大きな流れとして見ると，その固定的範疇から著しく逸脱するものは見当たらなかった。平鍬は，このような安定的なデザインを保ちつつ，さまざまな土壌の質的相違に適応するように細かく工夫され使用されてきたのである。ではなぜ長期にわたるデザインの安定性や固定性を大きく打ち破って，まったく異なる形態の備中鍬を作り，それを急速に普及させていくことが可能だったのか。この問題は，実は多様な歴史的要因から論じることができる。例えば後述するように，鉄製品に対する加工技術の進展という問題も重要である。しかし本節ではまず「転用の知恵」という視点から，この備中鍬の発明の秘密を考えていくことにする。

　図4を見られたい。この図は，備中鍬の発明に至る因果関係を推論的に示している[3]。確かに「熊手」型の農具は，『会津農書』にも「鉄塔」

---
[3]　窓鍬は，熊手型の備中鍬と同様に，粘土質の田畑の耕作を容易にするという意味で使用されていたと考えると，備中鍬の亜種と解釈することができる。この考え方は，「尊徳記念館」所蔵の「金次郎使用の鍬」が，備中鍬と窓鍬の中間形であったことからも一応納得

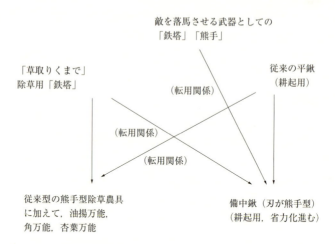

図4 備中鍬の登場と除草用農具の改良に関するアイディアの転用関係

の名で紹介されている。しかしこれは『百姓伝記』で取り上げられているのと同様に「草取りくまで」のことであり，除草専用の熊手であると解釈することができる。また飯沼・堀尾（1976）も指摘しているように，「鉄塔」や「熊手」は，武器としても使用されてきた。それは「よろいをひっかけて敵を落馬させるもので，熊手鍬と似たような形をしている。日本では平安時代の戦闘でつかわれていたという。武器と農具とのあいだになんらかの関係があるのだろうか」（125-126頁）と述べられている。このような除草用あるいは戦闘用の「鉄塔」や「熊手」のアイディアが転用されて，耕起用の鍬の改良に応用された，と考えることはそれほど不思議なことではない。飯沼・堀尾も「これが耕起用に転じたのであろうか」（125頁）と推測している。しかし転用の知恵の発揮の問題は，これだけではなかった。除草用の熊手についても，その後，著しい改良が行われているのである。

しうるものであろう。つまり備中鍬と窓鍬は，容易に混合型ができるほど，同じような目的をもって使用されていたのではないかと考えられるからである。図4は概略図ということもあり，とりあえず備中鍬の亜種としての窓鍬の問題は省略して描かれている。しかし将来的により厳密に研究を進めるとしたら，この窓鍬の問題も，もう一度深く考えてみる必要があるかも知れない。将来の検討課題としたい。

第5章　農具を発達させた転用の知恵

　除草用の農具としては，これまでは「草取りくまで」が使用されたり，または間に合わせ的に使い古しの農具が使われたりしていた。しかしやがて『便利論』に説明されているように，新しい除草専用の農具が作られるようになった。その代表的なものは，「油揚万能」，「角万能」，「杏葉万能」などであった。これらは刃の形がそれぞれ三角形・四角形・半円形であり，これまでの「草取りくまで」のような熊手型ではなかった。もちろん従来のような熊手型の除草用農具がまったく消えてなくなったわけではない。しかし除草農具は「草取りくまで」だけではなくなったのである。このような変化の中に，われわれは，逆に耕起用の鍬の刃形の影響を見ることができる。つまり耕起用の鍬については熊手型の備中鍬が発明されたのであるが，ちょうどそれとクロスするような形で，除草用の農具については逆に新たに従来の耕起用の平鍬のような形が現れてきた。具体的には，刃が四角形の万能が現れている。これらの変化から，われわれは転用の知恵が自由かつ頻繁に発揮されてきたことを強く感じとることができる。

　農具の改良や発明は，だれがいつそのアイディアを初めて思いついて，それを実行に移したのか，必ずしも明確な記録は残っていない。しかし実際には，だれかが除草作業をやったり，農業以外の何らかの周辺的作業をやったり，または田畑を耕しながら，「今ここで使用している道具は，他の作業にも便利に使えるのではないか」，「それによりつらい作業を少しでも楽にすることができるのではないか」，ということで思いついたのは確かである。そして多分，思いついたこの転用のアイディアを，いっしょに働いている家族や隣人に話して，その人たちから共感と支持を受け，それによって少しずつみんなの協力の中でアイディアを実行に移していったのであろう。経験知の共有が大きな力になったのであろう。さてアイディアの発生から実行に至るプロセスがうまく進行するためには，その他にもいくつかの条件が必要である。考えられる要因を改めて列挙すると，次のようになる。（1）現実の農作業での困った経験から「何とかそれを解決したい」という強い問題意識が生まれたこと，（2）その解決したい問題を，協力関係にある人びとが共通に認識したこと，（3）上述の要因を現実化する状況として，人びとは多種類の農作業やその他の周辺的な仕事また村の行事なども含めてさまざまな作業を共働

して行っていたこと，つまり多様な経験が積み重ねられてそこから共有の経験知が形成されるチャンスがあったこと，(4)多種類の農作業・周辺作業の合間に「遊び仕事」と呼ばれる自由裁量的で義務感のない仕事も広く行われていたこと，などである。(1)は問題意識に関するもの，(2)は協力関係に関するものである。これらは一般的・普遍的に必要とされる条件であるが，(3)と(4)については注意を要する。(3)はアイディアが発生する可能性とそれを人びとが協力して別の用途に適用できるチャンスの問題を述べている。上述のように耕起用農具と除草用農具の間にきわめて自由な転用的技術革新が生じて，実にさまざまな形態の新たな農具が現れたのは，まさにアイディアの発生とそれを転用するチャンスの大きさに由来するものであったろう。また(4)は自由な発想を可能・促進する条件を述べている。このように考えると(3)(4)の条件は，農業生産が，まだ完全に商品経済化または市場経済化していない状況で，典型的によくあてはまるものであると解釈されることになる。

　しかし以上述べてきたことに関しては，少なくとも2つの点で注意が必要である。第1は，「完全に商品経済化または市場経済化してしまえば，農業は生業としての性質を完全に失ってしまう」のではないかとも考えられるが，前章または拙著（中込［2016a］）でも詳しく説明したように，現実には，商品経済化・市場経済化が進んでも，生業としての農業の特性は，直ちにかつ完全に排除されたわけではなかったのである。私は前章で，安室（2012b）の研究を引用しつつ，次のように説明した。「一般的に考えると，稲作の専業化が進むに従って，生業はそれと対立するものと考えられるので，急速に衰退していくように思われるが，実は必ずしもそうはならなかった。稲作への一元的特化に対して，『内部化』という形で，他の生業は稲作労働の中に『埋め込まれ』，実質的にはたくましく存続していくのである」。例えば商品経済化によって直ちに稲作に専業化していくかというと，必ずしもそうではなく，稲作以外の生業は「漁労であれば水田漁労から水田養魚への発展であり，畑作であれば二毛作や畦畔栽培の展開」というように変化しつつ，水田という生産空間は，「関連した技術体系を用いた他生業を，多角的かつ柔軟に展開できる可能性」を示し続けたのである。つまり，商品経済化・市場

経済化の進展といっても，その経済的変化は直ちに全面的に従来の生業を消滅させてしまうものではなくて，「少なくとも一定段階まで」は，関連した技術体系を利用した複数の生業が「内部化」して残されるというかたちで，生業としての農業は維持されていったと考えられる。したがって市場経済化が進んでも，（3）と（4）の条件は，直ちにかつ完全に失われるわけではないと理解されるべきである。

　第2の注意点は，前段落での議論は，商品経済または市場経済がきわめて高度に進展すると，そこで農具の技術進歩は完全に消滅してしまう，というようなことを主張するものではないということである。他の形態での技術進歩は，十分に生じる可能性がある。他の形態の技術進歩とは，実際の生産現場から切り離された「研究所」において，「科学的知識」で武装された手段を用いて生産技術の進歩が図られる，ということである。このような科学的知識と研究所による技術進歩は，現代のわれわれにとっては，至極当たり前のことと思われるが，しかし本章のような民俗学的研究で強調されねばならないことは，この科学的知識と研究所による技術進歩は，当たり前のことではなくて，むしろそれはきわめて「特殊歴史的」な経済社会的状況の中で生じている事象に過ぎないということである。われわれの先祖は，生きる業としての生業を営みながら，その中で多種・多様な仕事の経験知を共有しながら積極的に活用して，具体的には転用の知恵という方法で，人間の知恵を働かせてきた。この点が本節の議論の中心であった。われわれは，耕起用農具と除草用農具の間にきわめて自由な転用的技術革新が生じて，備中鍬を含むさまざまな形態の新たな農具が現れた問題を，現代の科学的知識と研究所による技術進歩とは異なった，生業の中の知恵の歴史として語ってきたのである。

第3節　千歯扱きの発明

　備中鍬の次には，千歯扱きの問題を取り上げる。江戸時代の日本農業にとって，千歯扱きの登場は，稲の脱穀作業を飛躍的に効率化させた一大発明であった。脱穀作業の効率化は，秋の収穫期における農作業を一

変させた。稲の収穫後の麦の作付けに早くとりかかれるという、間接的ではあるが大きな効果も生み出した。本節では、江戸時代の一大発明であるこの千歯扱きの問題を取り上げて、千歯扱きの画期的な発明が人びとの知恵によってどのように実現したのか、それを可能にした人びとの暮らしの中にある経済社会的な認知プロセスの秘密を考えていくことにする。

　古来、稲の収穫後の脱穀作業は、竪臼と竪杵によって行われてきた。出土した銅鐸の側面にも、収穫した稲穂を竪臼に入れて、それを竪杵で「つく」ことによって、脱穀と籾すりの作業を行ったことが描かれている。竪杵で「つく」という方法は、平安時代の初期まで続けられていた。飯沼・堀尾（1976）は、「延喜式（927年）には、供御の米をつく女は1日3束を処理する、と書かれている」（133頁）と説明している。しかし平安時代に入ると、この「つく」という作業が、「扱く（こく）」という作業に変化する[4]。飯沼・堀尾は、その証拠として、清少納言の『枕草子』の95段の叙述をあげていて興味深い。枕草子には、清少納言が上賀茂に出かけたとき、珍しいものを見たという話が書かれている。「近所の農家の娘たちがでてきて、唄などうたいながら、5, 6人はイネを『こき』、2人は『くるべきもの』をひいた。『こき』はいうまでもなく脱穀であり、『くるべきもの』はなにかの回転物であるが、臼のことであろうか。めずらしいもの、とはイネの脱穀作業であった」（133頁）と述べられている。ここでは、「こく」という稲の脱穀作業のやり方とともに、臼を回転させるという話も出てくるが、これはきわめて重要な意味を持っている。つまり整理すると、枕草子のこの部分は、次のような2つの意味を含んでいたことになる。第1は、これまでの竪臼と竪杵による「つく」という作業が根本的に変化して、とにかく「こく」という形態の脱穀作業になったということ、第2は、従来の竪臼と竪杵による「つく」作業が、2つの工程に分解して、1つは「こく」という脱穀作業に、

　4）脱穀作業が「つく」から「こく」に変化したと述べたが、この変化に関しては地域的相違もかなり大きいように思われる。たとえば小野（1985）は、南九州において、竪杵による「つく」作業が、サーシやモミウチドンジと呼ばれる農具による「つく」作業に変化したと述べている（64頁）。つまり使われる農具は変化したものの、脱穀における「つく」作業は、依然として続けられたことになる。なお、サーシやモミウチドンジによる「つく」脱穀作業は、稲とともに麦についても行われたそうである。

もう1つは臼を用いた「籾すり」の作業になったということである。後者の臼の使用法については，次節でまた詳しく考えることにして，本節ではまず「こく」という脱穀作業に焦点を絞って議論を進めることにする。

「つく」という脱穀作業が，具体的にどのようなものであったのかは，江戸期まで時代を下ると，当時の書物から，その内容を詳しく知ることができる。たとえば宮崎安貞著『農業全書』（元禄10年，1697年刊行）では，「扱きはし」の使用法が図示されている。「扱きはし」には何種類もの形式があったようである。例えば，指にはめた2本の竹の管で稲を扱く「こはし」や，扱きはしを台に固定して稲を扱く「大唐はし」と呼ばれるものがあった[5]。しかしどの様式の「扱きはし」を用いても，一般に稲の脱穀作業は大変な苦労をともなう作業であり，その作業効率は著しく低いものであった。これに対して麦については，槌や「くるり」とも呼ばれた「唐棹」でたたいて，脱穀することが広く行われていた。しかし飯沼・堀尾（1976）でも指摘されているように，「イネ（ヤポニカ種）は脱粒しにくいため，その脱穀には，唐棹のような『打つ』方法ではなく，扱きはしのような『扱く』方法が適している」（135頁）ということであった。稲の脱穀作業が大幅に改善されるのは，本格的な稲用の千歯扱きの登場を待たなければならなかった。

千歯扱きは，まず麦の脱穀作業について登場した。麦用の千歯扱きは，刃の部分に割竹を使用していた。しかし『百姓伝記』や『日本永代蔵』に描かれている記録を見ると，麦の脱穀作業でも，実際にはこの麦用の千歯扱きだけを使って一挙に行われたわけではなく，千歯扱きを使うと同時に，従来のように唐棹を使って打って脱穀をするという2つの工程が並存していたようである。それでも，麦の脱穀作業の効率化は，この麦用の千歯扱きの登場によって，部分的には改善された。これに対して稲の脱穀はと言うと，まだ依然として「扱きはし」を使った低い作業効率のままであった。人びとは，苦労している稲の脱穀作業を，なんとか

---

[5] 農具名の変遷を見ていると，しばしば「唐」という字の使用を目にする。これらの「唐」の字は，中国の「唐」の国を意味するものではなく，一般に「新しい」という意味で用いられていることが多い。ここで取り上げた稲を扱く「大唐はし」の「唐」の字も，「新しい」という意味で理解されるべきものである。

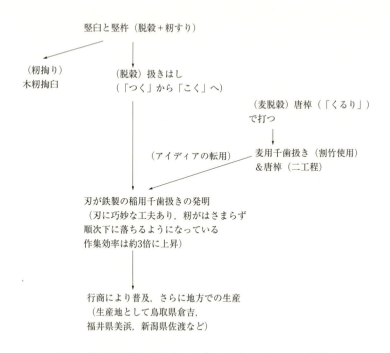

図5 稲用千歯扱き登場までのプロセスとアイディアの転用

楽に行うことはできないものかと，強い問題意識を持ったに違いない。こうした状況の中で，千歯扱きのアイディアの転用と工夫が，麦から稲に関して生じたと推測される。図5には，こうした稲用の千歯扱きを実現するために使用されたアイディアの転用の方向性が，推論的に示されている。

　稲用の千歯扱きの登場についてその詳しい経緯を示している重要な資料は，『和泉誌』（元文元年，1736年刊行）である。『和泉誌』によると，稲用千歯扱きは元禄年間に今の大阪南部の「高石」の住人である「大工邑人」によって，初めて作られたそうである。新しい稲用の千歯扱きの刃は，これまでの麦用の千歯扱きの割竹とは異なって，立派な鉄製のものであった。図6は，鉄製の刃を持つ現存する稲用千歯扱きの写真である。飯沼・堀尾（1976）は，この「大工邑人」による稲用の千歯扱きの発明を，次のように説明している。「この『大工邑人』こそ，農民の要

第5章　農具を発達させた転用の知恵　　147

求をよく知っていた村の職人であった。もっとも，この『大工邑人』の意味が，いまひとつ不明確であるし，この文献をどこまで信用してよいものかどうかわからない。とはいえ，鉄加工業が発達していた堺をひかえる大坂の南部近郊では，新しい試みの機会はじゅうぶんにあったわけである。千歯扱きは，歯が鉄製になったことにより，イネ扱きとして，本来の機能を発揮するところとなった」(139頁)。この説明の中で重要な点は，(1)稲の千歯扱きの発明者は，稲の脱穀作業に長年苦しんできた農民の声を熟知している村

図6　鉄製の刃を持つ稲用千歯扱き
（東京都町田市「ふるさと農具館」蔵）

内の職人であると推測できること，(2)この発明は，鉄加工業の発達した大阪南部の技術的優位性を背景として可能になったと考えられること，(3)しかし「大工邑人」という発明者名の記載からは，具体的な発明者を特定化することは困難であること，つまり稲用の千歯扱きという画期的発明は，名も知れぬ人びとの叡智から生まれたものであると解釈できること，などである。これらの諸点をつなぎ合わせると，以下のような推測が成立する。ここでも前節と同様に，生業として稲も麦もともに生産している農家の人びとの経験とアイディアが重要な要因になっている。稲と麦の生産の経験及び熟練が，新しい稲用の千歯扱きの発明を生み出したと言える。農民は，自分たちの労働体験から，麦から稲へのアイディアの転用を思いついた。麦用の千歯扱きのアイディアを転用して，稲用の千歯扱きを考案した。そしてこの農民の転用のアイディアが，村の鍛冶職人に伝えられて大きな共感と協力を生み，村の鍛冶職人は自分の住む地域の鉄加工業の技術的先進性を利用して，新しい鉄の歯を持つ稲用の千歯扱きを発明したのであろうと推測される。

　麦用千歯扱きから稲用千歯扱きへの転用の知恵など，それほどたいし

たことではない、と思われるかもしれない。私も当初そのように思った。麦用千歯扱きと稲用千歯扱きとでは、一見、千歯の刃が単に割竹から鉄になっただけの単なる素材の変化の問題のように思われた。しかし千歯扱きの刃の細部を注意深く見ると、両者の間には大きな技術的工夫の差が存在する。『便利論』には、麦用と稲用の刃の寸法が詳しく示されている。稲用の千歯扱きでは、全般的に刃の間隔が狭くなっているが、それだけではなく、さらに細工を凝らして、各刃を慎重に「下すぼみ」に作っている。つまり稲用千歯扱きの刃の間隔は、下に行くほど広くなっていたのである。飯沼・堀尾（1976）は、「歯の間隔は、上部で1.5ミリメートル、台木の近くで2.3ミリメートル、と推定されるわけだが、イネ扱きとして適当な間隔であったといえる」（145頁）と述べている。なぜ稲用の刃の間隔は、下に行くほど広くなっていたのか。なぜ千歯の刃は「下すぼみ」に作ってあったのか。この理由は、扱いだ稲籾が千歯の刃につまらないようにするという工夫であったと理解できる。千歯の刃が「下すぼみ」で下に行くほど刃の間隔が広くなっていれば、扱いだ籾は、脱穀のプロセスで次々と押されながら下にうまく落下していく。こうして籾が刃に挟まって脱穀作業が途中で中断することが防止できた。逆に言うと、麦の場合には稲より脱粒しやすいため、ここまでの工夫が必要なかった。稲用の千歯扱きは、割竹でできていた素朴な麦用千歯扱きと比較すると、深い経験知を活かして作られており、はるかに高い技術水準の農具であったことがわかる。

　千歯扱きの登場は、麦のみならず稲の脱穀作業の効率をも著しく上昇させた。『粒々辛苦録』（天保年間）は、稲用の千歯扱きの登場が、その脱穀の作業効率を、従来の扱きはしの約3倍に上昇させたと述べている。作業効率の大きな上昇で、江戸時代における農業生産の有り様は大きく変化した。当時書かれた多くの書物は、千歯扱きが「後家倒し」または「やもめ殺し」などと呼ばれていたことを紹介している。この俗称が示していることは、従来の非効率な脱穀作業には、多くの人びとがその作業のために動員され、貧しい農家の後家さんたちもその中に含まれていたが、しかしこうした千歯扱きの登場によって脱穀作業が画期的に効率化され、これまでの労働投入が一挙に不必要になったということである[6]。

稲用千歯扱きは，次第に日本各地に広まっていった。まず大阪を中心とした関西圏で普及し，さらに中国地方や東北・北陸地方の一部にも普及していった[7]。また千歯扱きが各地で使用されるようになっただけでなく，千歯扱きの生産自身も，大阪以外の各地で行われるようになった。佐々木（2001）は，鳥取県倉吉，福井県美浜，さらに新潟県佐渡でこうした千歯扱きが生産され，福島県まで行商によって供給されたと説明している。明治以降，日本農業が国際的影響を受けて，大きな変化を遂げていくことを除いて考えれば，この稲用千歯扱きの登場とその全国的普及は，それ以前の江戸時代段階での日本農業の完成形を示す1つの「象徴的な出来事」であったと解釈することができる。

第4節　土搗臼と木搗臼の改良

　古来より稲の脱穀と籾すりは，竪臼と竪杵を用いた「つく」作業によって行われてきた。それが平安時代以降，脱穀は「こく」作業として行われ，籾すりは臼を「まわす」作業として行われるようになった。「つく」という1工程の作業が，「こく」と「まわす」の2工程に分割したわけである。臼の使用法に注目すると，「つく」という縦方向の使用法から，「まわす」という水平方向の使用法に大きく変化したことになる。工藤（2002）も指摘しているように，「つく」という上下運動の作業から「まわす」という回転運動の作業への変化は，まさに「みごとというほかはない大きな革新」であった。また宮本（1979）は，臼の使用法の

---

[6]　「後家倒し」の名前は，一部の地域では，すでに竹製の麦用千歯扱きの時代からも使用されていたようである。つまり竹製の麦用千歯扱きであっても，すでにこの農具の登場は麦の脱穀の作業効率をそれなりに大きく上昇させるものであったことを示している。井原西鶴著『日本永代蔵』は「鋒竹をならべ，是を後家倒しと名付け，古代は2人して穂先を扱きけるに，力も入れず，しかも1人して，手回りよく是をはじめける」と述べている。このように竹製の麦の千歯扱きでさえも，一部地域ではすでに「後家倒し」と呼ばれていたことを考えると，その後現れた鉄製の稲の千歯扱きの影響力は，どれほど大きいものであっただろうか。容易にその影響力の大きさを想像することができる。詳しくは，小谷（1982）などを参照せよ。

[7]　千歯扱きが，各地にどの程度速く普及していったかについては，ばらつきもあるようである。佐々木（2001）によると，福島県内の資料では，稲用の千歯扱きが現在の須賀川市付近に普及してきたことを示す記述は，文化4年（1807年）のものだそうである。

この大きな変化が、日本の臼のふところの深さおよび杵の先のあたる部分の広さという基本形の特徴から誘導されたものであると述べている。興味深い指摘である[8]。しかし臼の基本形の差というだけでなく、その差が生み出す人びとの熟練と経験知の質的相違にまで注意を払う必要がある。熟練や経験知の蓄積こそ、人びとの知恵の発揮を直接的に促進するものだからである。

　臼の使用法はその後、どのように改良されていったのであろうか。その改良のために、人間の知恵はどのように働いたのであろうか。本節では、臼の使用法のさらなる改良と変化のために、人間の知恵がどのような役割をはたしたのか、この問題について認知経済学的な考察を行う。

　初期の「まわす」臼は、木製のいわゆる「木掏臼」であり、「まわす」といっても半回転の動きをするものに過ぎなかった。臼は、上臼と下臼からできていて、上臼の左右に縄を2本ずつかけ、2人が向かい合ってひっぱり、交互に半回転ずつ回した。「両縄式」の臼と呼ばれているものである。縄の代わりに引木を用いているものもあった。上下の臼が接する面に、籾すりのための目（溝）が放射状に刻まれていた。この木掏臼の目は、後世になるとさらに工夫されて、最終的には複雑な八分画の放射状になっていった[9]。

　「まわす」臼の登場は、確かにそれまでの竪臼による「つく」作業を根本的に変える革新的なものであった。しかし上述のようにまだ半回転式のものであり、作業効率はそれほど高いものではなかった。臼の動きを、半回転から全回転にすることができれば、籾すりの効率はさらに高くなると期待された。このような状況の下で、新たに全回転式の「土掏臼」が現れた。

　全回転式の土掏臼の登場は、人びとの期待に応えた新しい農具の発明であった。しかし新たな問題も発生した。佐々木（2001）が指摘しているように、土掏臼を用いると、作業のスピードは確かに上がるが、しか

---

[8] 宮本（1979）は、韓国の済州島の臼（つきうす）に比べて、日本の臼はふところが広いという特徴があったことを指摘している。そして日本の臼の形態的特質が、「つく」という作業から「まわす」という作業に進歩することを促したと主張している。宮本は「1つの基本型の差異が搗く（つく）という行動に制約を与えたり、また進歩を促しもしたりするのである」（20頁）と述べている。

[9] 詳しくは、工藤（2002）の59頁を見られたい。

し米が砕けてしまって多量の無駄がでてしまうのである。この問題がいかに深刻なものであったかは，多くの地域で，土搗臼の使用禁止令が次々に出されたことからも推測できる。特に延宝7年（1679年）には，各地の代官領で，土搗臼の「使用禁止令」が出されている。

　このような深刻な問題に対して，人びとの知恵はどのように働いたのか。一般的に予想される工夫は，土搗臼を直接的に改良することである。例えば，阿波国で作られた「仕掛け臼」は，従来問題が多かった土搗臼を直接的に改良して，米が砕けて無駄がでないようにするためのものだった。しかしわれわれが注目したいのは「転用の知恵」である。関東以西で顕著に見られた工夫は，土搗臼の直接的な改良よりも，これまで使われてきた古い木搗臼に立ち戻って，それに土搗臼の全回転式という優れたアイディアを「転用」することであった。木搗臼は農民たちにとってまさに「使い慣れた臼」であった。その使い慣れた木搗臼に転用の知恵を活用して全回転式の臼に変えるほうが，人びとにとってはアプローチしやすい工夫の方法であったのだろう。ところで半回転式の臼を全回転式の臼に改良するためには，単に臼を引っ張る両縄をやめて，全回転させやすいように取手などをつければそれでよい，というわけにはいかなかった。本質的な問題は，全回転式に適した臼の目を，新たに工夫して作り出さねばならないということであった。そこで旧来の半回転式で採用されてきた単純な放射線状の目をやめて，土搗臼の目の構造をヒントとして転用の知恵を働かせ，新たに木搗臼用の複雑な八分画の放射状の目を作り出したのである。古い木搗臼は，こうして全回転式のものに改良され，その後広い地域で使用され続けていくことになる。図7は，全回転式の木搗臼が登場するにいたるプロセスを推論的に示している。また図8は，東京都町田市にある「ふるさと農具館」に所蔵されている籾搗り用に使用されたという木製の「唐臼」の写真である。立派な大きな臼である。すでに注5でも説明したように，道具名にある「唐」の字の意味は，中国の「唐」の国を意味するものではなく，一般に「新しい」という意味で用いられているので，ここでの「唐臼」の意味も「新しく改良された臼」と解釈することができる。つまりこれは，全回転式に改良された新しい木搗臼であると考えられる。[10]

　先に述べたように，例えば阿波国の「仕掛け臼」のように，土搗臼を

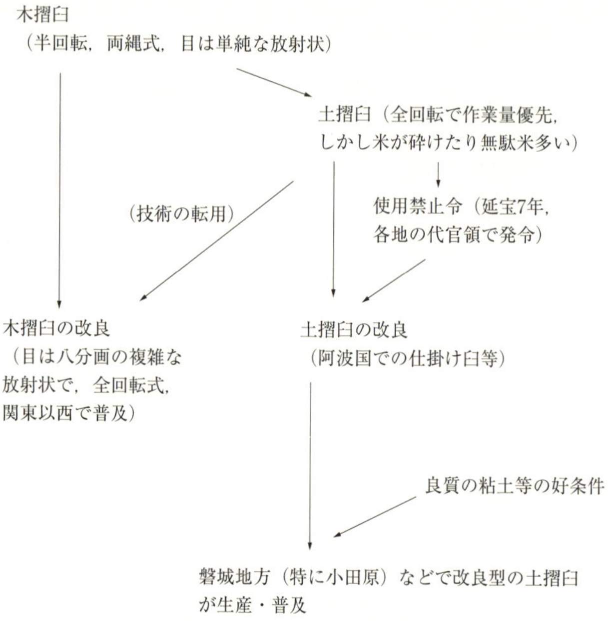

木摺臼
　（半回転，両縄式，目は単純な放射状）

　　　　　　　　　　　　↓
　　　　　　　　　土摺臼（全回転で作業量優先，
　　　　　　　　　　しかし米が砕けたり無駄米多い）

　　　　　　　　　　　　↓
　　（技術の転用）　使用禁止令（延宝7年，
　　　　　　　　　　各地の代官領で発令）

　　　　↓　　　　　　　↓
木摺臼の改良　　　　土摺臼の改良
　（目は八分画の複雑な　（阿波国での仕掛け臼等）
　放射状で，全回転式，
　関東以西で普及）

　　　　　　　　　　　　↑良質の粘土等の好条件
　　　　　　　　　　　　↓
　　　　　　　磐城地方（特に小田原）などで改良型の土摺臼
　　　　　　　が生産・普及

図7　臼の改良と転用の知恵

図8　籾摺り用の「唐臼」（東京都町田市「ふるさと農具館」蔵）
注）この唐臼は，「もみすり臼」として使用されていた，という説明書が
つけられている。

直接的に改良した例も存在した。またその他の地域でも，良質の粘土を産出する場合には，その特徴を活かして，改良された土搗臼が生産・使用された。たとえば佐々木（2001）が指摘しているように，磐城地方では良質の粘土がとれた。そこで磐城地方の小原田地域では，この良質の粘土を用いた改良型の土搗臼の生産がさかんに行われ，そしてそれが普及していった。また佐々木によると，磐城地方で改良型の土搗臼の生産と普及が現実化した別の理由は，18世紀中期，西国に漂流した磐城の漁夫がそこでこの改良型の土搗臼の技術を学び，帰国後それをふるさとの磐城地方に伝えたからだということである。現代よりも交通が不便であったにもかかわらず，当時も広く地域間で技術的な交流があり，人間の知恵が伝えられていたことに大きなロマンを感じる。

第5節　農具から祭祀用具への転用

　これまでわれわれは，転用の知恵を，農業労働の効率化のための農具の改良に限って調べてきた。しかし生きる業としての生業の場において，人びとが抱いていた重大な関心事は，ただひたすら仕事を効率化して，楽な暮らしがしたいということだったわけではない。人として「生きる」ことは，「人と人の間にある」ことであった。人と人との社会的つながり，また人と神仏との信仰的つながり，そうした多様な関係性が，人生の豊かさを支えていたと考えられる。

　このような視点に立って考えると，たとえ農具といえども，それを単に農業労働を効率化するための道具だったと狭く理解することは適切ではない。使い慣れた農具は，確かに物理的に，日々の労働を効率化するのに役立っていたのであろうが，それだけではない。ある農具は，さま

10）　この写真の「唐臼」は，以下の佐々木（2001）の説明と対応している。「木搗臼で注目すべきものに，臼の歯が八分画の全回転式のものがあり，東京・千葉・埼玉・栃木・群馬などの博物館に保管されている。栃木県立博物館のもの（旧所蔵先，茂木町）は，上臼の片方部に遣木を取付けたとみられる部分がある。これは直径が80センチ程の大型のものである。天明3年（1783）銘の群馬県立博物館蔵（旧所蔵先，赤城村）の小型のもの，文政8年（1825）銘の町田市立博物館蔵のものなど，八分画状の歯をもつ木搗臼で江戸時代の紀年銘のあるものがある。これらは江戸後期のもので，前述したように八分画のものは，東北地方ではほとんどみられない」（137頁）。

ざまな生業を共同して行う家族や仲間とのつながりを示す「象徴」「シンボル」であっただろうし，また別の農具は秋の収穫をもたらし自分たちに恩恵を与えてくれる神仏とのつながりを示す「象徴」「シンボル」でもあっただろう。人びとは，これら農具の存在を，単なる「物理的な道具」という次元を越えて，精神的な世界の中でもかけがえのない意味を持つものとして理解していたと考えられる。そうであるとしたら，使い慣れた農具が，祭祀道具として使用されるという「転用」も，自然なこととして生じていたはずである。本節では，前節までの議論と異なって，農具を，このような「象徴」「シンボル」としての「意味的な存在」として見つめ直し，本当に農具から祭祀用具への転用が現実に生じえたのか，その具体例を調べていくことにする。

　佐々木（2001）は，稲の脱穀後の処理に用いられた従来の「ゆり桶」が，その後どのようにして千石・万石という農具に改良されていったのかを詳しく説明している。「ゆり桶」は，『会津農書』にも出てくる曲物製の選別農具であり，全国的に見ても他ではほとんど見ることができない「幻の民具」ということである。この「ゆり桶」は「ユリダイ」とか「センダイ」とか呼ばれていたが，図9で示したように，時代とともにさらに改良されていった。「ゆり桶」は，まずは「京ふるい」または「米通ふるい」に改良され，さらに「ゆり板」になり，最終的には図10に示されるような千石・万石に改良されていった。千石・万石という名前からもわかるように，この農具の登場により，脱穀後の稲の処理は著しく効率化し，短時間で多量の作業が可能になったのである。

　ここで注目すべき点は，「ゆり桶」から千石・万石に至る農具の改良と発明が，作業効率を著しく上昇させたという意味で経済的に重要な変化であった，ということだけではない。人間の知恵が発揮されて農具が改良され，農作業の効率が上昇したのは事実であるが，人間の知恵は何も作業効率の上昇のためだけに役立つものではない。人が豊かに生きるためには，人と人のつながりや人と神仏のつながりが，深くて豊かな意味を持っていなければならない。そうした人と人のつながりや人と神仏のつながりを，深く豊かなものにするために，いかに道具を用いるのか。そうした点における改善や工夫のためにも，人間の知恵は発揮されなければならない。本節では「豊かに生きるための知恵」の1つとして，農

第5章　農具を発達させた転用の知恵　　　155

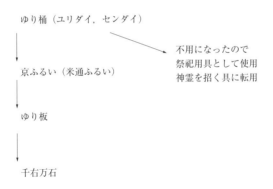

図9　農具の祭祀用具への転用

図10　「フルイ（別名　とおし）」と「万石」（東京都町田市「ふるさと農具館」蔵）
注）フルイには「脱穀した実とゴミを分ける道具」という説明がついている。万石には「米・麦のかけた実を選別するもの」という説明がついている。

具が祭祀道具に転用されることもあった，という事実の確認を行いたい。具体的には以下で，「ゆり桶」から千石・万石に至る道具の改良のプロセスが，同時に，農具の祭祀道具への転用の実例を提供してくれるものであったことを指摘していく。

　柳田（1937）や『会津農書附録』は，南会津南郷村の例として，使い慣れたゆり桶が，新たな道具の登場によって（具体的には京ふるいやゆり

板やさらに千石・万石の登場によって）不用になったとき，今度は新たに転用されて祭祀道具として，つまり神霊を招く具として使用されたと説明している。佐々木（2001）は，「揺り動かす」というゆり桶の使用法が，魔を払い，神仏を招く「お祓い」の行為を連想させたのではないかと述べている。しかしこうした神仏と自分とをつなぐ重要な役割を，この使い古されたゆり桶に託したのは，ただ単に「お祓い」の行為を連想させたという理由だけで説明するのは難しいように思われる。そうした連想も確かにあったかもしれないが，基本的な人間の認識の問題としては，使い古されたゆり桶が持つ「象徴的な意味」「シンボル的な意味」が，人びとの心の中にしっかりと根付いていたからであろうと考える。人びとの心の中では，稲の収穫作業に関わる大切な道具は，「神仏の恩恵を導く大切な道具」というシンボル的な意味も持っていたのではないだろうか。だからこそ，使い古されたゆり桶が，新しい農具の登場によって不用になったといっても，直ちにそれを廃棄することはせず，魔を払い神仏を招く神事の具としての転用を，ごく自然に考えついたのであろう[11]。この行為の理論的含意については，また道具のアフォーダンスの認知的拡張の問題として，第7節以下で再考する。

　本節で説明した転用の知恵の問題は，これまでの諸節で述べてきた内容と比べて，さらに大きな意味を有している。私は次節に進む前に，この点を再度強調しておきたい。ここで説明した転用の知恵は，労働の効率化をもたらすという狭い意味で解釈されるべきものではなく，人間の精神的な意味世界をも含めてより広く理解されるべきものである。農具の祭祀道具への転用は，人びとが自分と神仏との関係をより強くまたより深く感じることができるという精神的豊かさをもたらすという意味で，人びとの知恵の発揮であると理解されねばならない。使い古された農具

11）佐々木（2001）は，さらにゆり桶が近年まで別の意味で，祭祀道具として使用されてきたことを興味深く説明している。「名月の晩に『ゆり桶』に供物を入れて，月に諸作物や餅・団子をあげる風習が，近年まで南会津郡南郷村で行われてきた。南郷村木伏の五十嵐家では，『ゆり桶』すなわちセンデイの中に餅を平らに入れて供える。家によっては餅を小さく丸め，その他の作物も一緒に入れて供えるという。南郷村では選別用具としての機能は失われても，もっぱら名月の供物入れとして用いられている」（154頁）と述べている。またその後の改良版の「ゆり板」も，新しい道具の発達によって順次農具として不用になったとき，その前のゆり桶と同様に，祭祀用具として使用されることになった事例も示されている（同頁参照）。

第5章　農具を発達させた転用の知恵　　　　157

であるが故に，さまざまな自分の過去の楽しかった体験や苦しかった体験の思い出も伴っており，それが農具の祭祀道具化とともに，すべて神仏の心とつながっていくことを確信できれば，それは生きる業たる生業を営んできた人びとにとっては，疑いもなく大きな安心立命と救いの世界が見えたことになる。使い古された道具は，かけがえのない人生をともに生きてきた「心の伴侶」だったのである。

第6節　明治以降の農具の工夫

　われわれは江戸時代とそれ以前に限定して，人間の知恵の考察を行ってきた。本節ではこの時代的制約をはずして議論を一般化するために，明治以降のケースを取り上げる。明治以降に関して特筆すべき問題は，海外からの大きな影響である。確かに江戸時代までに日本農業は1つの完成形に到達していたが，こうした国内的な完成も一時的な問題であり，明治以降，海外から急速に新技術が導入されると，農具の改良はその新しい刺激を受けて，さらなる変化を遂げていくのである。明治以降の海外からの影響の中で，われわれの先人たちは，どのような知恵を働かせたのであろうか。また明治以降に示された人びとの知恵は，江戸時代以前に示された人びとの知恵と，どのような関係があったのだろうか。民俗認知経済学の展開にとっては，きわめて興味深い問題である。以下では，主に飯沼・堀尾（1976）の歴史研究を参考にしながら，それをもとにして，具体的な考察を行っていく。

　第2節でも述べたように，江戸時代までの日本農業は，「鍬農耕」を中心とする労働集約農業であった。『百姓伝記』や『便利論』でも述べられているように，鍬は労働集約農業を象徴する「第一の農具」であった。こうした日本農業の有り様に大きなインパクトを与えたのは，明治維新以降，西欧から急速に流入した農業技術であり，その技術を具体的に体現していたのが輸入された西洋農具であった。特に「西洋犂」は，田畑の深耕による農業生産力の増大を可能にするため，その導入が真剣に検討された。西洋犂の導入の検討は，これまで日本農業の「第一の農具」であった鍬による農耕という考え方を根幹から揺るがすものであり，

シンボル的な意味においても，大きな影響があった。

　しかし現実に西洋犂を日本に直輸入しようとすると，問題がいろいろと見えてきた。西洋犂は大きくて重く，日本で使用するときには不都合が生じた。まず日本の農耕用の家畜（特に馬）は西洋の家畜に比べて相対的に小さく非力であり，重い西洋犂をひくのには不適当であったこと，また日本の農地は一般的に狭く，かつ区画が複雑で細分化されているため，大きな西洋犂を用いて耕作するのには適していなかった。しかしもし従来の日本の鍬に替えて西洋犂を使用することができれば，確かに田畑の深耕は可能になり，農業生産力を増大させることができる。西欧の農業とも競争することができるようになる。そこで人びとは何とかこの難問を解決しようと，自分たちの知恵を働かせ始めたのである。

　問題は，鍬を「第一の農具」とする従来の考え方を大転換して，新たに田畑の深耕で農業生産力の増大をめざすという西欧農業のアイディアを，いかに日本農業に「転用」するかである。海外に目を向けて，そこから新たなアイディアを積極的に学び，さらにそれをどのように応用し活用していくかは，明治以後の日本人たちにとって，これまで経験したことのない大きな挑戦であった。しかしこのアイディアの転用という形で農具を改良するという方法自身は，江戸時代の段階でも，人びとが自分たちの知恵を発揮してきたいわば「お家芸」的な手法であった。人びとはこれまでも，自分たちが使い慣れてきた農具に，新たなアイディアを転用しつつ，改良を加えてきた。そこでは複合的な仕事を共働して行ってきた者どうしの経験の知が，最大限活かされてきた。確かに明治期に入ってから，犂による本格的な深耕で農業生産力の増大をめざすという西欧のアイディアを日本農業に転用しようというのは，これまで経験したことのない新たな課題ではあったが，しかしこの課題を成し遂げるために必要となる人びとの知恵の活用法，つまり転用の知恵の働かせ方自身は，すでに江戸時代までの歴史の中で，しっかりと鍛えられてきたものであった。

　人びとは実際にどのような方法で，西欧農業の犂のアイディアを，日本農業に転用したのだろうか。図11は，その具体的な歴史の流れを示している。明治期の人びとは，西洋犂の直輸入をあきらめて，その代わりに自分たちの日本農業のやり方をもう一度注意深く見つめ直した。そし

第5章　農具を発達させた転用の知恵　　　　　　　　　159

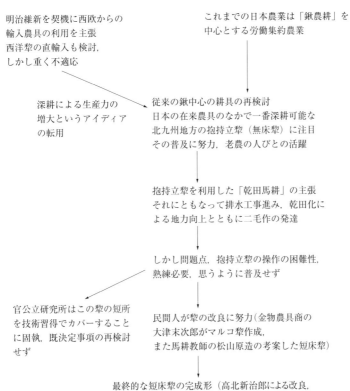

図11　明治以後の新しい犂の発明と転用の知恵
注）西欧農業のアイディアを転用して，日本農業に適した犂を発明した立役者は，農民の苦労の声を聞ける現湯にいた「実業の民間の人びと」だった

て日本農業の中でも一番深耕可能な農具は何なのかと自問し，再検討した。そして人びとはこの「自己を見つめ直す」という努力から，ついに1つの可能性を見いだした。北九州で地域的に使用されていた「抱持立犂（無床犂）」の存在に気づいたのである。抱持立犂は，日本の在来農具の中で，一番深耕が可能な農具だった。しかし大きな問題もあった。抱持立犂の使用はなかなか難しく，それを使いこなすためには多大の熟練を必要としたのである。そのため，この農具はこれまで広く使用されることはなく，北九州の一部の地域のみで限定的に使用されてきた[12]。

しかし西洋犂を直接導入するよりも，抱持立犂を用いて田畑を深耕して生産力を増大させるほうが，まだ日本農業にとっては現実的で可能な選択のように感じられた。抱持立犂の使用経験がある「老農」と呼ばれる人びとも，この抱持立犂の使用法を説明して歩き，普及に協力した。また駒場農学校などの官公立研究所も，こうした「老農」の活動を支援する方向で，問題の解決をめざした。抱持立犂の使用操作性は確かによくないが，しかしとにかくその使用技術を習得して，日本農業の生産性増大をめざすことが主張された。

　抱持立犂に注目して，なんとかそれを使いこなして生産性を上昇させようとする努力は，確かに一定の成果を上げた。人びとは抱持立犂を馬でひいて使用したが，それと同時に，水田を秋の収穫後に乾田化して地力の向上をめざす試みも行った。いわゆる「乾田馬耕」の実施である。抱持立犂による深耕と田畑の地力の向上の相乗作用から，いっそうの農業生産力のアップが期待された。また秋の収穫後の乾田化は，より広い地域での裏作の実施，つまり二毛作を促した。乾田化を実現するためには，新たに農業インフラ（特に排水設備）の整備も必要であり，それも実行された。こうして日本の農業は，質量ともに江戸時代の水準から大きく飛躍する契機を得たのである。

　しかしなんと言ってもこの抱持立犂の使用は難しく，実際にはその普及はなかなか思うようには進まなかった。それでも官公立の農業研究所は，ひたすらこの犂にこだわって，その使用技術の習得を主張し続けた。「抱持立犂を使用する」という一度決定した既定路線に，あくまでも固執したのである。抱持立犂を越えて，もっと犂自身を使いやすいものに改良するという積極的試みは，これら官公立の農業研究所からは生まれてこなかった。

　このような状況を突破しようとして，犂自身の改良を試みたのは，民間の人びとであった。彼らは，苦心している農民とともに仕事をしている人たちであった。この点は注目に値する。具体的に「マルコ犂」という新しい犂を発明したのは，金物農具商の大津末次郎であった。大津は，使いにくかった抱持立犂が無床犂だった点を問題視して発想を転換し，

　12）　抱持立犂に関する詳しい説明は，河野（2009）を参照されたい。

第 5 章　農具を発達させた転用の知恵　　　　　　　　　　161

図12　短床双用犂とその短床部分（千葉農式，東京都町田市「ふるさと農具館」蔵）

　新たに「短床犂」である押持立犂（猫犂）に注目して，この押持立犂（猫犂）の改良から新しい「マルコ犂」を発明した。また同時期，同じように短床犂に注目し，それを改良して新たな犂を考案した人がいた。長野県で馬耕教師をしていた松山原造だった。松山も，「マルコ犂」を発明した大津と同様に，日々の仕事の中で多くの農民と経験知を共有する人であった[13]。これらの民間人による新しい短床犂の発明を受けて，犂の改良はさらに進んだ。短床犂の最終的な完成形を発明したのは，高北新次郎だった。高北も金物農具商の奉公人をしていて，店先で多くの農民から「現場の知恵」を学んでいたと思われる。

　こうした一連の短床犂の改良・発明により，これまでの抱持立犂の使いにくさの問題は回避された。新しくて使いやすい短床犂を用いて，容易に田畑の深耕が可能になった。従来の日本農業での田畑の耕深は 5 寸

　13）　松山原造が発明したのは「単ざん双用犂」である。無床の抱持立犂の不安定性を解消するためには長床にすればよいが，しかしそれでは犂先の方向転換が難しくなる。そこで松山は，抱持立犂の不安定性を解消しつつ犂先の方向転換も容易にできる「会心の双用犂」を完成させたのである。詳しくは長野県上田市「松山記念館」の展示と説明を参照されたい。図12に示した犂は，松山式ではないが，千葉農式と言われる短床双用犂（東京都町田市「ふるさと農具館」蔵）である。

以下だとされていたが，短床犂の改良・発明により6寸半までの耕深が可能になった。この耕深の可能性は，我が国の農業生産力を大きく増加させた。西洋犂による深耕と生産力の増加という発想法を「転用」して，それを自分たちの身のまわりにある農具の改良に活かしたのである。「現場の知恵」を活用しつつ，新たな日本農業の可能性を切り開いた。このとき注目すべき点は，その立役者が，科学的知識を有していた研究所の人びとではなく，農民の声を直接聞ける現場にいた「実業の人びと」であったことである。農業の周辺部分にいた生業を営む職人層が，農民たちの苦労を学び，その「経験知」を活かして，農具の改良・発明の主役になった。明治以降も民衆の知恵の発揮は機能した。江戸時代までは，鍬を「第一の農具」とする発想が支配的であったが，民衆の経験知に基づく転用の知恵の発揮は，この古い殻を自ら打ち破って，新たな発展を生み出すだけの柔軟性を有していたのである。

第7節　道具とは何か——道具のアフォーダンスと人間の知恵

われわれにとって道具とは何だろうか。道具は人間にどのような可能性を与えてくれるものか，また人間は道具を使用することによって，自分たちの知恵をどのように発揮していけるのだろうか。本節ではこうした本質的問題について論じてみる。

人間は道具を「身体化」して認識することができる。つまり人間は道具を使用するとき，その道具をあたかも自分の手足の一部のごとく認識することができる。われわれは日常生活の中でさまざまな自分の体験を通じて，この道具の「身体化」を理解している。例えば自分の愛車を運転しているとき，狭い路地であっても「車両感覚」により無事に通り抜けることができる。こうした道具の身体化感覚については，近年脳科学的および認知科学的アプローチからも研究が進んでいる[14]。しかし人間が道具を高度に使いこなせるのは，道具の身体化だけの理由によるも

---

[14] たとえばPaillard（1993），Farne-Ladavas（2000），Yamamoto-Kitazawa（2001），Maravita-Iriki（2004）などを参照されたい。また和書としては市川（1993），入来（2004）などの説明がある。

のではない。われわれは道具の提供するアフォーダンスを，自分の「意図」や「志向する心」と関連させて，またそうした主体の意図や心と関係する環境的文脈をも含めて，適切に知覚できる能力を持っているからである。Gibson（1966，1977，1979）は，環境世界が人間に提供するアフォーダンスの問題を，認知哲学として展開した[15]。ろうそくの光は，単なる光としてわれわれに見られるのではない。その光は，「闇夜を照らしてくれる灯火」として，初めて強くわれわれに認識されるのである。目の前の道の水たまりは，「飛び越えられる水たまり」として，われわれに見られるのである。ふるさとの山は，われわれの心に「懐かしさをかき立てる山」として眺められるのである。「山は山」「川は川」としてあるがままの「無生の相」を観じるのは，研ぎ澄まされた「悟り」の中にいる禅僧でもないかぎり，きわめて難しい。通常，われわれにとって，環境世界からの情報のインプットは，完全に受け身のものとしては成立していない。何らかの「意図」や「関心」を持って，つまり「色眼鏡」をかけなければ，われわれは「ものを見る」ことができない。環境世界の中の事物が提供するアフォーダンスは，人が何らかの積極的関心や意図を持つことによって，初めて，生き生きと臨場感を持って知覚されることになる。

　道具のアフォーダンスも，人がその使用に関して積極的関心や意図を持つことによって，初めて臨場感を持って知覚される。人間は道具をあたかも自分の手や足の一部のごとく「身体化」して認識できるが，しかしそれだけではなく，同時に環境世界の中にある「他者」として，つまりわれわれの関心や意図に応じてアフォーダンスを提供してくれる「他者」として，道具を認識するのである。この「自己の一部」でもあり「他者」でもあるという二重の認識を同時に働かせることは，必ずしも人間心理を混乱に陥れるものではない。「自分であって自分でない」「自分でなくて自分である」。これはまさに大乗仏教では「不二法門」といわれる認識のパターンであり，人間はむしろこのとき，きわめて高い認知能力を発揮できる精神的状況に到達している[16]。人間は道具を高度

---

[15] ギブソンのアフォーダンス理論の解説としては，佐々木（1994），Lombardo（1987），Reed（1993，1996）などを参照されたい。
[16] 不二法門の境地については，鎌田（1990），植木（2011），高橋・西野（2011）な

に使いこなそうとするとき，こうした「自己の一部」でもあり「他者」でもあると感じる心の力をフルに活用して，「ホモ・ファーベル」としての真価を発揮する。人間の心の能力の「フル活用」という意味は，次のように説明できる。つまり道具を「自己の一部」として認識するときと，道具を「他者」として認識するときとでは，それぞれ異なる脳の部分が活性化され，異なる種類の心的能力が発動されるのであるが，「自分であって自分でない」という「不二法門」的認識においては，これら2つの異なる脳領域が同時に活性化し，それにともなって2種類の異なる心的能力が統合的に発動されることになると推測される。道具を単純に「自己の一部」として認識するときや，道具を単純に「他者」として認識するときと比較して，より広域的な脳の活性化とそれに伴う大きな心の能力が発動されることになると考えられる。

　道具を高度に使いこなせる人間の認知能力について論じてきたが，次に問題を転換して，人間は道具を使いこなすことによって，新たにどのような知恵を発揮することができるようになるのか，そうした道具使用の効果について考えてみることにしよう。

　この問題にアプローチするためには，「迂回生産」という概念を用いることが有効である。何らかの目的で作業や仕事を行うとき，道具を使用して作業したいと思ったら，最初に道具そのものを作らなければならない。道具を作り終わった後に初めてその道具を用いて，目的の作業に取りかかることができる。最初に道具を作るのは，確かに時間と費用の損失であるが，しかし道具を作ってしまえばその後は道具を使ってより高い作業効率性を達成できる。したがって最初に道具を作るために手間と費用をかけたとしても，全体を通じて見ると，利益を上げることができる。これが「迂回生産」の意味である。

　迂回生産の概念を用いて，改めてアフォーダンスの認知心理学的意味を考えてみよう。図13に示されたように，この人は新たに道具を用いて，環境に働きかける作業をしたいと考えた。道具を用いて環境に働きかけたいという積極的意思や関心に対して，環境と道具はそれぞれのアフォーダンスを提示する。アフォーダンスとは，環境や道具が，その人の積

どを参照されたい。

第5章　農具を発達させた転用の知恵　　　　　　　　165

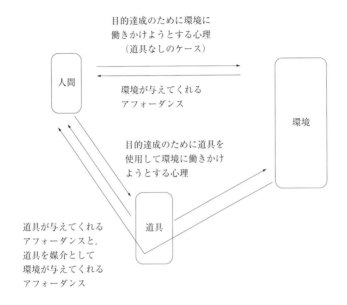

図13　道具の使用とアフォーダンスの豊穣化

極的意思や関心の有り様に対応して，作業の可能性に関連するさまざまな情報を伝達するものである。人間の積極的意思や関心の有り様が変化すれば，同じ物理的な世界であっても，それが提示するアフォーダンスの内容は，当然異なってくる。また人が新しい道具を用いて，目的達成のための作業をしたいと考えれば，同じ物理的世界でも，そこから与えられるアフォーダンス総体の内容は，その道具を用いないときと比べると，異なったものになる。「より良く問えば，より良い答えが返っている」ということわざを思い浮かべる必要がある。道具を用いて作業をしたいという人間の積極的意図や関心は，物理世界に対して，よりハイレベルな作業内容の可能性を問いかけることであり，したがって物理世界からの返答としてのアフォーダンスの提示も，よりハイレベルな認知的内容の情報を含むものになる。人は道具を用いることで，大きな可能性に満ちた世界を見つめることができるようになる。図13で示されているように，「道具自身が与えてくれるアフォーダンス」と「道具を媒介と

して環境が与えてくれるアフォーダンス」の合計は，上述の理由から，道具を使用しないとき「環境が与えてくれるアフォーダンス」よりも，内容が豊かで多くの可能性に満ちた情報を含むものになっている。この道具使用時のアフォーダンスの「豊穣化」の利益が，道具をわざわざ作り出すために支出した費用を上回るとき，われわれは「迂回生産」の利益を実感する。道具の改良・発明が生じたときも，同様に「迂回生産」の利益は生じる。ホモ・ファーベルとしての人間の能力は，こうした道具の改良や発明を繰り返し生み出すために，絶えまなく発揮されていくのである。

第8節　なぜ転用の知恵は可能だったか

　図13の持つ意味は，まだ語り尽くされていない。この語り尽くされていない意味を明らかにしながら，本章の最終目的である「なぜ人びとは転用の知恵を働かせることができたのか」という問題を考察していきたい。

　第6節まで，われわれは民俗学の研究成果をもとにして，農具の改良・発明の歴史を検討し，人びとの知恵の働かせ方を考察してきた。そこで明らかになった内容は，われわれの先祖はこの農具の改良や発明を，さまざまな「転用の知恵」を働かせることで成し遂げてきたということである。ではなぜ先祖たちは，「転用の知恵」を働かせることで，こうした農具の改良・発明を成し遂げることができたのであろうか。ここまでのわれわれの考察から導き出せるポイントを，重複を恐れずに列挙してみよう。以下の経済社会的および心理的条件が満たされたから，人びとは転用の知恵を働かせて，農具の改良・発明を加速することができたと考えるのである。

　（1）高い問題意識，農具の改良や発明に対する強い関心やその必要性の認識，（2）現場の知恵，農具使用の習熟と深い経験知，（3）多角的で広範囲な農業及びその周辺の仕事の経験，（4）商品経済や市場経済に完璧に巻き込まれていないこと（市場経済的経営への強い移行圧力を受けていないこと），（5）「遊び仕事」のように，仕事の中に「ゆとり」

の要因が含まれていること，(6) 共働という助け合いの働き方と人間相互の濃密なコミュニケーション，(7) 生業の展開［この(7)は内容的に(3)(4)(5)(6)と重複するがあえて指摘］

　なぜこれらの条件下で，人びとは転用の知恵を発揮し，農具の改良や発明を加速させることができたのか。まず図13の内容をさらに深めることから議論を始めよう。もし人が道具の使用法に習熟したとき，図13はどのように変化するであろうか。これが最初の問題である。習熟するとは，多くの経験を積み，そこから豊かな経験的・実践的知識を獲得することである。経験的・実践的知識には，現場で経験しなければわからない多くの暗黙知や言葉では説明できない感覚や直感も含まれている。人はこうした経験的で実践的知識を獲得していくことで，同じ環境世界を，以前よりいっそう豊かな可能性に満ちた環境世界と見るようになる。習熟することで，世界はより豊かなアフォーダンスを提示してくれるものになる。しかし環境世界からの豊かなアフォーダンスを，単に物理的な仕事の質・量の問題に矮小化して理解すべきでない。人間は，センスメーキングによって，環境から提示されたアフォーダンスを「意味づける」こともできるのである。初心者のレベルでは，道具を用いて何とか仕事をするだけで頭がいっぱいであるが，しかし習熟してくるにしたがい，その道具がもたらしてくれる可能性の意味を理解する心のゆとりが生まれる。それはやがて仕事のやり方の新しい「工夫」や「応用可能性」への気づきをもたらす。つまり道具のメカニズムやその有用な使用法に関する意味を深く理解することで，その道具を新しく使いこなす方法の発見が可能になるし，またその道具を他の用途に転用して利用する可能性にも気づくことになる。特にさまざまな仕事を同時的に行って多様な経験的習熟を達成しているときには，人は多種の道具の有用性の意味を理解しているから，それら各経験知の総体をセンスメーキングによって整理・縮減・関連づけ，その中から自分がもっとも必要としている意味的アイディアを選び出し，それを基礎としながら，今自分が使用している道具の改良やそれを越えた発明を実現するという，大きな可能性を手に入れることができる。それが道具間で生じる「転用の知恵」となる。人間のセンスメーキングの能力は，個々の道具のアフォーダンスを意味づけるだけでなく，さらにそうした道具の有用性に関する多様な意

味を整理・縮減して，その中から実行可能な「転用の知恵」の発見をもたらしてくれる。

　稲垣・波多野（1983, 1989）は，模倣から始まった人びとの学習が次第に熟練・熟達を達成していくと，やがて独創性を発揮できるようになるというプロセスを考察している。きわめて興味深い研究である。本章では，この熟練・熟達によって生じる独創性発揮の理由を，熟練によってアフォーダンス知覚が変化し，さらにそのアフォーダンス知覚の「意味づけ」が深化することから説明してきた。特に多種の熟練・熟達の知が同時的に得られるときには，センスメーキングの多様性の整理・縮減機能が発揮され，「転用の知恵」という形のイノベーションが生じることを強調してきた。人はセンスメーキング行為を行うことによって，自分の環境世界を「ホモ・ファーベル」として，より豊かな可能性に満ちた世界に変えて生きていくことができるようになる。

　本吉（1995）も，われわれと同様に，道具を外界に物理的変化を加える手段として理解するだけでなく，その道具が意味的な「象徴」や「シンボル」として人に認識されることの重要性を強調していた。その「心の道具」という問題の重要性については，「固定的な行動から可塑的な行動，いいかえれば，本能的行動から知的行動に移るためには，象徴性の獲得が必須であると考えられる」（3頁）と説明している。意味を考える能力が，われわれの知性を大きく発展させてきたのである。こうした考え方は，ギブソン以来のアフォーダンスの議論を，さらに意味的な次元にまで拡張させる必要性を主張するものである。本章では，具体的な農具の改善と発明の問題を取り上げつつ，アフォーダンスを意味づける人間の能力が，特に複数の同時的作業の習熟の達成時には，転用の知恵という形で，農具の改良・発明を実現してきたことを明らかにした。これは上述の本吉（1995）の研究に対しても，それを実証的に支える歴史的証拠を提供する意義を有している。

　さらに注意深く議論をしてみよう。改めてアフォーダンスを意味づける人間の能力が，大きなプラスの結果を生み出した理由を考えてみる。本節の最初の部分でわれわれは，7つの項目として，農具の改良・発明を促進した人間の知恵の発揮の促進条件を説明した。ところでこれらの諸条件は，なぜアフォーダンスを意味づける人間の能力を介して，転用

の知恵による農具の改良・発明という望ましい結果をもたらしたのか。認知科学的な視点から，さらにその含意を深く検討してみたい。

　先の 7 つの項目の再検討にあたり，ぜひ参考にしたい研究がある。それは「水平思考」に関する de Bono（1967，1973）の著作である。ドボノは，「垂直思考」と比較して，「水平思考」の有効性を論じている。彼は「水平思考」を，新しいアイディアや着想を導くのにきわめて有効な思考法であると主張し，その思考の実践法を説明している。まず「垂直思考」とは，論理的な因果関係を順番に意識的にたどっていき，問題解決をめざす思考法である。これに対して「水平思考」とは，従来の発想の出発点を変えて，新たなる視点から，自由に問題解決をめざそうという思考法とされる。われわれが本章で考えてきた転用の知恵という問題も，従来の視点を転換して，これまでとは別の視点に立つアイディアを導入し，今直面している問題の解決を図ろうということである。転用の知恵は，まさに水平思考の問題である。われわれは，ドボノの水平思考に関するアイディアをまさに「転用」し活用することで，本章の転用の知恵の考察をいっそう深めようと思う。

　ドボノも論じているように，水平思考は常にうまく実行できるとは限らない。たとえば貧困による心理的圧迫は，その人の認知的処理能力を低下させて，こうした自由な水平思考を困難にすると指摘している。貧困などによる心理的圧迫は，水平思考やさらに転用の知恵を発揮する上で，重大な阻害要因になると言える。ところでここで「貧困」と言うのは，必ずしも所得や消費の金額レベルが低いという経済的状況を言うのではない。それは人間の欲求の大きさや強さと比較したときの所得や消費の「相対的概念」であると考えたほうが適切である。たとえば「小欲知足」の人であれば，所得や消費のレベルが低くても，その人の「満たされざる欲求」は小さいので，「足らざること」への不満や焦りという心理的ストレスは小さい。逆に経済的に高い所得や消費の人でも，非常に強い欲求を心に抱いているとしたら，常に「足らざること」への不満やそれを急ぎ満たそうとする焦りに悩まされ，強い心理的ストレスを感じて生きていくことになる。水平思考や転用の知恵を妨げる要因として議論すべき問題は，こうした「心理的な意味での貧困」ということである。従来の標準的な経済理論では，人びとの選好や効用は「所与」とし

て扱われ，その上でどのようにその欲求を満たしていくかの問題のみが考察されてきた。伸縮的な価格調整メカニズムを有する効率的な経済が発展して，人びとがより多くの所得や消費を享受できるようになれば，人びとの満足はそれだけ上昇すると論じられた。確かにそれは「部分的な真実」であるが，しかし高々「部分的な真実」でしかない。そこでは，人びとの貪欲さの拡大は，まったく論じられていない。人びとの貪欲さの急速な拡大が，「心理的な意味での貧困」を増加させるという可能性については，考察されてこなかったのである[17]。しかしドボノの主張からわれわれは，「心理的な貧困」が，人に不満・不安・心理的ストレスをもたらし，認知的処理能力を低下させて，自由な水平思考を抑制すると主張しうる。この水平思考の抑制の可能性は，きわめて重大な問題である。なぜならば，この水平的思考を抑制する要因は，人びとが転用の知恵を発揮する上でも大きな障害になるからである。

　「心理的貧困」が転用の知恵を抑制するという懸念を念頭において，先の7つの条件を改めて眺めてみよう。するとこれらの諸条件の中に，市場経済の発展と「心理的な貧困」に関連する内容が，多く含まれていることに気づかされる。具体的には，（4）（5）（7）が直接関連する項目である。また「心理的貧困」の意味を広く解釈すると，（3）や（6）も間接的ではあるが関連する項目になる。「心理的貧困」のワナに陥っていないこと，「心理的貧困」から解放されていることが，転用の知恵を発揮する上で非常に大切な要因と考えられることを，改めて確認することができる。

　しかし7つの条件と「心理的貧困」の問題は，さらに慎重に考察する必要がある。前段落では，「市場経済に巻き込まれていないこと」と関連させて，この「心理的貧困」からの解放を考えたが，しかしわれわれが「真のキーワード」として積極的に考察の対象にすべき問題は，実は

　17）　Bell（1976）は，自著『資本主義の文化的矛盾』の中で，資本主義の人びとは倫理やエートスを失って快楽主義に陥り，生物学的な必要性を越えて無限に拡大していく心理的な欲望に身を任せることになっていくと論じた。急速に発展する市場経済に巻き込まれた人間は，確かに所得や消費の増加を経験することができるが，しかし他方で，それ以上のスピードで拡大する欲求に苦しめられる。本章でもこうした視点から心理的な欲求の増大問題を重視して，「相対的な意味」での「心理的な貧困」と知恵の発揮の困難性の関連を論じていく。

第5章　農具を発達させた転用の知恵　　　171

「生きる業」としての生業の特性である。「市場経済に巻き込まれていない」という表現は「消極的な表現」であり，厳密にいうとこれだけでは議論は不十分である。私は「市場経済に巻き込まれていなければどんな社会条件であっても望ましいものであり，人間の知恵の発揮が妨げられることはない」，というようなことを言いたいのではない。真に重視されるべき点は，生きる業としての生業，その中における共同のセンスメーキングの重要性であり，これが本章で考察されるべき中心的問題でなければならない。

　人が「生きる」といっても，必ずしも市場経済にしたがって利潤最大化行動をする必要もないし，またなるべく多くのものを消費して効用最大化を達成することも必要ない。Arendt（1958）は，人がリアリティを持って「生きる」ということは「人と人の間にいる」ことであると論じた。人は「人と人の間にいる」ことで，初めて生きることのリアリティを獲得することができる。その理由は，他者とともに生きている場において，人は初めて「他者によって見られ，他者によって聞かれる」という関係性の中に自分の身を置くからである。そして「他者によって見られ，他者によって聞かれる」という関係性によって，人はいわば社会という「鏡」に写った自分を認識できる。そのことによって自己の存在性を臨場感を持って確認することができる。生業がこうした意味での共生の場を形成する「生きるための業」であるとしたら，そこでの仕事の中心的内容は，「豊かな人間関係の社会の中で，その関係性をさらに強化するための仕事」ということでなければならない。他者との社会的人間関係をさらに豊かにし，ともに生きていくための仕事をする，それが生業でなければならない。そこで獲得されるのは，社会的関係性の中の「豊かな人間の心」であり，「生のリアリティ」である。自己の利益や欲求充足のみに固執して，常に不満や不安を抱いている「貧しい心」や「抑圧された心」は，ここでは出番がない。豊かな社会的人間関係をさらにはぐくむために，状況に応じて自由にさまざまな内容の複合的な仕事を他者とともに行う。それが「生業」である。さまざまな仕事の中には，「遊び仕事」や「まごつき仕事」というような，仕事の効率性をほとんど顧みないでまさに「遊び心」で行われるような仕事も含まれている[18]。こうした生きる業としての生業は，「抑圧的な心理」で行われる

労働とは無縁なものであり，先に取り上げた「水平思考」との関連でいえば，その抑圧的心理との無縁さが，水平思考を促進し，自由で主体的な知恵の発揮を促すことになるのである。

　生業は，先にあげた7つの条件のうち，(3)(4)(5)(6)の条件を満たすものであった。そしてすでに述べたように，これらの条件は水平思考を促進するものとしての性質を持っている。水平思考は視点や発想の転換によって，自由に問題解決をめざす思考法であるので，農具について述べるとすれば，それは他から得たアイディアを柔軟に転用して農具の改良や発明を可能にする知恵の発揮を意味するものとなる。こうして (3)(4)(5)(6) そして生業に関する (7) の条件の認知科学的な有用性が説明できたことになる。

　あと残された項目は，(1) と (2) のみである。(1) と (2) は，実際の仕事に従事する中で得られる問題意識と，熟練知・経験知に関する事項である。問題意識の深まりも熟練知・経験知の一部分と考えれば，(1)(2) は結局現場から得られる熟練知・経験知の有効性について述べていると解釈できる。ところで熟練知・経験知の有効性については，すでにわれわれは前節と本節で詳しく論じてきた。したがってここでは，その論旨を総まとめ的に振り返ってみるだけにする。人は熟練知・経験知を獲得することで，より豊かな内容のアフォーダンスを知覚できるようになる。道具を用いて環境世界に働きかける場合には，道具がもたらすアフォーダンスと道具を媒介として働きかける環境世界がもたらすアフォーダンスの総体が，熟練知・経験知の増加に対応して，さらに豊かな内容のアフォーダンスの総体に変化していくことになる。熟練によって「世界が異なって見えてくる」，「より豊かな可能性の世界が見えてくる」のである。熟練によって，同じ道具でも，よりハイレベルな仕事の達成やより広範囲な仕事への適用を可能化するものに見えてくる。アフォーダンスが単なる物理的な可能性を示す知覚に留まることなく，センスメーキングの能力によって「意味づけられる」ことになれば，さらに大きな可能性を人間にもたらすことになる。具体的に言えば，次のよう

---

18)　「遊び仕事」や「まごつき仕事」の詳しい説明は安室 (2012a, b) を参照されたい。また前章や拙著 (中込 [2016a]) でもこの問題の認知経済学的意味を，「リスクとともに生きる人びとの知恵」と関連づけて議論した。

第5章　農具を発達させた転用の知恵　　　173

なプロセスが生じる。まず初心者は，やっとその道具を使って仕事をしているだけであり，心のゆとりがなくまだ無理かもしれないが，熟練していけば，次第にその道具使用の可能性の意味を深く理解できるようになる。この意味の理解は，道具を用いてさらにハイレベルの仕事を成し遂げたり，さらに広範囲な仕事をも応用的に行うことを可能にする。特に生業のように，さまざまな仕事を共働的に行って多様な経験的習熟をともに達成するときには，人びとは多種の道具の有用性の意味を同時的に理解するから，多様な意味全体をセンスメーキングによってさらに整理・縮減・関連づけ，その中から自分たちがもっとも必要としているアイディアを選び出し，それを基礎としながら，今自分が使用している道具の改良や発明を実現するという，大きな可能性を手に入れることができる。それが仕事間・道具間で生じる「転用の知恵」であった。このようにして（1）や（2）で述べられている熟練知・経験知の問題は，特に生業という場について考えると，道具の改良や発明という人間の知恵の発揮に関し，それを促進するための有効な条件になったことが理解できよう[19]。

第9節　ま と め

本章では，議論を2つの部分に分けて展開した。前半の部分では，農具の改良と発明に関して，人びとがどのように知恵を発揮してきたか，その具体的な歴史の経緯を示すとともに，そうした経緯を可能にした諸要因について，従来の民俗学の研究成果を踏まえながら考察を深めた。後半の部分では，前半での考察結果を受けて，それをどのように認知心理学的または認知経済学的に説明できるか，特にセンスメーキングとい

---

[19]　以下の点を追加的に強調しておきたい。本章においては，特に第6節などで，農業周辺の職人層においても，多様な仕事の実践知と情報が集まってさらにそれが刺激となって人びとに高い覚醒が生じれば，そこではセンスメーキングの力が働き，農具の改善や発明を実現する「転用の知恵」が生み出されたことを歴史民俗的事例として見てきた。したがって生業の問題を，農業に限って理解する必要はない。生業は，まさに農民と農業周辺の職人層の共働作業を含めて行われてきたのである。こうした生業における人びとの高い「覚醒」が，センスメーキングの機能を高め，さまざまな経験知の多様性を縮減・統合して，仕事領域を超えた「転用の知恵」を生み出していったのである。

う概念をキーワードにして理論的に考察した。これら2段階の考察を通じて，長い日本の歴史の中の農具の改良や発明が，まさに生きる業としての生業を営む民衆の経験知を活かした「転用の知恵」の発揮という形で，実現化してきたことを明らかにできた。「人のあいだに生きて」そして仕事をすることが，知恵の発揮の可能性をもたらしてくれたのである。振り返って，われわれが現在暮らしている市場経済の場について考えてみると，それが人間にとってどの程度豊かな知恵の発揮の場になっているのか，問い直す必要性を強く感じる。確かに科学的知識を誇る「研究所」は数多くあるが，そしてそこではさらに高度な科学的知識を素晴らしいスピードで生み出しているのだが，しかし生み出された知識を本当に人間が必要としている目的のためにうまく活用する「知恵」も，比例的に増大しているのだろうか。知恵とは（注2でも述べたように）「用」に関する概念である。「知を活用すること」が知恵である。その知恵の発揮のためには，（科学に依拠しない）人びとのセンスメーキングの力を必要としているのである。人びとは，この高度に発達した市場経済の中で，科学的知識が生み出した豊かな生産物や成果物に囲まれながらも，実は一番肝心な「用」である知恵の欠乏状態に陥っているのではないだろうか。市場経済は，われわれにとって，知恵を自在に生み出しそしてそれを大いに活用できる「人間的な場」と言えるのか。そうでないとしたら，人間はもう一度知恵を自在に発揮できる場を再生するために，今ここにおいて，具体的にどのような工夫をしたらよいのだろうか。私は，自分たちが直面しているこの問題の解決のために，先人たちにならって，再び「転用の知恵」を働かす必要があると考える。転用すべきアイディアのヒントは，先人たちの生業の世界に潜んでいる。本章の議論は，このことを示しつつ，民俗学研究の役割を主張した[20]。われわれは民俗学研究が明らかにした生業の世界の意味を深く理解し，先人たちの知恵を「導きの糸」としながら，現代社会の中に，自分たちが人間として生き残ることができる「知恵の場」を再び作り出さなければならないと考える。

---

20) 現代日本の民俗学の全体像については，宮田（1985），福田（2009b, 2014）などを参照せよ。また「経世済民の学」としての柳田民俗学については，柳田（1925, 1989–1991）などの原資料にあたる必要がある。畑中（2011）なども参照されたい。

第6章

ともに働く人びとの自己拡大とアフォーダンス知覚の実験
―― 「世界が新しく見えてくるとき」[1] ――

第1節　実験の目的と意義

　ここでは，第3章・第4章・第5章の主張を強化するために，1つの脳科学的実験を示す。人びとの共働作業がもたらす自己拡大の心理とアフォーダンス知覚の変化を，「世界が新しく見えてくること」として解明する。「世界が新しく見えてくること」は，人が新たな知恵の世界を見つけ出していく第一歩である。この実験では，fNIRS（機能的近赤外分光装置）を用いた計測により，「仲間意識」から生じるアフォーダンス知覚の変化を，人間の前頭葉活動の著しい変化として捉え，そのデータ解析を行う。

　ギブソンのアフォーダンス理論は，人間が環境をいかに知覚するかを解き明かす独創的な知覚理論・哲学である[2]。これまでも多くの研究や考察が積み重ねられてきたが，しかしまだ奥の深い問題が残されている。

　1）　本章は，中込・小田切・牧（2017）の実験研究論文を基礎として，さらに第一著者によって加筆・修正されたものである。したがって文責はすべて私にある。実験研究を行うに当たっては，共著者でもある牧和生氏と小田切史士氏から貴重な助力をいただいた。また青山学院大学理工学部井出英人教授には，実験の実施全般にわたって貴重な御指導をいただいた。記して感謝したい。なお内容的に本章は，第3章・第4章・第5章を実質的に支えるものとなっている。文献的および歴史民俗学的な詳しい考察に関しては，それらの章を参照されたい。

　2）　本章は実験研究の成果を示すのが目的なので，アフォーダンス理論の内容を詳しく説明しない。アフォーダンス理論についてはGibson（1966, 1977, 1979）を参照されたい。またその解説は佐々木（1994），Lombardo（1987），Reed（1993, 1996）などを参照されたい。

その残されている重要な問題の1つは,「社会的存在としての人間」が環境をいかに知覚するか,という問いへの挑戦である。これまでのアフォーダンス理論の延長上で考えると,人はまず環境を「社会的環境」と「自然環境」に分け,その上でそれぞれの環境のアフォーダンスを知覚するというふうに理解できる。こう理解すれば何も難しい問題はないと思われるかもしれない。しかしこの考え方は,人間の「社会性」という問題を過小評価している。例えば隣人に対して強い「共感」を感じて生きているときと,逆にほとんど「共感」を感じることなく生きているときを比較してみよう。共感を強く感じているときには,「私たち」という視点から環境を新たに知覚することになる。つまり人は強い共感を感じると,「自己拡大 (self expansion)」によって,「私たち」という視点を強化して,これまで社会的環境として知覚してきたものの一部を「自己」の中に包摂し,そうした新たな視点から世界を知覚し直すことになる[3]。これに対して共感をほとんど感じないときには,たとえ人が隣に座っていても,あくまでも「私個人」という視点からこれまでのように環境を知覚するであろう。「私たち」という視点から世界を見るか,「私個人」という視点から世界を見るか,どちらから見るかによって,同じ世界を見るにしても,大きく異なったアフォーダンスを知覚することになる。このような人間のアフォーダンス知覚の有り様は,まさに「社会的存在としての人間」に特有なものである。従来のアフォーダンス研究はこうした人間の社会性から生じるアフォーダンス知覚の特性を,ほとんど無視してきたのではないだろうか[4]。

もちろん従来のアフォーダンスの研究も,完全に人間の社会性の問題を無視してきたわけではない。たとえばReed (1996) は,子どもの文化的発達プロセスの問題を,大人と子どもの共働関係の中のアフォーダンスの問題として論じている。具体的にはリードは,「自由運動場」と

---

3) 自己拡大については,Aron et al. (1991, 1996, 1998, 2004) などの研究を参照されたい。

4) 私は前章で,名もない多くの先人たちが「転用の知恵」を発揮して,農具の改善・改良を行ってきたことを論じた。その先人たちの知恵は,生業をともに行ってきた人びとの実体験を基礎として発揮された。発明・発見は,何も科学的知識で武装した近代的な研究所によってのみ達成されるものではない。強い人間的・心理的な「つながり」を持ちながら共働の実体験を積み重ねることは,ともに「私たち」という視点から新たな可能性の世界を見つけ出すことになる。私は先の研究の中で,このことを歴史的・民俗的事実として確認した。

「促進行為場」という概念を用いて，大人が子どものアフォーダンス知覚を制御して，子供の文化的発達をいかに導いていくのかという問題を考察している。このリードの研究について，河野（2013）は次のように説明している。「エドワード・リードは『自由運動場（field of free movement）』と『促進行為場（field of promoted action）』を対立させることで，文化的な成長がいわば子どもとその子の属するコミュニティの知識を豊かに持つ有能な他者との間の闘争の過程であることを際立たせる。『促進行為場』とは『他者が子どもに利用できるようにしたり，子どもに向けて強調するすべてのアフォーダンスが含まれ，他者が子どもに禁じているアフォーダンスが排除されている場』（Reed［1996］の訳，270頁）のことである。自由運動場とは子どもが自分で注意を向け，利用する環境であるとすれば，促進行為場とは他者の行為によって注意を促され，その他者から利用することが期待される環境を指す。促進行為場が子どもにとって大人によって準備され，子どもをある文化的な枠組みに導く空間と考えれば，それはヴィゴツキーの最近接発達領域を大人の側から捉えたものということになる。子どもの発達を自由運動場と促進行為場の鬩ぎ合いの場，調整の過程として捉える視点は，先に述べたヴィゴツキーのいう文化的発達の形成過程としてみることもできる」（241－242頁）。

　リードの研究はヴィゴツキーの研究とからめて考えると，きわめて興味深い内容を持つものであるが，アフォーダンス研究としては，従来の「個人単位」の方法論に立脚していることは確かである。具体的に言えば，子どもと親の間に発生する共感とそれにともなう「自己拡大（self expansion）」が，アフォーダンス知覚をいかに変化させていくか，こうした問題がまだ積極的に議論されていない。われわれは，このような従来のアフォーダンス研究が有する古いフレームワークを突破して，さらに深く「社会的存在としての人間」が環境をいかに知覚するのか，という問いへの挑戦を進めていきたい。

　本章では，「ともに働く人びとの自己拡大とアフォーダンス知覚の実験」という題目で行われた研究の成果を説明する。これまでのアフォーダンスに関する実験研究が，ほとんど「個人」の立場からの研究だったのに対して，本章では複数の人がともに働くとき，その両者間の共感，

友情，仲間意識の強さが，仕事の達成可能性に関するアフォーダンス知覚をどのように変えるのか，こうした問題に関する実験結果の含意を検討する。アフォーダンス知覚の研究を，「共感を含む社会的関係性の中にある人間」という視点から拡張することで，新たな研究発展への1つの起爆剤にしたい。

第2節　実験方法と実験タスク

実験内容

われわれの実験内容を概略的に説明する。今回は，走り高跳び用のスタンドとバーを用いたアフォーダンスの実験研究を行った。被験者の身体的大きさとアフォーダンス知覚の関係性を，共感，友情，仲間意識の強さと関連づけて調べるためである。被験者の身体的大きさとアフォーダンス知覚との相対的関係性については，すでにWarren (1984), Warren-Whang (1987), Mark (1987), Carello et al. (1989), Mark et al. (1990) などが研究を行っている。また三嶋（1994）も，これらの先行研究を出発点として，われわれと同様に，走り高跳び用のスタンドとバーを用いたアフォーダンスの実験を行っていて興味深い。これらの研究により，被験者の直感的なアフォーダンス知覚の特性が明らかにされてきた。われわれの実験は，三嶋（1994）の実験手続きに一部修正を加えつつ，さらにfNIRS（機能的近赤外分光装置）を用いた脳科学的な実験を新たに行い，また内容的にも2人ゲームのアフォーダンス実験研究を追加的に行って，従来の実験研究の射程を拡張した。

走り高跳び用のスタンドとバーの使用法は，次の通りである。まず被験者に高さを告げずに一定の低いバー（実際には50cmに設定）を一度自由に跨いで超えてもらった後，今度はそのバーを見ながら，直感的に，さらにどこまで高いバーを跨げると思うか，自分の両手を縦方向に開いて示してもらい，それを係員がすばやく計測記録するというものであった。被験者に両手を開いて自分のアフォーダンス知覚を表現してもらった理由は，「身体感覚としてのアフォーダンス知覚」という意味を重視したからである。もし被験者にセンチメートルの数字を用いて「さらに

どこまで高く跨げると思うか」を表現してもらうとしたら，この「身体感覚としてのアフォーダンス知覚」という意味が被験者の心理の中で薄れてしまうのではないかと考えたからである。

　実験では，最初に2人ゲームを行い，次に1人ゲームを実施した。1人ゲームは，2人ゲームの結果を評価するためのベースラインとなる基準値を得るためのものであった。2人ゲームでペアになる被験者は，その日初めて出会う男女であった。こうした初めて出会う男女のペアでも，いざいっしょに実験をするとなると，その共働関係の中できわめて短時間のうちに，ともに共感しうる心理的状況を生み出し，その共感の感情は彼らのアフォーダンス知覚に大きな影響を及ぼしていく可能性がある。このことを，われわれは実験で示そうとしたのである。

　さて2人ゲームと1人ゲームのときの脳の活性度の変化を計測することで，被験者はどのくらい相手に共感しながら，または相手を思いやって判断を下したのかを，データ的に推測できると考えた。特に前頭葉内側部は，共感をつかさどる脳の部位として一般的に認められているので，その部位の活性度の変化を比較することで，被験者の共感の強弱を判断することができると期待した[5]。そして相手への「共感」や「思いやり」が，実際に2人ゲームにおける「さらにどこまで高く跨げると思うか」の判断にどのような影響を及ぼすのかを解析することにした。これが本実験研究の目的である。われわれはこれらの解析結果を用いて，これまでのアフォーダンス実験ではまだ行われることがなかった「共働する人びととのアフォーダンス知覚」の特性を明らかにしようと考えた。

被験者

　被験者になってもらったのは，青山学院大学と青山学院大学大学院の学生14人（男子7人，女子7人）であった。これら被験者は全員が右利きであり，年齢は18歳から32歳まで，平均年齢は20.57歳であった。各被験者には，実験実施の2時間前から，食事禁止とカフェインを含むお

---

[5] この点については，後でも詳しく述べるように，Damasio et al. (1990), Damasio (1994, 1999, 2003) などの研究や，メンタライジングおよび「心の理論」に関するGallagher-Frith (2003), Amodio-Frith (2006) などの研究，また子安 (2000)，子安・大平 (2011) などの考察を参照されたい。

図1 実験で使用したfNIRS（機能的近赤外分光装置）
注）中込・牧（2016, d）等の実験でも同様に使用されたOEG-SpO$_2$モデル（Spectratech製）の写真を転載した。

茶などの飲用禁止をお願いし，実験に備えてもらった。これらの禁止措置は，満腹とカフェインの摂取により，被験者の脳の活性度が鈍ることを防ぐものであった。また被験者には，実験実施に便利なように，ズボンまたはスラックスで来るようにお願いし，女子のスカートは禁止した。このような条件下で，青山学院大学倫理審査委員会が定める規定に従って，実験の安全性と個人情報の保護のもとで実験が行われることを説明し同意を得た。そして自由意思で実験に参加するということを明記した「実験参加承諾書」にサインしてもらった。

使用した実験機器

使用した脳機能計測用の機器は図1で示されているfNIRS（機能的近赤外分光装置）で，機種名はSpectratech製のOEG-SpO$_2$モデルであった。サンプリングレートは6.10Hzである。計測単位は濃度長変化を示すmMmmである。この機器を用いれば，実験を始める前の値をベースラインとして，実験開始後どのように脳機能（または脳の活性度）が変化したかを，この濃度長変化の数字によって表すことができる。また被験者の前頭葉部分にヘッドバンドで固定されたプローブは，16カ所の計測位置（計測チャンネル）を有しており，われわれはそれぞれからオキシヘモグロビンの変化量，デオキシヘモグロビンの変化量，そしてこれら2種類のヘモグロビンの合計変化量という3種類の脳血流のデータを得

第6章　ともに働く人びとの自己拡大とアフォーダンス知覚の実験　　181

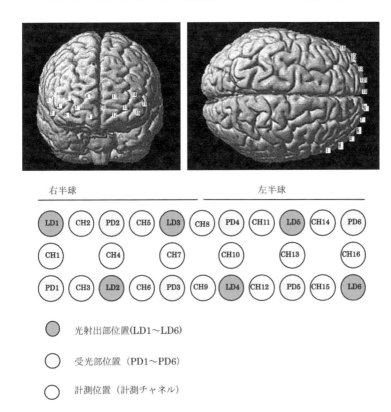

図2　fNIRSによる脳活性度変化の計測位置

注）上段の2つの図は，日本人の標準脳を用いて，fNIRS（Spectratech製のOEG-SpO$_2$モデル）用の16チャンネルを前頭葉部分に固定したときの位置を示している。左図は，前面から見たときの写真，右図は上方から見たときの写真である。これらはともにわれわれが実験時に作成したものである。各チャンネルの3次元位置測定には，専用ソフト（F-1000 & FN-Calib, by Topcon）とカメラ（NikonD5100）を用いている。また下段の図は，16チャンネルの計測位置を，fNIRSの光射出部と受光部との位置関係で示している。この図は「光イメージング脳機能測定装置，概要説明書応用技術編(Rev 1.3)」(Spectratech社発行) 6頁より引用した。

ることができる。前頭葉部分に固定された16チャンネルの位置は，図2で示されている通りである。なおこれらのデータのうち，特にオキシヘモグロビンの変化量のデータは，アメリカを含む諸外国で汎用されているfMRIによるデータと高い相関を持っていることが，Strangman et al. (2002) により証明されている。そのため，われわれも以下のデータ解析では，もっぱらこの学術的信用度が高いオキシヘモグロビンの変化量

のデータを用いることにした。

　また覚醒度の低い被験者による実験を避けるために，念のため，すべての被験者の皮膚電位を計測した。覚醒度が低下すれば，脳の活性度が実験内容と無関係に，著しく低下してしまうからである。使用した皮膚電位計はSPN-01（西澤電機計器製作所製）であり，計測ソフトとしてはSKINOS Mod-002を用いた。しかし今回の被験者については，実験中の覚醒度の著しい低下を示すSPL値（単位mV）の大幅な変化はみられず，したがって上述の理由による被験者のキャンセルは発生しなかった[6]。

　走り高跳び用のスタンドとバー受けは，Evernew製の一般向けの製品（T210-2 EBG156）であった。2本の支柱はそれぞれ直径3.2cmのアルミ製で，50cm-210cmまでの高さの計測が可能なものであった。バーはToei Light製の初期練習用の製品（G1194）で，長さは2.7mであった。色は目立つように27cmごとに白と黒の交互の彩色が施されていた。その他使用した実験道具は，被験者が「さらにどこまで高く跨げると思うか」を両手で縦方向に広げて示したとき，その手の間隔をすばやく測るための自作装置であった。これは，スチール製の定規を図3のように縦に固定して作った。このとき，定規の目盛りは被験者側から見えないように，計測する係員のほうに向けておいた。

実験環境

　実験は，窓のない静かな広さ40m^{2}の個室で行った。実験実施時期が夏期だったので，被験者の快適性を確保するために，設定温度を25度摂氏にしたエアーコンディショナーを使用した。被験者に余計なストレスを与えないために，実験室には被験者以外には2人の係員がいただけだった。1人はfNIRS等の計測機器を操作するための係員であり，もう1人は被験者が「さらにどこまで高く跨げると思うか」を両手で広げて示したとき，その手の間隔をすばやく定規で測るための係員であった。その係員たちも，実験中は被験者の視界に入らないように，それぞれ右斜

　6）　実験時の被験者の覚醒度の低下を示すSPL値の上昇は，被験者平均で0.003667mVであり，個人的に最大のSPL値の上昇も0.032mVに抑えられていた。また実験に立ち会った係員の注意深い観察でも，実験中に覚醒度が極度に低下して実験の継続が困難になった被験者や，実験に際して極度の緊張状態に陥った被験者は見当たらなかった。

第6章 ともに働く人びとの自己拡大とアフォーダンス知覚の実験　183

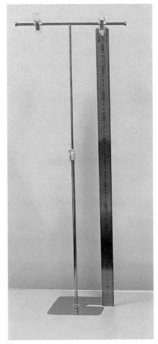

図3　被験者が両手で縦方向に示した距離を計測するための自作装置

め後ろと左斜め後ろに座っていた。図4（1）（2）の2つの図は，2人ゲームと1人ゲームにおける被験者・係員・実験用道具および計測機器の位置関係を示している。さらに実験が始まったら，天井の大きな照明は消灯して暗くし，被験者には走り高跳び用のバーの周辺のみが見えるように，懐中電灯を2つ使って部分照明にした。これは被験者に走り高跳び用のバーの高さ以外の余計な情報を与えないためと，落ち着かせて安心させ集中力を持って実験を行ってもらうための配慮であった。

　なお走り高跳び用のバーの下の床の部分は，意図的に少し汚しておいた。これは被験者に，バーの下をくぐるのではなく，なるべく跨いで超えたいというインセンティブを与えるものであった。もしバーの下をくぐるとしたら，ズボンなどの衣服を汚す怖れがあると予想させたのである。また「実験後，跨げると言ったバーの高さを含めて，実際にいろいろとバーの高さを変えて，くぐったり跨いだりしてもらうからね」と被

(1) 2人ゲームの時

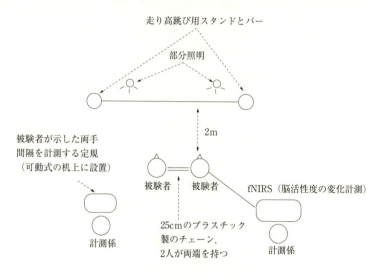

(2) 1人ゲームの時

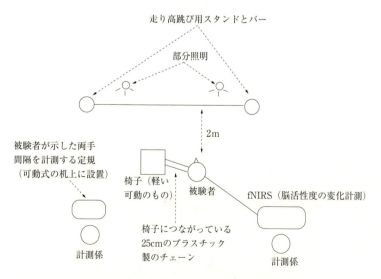

図4 実験機器および被験者・係員の位置状況

験者に伝え、バーの高さをなるべく高く回答するインセンティブを強める工夫を行った。

実験手順の詳細

先に述べたように実験は、見ず知らずの男女のペアで行った。その日初めて会った男女の被験者のペアであっても共感が発生して、それがアフォーダンス知覚に影響を及ぼすかどうかを調べるためであった。実験手順は、図5で示されているように、3ステップで構成されていた。各ステップ間では、被験者に十分気分転換をしてもらうために、10分の休み時間を設けた。第1ステップは、本実験のための準備であった。まず走り高跳び用のバーの高さを50cmに設置して、それを基準の高さとした。この高さは成人なら容易に跨いで超えられるものである。被験者2人にはバーの高さが50cmであることを告げずに、とにかく「準備運動だ」ということで一度自由に跨いで超えてもらって、この基準となる高さの「感覚」を身体で覚えてもらった。

第2ステップからが本実験である。2人の被験者に走り高跳び用のバーから2m離れて立ってもらい、図4で示したように、被験者の1人の前頭葉にfNIRSの16チャンネルのプローブを固定し、脳の活性度の変化が計測できる体制を整えた。ここで室内の大きな照明を消灯して、高跳び用のバーの周辺のみが懐中電灯で照らし出されて見えるように部分照明にした。そして被験者2人に短いプラスチック製のおもちゃのチェーン（25cm）の両端をいっしょに持ってもらって、「そのチェーンを持ちながら、2人で同時にバーを跨いで超えるとしたら、先の基準の高さより、さらにどこまで高いバーが跨げると思うか」と質問し、「始め」の合図でバーを見つめながら10秒間考えてもらった。この被験者が考えている時間の脳の活性度の変化をfNIRSで計測した。なお2人にチェーンを持ってもらったのは、自発的な共感と自己拡大を促すためであり、どの程度チェーンを強く張って持つかについては、被験者の自発性を尊重して、各人の自由に任せ、細かい指示は出さなかった。また10秒たったところで直ちに「さらにどこまで高く跨げるか」を、実際に両手を縦方向に広げて示してもらい、その手の間隔を準備してあった計測用具ですばやく測定した。（このとき、もう1人の相手の被験者には、この両手を広

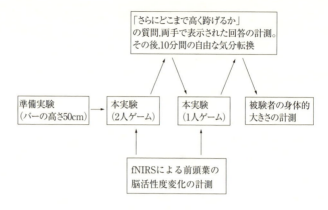

図5 実験手順

げてアフォーダンス知覚を表現している人の姿が見えないように注意を払った。)センチメートルの数字ではなく,自分の両手で自分のアフォーダンス知覚を表現してもらった理由は,先にも述べたように,被験者の「身体感覚としてのアフォーダンス知覚」という意味を重視したからである。

　実験の第3ステップでは,被験者の1人(fNIRSの計測をしなかった被験者)には実験室を出てもらい,残った1人で実験を行った。このとき被験者には,2人ゲームと同じプラスチック製のチェーンを持ってもらった。しかしそのチェーンは被験者の隣に置かれた可動の軽い椅子につながっていた。この理由は,「プラスチックのチェーンでつながっているのが人間か非人間か」という点だけが違っていて,あとは同じ条件で2人ゲームと1人ゲームを行いたいと考えたからであった。また第2ステップと同様に,高跳び用のバーの周辺のみが懐中電灯で照らし出されて見えるように部分照明にした。そして「1人でバーを跨いで超えるとしたら,最初の基準の高さより,さらにどこまで高く跨げると思うか」と質問し,「始め」の合図でバーを見ながら10秒間考えてもらった。この考えてもらっている時間の脳の活性度変化をfNIRSで計測した。10秒たったところで,第2ステップの実験と同様に,直ちに「さらにどこまで高く跨げるか」を実際に両手で広げて示してもらい,その手の間隔を計測用具ですばやく測定した。

以上の実験がすべて終了したところで，被験者全員に再度集まってもらって，各人の身長・目までの高さ・腰骨までの高さ・股下の長さ（足の長さ）を計測した。この身体計測のデータは，被験者が２人ゲームと１人ゲームにおいて両手で示した「さらにどこまで高く跨げると思うか」の回答と関連づけて，アフォーダンス実験の結論を導くために使用された。

第３節　実験結果とその含意（１）

われわれは２人ゲームにおける「さらにどこまで高く跨げると思うか」の回答を，１人ゲーム時の回答をベースラインとして評価した。評価には，基準が必要である。われわれはこの評価法を用いて，被験者が「さらにどこまで高く跨げると思うか」の問題に対してどのように判断したかを分析した。特に被験者が共働する他者の身体的特徴（身長・目までの高さ・腰骨までの高さ・股下の長さ）を見て，自分の身体的特徴との違いを考慮しつつ，どのように判断したのかを注意深く考察した。具体的には，ここでは以下のように被験者の判断の内容を数値化して考えた。２人ゲームと１人ゲームにおける回答の違い（単位cm）を，自分と相手の身体的特徴の違い（身長・目までの高さ・腰骨までの高さ・股下の違い，単位cm）で割り算して，それを「共働時のアフォーダンス知覚の変化率」と名付けて計算し解析を行ったのである。

$$（共働時のアフォーダンス知覚の変化率）＝（Y_2-Y_1）／（X_2-X_1）$$

ただし
　Y_2＝２人ゲーム時の「さらにどこまで高く跨げると思うか」の回答(cm)
　Y_1＝１人ゲーム時の「さらにどこまで高く跨げると思うか」の回答(cm)
　X_2＝相手の身体的特徴（身長・目までの高さ・腰骨までの高さ・股下など，cm）
　X_1＝自分の身体的特徴（身長・目までの高さ・腰骨までの高さ・股下など，cm）

「共働時のアフォーダンス知覚の変化率」は，さまざまな要因によって，大きく変化することが予想される。第1は，各被験者が相手の被験者に対して抱く「共感」や「思いやり」などの心理の強弱によって，大きく変化するという可能性である。例えばもし相手が自分より背が低いとか体全体が小さいときには，相手に強い「思いやり」を持てば，「さらにどこまで高く跨げると思うか」の回答は大きく引き下げられるので，「共働時のアフォーダンス知覚の変化率」はプラスの大きな値を示すことになると予想される。しかし共感を強く抱かず相手のことをあまり考えなければ，「さらにどこまで高く跨げると思うか」の回答は1人ゲームの時の回答とあまり変わらない可能性がある。したがって相手に強い「共感」や「思いやり」を持たない場合には，「共働時のアフォーダンス知覚の変化率」は小さな値しか示さないことが予想される。これとは逆に，相手のほうが自分より背が高かったり体が大きかったらどういう変化が生じるであろうか。後でも詳しく説明するように，われわれの実験結果では，驚くことに多くの被験者は「さらにどこまで高く跨げると思うか」の回答を大きく引き上げたのである。したがって「共働時のアフォーダンス知覚の変化率」はこのときにもプラスの大きな値を示すことになった。この意味は，被験者が大きな相手を見て，「相手に合わせて，自分はもっとがんばらなければならない」「そうしなければ申し訳ない」というように感じたということだろう。そして「がんばればできる」と感じたのであろう。ここでも相手の状況を思いやることで，アフォーダンス知覚の調整が生じている。しかしもし相手のことを強く思いやらない場合には，アフォーダンス知覚の変化は小さいものとなるだろう。われわれの実験でも少数ではあるが，こうした変化率が小さいケースもあった。

第2に考えなければならない可能性は，この「共働時のアフォーダンス知覚の変化率」が具体的には身長・目までの高さ・腰骨までの高さ・股下の違いのうち，どの身体的特徴の違いに一番注目して決定されたのかという問題である。つまり各被験者は自分と相手の身体的特徴の違いを，具体的には「どこを見て判断したのだろうか」ということである。もしわれわれが，各被験者のあまり注目しなかった身体的特徴のデータを使用して，「共働時のアフォーダンス知覚の変化率」を計算するなら

ば，その導出された「共働時のアフォーダンス知覚の変化率」はわれわれの考察を有効なものにしない可能性がある。われわれは「共働時のアフォーダンス知覚の変化率」の含意を考えるに当たって，まず各被験者は自分と相手の身体的特徴の違いを，具体的には「どこを見て判断したのだろうか」という問題から調べることにした。

そこでさっそく全被験者について，身長・目までの高さ・腰骨までの高さ・股下の長さの項目ごとに共働時のアフォーダンス知覚の変化率を計算し，それぞれの平均値が，平均値＝0の帰無仮説を棄却できるか否かの統計的検定（Welch法）を行い，p値を求めた。表1がその得られた結果である。股下（足の長さ）のみが，共働時のアフォーダンス知覚の変化率の平均値が1以上（1.018）で，相手への強い共感や思いやりの可能性を示し，さらに統計的有意（5％有意）で平均値＝0の帰無仮説を棄却できた。股下のデータのみに関して統計的有意が確認できたことは，三嶋（1994）の実験結果とも一致していて，われわれの実験の信頼性を示すものである。さらにわれわれの結果の1.018という数字自体も，三嶋の1人ゲームでの結果（アフォーダンス知覚を股下で割った値，つまり「自己の身体を内包したπ値」）の1.07という数字ときわめて近いものとなっていて興味深い。多少われわれの実験結果の数字のほうが小さいが，それはわれわれの実験では三嶋の実験と異なって，fNIRS計測のためのヘッドバンドとそれに接続するラインが被験者の身体に設定されていたこと，またわれわれの実験では1人ゲームも2人ゲームもともに，プラスチック製のチェーンを持ちながらの状態でアフォーダンス知覚の計測を行ったことが，被験者に多少の心理的抑圧を与えていた可能性があるということで説明がつくであろう。

それにしても，相手の股下が自分と1cm異なるとき，それに共感して，

表1 自分と相手の身体的特徴の違いがもたらす「共働時のアフォーダンス知覚の変化率」とその統計的有意性

	平均値	p値（Welch法）
身長に関して	-0.258267524	0.683891536
目の高さに関して	0.179705764	0.460762849
腰の高さに関して	0.368895639	0.490541589
股下（足の長さ）に関して	1.018425926	0.03518974

共働時のアフォーダンス知覚を1.018cm変化させたというわれわれの実験結果は、三嶋の1人ゲームの実験結果1.07という数字に驚くほど近いものであり、被験者の共働時の共感力の影響が、きわめて「理想的な強さ」であったことを示している。ここで「理想的な強さ」と言った意味は、われわれの実験の被験者が、共働する相手の存在を意識的にせよ無意識的にせよ十分に考慮して、「もし自分の股下が仮に変化するとしたらそのとき生じるであろうアフォーダンス知覚の変化とほぼ同様のアフォーダンス知覚の変化を、この2人ゲーム時の相手に対する思いやりの中で実際に示した」ということである。この点については、もう少し追加的にその意味を考える必要がある。2人ゲームの中での共感は、その共感の強さに応じて、共働時のアフォーダンス知覚に大小さまざまな影響を与えることはすでに説明した通りである。したがってもし実験内容が、被験者の共感を過度に強めるような刺激要因を含むものであったり、逆に共感を過度に弱めるような抑制的な要因を含むものであったら、当然その結果として、全被験者の共働時のアフォーダンス知覚に関する平均の変化率は、大きく異なる可能性があった。もし被験者の共感を過度に強めるような刺激要因を含む実験内容なら、共働時のアフォーダンス知覚の平均の変化率は上昇したであろうし、逆に共感を過度に弱めるような抑制要因を含む実験内容なら、共働時のアフォーダンス知覚の平均の変化率は低下したであろう。しかしわれわれの実際の結果は1.018であり、上述のように、先行研究の1人ゲームのπ値1.07ときわめて近いものであった。これはわれわれの実験内容が、被験者の共感を過度に強めたり逆に弱めたりするような刺激要因を含まない「中立的」な実験内容であったことを意味するものである。われわれの実験は、以上の意味で、「理想的な状況下で行われた」と主張できるだろう。

　さらに考察を進めよう。各被験者は共働時において、相手との身長・目の高さ・腰の高さの違いではなく、主に股下（足の長さ）の違いを認識しながら、「どこまで高く跨げると思うか」の回答を考えていたことがわかった。そこでわれわれの分析では、股下（足の長さ）の違いのデータから得られた共働時のアフォーダンス知覚の変化率を用いて、以下、実験結果の含意を検討していくことにする。

　各被験者が相手に対して抱く「共感」や「思いやり」の心理の強弱が、

第6章　ともに働く人びとの自己拡大とアフォーダンス知覚の実験　　191

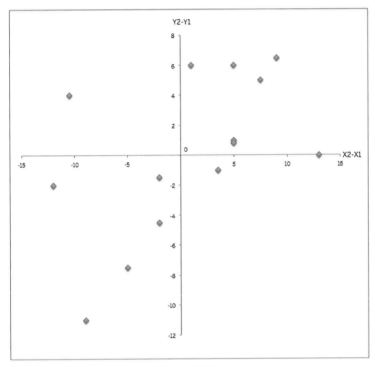

図6　散布図

注）　Y_2＝2人ゲームの共働時の「さらにどこまで高く跨げると思うか」の回答（cm）
　　Y_1＝1人ゲーム時の「さらにどこまで高く跨げると思うか」の回答（cm）
　　X_2＝相手の身体的特徴（股下［足の長さ］，cm）
　　X_1＝自分の身体的特徴（股下［足の長さ］，cm）

共働時のアフォーダンス知覚の変化率にどの程度大きな影響をもたらすのか，より詳しく考えてみよう。図6は，横軸にX_2-X_1つまり（相手の股下）と（自分の股下）の差をとり，縦軸にY_2-Y_1つまり（2人ゲームの共働時の「さらにどこまで高く跨げると思うか」の回答）と（1人ゲーム時の「さらにどこまで高く跨げると思うか」の回答）の差をとって，全被験者（14人）の結果を散布図で示したものである。第1象限の7人のケースでは，相手のほうが身体的に大きくて，それを配慮してアフォーダンス知覚である「さらにどこまで高く跨げると思うか」の回答は引き上げられている。また第3象限の5人のケースでは，相手のほうが身体的に小さくて，それを配慮してアフォーダンス知覚である「さらにどこまで

表2 股下（足の長さ）の違いから得られた共働時のアフォーダンス知覚の変化率の上位・下位グループ間の結果の違い

	共働時アフォーダンス知覚変化率（股下に関して）	
	上位7人のグループ	下位7人のグループ
平 均 値	1.949206349	0.075238095
p値（Welch法）	0.03711295	
p値（F検定）	0.00073 ($F = 28.6012 > F_{0.025}(6,6) = 5.8198$)	

高く跨げると思うか」の回答は引き下げられている。これら第1, 3象限のケースは，先にも説明したように，その結果の意味を共感という視点から「自然」に理解しうるものである。しかし第2象限の1人と第4象限の1人のケースについては，正直に言って，その意味を理解することが難しかった。相手に対して，なにか直感的に「うまが合わない」というような心理的な「ひっかかり」を感じていたのかも知れない。しかしこうした「個人的印象や感情」また「性癖」から生じる問題も，ときどき発生する確率的攪乱と考えて，本研究では，そのような攪乱にもかかわらずに成立する統計的に有意な結果を求め，その含意を考えていくことにした。

われわれが解析したい「共働時のアフォーダンス知覚の変化率」は，その定義式を思い出すと，図6の散布図の各点と原点 (0, 0) とを結んだ直線の傾きとして表されている。そこで傾きの大きかったグループ（つまり共働時のアフォーダンス知覚の変化率の大きかったグループ）と傾きが小さかったグループ（つまり共働時のアフォーダンス知覚の変化率の小さかったグループ）の2つに分けて，それぞれの傾きの平均値（つまり共働時のアフォーダンス知覚の変化率の平均値）を計算し，その平均値の違いの統計的有意性を調べた。F検定によって等分散の帰無仮説が棄却されたのでWelch法によってp値を求めた。表2を見られたい。共働時のアフォーダンス知覚の変化率の大きかった上位7人のグループの平均値は1.949であり，下位7人のグループの平均値0.075より格段に高い値となっていた。またこれら2つの平均値間の違いも統計的に有意（5％有意）であった。

このような共働時のアフォーダンス知覚の変化率の大きな違いは，各

被験者が相手の被験者に対して抱く「共感」や「思いやり」などの心理の強弱によって生じると推測することができるが，この「共感」や「思いやり」などの心理の強弱によって生じるという推測を，何らかの方法でもっと直接的に証明することはできないだろうか。例えばアンケート調査を行えば，被験者に「どのくらい相手に対して共感できたか」を尋ねることが可能であるが，しかし共感の度合いを本人が必ずしも正確に意識しまた記憶しているかどうかわからないし，また被験者が正直に回答するかどうかもわからない。被験者が実験者を「喜ばせようとして」，共感度を過大に回答することだって考えられる。そこで本研究では，以下のようにfNIRSによって，前頭葉部分の活性度の変化を調べ，そのデータ分析から被験者の「共感」や「思いやり」の心理の強弱を直接的に推定することにした。この方法を利用すれば，共働時のアフォーダンス知覚の変化率の大きさが，確かにこうした被験者の「共感」や「思いやり」の心理の強弱によって生じたものだという可能性を，より強く主張できるようになると考えた。その論拠としては，特に前頭葉の内側部が，人間の共感能力の発揮を担う脳部位であることを示す多くのニューロサイエンスの研究が存在しているからである。具体的には，Damasio et al.（1990），Damasio（1994, 1999, 2003）の研究，また共感とメンタライジングおよび「心の理論」の機能が前頭葉内側部を中心に発揮されると主張するGallagher-Frith（2003），Amodio-Frith（2006）などの研究，さらに子安（2000），子安・大平（2011）などの考察を列挙することができる。

第4節　実験結果とその含意（2）

本節では，脳科学的な実験のデータを用いて，前節までで得られたアフォーダンス知覚の結果の裏付けを行う。前節と同様に，被験者を共働時のアフォーダンス知覚の変化率の大きかった上位7人のグループと下位7人のグループに分けて，それぞれの被験者群が2人ゲームと1人ゲームで示した前頭葉の活性度の変化を求めた。具体的には，fNIRSにより計測された脳の活性度の時系列変化を，グループごとに加算平均し，

その加算平均して導出した時系列変化の中からそれぞれランダム・サンプリングによって40データずつを抽出し,その40データが平均値=0の帰無仮説を棄却できるか否かのWelch検定を行った。表3はその検定の結果(p値)を,チャンネルごとに示したものである。脳活性度変化の表示単位は,濃度長mMmmである。表3より,ほとんどのチャンネルのp値は統計的に有意(5%有意)で平均値=0の帰無仮説を棄却できることを示していたが,それでもいくつかのチャンネルのp値は統計的に有意を示していない。上位7人のグループの表を見ると,2人ゲームにおける第13チャンネルと第16チャンネルの平均値が統計的には有意でない。また下位7人のグループでは,1人ゲームにおける第10チャンネルの平均値が統計的に有意になっていない。われわれは慎重を期して,これら第10, 13, 16チャンネルのfNIRS計測値を用いないで,分析を進めていくことにした。

さて統計的に有意であった各チャンネルにおけるfNIRSデータの平均値を用いて,2人ゲームと1人ゲームにおける脳の活性度変化の差を計算してみた。表4は,上位7人のグループと下位7人のグループに関して,2人ゲームと1人ゲームにおける脳の活性度変化の差を示している。前頭葉全体で見ると,上位7人グループのfNIRS計測値の平均値は0.0806であり,下位7人グループの平均値-0.0262よりはるかに高い値を示している。つまり上位7人の被験者は,下位7人の被験者と比べると,1人ゲームの時より2人ゲームの時のほうが,前頭葉全体の活性度を大きく高めていることがわかる[7]。

われわれは表4の結果からさらに上位7人と下位7人の平均値の差を計算し,それを図7のようにグラフで表した。前頭葉内側部に属するチャンネルは,図2を見ればわかるように,第5チャンネルから第12チャ

---

[7] 上位7人と下位7人の前頭葉全体の活性度変化の平均値の相違に関しては,統計的有意性の検証も行った。表4の数字をそのまま用いると,F検定の結果等分散の帰無仮説が棄却できなかったのでWelch法でなく通常のt検定を行ったところ,p=0.059003973であり,微妙なところで統計的有意を示すことができなかった。そこでさらに詳しく調べるために,fNIRS計測時系列データから40ランダムサンプリングした各時点ごとの上位7人と下位7人の前頭葉全体の活性度変化の平均値を改めて調べ上げ,サンプルサイズを40として統計的有意性の検定をやり直した。Welch法の結果は,p=4.80897E-17であり,今度は上位7人と下位7人の前頭葉全体の活性度の高まりの平均値の相違に関して,明確に統計的有意性を示すことができた。

第6章 ともに働く人びとの自己拡大とアフォーダンス知覚の実験

表3　fNIRSデータの解析

(上位7人について)

	2人ゲームの結果		1人ゲームの結果	
	平均値	p値（Welch法）	平均値	p値（Welch法）
ch1	-0.367722725	5.13035E-18	-0.377783948	9.80631E-19
ch2	-0.009191651	0.000660069	-0.005426617	0.03931595
ch3	-0.113286725	8.1321E-20	-0.115900225	5.15082E-25
ch4	-0.026962682	2.84094E-10	-0.053644225	7.8141E-18
ch5	-0.013423205	8.64554E-09	0.010004237	2.53779E-07
ch6	0.148608873	0.001613527	-0.131791905	0.035749056
ch7	0.426994625	0.000306849	-0.087618675	1.33539E-07
ch8	-0.007881515	0.000267309	-0.002557388	0.016030364
ch9	0.1264568	0.00023041	-0.091387435	4.62151E-17
ch10	-0.021718623	6.92791E-05	-0.118441725	3.36638E-27
ch11	0.010166918	2.00035E-06	0.019907983	1.11674E-11
ch12	-0.045620175	5.4798E-21	-0.084310875	9.24594E-27
ch13*	0.01463873	0.051361836*	0.040047268	1.59098E-05
ch14	-0.009082316	0.00120705	-0.007895299	0.024566749
ch15	-0.111956043	2.80754E-08	-0.113549158	3.9951E-10
ch16*	0.007747165	0.125228053*	-0.042393506	1.29113E-12

(下位7人について)

	2人ゲームの結果		1人ゲームの結果	
	平均値	p値（Welch法）	平均値	p値（Welch法）
ch1	0.03998412	3.39117E-10	-0.03274812	7.46161E-11
ch2	0.015978512	7.85004E-08	-0.026474406	8.00491E-06
ch3	-0.05220988	5.44217E-17	0.014345318	8.57164E-05
ch4	-0.030590485	8.38837E-19	0.025312311	6.45506E-12
ch5	0.011974417	1.64845E-09	0.029496125	4.47332E-34
ch6	-0.128004875	0.009888147	-0.005542667	0.031949694
ch7	0.064506488	1.27446E-15	-0.026383874	6.8407E-08
ch8	-0.006691607	5.10747E-06	0.032997425	3.57661E-33
ch9	0.0828515	1.56823E-16	-0.032326273	5.82342E-12
ch10*	-0.021781196	1.20604E-15	0.007571259	0.071443877*
ch11	0.026570507	1.26625E-12	0.061548325	1.78681E-30
ch12	0.044525102	7.20849E-14	-0.01899805	0.00843068
ch13	0.045489527	2.57506E-10	-0.091838678	1.19841E-11
ch14	-0.073741168	5.30895E-16	0.021355411	1.44684E-05
ch15	-0.18424605	1.23086E-08	0.109026925	2.21014E-05
ch16	0.045403575	1.35462E-22	0.011034123	0.000211194

表4 fNIRSデータの解析：2人ゲームと1人ゲームにおける脳の活性度変化の差

	2人ゲームと1人ゲームの結果の差	
	上位7人	下位7人
ch1	0.010061222	0.07273224
ch2	-0.003765034	0.042452918
ch3	0.0026135	-0.066555198
ch4	0.026681543	-0.055902796
ch5	-0.023427441	-0.017521708
ch6	0.280400778	-0.122462208
ch7	0.5146133	0.090890362
ch8	-0.005324127	-0.039689032
ch9	0.217844235	0.115177773
ch11	-0.009741066	-0.034977818
ch12	0.0386907	0.063523152
ch14	-0.001187018	-0.095096578
ch15	0.001593114	-0.293272975
平均値	0.080696439	-0.026207836

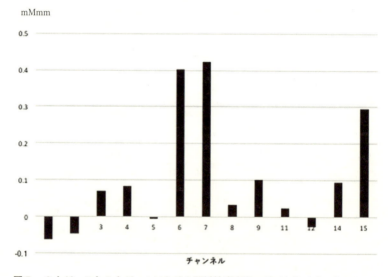

図7 2人ゲームと1人ゲームにおける脳活性度変化の差（上位7人と下位7人の平均値の差）

注) ch10, 13, 16を除いて統計的に有意なチャンネルのみの結果を示している。

ンネルであるが，これらのチャンネルに関して図7を見ると，第6,7チャンネルにおいて，特に上位と下位の被験者の脳の活性度の違いが大きくなっていることがわかる。上位の被験者たちは，1人ゲームの時より2人ゲームにおいて，前頭葉全体の活性度のみならず，共感をつかさどる前頭葉内側部の活性度を大きく高めている。この前頭葉内側部の大幅な高まりは，上位の被験者たちが共働時において，強い共感を相手に対して感じたことを示すものである。fNIRS計測から得られたデータは，上位7人の強い共感の心理の脳科学的な証拠と言えよう。われわれは，この分析結果から，相手への強い共感が，共働時のアフォーダンス知覚の変化率を大きくした可能性があると結論づけることができる。

第5節　ま と め

　われわれは2人ゲームと1人ゲームの実験により，共働する2人の間で生じる共感，友情，仲間意識の強さが，仕事の可能性に関するアフォーダンス知覚に大きな影響を与える可能性を見つけ出した。「どこまで高いバーを2人でいっしょに超えることができるか」というアフォーダンス知覚は，当事者としての被験者たちの身体的大きさにも依存するが，その依存の関係は2人ゲームでは1人ゲームとは異なって，単に身体的な次元での関係性として成立しているわけではなかった。つまり2人で超えることができるバーの高さのアフォーダンス知覚は，2人の身体的大きさのみによって決まるのではなくて，2人の間で生じる共感，友情，仲間意識によっても，大きく変化するのである。共働する相手への強い共感や思いやりという心理的要因は，自分と相手との身体的大きさの相違（特に股下＝足の長さの相違）とともに，どのようにバーの高さのアフォーダンスを知覚するのか，その知覚の内容を大きく変化させるのである。これは，1人ゲームでは見ることのできない，2人ゲーム特有の実験結果であった。

　アフォーダンス知覚への共感，友情，仲間意識の影響は，自己拡大（self-expansion）の問題から生じたと考えられる。図8は単純化した図であるが，共働関係にあって共感しあう2人のアフォーダンス知覚の有

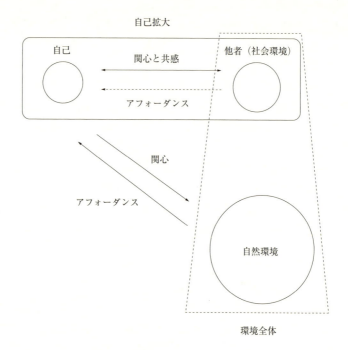

図8 共感・友情・仲間意識による自己拡大がアフォーダンス知覚に及ぼす影響

　り様を示している。共感，友情，仲間意識が生じているときには，自分といっしょに働く相手は，「他者」であるが「自己」の一部でもある。これらの共感，友情，仲間意識という意識が強くなればなるほど，相手はより強く「自己」の一部として感じられるようになっていく。このような相手への感情の変化が，アフォーダンス知覚の有り様を変えていく。仲間意識の度合いの変化によって，「世界が異なって見えてくる」のである。

　もちろん仲間意識によって「世界が異なって見えてくる」と言っても，それは必ずしも人びとに直接的な利益をもたらすかどうかはわからない。それは不利益をもたらす情報や認識を生み出す可能性もある。しかし「世界が異なって見えてくる」ことは，われわれに1つのチャンスを与えてくれることは確かである。人間は，相互の社会的関係性を変えるこ

とで,「世界を新しい視点から見つめ直す」ことができるのであり,そうしたチャンスを自ら主体的に作り出して利用してきたというのが,人間の歴史ではないだろうか。それも本実験研究で示したように,親子関係などの狭い濃密な人間関係だけでなく,見ず知らずの人どうしが急にいっしょに仕事をするというような場合にも,きわめて短時間の間に共感しあうことは可能であり,新たな社会関係性を構築して,世界を異なって見るようになるのである。人間が「本質的に社会的存在である」ということの意味は,この社会的関係性の構築能力およびその活用の力にあると言える。

　人間の社会的関係性は,それ自身が「見えない社会資本」である。人間相互の社会的関係性の拡大と深化は,われわれに新しいさまざまなチャンスを与えてくれる「財産」であり「資本」である。「世界が異なって見えてくる」チャンスを与えてくれ,イノベーションへの道を切り開いてくれる。アフォーダンス理論が従来の「個人の立場からの知覚理論」という殻を打ち破って,われわれに社会的関係性の中で生きることの重要性を新たに示せるようになること,それが私の期待するものであった。それはアフォーダンス理論を,真に「社会科学」の中に取り込むことになるからである。

第Ⅲ部

第3部は，第7章，第8章，第9章から構成されている。人は旅をすることで，新たに多くの異境の人びとと出会ってさまざまな体験をするが，こうした外の世界に向かっての挑戦的体験が，いかなる「身体的知恵」をもたらすのか。第7章では，センスメーキングによる意味の創造という視点から，こうした「身体的知恵」の形成を考えていく。具体的には，さまざまな地域を旅して歩いた「行商人」の知恵の形成を考える。日本中世においては，商人といえば一般に「行商人」のことを意味していた。彼らは各地を旅することで，さまざまな地域的多様性を知った。そしてこの地域的多様性の知識を整理・調和・縮減するために，センスメーキングの力を発動し，深い意味的理解を形成した。センスメーキングの力自身も，その旅の実体験の中での高い覚醒によって機能強化され，またそのプロセスの中で磨き上げられ陶冶された。こうして強められたセンスメーキングの力は，さらに新たな地域的多様性を受け入れる認知能力を強化した。これは第2章でも取り上げた「多様性増大の常在的性向」と「センスメーキングによる多様性の縮減」の相互強化的なダイナミックスと同じ話である。そして強化されたセンスメーキングの力によって整理・縮減・統合化された「意味」としての「知恵」そして「価値観」は，行商人たちに，頭で理解しただけの情報とは「異次元」の大きな実践力と実行力をもたらした。それは彼らの獲得した知恵や価値観が，センスメーキングによる「皮膚感覚の知恵」として，一連の行商体験からすべて「統一的」に獲得されたものだったからである。この強く統一された心の内面世界が，大きな決断力と実践力を生み出した。各地を歩き続ける行商人たちはこうして「世間師」として，定住民をはるかにこえる高い「世間知」と大きな実践力を身につけていった。われわれの論考は行商人を含むいわゆる漂泊の人びとの鍛え上げられた「世間知」が，社会的新陳代謝の原動力になったという柳田＝鶴見の主張に認知経済学的な基礎を与えるものである。第8章と第9章は，第7章とは逆に，内面世界を深く見つめる問題を取り上げる。内面世界を深く見つめることで発揮されるセンスメーキングの機能を考える。第8章では，センスメーキングが，「いかに生きるべきか」という人間の内面的価値観と幸福観に大きな影響を及ぼし，歴史民俗的に「生きる達人になる知恵」として，先人たちの共通の「意味世界」を形成してきたことを明らかにする。

また具体的な事例をあげながら，人びとの「生きる達人になる知恵」が，和食文化を含め，日本文化にきわめて広範囲な影響を及ぼしてきたことを示す。第9章は第8章の主張を支えるための実験研究である。貝原益軒による「心理的長寿」の知恵の認知科学的・脳科学的実験を，fNIRS（機能的近赤外分光装置）を用いて行い，得られたデータの解析を行う。以上の歴史民俗学的研究は，前章までの考察に加えて，いずれもセンスメーキングという形で人間の知性が発揮されてきたことを示すものである。それは「科学に依拠しない人間知性の発揮」のさらなる具体的な姿の記述でありそのいっそう深い考察をめざしたものである。

第7章

旅と行商がもたらした「身体的知恵」をめぐって

―――――

第1節　序

　なぜ旅にあこがれるのか。住み慣れた町を離れて，風に吹かれると，頭上に広がる青い空。そして果てしなく広がる新しい世界への好奇心。先人たちの旅はどうだったのだろうか。現代のように便利な交通手段はないのだから，基本的にはただひたすら歩く旅である。雨にぬかるんだ道も，石ころだらけの山道も，人びとは歩いていった。リスクにも遭遇する。自然災害，野獣，盗賊，そして自分の身体の疲労，けが，病気。旅は道連れ，世は情けで仲間と連れだって歩けば，少しは苦しさを和らげることはできた。しかしそれでも旅はつらすぎた。

　宮本（2014）は，次のような実例をあげながら，先人たちがわれわれの予想をはるかに超えて，多くの旅をしていたことを指摘している。「大阪や西宮の酒倉を調査したときに，酒杜氏でたくさんの蔵人を連れてきて酒をつくらせているおじいさんが，丹波の山奥の元村長だった人でした。つまり村長をやっているような人でも，冬の雪の降るときには出稼ぎに出ています。貧しい者だけが酒をつくりに来たわけでなくて，もっと幅の広いものだった。……同じように戦時中，播磨の山奥で釣針の行商をしている村長さんを訪ねたことがあります。そこで『村長になられてもやはり行商するんですか？』と聞いたら，『私が行かないと得意先との顔がつなげない』と，1年にいっぺんだけはその人がぐるっと回るそうです。そうすると相手も信用して，品物を買うことになるわけ

です。その人は70を過ぎていましたが，そのときはまだ行商をやっていました」(227頁)。

宮本は，もっと昔の江戸時代の例として，伊勢神宮への御陰参りを取り上げている。「伊勢神宮の手前に宮川という川があります。いまは橋がかかっておりますが，昔は渡し舟です。その渡し舟で数を調べれば，割と正確につかめるわけです。御陰参りがありました明和8年（1771）には宮川を渡った人の数が207万人に上っています。さらにそれから60年ほど経った文政13年（1830）の御陰参りのときには，宮川の渡しを渡った者が480万人に上っているんです。……とにかく伊勢神宮の檀家が438万軒もあったということを背景にして，驚くほどの人数が伊勢へお参りをしているわけです」(232頁)。江戸時代の中期から後期の日本の総人口は，約3000万人と言われているから，伊勢神宮への御陰参りだけで，日本人の10人に1人は毎年長旅をしたことになる。これは当時の苦労多き旅の実態を考えると，驚異的な人数と言えた。

先人たちがこのように驚くほど多くの旅をした理由を考えてみよう。「人間関係」をキーワードにすると，状況がクリアに見えてくる。先に引用した宮本の文章を振り返ると，われわれの先人たちは，旅によって，自分たちの人間関係を維持・強化・拡大してきたことがわかる。丹波の山奥の元村長さんは，雪の降るときに，別に貧しいわけでもないのに，たくさんの蔵人を連れて酒づくりのために大阪や西宮の酒倉に来るのである。播磨の山奥で釣針の行商をしている村長さんも「私が行かないと得意先との顔がつなげない」ということで，1年にいっぺんは行商に回る。得意先のほうも，売買の効率性を度外視して，その村長さんが顔を出してくれることを楽しみに待っているのである。また江戸時代の伊勢神宮への御陰参りでは，200－400万人という驚くべき多数の人びとが長旅をしたが，それはそれぞれの檀家内部での人間関係だけでなく，神宮の御師の人たちとの人間関係，さらには人と神とのつながりを維持・強化・拡大するために行われたのであろう[1]。Arendt (1958) は，人が生

---

1) 宮本（1987）はさらに中世から近世にかけてのさまざまな旅の実例をあげている。そのほとんどが，旅で新たな人びとと出会って，人の輪を広げていくという実例である。またその人の輪の広がりが，各地に新たな知識・技術・文化を伝達するという役割を果たしたと述べている。例えば江戸時代中期，愛媛県大三島に住んでいた下見吉十郎という百姓の例を取り上げている（同書48-49頁）。彼は自分の子どもたちが次々と死んだので神仏に頼って

きるということは「人と人のあいだに生きる」ことであり，人と人の間に生きることによって，初めて生きることの「リアリティ」を感じ取ることができると主張した。人が「人間らしい心」を持って生きるためには，「人と人の間にあり続けること」が必要である。先人たちの旅は「人と人の間にある」ことを強く感じるため，さらに多くの人びとと出会って人間どうしの関係性を強化し拡大するために行われたと言うことができる[2]。私は，「哲学の鬼」と言われた西田幾多郎の次の言葉を思い出す。西田は，追憶の随筆の中で，「人間の仕事は人情ということを

災いを防ごうと旅に出た。日本中を北から南まで，足かけ3年間歩き続けた。旅費はすべて，旅の途中に出会った村人たちから施しを受けた。薩摩で出会った村人からは，サツマイモの株をもらい受け，それを故郷に持ち帰った。それが瀬戸内海地方で広く栽培されるようになり，社会を大きく活性化させたそうである。旅が新たな人のつながりを作り出し，それを通じて，知識・技術・文化が伝達された。また宮本（2006）は，旅の厳しさ，そしてそれへの不安を示す実例もあげている。「あるくかせいぜい駕籠，馬程度しか利用するもののなかった時代であるから，未知の世界に出るにはさまざまの不安がともなっていた。したがって遠方への旅立ちにはそのまま生きわかれになるかもしれなしということで水盃でおくる風もあったし，親しい人びとは餞をことづけることを忘れなかった」（206頁）と述べている。

2) 私は，先人たちが「多くの人びとと出会うために旅をした」と説明した。認知哲学的な表現としては，ハンナ・アーレント的に「人と人の間にある」ことを強く知覚するために旅をした，という言い方になるだろう。このような言い方で私が人びとの旅の動機を説明したのは，何もこれまでの民俗学の成果である漂泊の人びとに関する「歴史民俗学的事実」を「希薄化」してしまおうと考えたからではない。「多くの人びとと出会うために旅をした」という説明は，何よりもまず，「農業に適した土地をもたなかった人びとが貧しさから逃れるために故郷を離れて遍歴した」というような旅に対する「消極的理由」を打ち消すためであった。もちろんこうした「消極的理由」から旅に出たケースも少なからずあっただろう。しかしそれが必ずしも先人たちの「主要な旅の理由」ではなかったと考える。このことはこれまでの民俗学が明らかにしてきた漂泊の人びとに関する「歴史民俗学的事実」とも一致している。例えば柳田国男は『郷土生活の研究』の中で，漂泊する人びとは主に村の農民＝常民層からではなく，昔から「諸道・諸職として一括されていた者たち」の中から出ていることを的確に指摘していた。赤坂（1997）はこの点を高く評価している（403-407頁）。この諸道・諸職の人たちの話は，網野（1980, 1996, 1998）が考察した「無縁の人びと」という概念とも繋がっている。諸道・諸職の人びととは，たとえば鍛冶屋や鋳物屋などの技術者や，芸能を職業とする人びと（注，かつては商業も芸能の1つであった）や，宗教的理由で漂泊する人びとのことであったが，彼らは明らかに「貧しさから逃れるため」というような消極的理由で漂泊の人生をしているわけではなかった。彼らはまさに旅によって多くの人びとと出会って人の輪を広げながら，それぞれの職能を果たしていたわけである。宮本（1987）は一遍が旅を続けた意味を魅力的に語っている。「人にあうこと，それがさとりの縁をつくることであると信じて，ただひたすら足にまかせてあるき，多くの信者を得たからといってそこでとどまることはなかった」（20頁），「むかいあって話しあうこと，また行動を1つにすることで理解しあえるものと信じた一遍は，多くの人にあうために，あるくよりほかの道を見出すことができなかった」（19頁）と述べている。

離れて外に目的があるのではありません。学問も事業も究極の目的は人情のためにするのだ」と述べていた[3]。人の仕事の究極の目的は「人情」であった。それが「いにしえの日本人の心」であった。

　現代の旅はどうであろうか。われわれ現代人の旅は，住みにくい人間社会から一時的に脱出するための「癒しの旅」であったり，商業主義化したガイドブックに沿ってその内容を確認するような旅だったりする。現代では，先人たちのように，多くの人たちに出会うために旅をして，そこで人間関係を維持・強化・発展させるという意味は，盆や正月の里帰りを除きあまりない。会社や職場や接待の団体旅行も，急激に減ってしまった。人が旅をする理由は，時代とともに，大きく変化してきた。

　本章では，先人たちの旅の心に立ち返って，旅でも特に行商という形で行われた商人の旅を具体的に取り上げ，その旅がどのような経験の知恵をもたらし，またなぜ市場経済を含む社会の新陳代謝に大きな影響を及ぼす力を持ちえたのかを，認知科学的視点から考えていく。もちろん，一般の旅人の心と，一部の大成功をおさめた卓越した行商人の精神を，まったく同じように扱うわけにはいかない。卓越した行商人は，商取引からの利益獲得に関して，きわめて高度な合理性や知識そして強い忍耐力や決断力を有していたであろう。しかし彼らも，ひたすら利潤の獲得をめざすだけでは世渡りはできないと知っていた。合理性を重視して利潤獲得をめざすと同時に，自分だけの欲望を抑えつつ，他者とともに「人と人の間に生きる」ことが，場合によっては合理性以上に重要であることを知っていた。このように「人と人の間に生きる」ことの重要性を知り，それを願って旅をした点で，多くの旅人や行商人の精神には，共通のものがあったはずである。行商の旅の目的は，単に各地の価格差を利用して，効率的にもうけることだけではなかった。苦しみを超えて，広い世界を行商することによって，商人たちは多くの人びとに出会い，それによって人間関係を維持・強化・発展させ，さらに人間どうしのふれあいの臨場感を味わった。そしてその「結果」として，人によって量的には異なるものの，自分なりの商売の利益や「経験を通じて身体で覚えた知恵」を獲得した。同じことを，センスメーキングという概念を用

---

[3] 鎌田（1991）138頁より引用。また上田閑照編（1996）『西田幾多郎随筆集』を参照されたい。

第7章 旅と行商がもたらした「身体的知恵」をめぐって 209

いて説明すると次のようになる。商人たちは，旅によって多くの人びとに出会い，多くの人びとの経済文化に参加することで強い「生のリアリティ」を味わったが，それは彼らのセンスメーキングの力を刺激・促進させたと考えられる。しかしそれだけではなかった。さまざまな地域で多くの人びとと出会うことによって得られる「多様な生のリアリティ」は，この高められたセンスメーキングの機能によって整理・縮減されて，さらに大きな「知恵の世界」つまり「経験を通じて身体で覚えた知恵の世界」を形成していったのである。われわれは本章において，こうした「身体で覚えた行商人の知恵」が，なぜ黎明期の市場経済を含む社会の新陳代謝にきわめて大きな影響を及ぼしうる力をもつものであったのか，この問題を新たに民俗認知学的視点に立って考えていきたい。

以上の研究を行うことで，どのような学問的成果が得られるのだろうか。第1は，旅や行商の研究を，従来の歴史学や民俗学の考察とはまたひと味違った認知科学的視点から展開できるということである。ここでの中心的問題は，「経験を通じて身体で覚えた知恵」とは何かを新たにどのように理解するかということである。その知恵は，頭で理解しただけの知識や思想と，どのような意味で異なっているのか。具体的に歴史の中で，その知恵は，人びとの行動にいかなる影響を及ぼしたのかを明らかにしていきたい。われわれは従来の歴史民俗学的な考察を超えて，さらに新しい視点から研究を深化させていきたい。第2は，従来の認知科学，特に実験研究に対する批判である。研究方法を，実験室という「バーチャルな狭い空間」から解放して，現実の歴史民俗的な豊かな文脈の中で，新たに研究を展開することの重要性を示すことができる。第3は，経済学に対する新しい提案である。これまでの「情報の経済学」は根本的に批判され，書き換えられねばならない。従来の情報の経済学は，ブルーナー的な視点から言えば，「意味」の問題を排除したがゆえに，「人間学」になっていなかったからである。たとえば同じ情報でも，その情報がいかなる身体的・精神的条件のもとで獲得されたのか，そうした人間の主体的経験や状況の違いがその情報の意味の理解に大きな影響を与えてどのように異なる結果を生み出すのか，こうした問題をこれまでの情報の経済学はほとんど無視してきた。本章では具体的に，人と人が出会う場において「身体で覚えた知恵」からもたらされる情報と，

頭で理解しただけの知識や思想からもたらされる情報では，それらが人間行動，特に実践力・実行力に対して大きな相違をもたらし，その結果，異なる経済社会的影響を生み出すことを明らかにする。

　私はこの研究を楽しんで進めることができた。研究をしながら，いつも旅する行商人たちの姿をイメージすることができた。行商人たちは，重い荷物を天秤棒につけて，暑い日ざしの中を，汗を流しながら歩いた。寒風が肌を刺す日は，こごえる体を丸めながら歩いた。しかし彼らには，見あげれば，いつも頭上に青空が広がっていた。希望と志を胸に抱いて，苦難を超えて，そしてふるさとに残してきた懐かしい家族のことを思いながら，彼らは歩いて行った。それは，苦難の中から生まれようとする黎明期の市場経済の，ある意味で「幸せなとき」であった。そうした経験の中から生まれた知恵がいかなる力をもたらしたのか，なぜその知恵は，市場経済・流通経済に大きな影響を与えていく力を持ちえたのか。こうした問題を改めて認知科学的にすくいとって明らかにすることは，旅の苦楽に耐えてわれわれの経済社会の基礎を作り上げた先人たちに対する「恩返し」のように感じられた。この研究を進めることで，われわれの心に，いくばくかでも先人たちのあの心と知恵が生き生きとよみがえるとしたら，それは何と素敵なことだろう。楽しみつつ，感謝しつつ，旅と行商の経験がもたらした「身体的知恵」の民俗認知経済学を始めることにしよう。

第2節　歴史の中の行商人群像

　中世の日本において「商人」と言えば，それは一般的には「行商人」のことであった。もちろん実際にはすべての商人が行商人であったわけではない。桜井（1998）は，商人を卸売商人，問屋，小売商人に分けて説明している。生産地から消費地に商品を運ぶのは卸売商人である。その商品を消費地において受け取るのは問屋，さらに問屋から商品を入手して最終消費者に売りさばくのは小売商人である。行商人は，これらの商人類型のうち，主に小売商人として活動していた。行商人が卸売商人の役割を兼ねている場合もあったが，その主要な役割は小売商人だっ

た⁴⁾。そして定住型の小売商人がまだ少なかった中世においては，この典型的な小売商人としての行商人が，典型的な商人として一般には認識されていた。石井進（1998）も，豊田（1949）の主張に基づいて，この行商人の歴史的意味を次のように強調している。「豊田さんが指摘されたことですが，近世初頭の16世紀以前において『商人』とは『一般に物品を販売して歩く行商人』をさす言葉であり，これに対して『町人』とは町地に定住して，商業に従事する定住商人をさす言葉でありました。……豊田説は重要な点を指摘されたものであり，中世商人の特質を見事についておられます。町地に定住して商業に従事する定住商人（町人）の非常に少なかった中世において，商人といえばまず行商人と考えるべきだ」（4-5頁）と主張している⁵⁾。

これらの小売商人は，中世では「連雀商人」とも呼ばれていた。連雀とは，麻縄で編んだ荷縄を背負子につけたものである。これを背負って小間物などを運んだ行商人が，連雀商人と呼ばれた。また連雀の名は，今でも連尺町または連雀町として，主に彦根より東の地域の城下の町名に見られる。小野（1928）は，この町名の由来を，城下町の大手門付近に連雀商人（行商人）が多数集まって，市を開いて商取引を行ったという歴史的事実から説明している⁶⁾。石井進（1998）は，中世末期の連雀商人とは，こうした市に集まる「あまり多くない品物を，あまり遠からざる地域から売買に参集する人々」であったと説明している⁷⁾。ところ

4）桜井（1998）141頁参照。

5）現代においては，行商はきわめて少なくなってしまった。日本におけるこれまでの行商の詳しい実態調査研究としては，たとえば中村（2009）を参照されたい。

6）市に関しては多数の研究があるが，たとえば北見（1977），豊田（1983），石原（1987）などを参照されたい。また露天市・縁日市に焦点を絞った研究としては，秦・坂本（1993）を見られたい。網野（1980, 1996, 1998, 2005）は，市を「無縁の場」として捉えていて魅力的である。このとき注意しなければならない点は，市が「無縁の場」といっても，人間の関係性としての「縁」が，真空状態のようにまったくない，といっているわけではない。定住民が作る一般社会（当時は贈与社会）を支配するルールが，この「無縁の場」としての市では，「通用しなかった」と言っているだけである。つまり定住的社会のルール以外のルールが，ここでは機能していたのである。市は古来，虹が立った場所を選んで開かれたと言う。それは虹が立った場所が，「この世」と「あの世」の境界だと信じられており，それゆえその場所で開かれる市では，一般の定住社会のルールが通用しないのが当然だと正当化されたのである。そしてこの「無縁の場」としての市では，「無縁の人びと」としての漂泊民が活躍した。「無縁の場」としての市と，「有縁の場」としての定住社会（贈与社会）の相互関係性が生み出すダイナミズムについては，拙著（中込 [2015a]）を参照されたい。

でこのような連雀商人は，時代とともに次第に定住化した常設の店舗商人に圧倒され，その活動は衰退していくことになる。また交通の中心である伝馬町などに問屋ができたりすると，そうした問屋に売買の機会を奪われていくことになる。

中世における行商人は，連雀商人だけではない。遠隔地間を行商する大規模な商人たちもいた。石井寛治（2003）はこのような例として，源義経を奥州の藤原秀衡の都であった平泉に導いた「金売り吉次」の話をあげている。このような初期の遠隔地間の行商は，佐々木（1981）によれば，一般に政治的支配者層が需要する贅沢品・奢侈品を主に扱ったと思われるが，しかし笹本（2002）は遠隔地間の行商が，当時から必ずしも奢侈品のみを扱っていたわけではない実例（鍬の行商の例）をあげている。

遠隔地間流通は，その後，どのように発展していったのであろうか。われわれが研究対象とする近江商人は，この遠隔地間流通の発展の中で論じられる存在である。桜井（2002b）は，遠隔地間流通を，次のように3つのタイプに分類している。第1は商品が地方から畿内などの中心地域に集まる求心的遠隔地間流通であり，第2はそれと逆に中心地域から地方に商品が分散していく遠心的遠隔地間流通である。先の金売り吉次の例は，この第1の求心的または第2の遠心的遠隔地間流通にあてはまるものであった。そして第3のタイプは求心的でも遠心的でもなく，地方と地方をつなぐ地域間流通であった。第3の地域間流通は資料の不足から実態が把握しにくいものであるが，近江の五カ商人や同じく近江の四本商人（または山越衆とも呼ぶ）をその例としてあげることができる[8]。これら近江の行商人の集団内部は，平等性原理と年寄―若衆という年臈制で秩序づけられており，また集団間は惣村連合的で，流通経路を共有する集団どうしが集まって連合体を形成していた。その連合体の代表的なものが，薩摩・八坂・田中江・小幡・高島・南市が連合した五カ商人と，小幡・石塔・沓掛・保内が連合した四本商人（山越衆）であ

---

7) 他方で石井進（1998）は，戦国時代の今川氏の出した「連雀商人に対する皮留めの命令」を検討し，連雀商人の中には，京や畿内に根拠地を持つ大きな規模の行商人も混じっていたのではないかと論じている。

8) 以上は，桜井（2002b）225頁を参照。

第7章　旅と行商がもたらした「身体的知恵」をめぐって

った。前者は主に若狭小浜との交易を行い，後者は主に伊勢との交易を行っていた[9]。桜井（2002a）は，これらの連合体内部の協力関係を，次のように説明している。

　「連合体を構成する集団は彼らの権益を守るための経費を分担し，あるいは共有の市場で開かれる市祭に共同参加するなど，経済面・精神面双方において協力関係を維持した。このような共同行為をおこたればその集団はただちに当該方面における交易から排除されたのである。彼らのあいだには『古実』『古法』と呼ばれる慣習法が成立しており，各集団はそれを遵守することを義務づけられていた」（130頁）。

　近江商人の連合体内部では，たしかに上述のように協力関係が成立していたが，連合体間では激しい競争や争いが起きた。水原（1993），桜井（2002a）は，永禄元年（1558）に起きた保内商人と枝村商人の争いを詳しく説明している。枝村商人が，戦乱によって東山道経由の行商から伊勢道経由の行商に変更したことで，これまで伊勢道を独占してきた四本商人（山越衆）特に保内商人と衝突したのである。結果は訴訟の巧みさと戦国大名の六角氏とのつながりを背景にした保内商人の勝訴に終わった。保内商人はその後も「文書主義の浸透という社会の変化に機敏に対応し，偽文書と訴訟をたくみに利用しながらつぎつぎと他の商人集団を駆逐していった」（桜井，130頁）。保内商人の偽文書の事件として有名なのは，「伝後白河天皇宣旨案」と言われる後白河法皇のお墨付きの話である。こうして保内商人の活動範囲は拡大していき，彼らは近江商人活躍の先駆的存在になっていった。しかし競争の勝者であった保内商人も，やがて衰退していく。保内商人の後ろ盾であった領主の佐々木六角氏が，観音寺城の近くの石寺新市という場所に，保内商人を強制的に移住させ，その財力を取り込んでしまったのである。また佐々木氏自身も，その後，織田信長によって攻め滅ぼされ，また信長は近江における牛馬売買の権利を安土に限定する政策（天正5年）を行ったため，保内商人

9）　以上は，桜井（2002a）130頁を参照。

は伯楽座の権利を奪われてしまうのである[10]。

　保内商人の衰退の後，また新たな近江商人たちが，歴史の変化の中で飛躍のチャンスを得て台頭してくる。信長による安土の楽市楽座にも，多くの近江商人たちが参集した。しかし本能寺の変で安土は灰と化し，その後豊臣政権下では豊臣秀次が近江を支配して天正13年には八幡山城を築いた。しかし周知のようにやがて秀次の切腹という事件が起きて，せっかく築いた城は廃城となり，商人たちは殿様のいない城下町に残されることになる[11]。この歴史の激動の中で，近江商人たちは自らの活路を切り開くために，新たに他国への行商を展開していく。逆に廃城という危機をバネとして，いっそう奮起して働いたのである。この中で頭角を現してくるのが，高島商人・八幡商人・日野商人・湖東商人などの近江商人たちであった。

第3節　近江商人の行商と経済活動

　前節で説明したように，近江商人は出身地によっていくつかのグルー

---

10) 保内商人の衰退については，詳しくは仲村（1994），岩井（2002），三方よし研究所（2015）などを参照されたい。

11) この地は関ヶ原合戦の後，江戸幕府の直轄地になった。しかし近江には多くの小規模な支配地また支配地の飛び地が混在していて，政治統治上入り組んだ構造になっていた。この政治統治の複雑さが，封建主義的な規制の盲点を生み出し，近江商人たちはあまり強い政治的規制を受けずに，比較的自由に商業活動を展開できた。これが近江商人の台頭の理由になったと言われている。詳しくは，邦光（1986）小倉（1990）などを参照されたい。邦光（1986）は次のように説明している。「何しろ近江の国は全体からいうと81万石の土地だったが，彦根の井伊藩以外は小藩ばかりで，しかも旗本領もかなりまじっている。とにかく近江に領地を有するもの254名，特に，蒲生郡などは80余領主，滋賀郡は50余領主に分かれ，甲賀，野洲，栗太の各郡はそれぞれ40余の領主を上に仰ぎ，1村が11人の知行地に分割されていた場合もあって，これではとても保護を期待できない。しかし，これもたった1つ利点があった。それは交通自由なことで，大藩の領民は，藩内に閉じこめられ，他国に出向くことが難しいけれど，近江の住民は，領国の掟に縛られることがすくなかった。……近江ではそれを行商に利用した。その上，日本の四辻，日本のヘソといわれたくらいで，およそ日本の文物で近江を通らぬものはないというほど，東西，南北の交通の要衝に当たっていたから，ありとあらゆる情報が近江に入ってくる。情報と交通の自由，これは行商にはなくてはならない必須条件で，その上，今まで保護してくれた信長，秀次，氏郷といった庇護者を失って，安土や八幡は廃城になったから，集まってきた商人はしかたなく行商に活路を見出さざるをえなくなった。これが近江商人の発生起源であろうと思われる」（97-98頁）。

プに大別され，それぞれの活躍した時期，進出した地域，また扱った商品類は異なっていた。日野商人の出身地は，蒲生郡日野であり，日野の特産物である日野椀や医薬品の行商によって発展のきっかけをつかみ，その後，北関東などをはじめとして多くの地方都市に拠点を築いていった。このような日野商人の全国的な展開は，確かに先行する八幡商人などより遅れたが，しかし徳永（1983）によれば，日野商人は江戸時代において活躍した商人の数が一番多く，活動範囲も広く，出店数も多かったそうである。邦光（1986）も日野商人の出店数は群を抜いて多かったと説明している[12]。そこでわれわれも，日野商人に焦点を絞って，彼らの心理的および行動的特徴をより詳しく考察していくことにする。

　日野商人の代表的な人物としては，中井源左衛門や西川仁右衛門・甚五郎らの名前を直ちに思い浮べることができる。ともに行商から身を立て，豪商になった人物である。中井源左衛門は日野商人の心を「金持商人一枚起請文」として表したことでも有名であり，西川仁右衛門・甚五郎は「西川ふとん」の祖として名高い人物である。

　中井源左衛門の商業活動は19歳から始まる。享保19年（1734）に，同じ日野商人の相坂半兵衛につれられて，関東へ行商に出かけた。それから下野・大田原に出店を構えるまで，行商生活を15年間続けた。ここまでが源左衛門の商業活動第１期である。「商売の基礎は，ほぼこのときまでに確立された」（徳永同書，32頁）と言われている。近江商人は主に中山道を歩いた。中山道は東海道と比べれば，河川の障害は少なく，また政治的要因によって交通が混乱することも比較的少なかったからだと言われている。しかし実際には図１で示したように，中山道は山岳地域を通るため，厳しいアップダウンが多く，歩くのに難所と言われる場所も数多くあった。木曽川の切り立った崖にそった道や，しばしば洪水を起こす河川を歩いて渡るという難所もあった。しかし近江商人はこの中山道を歩いた。近江商人の節約に徹した厳しい旅は有名で，例えば「節

---

[12] 邦光（1986）は，日野商人の出店数が非常に多くて，ライバルの八幡商人などからは「日野の千両店」などと「悪口」を言われていたことを紹介している。「日野商人は千両たまるとすぐ店を出したがる」という意味だそうである。また邦光は，近江日野の地勢的特徴や，政治支配の歴史的変化と日野商人の来歴の関係を詳しく論じている。われわれのここでの研究は，歴史研究そのものが目的ではないので，詳しい歴史的説明は参考程度に留めて先に進むが，詳しくは，邦光（1986）113-116頁などを参照されたい。

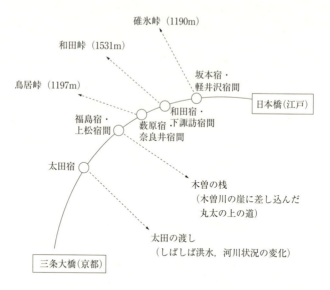

図1 中山道の難所

注）中山道は，江戸の日本橋から武州・上州・信濃・木曽・美濃・近江を通って京都の三条大橋に至るおよそ534キロの街道で，途中に69の宿場があった。中山道の三大難所と言われたのは，太田の渡し・木曽の桟（かけはし）・碓氷峠であるが，それ以外にも，和田峠・鳥居峠などの厳しい難所はいくつもあった。

約のために辻堂で眠ったり，野宿したりするのはしょっちゅうのことで，日野商人の1人山中兵衛門は，若い頃，昼飯を節約して，畑の大根を求めて，飢えを凌ぎ，茶店代を節約するため，川の水で渇きを癒した」（邦光同書，119頁）と言われている。また「重い荷物を天秤棒でかついで，健脚だけを頼りに山野を跋渉するのだ。その苦労は，並大抵ではない。しかし近江商人の成功者は，みんなその苦しい行商生活に耐えてきているのである」（徳永同書，130頁）と説明されている。

天秤棒は近江商人のシンボルであった。その証拠に，東近江市の「近江商人博物館」は，現在でも「てんびんの里」という名前で呼ばれている。近江商人たちはこの天秤棒をかついで，毎日長時間，長距離を歩いた。その精神は「勤勉，倹約，堅実，自立」であり，他の商人と比較しても卓越していた。天秤棒は，彼らの勤勉の精神を象徴するものであった。竜門（2012）はその天秤棒を表した「星久」（図2参照）を屋号にし

第7章　旅と行商がもたらした「身体的知恵」をめぐって　　217

図2　星久（松居遊見のトレードマーク）
注）このマークは、著者が原型を参考にして、
　　個人的に描いたものである。

た近江商人の話を紹介している¹³⁾。「この苦行僧のような行商の旅によって、自分を鍛え上げていった」（邦光同書、119頁）のである。中井源左衛門の「店卸記」を見ると、この15年間の厳しい行商活動のおかげで、幼いときの行商の所持金2両は、寛延2年（1749）には、775両まで増えていた（徳永同書132頁、邦光同書121頁）そうである。

　源左衛門の商業活動の第2期は、北関東の下野・大田原に出店を作った後に始まる。大田原は、奥州街道沿いの宿場町であった。ここでは主に日野で作った合薬や太物類を販売した¹⁴⁾。地元の商人と共同で質屋も営業した。近江商人のやり方は、行商で富を蓄積すると各地に出店を作り、今度はその出店を中心として行商を繰り返し、周辺地域に商業圏を広げていくというものだった。源左衛門の場合も、大田原店を拠点に関東北部から奥羽南部にかけて行商を展開し、また出店の枝店として、上野・小泉村に酒造場を作るとともに、磐城・白河にも枝店を作った。その後、仙台にも出店を作った。これらの出店にはそれぞれ支配人を置き、出店の日常的経営はこの支配人に任せた。主人である源左衛門は、

　13）竜門（2012）は、「星久」を屋号にした近江商人の話を次のように紹介している。「松居遊見の屋号は『星久』といわれていた。星久というのは、俗に『トンボじるし』ともいわれた。というのは、真ん中に棒が1本あって、両脇に点のようなものがつけられているので、トンボの眼のようにみえるからである。しかしこの棒は天秤棒を表し、同時に両側の点は星を示していた。つまり『朝は、星をいただいて家を出て商売に勤しみ、夕方には星をいただいて戻ってくる』という勤勉な精神を象徴したものだ。それをシンボルにした。これはまさに、『勤労精神』をいう」（25-26頁）。

　14）合薬とは「今でいう調合した薬品」という意味である。邦光（1986）によると、元禄年間に、日野の名医正野玄三によって初めて作られた神応丸が大評判になって、それ以後日野合薬が全国的に有名になったそうである。日野合薬には、神応丸以外に、奇応丸、帰命丸、六味地黄丸、八味地黄丸などがあった。また絹織物を呉服と呼ぶのに対して、より太い糸を用いる綿織物などのことを太物と呼んだ。源左衛門は、奥羽や北関東などでは綿を産しないのを見て、関西から綿織物を運んで販売したのである。

近江の本家を根拠地にしながら，各地の出店や枝店を巡回し，全体的な総指揮権を握った。仙台に出店を作る明和6年（1769）の段階で，中井系列店全体の総資産は，すでに7500両になっていた（徳永同書133頁，邦光同書121頁）。

このようにして各地に出店が作られたが，本家はあくまで郷里の日野に置かれていた。その本家に，妻子を住まわせた。本家には商品を置かず，そこではもっぱら家族の生活と子どもたちの教育が行われた。出店や枝店で雇う丁稚や手代などの奉公人は，基本的にすべて同じ日野の出身者で固められた（邦光同書129-130頁）15)。これら奉公人の家族も，主人の家族と同様に，郷里の日野に置かれた。したがって主人の妻は，自分の子どもや家族の世話だけでなく，こうした奉公人の家族の世話も受け持った。日野商人の妻たちは，「関東後家」とも言われたが，熱心な仏教信者が多く，主人に代わって留守の家を堅く守った。近江には歴史的に天台宗や真言宗の寺院が多かったが，このことも日野商人に熱心な仏教信者が多かった原因となっている。こうして主人と奉公人の関係は，本人どうしの雇用関係だけでなく，郷里の日野における家族間のつきあいや信仰の関係までも含んだ大きくて濃密な人間関係になっていた（徳永同書135頁，邦光同書131-133頁）16)。各地に展開された出店や枝店

15) 邦光（1986）はこの雇用制度について次のように説明している。「出店に詰めている番頭・手代・小僧はすべて江州人であって，他国の出身者は原則として1人もいなかった。日野中井家を例にとると，ここは日野の出身者で固めていて，10歳前後の小僧を雇い入れると，丁稚として，近江の本邸でまず教育した。はじめは主家の子守や掃除をして馴れさせ，やがて使い走りをさせ，これならつづくとなると，算盤，読み書きを教え，人物試験をとっくりとした上ではじめて各出店に配属させた。郷里出身の店員しか採用しなかったのは，使い込みや不正を防止するためである。日野の出身者なら，親元も親類もわかっているし，本人も郷党の一員として，めったに主家を裏切ったりはしない，まして同郷人ばかりの集団の中で暮らしているのだから，どうしても郷党意識の殻の中に閉じこもることになって，出店のある他国にあっては特に店を守ろうという忠誠心が固くなる。この辺が狙いどころで，近江商人は，郷里出身者ばかりで店を固めていた」（129-130頁）。

16) 徳永（1983）と邦光（1986）は，主人と奉公人の人間関係（本家—分家—別家—後見—支配人—手代—丁稚）の濃密さを示すものとして，次のような『近江日野町志』の説明を引用している。「主人は，後見支配人を信じることすこぶる厚く，また店員一同に対して常に親切を旨とし，手代以上はその家族にいたるまでこれを保護し，後見支配人の地位に進みたる者は，永代別家として関係を絶たず，店員はすべて主人を見ること，あたかも旧幕府時代における重臣の主候に対するに似たり，店員自身はもちろん，その家族に至るまで主家を本家と称えて尊敬依頼し，店員およびその家族の冠婚葬祭等，いちいち主家の意見を仰ぐなど，主従の関係はまったく家族に異ならず，この如くなるが故に，不幸，主家に成年の

第7章　旅と行商がもたらした「身体的知恵」をめぐって　　219

で働く日野商人たちは，同郷の人びととの強い結束力そして主人への強い忠誠心を抱きながら，また郷里に置いた家族を思いその暮らしを支えるために，勤勉に働き続けたのである。

　源左衛門の商業活動の第3期は，仙台大町に出店を作り，経営の基本形を行商から店舗形態にシフトさせることで始まった。行商人が一般に店舗を有する商人になりたいという心理を持っていることは，しばしば報告されているところである[17]。また事実としても成功した行商人たちは，各地に店舗を積極的に開設して，自分たちのそれまでの経営パターンを変えていったのである。

　源左衛門が行った仙台への本格的進出は，いわゆる近江商人得意の「のこぎり商法」の大規模な展開を可能にした。つまり「彼は奥羽地方に綿を産しないのを見て，関西地方から綿，木綿，古着類をこの地方へ送り，奥羽地方の特産物の生糸，青苧，紅花などを関西地方にまわすという近江商人の得意とする鋸商法を考えた。ことに生糸を京都の西陣や丹後（京都府）の機業地へ供給すれば有利だろうと考え，少しずつ実行に移していたが，仙台への進出を機会に，この商戦略を大規模に実現しようと決意したのである」（徳永同書，136-137頁）。また「のこぎり商法」の実施のために，京都の伏見と与謝野郡後野にも根拠地としての出店を作った。

　一般に出店が広い地域に形成され，その多くの出店間関係の中で商品がやり取りされて販売されることを「産物廻し」と呼んでいる[18]。奥

　主人を欠き，あるいは女戸主等の場合に遭遇することありとも，出店の事業は確乎として現状を維持せられるなり」（徳永135頁，邦光131頁）。
17）塚原（1970）は，実例をあげて，行商人が店舗を有する商人になりたいと願った心理を説明している。例えば，山梨県の元陸軍士官であった行商人が語った次のような話を紹介している。「われわれの目的は，店舗を持ってりっぱに人を使い，または個人的にも店の主人として思うように自分なりの経営をやりたい，そこにあると思う。いま自分は北海道に主にいっている。未知の人でも安心して品物を買ってくれる。お得意もふえている。しかし，理想としては，店を持たずとも，住所，氏名を明らかにして，衣料なら，衣料の仲介業者だと新聞，雑誌に広告を出して，注文が殺到するということである。それは難しい話で人は信用してくれぬ。顔をみせ，品物を前に並べて，お話しを交わし，お互いに歩み寄ってきて始めて，商談が成立する。間遠い話だが，人間は，なかなか人間を信用しない。一店を構える力がないから，私のように衣料行商をやっているのである。だから，最終の理想としては店舗を構えることにある」（30-31頁）。
18）小倉（1990）は，「のこぎり商い」なる言葉は古文書には出てこない，昔から「産物廻し」という言葉を使っていると批判している。「往復商売のことを『のこぎり商い』と

羽地方や北関東から京都方面に出荷される生糸類に対して，逆に京都方面から奥羽地方などに出荷される古手（古着類）の関係だけに着目しても，数多くの出店が関わっており，まさに「産物廻し」の名にふさわしい商売が行われていたと言える。京都方面からの古手（古着類）は奥羽地方とりわけ仙台店での一番人気であり，源左衛門は京都方面の各出店に併設された質屋経営を通じて，この古手を安定して入手した。古手を扱う産物廻しは，源左衛門に巨万の富をもたらした（邦光同書122頁，徳永同書138頁）と言われている。

ところで奥羽地方と京都方面の商業ネットワークを構築・維持するためには，巨額の資本が必要であった。源左衛門はこうした巨額な資本を得るために同郷の近江商人などに呼びかけて，共同の合資企業体を形成した。利子や利潤の配分率も出資額に応じて定めた。そして出店ごとに独立した会計制度を採用した。中井家の出資総額は，他を圧倒する大きさであったので，全体的な指揮権を握っていた。このような共同企業体は当時「組合商内」と呼ばれていたが，現代的に言えば「コンチェルン」と言うことになる（徳永同書140頁，邦光122頁）[19]。

源左衛門は各出店から報告された内容に基づいて，自分のコンチェルンの資産状況を「店卸記」と「永代店卸勘定書」に記載した。特に「店卸記」は，驚くことに，源左衛門が19歳で行商を始めてから90歳で亡くなるまで，70年間，ほとんど1日も欠かさず書き続けられていた（徳永同書，143-144頁）。源左衛門の商人としての覚悟のほどがひしひしと伝わってくる。小倉（1990）は，中井家の簿記法の技術が，実質的にドイツ式総合簿記法と呼ばれるものと同じレベルに達していたことを，次のように述べている。「（1）西洋の複式簿記と同じ損益計算書と貸借対照表を作成することのできる組織になっており，しかも，その簿記技術の程度は，前節でも述べたように，ドイツ式総合簿記法と呼ばれるものと

　最近は呼ぶらしいが，そんな語は古文書には出てこない。日本ののこぎりは引き切り，西洋のは押し切りで，どちらか片方は無効運動であるから，近江商人のは『のこぎり商い』ではない。昔から『産物廻し』という言葉を使っている。そして往復商売するだけでなく，拠点をつくると，他店とも組んで綿密な流通網を構成したのである」（48頁）と述べている。

　19）邦光（1986）によると，この「組合商内」の出資金の構成は，次のようなものであった。中井源左衛門が7500両15歩，杉井久右衛門が1000両2歩，寺田善兵衛が1000両2歩，矢野新右衛門が500両1歩，である。

第 7 章　旅と行商がもたらした「身体的知恵」をめぐって　　221

同じ段階にきていたということ，（2）毎年作成されていた支店の決算書，本家の総合決算書，および，帳簿記録を検討してみると，この簿記は，単なる利益確定計算書でなくて，本家がその支店の管理者の業績を管理し，経営能率を向上せしめるための管理資料を作成しており，今日でいう管理会計の機能を果たしていたものであることがわかったのである。江戸時代の中井家が実行していた経営管理法は，今日の相当規模の会社でもまだ実施できていないほどに徹底しているし，厳しいのである」（126頁）。小倉は中井家の簿記法が，「西洋の複式簿記に匹敵，あるいはそれ以上に進歩していた」（同頁）とまで述べている。

　源左衛門の経営システムやそれを記載する簿記法からもわかるように，中井商法は，きわめて慎重で地道なやり方を重視したものであった。これは伊勢商人の代表格である三井の商法と共通するところが大である。しかし同じく江戸期に活躍した紀伊国屋文左衛門の商売のやり方とは著しく異なったものであった。南條（1983）は，これらの商人の商法の違いを，ともに近代商人に必要とされる2つの素質に基づくものとして意味づけている[20]。源左衛門は，その1つのやり方をみごとに実践していた。

　源左衛門は90歳を迎えると，子孫への遺訓として「金持商人一枚起請文」を書いた。この起請文は，近江商人の心がいかなるものであるか，その真髄をよく表している。それほど長い文章ではないので，全文を示す。

> 「金持商人一枚起請文　もろもろの人々沙汰し申さるるは，金溜まる人を運のある，我は運のなき坏と申は，愚にして大いなる誤なり。運と申事は候はず。金持にならんと思はば，酒宴遊興奢りを禁じ，長寿を心掛，始末を第一に，商売を励むより外に子細は候はず。此

---

[20]　南條（1983）は，江戸期の商人のタイプを2つに分けて議論しており興味深い。「近代的商人としては，ふたつの素質が要求される。勤勉努力，着実耐忍の気質と，冒険的，投機的精神とである。1銭もおろそかにしない節約合理化によって資本を蓄積し，一歩一歩事業を拡大してゆく心がけも必要であるが，時に応じて全運命を賭けて新しい事業に身を投じ，全資力をたたきつけてみることが絶大な成功をもたらす場合もあるのだ。このふたつの要素のどちらを主体とするかは，各人の生まれついての性格によるというほかはないが，三井型が前者を主とし，紀伊国屋型が後者を主としていたことは明らかである」（24頁）。

外に貪欲を思はば先祖の憐みにはづれ，天理にもれ候べし。始末と吝きの違あり。無知の輩は同時とも思ふべきか。吝光は消えうせぬ，始末は光明満ちぬれば，十万億土を照らすべし。かく心得て行ひなせる身には，五万十万の金の出来るは疑いなし。但運と申事の候て，国の長者と呼るる事は，一代にしては成りがたし。二代三代もつづいて善人の生まれ出る也。それを祈候には，陰徳善事をなさんより全別儀候はず。滅後の子孫の屠を防がんため，愚老の所存を書記畢。文化二丑正月　九十翁中井良祐識」（吉田（2010）92頁より引用）21)

「金持商人一枚起請文」には，遊び奢りを禁じて，長寿を心がけ，勤勉努力して商売に励むこと，長期的視点に立って，吝嗇ではなく「始末」を大切にすること，さらに陰徳善事を積んで子孫の繁栄を祈ることなどが書かれている。素朴な文章であるが，厳しく苦しい行商の末に大きな財をなした人が，自分の死を前にして子孫のことを思いながら，透徹した自分の心を率直に述べていて，読む人の心を打つ。結局，こうした勤勉・努力・至誠・思いやり・感謝の心という基本を揺るがせず，それを一途に貫いて生きることが，彼の近江商人としての長い経験から得た「人生の知恵」であったのだろう22)。

次に日野商人の代表的人物として，西川仁右衛門・甚五郎を取り上げる。初代仁右衛門も，中井源左衛門と同様に，19歳で行商を始めた。天文18年（1549）のことであった。西川家の創業は，この年と定められて

---

21) 吉田（2010）から引用するに当たり，読みやすくするために，文中のカタカナ表記をひらがな表記になおした。意味は同じである。なおこの「金持商人一枚起請文」の原典は，日野町立歴史民俗資料館所蔵掛軸である。

22) 邦光（1986）は，「金持商人一枚起請文」を評して次のように述べている。「この『始末』と『長寿』を説いた家法は……個人の致富は運ではなく努力だといいつつ，天下の大富豪になるためには二代三代とつづいて善人が出てこねば成りがたい，これは運だと初代は説いている。その運は，坐して待っていてもやってこない。ただ祈っても駄目である。そのためには陰徳を施して善根を積まなければならないのである。陰徳のためにする寄付や慈善は，いわゆる失費でなく，何ら始末と矛盾しない。始末と吝とは，そこが違うのだと彼は主張している。……彼の商法は，綿密な計算と合理性の積み重ねであって，全く投機的なものではなかった。始末と算用と才覚，それに努力と誠実，それが中井源左衛門の信条だった。たとえ一時は儲かっても，欲深く不誠実であったなら，いつかは神仏の恵みもなくなって，末は貧人になるだろう。彼はそういう山師的商法を戒めている」（125-126頁）。

いる。初代仁右衛門はその後，能登，美濃，尾張などで行商を行い，天正14年（1586）には近江八幡町に，元和元年（1615）には江戸日本橋に，それぞれ出店を設立した。彼はそれらの出店をまた新たな根拠地として，さらに行商を行った。初代仁右衛門も，近江商人得意の「のこぎり商法」を行っている。例えば能登に畳表を売りに行くと，その帰りには，近江に塩鯖などの海産物を仕入れて運んだのである（花登（1983, 171-173頁）。

初代仁右衛門の行商は，商品の売買のほかに別の意味を持っていた。それは4人の子どもたちを次々と交替で行商に連れて行き，商売のやり方を実地に教えるとともに，どの子が後継者に一番適しているかを見極めたのである。花登（1983）は次のように述べている。「現代でも事業を維持していくうえに，もっとも大切で必要なのはよき後継者である。ましてや江戸にまでつまみ店という出店を出したとはいえ，まだまだ創生期の西川家である。その二代目の才覚が将来の運命を握ると見てとったにちがいないし，子どもたちを交互に行商に連れていったのも，どの子が後継者として適任であるかを選択していたように思われる。そこに父としての仁左衛門と，商人としての仁左衛門の完全に分離された姿勢がうかがえる」(174頁)。結果として，初代仁右衛門は，後継者として四男の甚五郎を選んだ。これが近江商人の合理主義である。花登は，この後継者選びが，「より才覚あるものが主人」との道しるべを残し，西川400年の礎を築いたと指摘している。二代目となった甚五郎は，実際，父親の期待に応えて経営をさらに発展させていくのである[23]。

竜門（2012）は，二代目甚五郎の経営の巧みさについて，1つの興味深い実例を紹介している。進出先の江戸での積極的な蚊帳売りの販売戦略についてである。それまで江戸では主に武士を相手の商売をしてきたが，甚五郎は江戸庶民の日常の会話からヒントを得て，江戸庶民に蚊帳の販売を始めるのである。しかし長屋を歩き回って売ろうとしても，予想に反してなかなか売れない。その原因を考えているうちに，箱根の山中で「蚊帳の色を涼しい新緑の色で染めよう」と思い立つのである。それまでの蚊帳は何の染色もせずにそのまま麻糸を織って作られていた。

---

23) 詳しくは，西川400年史編纂委員会『西川400年史』などを参照されたい。

それはくすんだ色をしていた。しかし江戸の人びとの立場に立てば，夏には蚊を防ぐとともに，涼しさも欲しいのである。そこで萌黄色に染色した蚊帳を売り歩かせることにした。その蚊帳は爆発的に売れた。今の言葉で言えば，消費者ニーズを巧みに捉えた販売戦略の成功例ということになる[24]。

　その後の西川家の経営の経緯については，概略を記す。五代目になった時，西川家は享保の改革によるデフレの波を受け，売上金額が激減した。このときには弓販売などの多角化経営により何とか危機を乗り越えた。西川400年史編纂委員会（1966）によると，西川家の「中興の祖」と言われるのは，その後の七代目利助である。七代目は，過去の経営の失敗を学んで，営業，経営，人事（総務）を研究し，西川家を400年以上維持させる基礎を作り上げたと賞賛されている。寛政11年（1799）には，これまでの慣習であった別家制度を明文化した「定法書」を作った。この定法書では，長く勤めた奉公人が独立して別家を作っても，血縁者の分家と同様の資格と権限が与えられた。主人に対する監督権・罷免権までも与えられていた。自分たちの主人に商才があるのかどうかの判断と監視が，長年奉公人として働いてきた別家の人たちにも，血縁者の分家と同様に許されたのである[25]。こうした決定は経営者としても大きな決断であったに違いない。花登は，彼が「いかに将来の西川家の安泰を考えていたか――これ以上の徹底した合理主義精神はなかろう。しかもこれは200年以上前のことである」（花登同書196頁）と賞賛している。七代目の行った別の大きな改革としては，「三ツ割銀」の制度があげられる。この制度は経営純利益を3等分して，その1つを奉公人に分配し，彼らの働く意欲を高めようというものであった。しかしそうは言ってもこの分配金は，実際には奉公人たちが店を辞めるまでは本家が預かっていて，預かり金は他の人びとに貸し付けて利息を取るというように運用

　24）　竜門（2012）64-69頁を参照されたい。また花登（1983）も，甚五郎が「大道商人の『金魚売り』のごとく，美声の持主を雇い，『萌黄のカヤア』と市内を売りに廻らせた」（182頁）と述べている。なお蚊帳を持ち下り商品として扱って大きな利益をあげたのは，この西川甚五郎だけでなく，ほかに伴庄右衛門（近江屋惣兵衛），伴伝兵衛（近江屋三右衛門）などがいる。詳しくは小倉（1990）57-58頁を参照されたい。

　25）　実際，西川八代目は，「押込め隠居」の処分を受けている。詳しくは末永（2004）43-44頁などを参照されたい。

第7章　旅と行商がもたらした「身体的知恵」をめぐって　　225

された。その他の積立金制度の整理と拡充も積極的に行われ，その蓄えられた資金は貸し付けや土地の購入などに運用された。こうして経営リスクへの対処が計画的・合理的に行われるようになり，商売の長期的繁栄の基礎が築かれたのである。

　花登は，近江商人である西川家の経営は，「守りの合理主義」ではなく，「攻めの合理主義」であったと総括している。「初代仁右衛門は，あくまで『千両天秤』のパイオニア精神の持ち主であった。行商で才覚を得た二代目甚五郎は，西川家の商いの基礎をつくったすぐれた商人であった。そして七代目利助は，主人と奉公人が共同体であるという組織づくりに徹する商人でありながら，ロマンを有していた」（花登同書，204頁）と述べている。こうした近江商人の精神が，400年以上にわたり，西川家の経営を支えてきたと言える。

第4節　経験を通じた「身体的知恵」の民俗認知経済学

　近江商人たちが行商という経験の中から見つけた知恵，そして子孫にも伝えようとした知恵とは何だったのだろうか。知恵の中身を，具体的に「勤勉」とか「合理性」とかの「教訓」の話として語る前に，そもそも経験知や実践知は，単なる頭で理解した知識とどのように異なるのか，こうした問題を明らかにしておく必要がある。なぜならば近江商人の知恵は，人と人が出会う場での身体的な経験知・実践知であったからである。例えば「合理的であるべきだ」と聞いて頭で理解した場合と，自分の苦しい行商から「合理的であるべきだ」と経験を通じて学んだ場合とでは，認知科学的にどのような違いが生じるのか。こうした点を最初に明らかにしておかないと，近江商人の知恵の「真髄」を理解することはできない。

　花登（1983）は，行商することから得られる「利得」とは，（1）「皮膚感覚の成長」（171頁）と，（2）「視野を広くすること」（172頁）であったと強調している。（2）の問題から考えてみる。これは，各地の情報を広く知ることができるという意味であろう。行商の体験が，日本各地の経済・社会・風俗，さらに人びとの考え方に関する知識や情報を増

やすのに役立ったということである。注目に値するのは（1）についてである。近江商人の厳しい行商の実践は，大いなる「皮膚感覚の成長」をもたらしたと言っている。これは実践的な知恵の獲得の意味である。近江商人は「皮膚感覚としての知恵」と不可分な形で，各地の知識や情報を広く獲得したのである。単なる「頭で理解しただけの知識」とは，雲泥の差がある。では「皮膚感覚としての知恵」とは何だろうか。われわれはこの意味を深く考えてみなければならない。

皮膚とは，自分の身体が外界の環境と触れあうところである。つまり「皮膚感覚としての知恵」とは，自分の身体と外部環境が触れあって何らかの相互作用が生じるとき，その中で初めて発揮される知恵だと考えられる。単に頭の中だけで考えた知恵ではない。「身体性の知恵」と言ってよいであろう。

この問題をさらに考えていくためには，Lave（1988），Lave-Wenger（1991）などによる「状況に埋め込まれた学習」という概念が役立つ。さらにこれに関連して，Vygotsky（1978），Cole-Scribner（1974）から佐伯（1986），Cole（1996）に至る考察の深まりが大いに参考になる[26]。

---

26) Vygotsky（1978）以来の研究の流れを，Cole（1996）の命名によって「文化心理学」と呼ぶ。コールは文化心理学の研究テーマを，「人間の精神生活における文化の役割を研究すること」（訳1頁）と述べている。このとき文化の基本的な構成要素は，道具・言語・習慣などの「人工物」である。そしてこれら人間が作り出したさまざまな「人工物」は，「先人の思考と判断の貯蔵庫」と言えるものである。われわれはこうした文化的な「人工物」を，自分たちの能動的精神と活動によって，営々と築きあげてきた。しかし問題はそれだけではない。人間精神は，逆に，自分たちが作り上げた文化環境の中で形成され陶冶されてきたとも言えるのである。つまりわれわれは「二重性の世界」に住んでいる。「二重性の世界」とは，自らが作り上げた文化世界と，逆にその中で形成されてくる自分自身の精神世界の意味である。この二重性の世界は「共進化」する。どちらかを一定と考えて一方だけの変化を考察するだけでは，「人間科学」としては不十分である。相互作用を持ちながらともに進化を遂げていくプロセスを考察し，その中で人間と人間社会の可能性そして逆にその限界性をも分析していかなければならない。

VygotskyからCole-Scribnerに至る研究の深化について，佐伯（1986）は大きな方法論的革新をもたらしたものとして高く評価している。この方法論的革新の意味を理解するために，1つの例を取り上げてみよう。例えばかつて信じられていた知能テストの「普遍的有効性」への盲信の批判である。人間の知能はどのような文化・社会においても同一の性質を持つものであり，その能力の大きさは知能テストという普遍的な評価基準で計ることができるという考え方があった。しかしそれに対して，コールとスクリブナーは具体的にアフリカのクペレ族の人びとの論理的推理能力を実態調査し，このアフリカの人びとがわれわれと同様な「形式論理的な結論」を導けなかったとしても，被験者の論理的能力が低いとは断定しなかった。被験者たちの述べている内容をよく調べてみると，いわゆる「形式論理」とは異なる

第7章　旅と行商がもたらした「身体的知恵」をめぐって

　レイブたちの主張する「状況に埋め込まれた学習」という概念は、現実の文化的・社会的文脈の中で、人間の認知能力および学習能力を再評価しようとする試みである。レイブは数学の知識の実践に関して、実証的な研究を行っている。数学の計算方法を単に先生に教室で講義してもらっただけの子どものケースと、ゲームなどを活用して具体的な日常生活を想定しその計算法を実践に即して学んだ子どものケースを比較している。さまざまな日常生活の場面において、どちらの方が、教えてもらった計算方法を実際にうまく応用することができるだろうか。明らかに実践に即して学習した子どもの方が、より大きな応用力を発揮できる。つまり実践の中で学ぶということは、単に一定の知識を機械的に頭の中に「詰め込む」というのではなくて、知識を現実の文脈の中で「知る」ということの能動的な意味をも「知る」ことになるのである。こうしたレイブの主張は、いわゆる機能主義に対する強い批判となっている。つまり機能主義の立場では、「（学校で学習することも含めて）社会化の過程を受動的なものとして扱い、文化を情報のプールとして、ひとつの世代から次の世代へと正確に伝授されるものととらえている」が、「このような見方は認知心理学にも認識人類学にも困難をもたらした」と述べている（以上Lave (1988)、訳13頁）。機能主義は、社会的・文化的文脈を無視して人間の認知能力を評価し育成することができると主張していた。もしこのような機能主義の主張を受け入れるとしたら、われわれはヴィゴツキー以来、多くの心理学者が繰り返し批判・検討してきた研究的蓄積を軽視することになる。人間の実践的な知的能力は、文化的・社会的状況の中の「埋め込まれた学習」によって育成されるものであると考えねばならない[27]。

が、その部族特有の文化・社会的な文脈に即した「論理」が含まれていたからである。つまり得られたデータを形式論理的な評価基準によって採点したときの点数の低位は、これらの被験者の実体的な論理的推理能力の欠如を示すものではなくて、その地域の文化的文脈の中で、彼らがものごとをどのようにわれわれとは異なった方法で理解しているのかを示すものとして解釈されねばならない。われわれ人間の知性は、社会的文化的文脈の中で発揮されるものだと考えられるべきである。

27) これらの問題に関しては、さらに中込 (2008) 148-155頁を参照されたい。そこでは上述のように、人間が社会的・文化的文脈の中で自分の認知能力をいかに発揮していくかという問題とともに、天野清がCole (1996) の「訳者：解説とあとがき」で鋭く指摘しているように、人間の認知はなぜ自分を育んだ「母」なる文化に「とらわれながらも」しかし「とらわれず」、さらに創造的破壊の思考を展開することができるのかという問題を考察して

レイブたちの考え方は，人間の知性の発揮を，人間と環境の関係性の中で考察していてきわめて魅力的である。人間が知性を発揮して判断し行動するためには，それに必要なすべての知識や情報を，自分の頭の中にストックしていなくてもよい。むしろ人間は，自分が直面するその時々の文化・社会環境の中に埋め込まれているさまざまな情報（ギブソン流の言葉で言えばアフォーダンス）を「手がかり」として知覚しながら，連想の力でその「手がかり」と関連する実践的情報を自分の記憶の中からもすばやく取り出す知恵を働かせ，それらをうまく組み合わせて実際の行動を決定し実行していると考えられる。人間の記憶の中には，「部分的な情報」しかないのである。それでも自分の頭の中に，環境に埋め込まれている「手がかり」をうまく活かして適応的な行動を可能にするための実践的な「知恵」が備えてあれば，それで十分なのである。このような理解が正しいのであれば，われわれの頭脳は，その記憶容量を大いに節約できることになる。頭脳の記憶容量の節約の問題は，きわめて重要な問題である。われわれはここから生命現象の偉大な「謎」をも解き明かすことができる。なぜ数ミリしかない小さな頭脳の昆虫が，自然界の中であれほど見事な適応力を発揮できるのか。2匹の蝶が，複雑にからみあうように，衝突もせずに飛んでいる姿は，考えてみれば感動ものである。数ミリにも満たない頭脳しか持たない小さな昆虫が示してくれる「驚異の世界」である。外界の環境に埋め込まれている情報をうまく活用できる実践的「知恵」さえあれば，人間よりはるかに単純な脳しか持たない小さな生物でも，複雑な自然環境の中で見事な適応的行動をとることができる。

　こうしたレイブたちの主張を基礎とすると，花登（1983）が近江商人に関して言った「皮膚感覚の成長」つまり「身体性を持った知恵の獲得」が，単に頭で理解された知識とは，まったく異なった認知的意味を持つものであることを，直ちに理解することができる。図3は，これまで述べてきた「皮膚感覚としての知恵」，「身体性をもった知恵」，「実践的な知恵」という概念の意味を，わかりやすく示したものである。概略的な図であるが，問題の本質はこれで表現できていると思う。「身体性

いる。実はこの点がコール「文化心理学」の理論的弱点として指摘されうるところであり，その後の新たなる研究の進展が期待される要因ともなっている。

第7章 旅と行商がもたらした「身体的知恵」をめぐって　　229

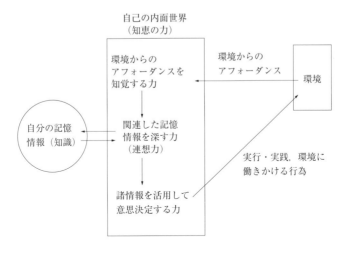

図3　知恵の力について

を持った知恵」とは，（1）自分の身のまわりの環境世界の中に埋め込まれているアフォーダンスという「手がかり」を知覚するための実践的な知恵であり，（2）またその「手がかり」に対して「連想力」を発揮して，自分の頭の中から関連する知識を臨機応変に取り出す実践的知恵であり，（3）さらに環境的「手がかり」と自分の頭の中から引き出した関連情報をうまく組み合わせて活用し，高い適応力を持つ行為を決定していくための実践的知恵であると言える。

このような知恵を，近江商人は，苦しい行商の実践の中から，自ら獲得していったのだろう。実践に必要な知恵は，実践の中でしか獲得できない。また一度得られた知恵も，さらに新たな実践の中で繰り返しその有効性が確認され，部分的な修正が加えられ，強化され，磨き上げられていった。

花登（1983）は，近江商人の「合理性」を，他の商人たちのそれと比べて，「攻めの合理性」であったと述べている。他の商人たちの合理性は，相対的に「守りの合理性」にすぎなかったと述べている。この議論も，近江商人の「皮膚感覚としての知恵」，「身体性をもった知恵」，「実践のための知恵」そして「実践の中で初めて獲得される知恵」の本質を突いた指摘で，非常に興味深い。同じ合理性でも，「攻めの合理性」と

「守りの合理性」があると言うのだ。では両者はどのように異なっているのだろうか。現代の経済学から考えると，この問題をどのように理解できるのだろうか。現代の経済学では経済合理性を，一定の制約条件下で自分の目的関数を最大化することであると説明する。しかしこの程度の説明では，「攻めの合理性」とか「守りの合理性」とかの区別はまったく不可能である。私はこの現代経済学の不十分さの原因を，「志向する心」とリンクした「知恵」の研究の欠落にあると考える。知恵とは「皮膚感覚としての知恵」，「身体性をもった知恵」，「実践のための知恵」，「実践の中で初めて獲得される知恵」のことである。これらの知恵は，環境の中で生きる自己が，その環境の中で「さらによりよく生きていこう」とする「志向する心」とともにある知恵である。しかし現代経済学の中には，「情報の経済学」しかない。頭の中だけで理解された知識も，環境の中で得られる身体性の知恵から得られる知識も，すべてひとまとめにして「情報」ということにしている。しかしわれわれが「先人たちの知恵」の世界を探ろうとして，歴史民俗的な世界をのぞいてみると，現代の経済学が見落としているきわめて豊かな「人間学の世界」が見えてくる。近江商人が行商で得た「皮膚感覚としての知恵」，「身体性をもった知恵」，「実践のための知恵」，「実践の中で初めて獲得される知恵」の話も，まさにその重要な「人間学の世界」の問題の1つである。従来の経済学が完全に看過してきた重大な問題に気づかされる。

　近江商人の「合理性」とは，「皮膚感覚としての知恵」，「身体性をもった知恵」，「実践のための知恵」，そして「実践の中で初めて獲得される知恵」から得られる「合理性」のことである。それは頭の中だけで概念的に理解された合理性ではない。その両者の違いを，一番はっきりと示すポイントの1つは，人間行動に関する「実践力」の差異である。前者の「合理性」は，人間主体に強い実践力をもたらす。しかし単に頭の中だけで概念的に理解された合理性は，それだけでは，人間主体に何ら強い実践力をもたらさない可能性がある。この点を捉えて花登は，「攻めの合理性」と「守りの合理性」と呼んだのであろう。したがってここで用いられている「攻め」とか「守り」とかの表現を，単に「大胆なリスク志向的な行動」と「慎重なリスク回避的な行動」というように理解してはならない。「攻めの合理性」も「守りの合理性」も，どちらも表

第 7 章　旅と行商がもたらした「身体的知恵」をめぐって　　231

面的には「慎重なリスク回避的な行動」のように見えるのである。しかし長く苦しい行商体験から生み出された「皮膚感覚としての知恵」、「身体性をもった知恵」、「実践のための知恵」、「実践の中で初めて獲得される知恵」に基づいて断固行われる「合理的行動」は、いかなる経済社会的変動が生じても、けっして揺るがない忍耐の心と堅忍不抜な精神を伴っている。また経済社会的状況が根本的に変化して「時至れり（好機到来せり）」と判断すれば、断固とした決断によって、大きな意思決定の変更を行うことが可能である。それがまさしく「攻めの合理性」ということである。他方、頭の中だけで概念的に理解された合理性の場合には、同じように「慎重なリスク回避的な行動」と見えても、内実は単に「現状維持バイアス」にとらわれた過度に「自己保全的な行動」でしかない。したがってこの心理状況では、経済社会的状況が根本的に変化して「時至った」としても、積極的な新しい適応的行動を断固行うということは不可能である。このように「攻めの合理性」と「守りの合理性」は、経済社会的変化への適応力また実践力に関して大きな違いを生み出すと考えられる。

　近江商人の合理性は、徹底したものであった。それはまさに「攻めの合理性」と呼ぶのにふさわしいものであった。前節では、こうした近江商人の合理性の実例を数多く説明してきた。そのいくつかを思い出してみよう。例えば近江商人の代表的人物の 1 人である中井源左衛門であるが、彼は中井コンチェルン全体の資産状況の変化を「店卸記」と「永代店卸勘定書」にきちんと記載していた。特に「店卸記」は源左衛門が 19 歳で行商を始めてから 90 歳で亡くなるまで、70 年間、ほとんど 1 日も欠かさず書き続けられていた。これこそ彼が合理的な経営を長きにわたり心がけてきた証拠である。また小倉（1990）はこの中井家の簿記法の技術が、実質的にドイツ式総合簿記法と呼ばれるものと同じレベルに達していたという点を高く評価していた。しかもその簿記は、単なる事後的な決算のための計算書ではなくて、「経営をさらに効率化するための資料を提供する」という積極的性格を色濃く有していたのである。小倉はこの点を次のように賞賛していた。「毎年作成されていた支店の決算書、本家の総合決算書、および、帳簿記録を検討してみると、この簿記は、単なる利益確定計算書でなくて、本家がその支店の管理者の業績を管理

し，経営能率を向上せしめるための管理資料を作成しており，今日でいう管理会計の機能を果たしていたものであることがわかったのである。江戸時代の中井家が実行していた経営管理法は，今日の相当規模の会社でもまだ実施できていないほどに徹底しているし，厳しいのである」(126頁)。中井源左衛門が記載し続けた「店卸記」と「永代店卸勘定書」は，まさに近江商人の「攻めの合理性」を如実に示す証拠である。また前節では，もう1例，近江商人の代表的存在として西川家初代の仁右衛門の行商の話もしたが，そこでは次のことを述べた。初代仁右衛門の行商は，商品を売買するという以外に別の意味も持っていた。それは4人の子どもたちを次々と交替で行商に連れて行き，商売のやり方を実地に教えるとともに，どの子が一番後継者に適しているかを見極めるためのものだった。花登 (1983) はこの仁右衛門の行動を次のように賞賛していた。「現代でも事業を維持していくうえに，もっとも大切で必要なのはよき後継者である。ましてや江戸にまでつまみ店という出店を出したとはいえ，まだまだ創生期の西川家である。その二代目の才覚が将来の運命を握ると見てとったにちがいないし，子どもたちを交互に行商に連れていったのも，どの子が後継者として適任であるかを選択していたように思われる。そこに父としての仁左衛門と，商人としての仁左衛門の完全に分離された姿勢がうかがえる」(174頁)。初代仁右衛門は，結果的に，後継者として四男の甚五郎を選んだのであるが，これが近江商人の「攻めの合理主義」というべきものである。単に世の中の慣習にしたがって長男を後継者にするというのではなく，行商という実践の場において，子どもたちの商才を冷静に判断し，「より才覚あるものが主人たるべし」との道しるべを残して西川400年の礎を築いた。もちろん甚五郎以外の子どもたちにも，今後の生活が立ちゆくように配慮している。そうした温かい父親の情を持ちながら，しかしそれとは切り離して商売人としての厳しさと合理性を貫いた初代仁右衛門の心を思うとき，近江商人の本性の何たるかを強く感じる。近江商人の「攻めの合理性」の真髄をここに見るのである。

　このような「攻めの合理性」を示す実例は，他にも数限りなくあり，それらをすべて取り上げることはできないが，この「攻めの合理性」は，厳しく苦しい長年の行商の実践から生まれた「皮膚感覚としての知恵」，

第7章　旅と行商がもたらした「身体的知恵」をめぐって　　　233

「身体性をもった知恵」,「実践のための知恵」,「実践の中で初めて獲得される知恵」としてもたらされたという点を,改めて強調しなければならない。実践の中で,客観的事実を的確に捉えようとする姿勢,その事実を踏まえて慎重な判断・意思決定をしようとする姿勢,そして慎重な判断と意思決定は常に目の前の現実をさらに改善するための具体性を持ったものであること,そうした「攻めの合理性」の教訓を,近江商人は自らの行商の実践の中から獲得したのである。

　ところで近江商人の特性は,「攻めの合理性」だけではない。合理性以外に,強い倫理観や人間としての豊かな情感,そして強い仲間意識の問題も指摘しなければならない。これらも「皮膚感覚としての知恵」,「身体性をもった知恵」,「実践のための知恵」,「実践の中で初めて獲得される知恵」として,行商の体験の中で獲得され,そして磨かれたものである。まず強い倫理観は,中井源左衛門が90歳を迎えた後に,子孫への遺訓として書き残した「金持商人一枚起請文」の中でも表されている。そこでは奢り遊びを避けて,長寿を心がけ,勤勉・禁欲的に商売に専念すること,さらに無駄を省きながらも世間の義理は欠かさないこと,そして陰徳を積み子孫繁栄と商売繁盛を神仏に祈ることなどが書かれていた。具体的な文章としては,「金持にならんと思はば,酒宴遊興奢りを禁じ,長寿を心掛,始末を第一に,商売を励むより外に子細は候はず」,「始末と吝きの違あり。無知の輩は同時とも思ふべきか。吝光は消えうせぬ,始末は光明満ちぬれば,十万億土を照らすべし」,「国の長者と呼るる事は,一代にして成りがたし。二代三代もつづいて善人の生まれ出る也。それを祈候には,陰徳善事をなさんより全別儀候はず」と書かれている。

　また近江商人の倫理観を示す有名な言葉に「三方よし」がある。一般には「売り手よし,買い手よし,世間よし」という言葉で表されているが,この言葉は,宝暦4年 (1754) に近江の麻布商の中村治兵衛宗岸が養嗣子に宛てた手紙で書いたそうである。ほぼ同じ意味であるが,近江の野洲出身で後に住友の初代総理事になった広瀬宰平は,「自利利他公私一如」と表現している[28]。「三方よし」の意味は,「自分が利益を得

---

28)「三方よし」の言葉の由来については,末永 (2004),帝国データバンク史料館・産業調査部 (2009),竜門 (2012) などを参照されたい。

るとともに，商売相手にも，そして社会全体にも利益をもたらすように配慮せよ」ということである。こうした点を重視した理由は，末永（2004）が説明しているように，「異境を行商してまわり，異国に開いた出店を発展させようとする近江商人にとっては，もともと何のゆかりもなかった人々から信頼を得ることが肝要であった」（11頁）からである。ところで「三方よし」を実際に実践するとなると，自分は「薄利」に甘んじなければならない。近江商人は，「三方よし」の倫理に由来するこの「薄利」の要請と，合理的な利益最大化の要請を両立させるために，自分の商売に打ち込み，勤勉・努力・忍耐による労働強化で商品回転率を引き上げようとしたのである。「薄利」でも，商品回転率が上昇すれば，最終的には大きな利益をあげることができるからである[29]。また商品回転率を上昇させるためには，勤勉・努力・忍耐という問題だけでなく，売れない商品を在庫から排除して，在庫量全体を減らす必要がある。そのためには顧客の心を深く知り，売れ筋の商品を的確に予想する努力も必要になる。近江商人の「三方よし」の倫理は，それを利益の最大化と両立させて実践するために，労働の勤勉・努力・忍耐，そして顧客の心を知る努力など，さまざまな追加的な努力を要請したのである。近江商人は，こうした努力をすべて精力的に，見事にこなしてきた。ではその精神力，気力，実践力はどこから生じたのだろうか。それは彼らが抱いていた価値観及び倫理観が，「皮膚感覚としての知恵」，「身体性をもった知恵」，「実践のための知恵」からすべて統一的に獲得されたものだったからである。旅先での多様な実践と経験を，「生のリアリティ」によって強化されたセンスメーキングの力によって整理・縮減して，統合化された「意味」としての「知恵」そして「価値観」を導いたのである。単に頭の中で理解した知識とは，比べようもない。単なる知識では及びもつかない実践力を，近江商人が持ち得た理由は，まさにこの点にあった。

　強い仲間意識の問題について説明してみよう。前節では2人の代表的な近江商人の経歴と業績を紹介したが，そこでも，彼らが強い家族・同族意識および同郷意識をもっていたことの実例がたくさん出てきた。中

---

[29] 商品回転率の重視の問題については，詳しくは田内（1983）を参照されたい。

第 7 章　旅と行商がもたらした「身体的知恵」をめぐって　　235

井源左衛門に関して言えば，例えば彼が15年間の行商経験を経て，北関東さらには奥羽地方に出店・枝店を作った後においても，そこで採用した奉公人は，すべて同郷の近江日野の出身者であった[30]。そして奉公人たちの家族も，主人の家族と同様に，故郷の日野に置かれたので，妻たちは「関東後家」とも呼ばれたが，しかし家族は家族どうしで，強い助け合いの仲間意識を持って暮らしていた。その中で主人の妻は，故郷で大きな役割を果たした。主人の居ない留守の家を守り自分の子どもたちを育てながら，それだけでなく，多くの奉公人の家族への支援や指導も行っていた。ここでは単に主人と奉公人という働く場での雇用関係だけでなく，その家族をも含んだ大きくて強い「同郷者組織」が形成されていた。夫であり父である近江商人の主人と奉公人は，家族ぐるみの強い同郷意識で結ばれながら，自分たちの家族の生活を支えるために，異境で一心に働いたのである。

　西川家に関しても，強い同郷意識を示す実例はたくさんあった。一般に，行商から身を起こして巨万の富を得た初代近江商人が，強い家族・同族・同郷意識を持っていたことは，中井源左衛門の例からも十分に理解できるが，それだけではなく，この強い家族・同族・同郷意識は，定住化して都市に店舗を持った二代目以降の子孫にも強く引き継がれていった。例えば西川家の「中興の祖」と言われる七代目利助の例を思い出してみよう。彼はこれまでの慣習であった別家制度を明文化して「定法書」を作った。この定法書では，長く勤めた奉公人が独立して別家を作っても，血縁者の分家と同様の資格と権限が与えられた。例えば，主人に対する監督権・罷免権までも与えられた。自分たちの主人に商才があるのかどうかの判断と監視が，長年奉公人として働いてきた別家の人たちにも，血縁者の分家と同様に許されたのである。こうしたシステムの構築は七代目利助にとっても大英断であった。花登（1983）は，七代目利助の大英断に対して，「徹底した合理主義精神」の表れであると高く評価していたが，しかしそれだけではなく，この大英断の裏には，同郷の近江日野出身で長く勤めた奉公人への強い信頼と家族同様の愛情があったと思われる。それゆえに実力と実績があり長く勤めあげた奉公人に

30）　このことは，源左衛門の店のみならず，他の近江商人の店についても同じことが行われている。邦光（1986）127-134頁を参照されたい。

ついては，彼らが独立して別家を作っても，血縁者の分家と同様の資格・権限を与えることができたのである。

　さて，近江商人が苦しい行商体験を通して獲得した「皮膚感覚としての知恵」，「身体性をもった知恵」，「実践のための知恵」が，具体的内容としては，「攻めの合理性」そして強い倫理観や強い仲間意識というさまざまな「教訓」となって現れたと説明してきた。「攻めの合理性」そして強い倫理観や強い仲間意識を持って，複雑で厳しい経済社会の荒波に立ち向かっていくならば，やがて商人としての成功を実現できる，そのように彼らは自らの経験・体験を通じて学ぶにいたったのである。しかしここで少し立ち止まって，さらに考えてみたい。こうした成功を勝ち取るための「教訓」をもたらしてくれたという理由だけで，これらの「皮膚感覚としての知恵」，「身体性をもった知恵」，「実践のための知恵」の意義を評価してよいのだろうか，という疑問である。さらに議論すべき大きな問題が残されているのではないだろうか。私は改めて「実践力」の問題を考えてみたいと思う。

　人間がいかに実行力と実践力を有するかは，単にものごとを頭で理解したかどうかという次元だけで決まるわけではない。「皮膚感覚としての知恵」，「身体性をもった知恵」，「実践のための知恵」が，人間の内面世界にいかなる深い影響を及ぼすのかを考えなければならない。この問題については，これまで議論してきたように，Lave (1988), Lave-Wenger (1991) などの「状況に埋め込まれた学習」の研究から，すでに部分的な解答を得ている。レイブたちは，人間の知性が文化的・社会的な文脈の中で発揮されるものであると主張し，実践・経験を通じて学習したことは，頭で理解したことを超えて，現実の場で大きな実行力や応用力を発揮しうると述べていた。ではなぜ実践・経験を通じて学習したことは，単に頭で理解したことを超えて，現実の場で大きな実行力や応用力を発揮することができるのか。レイブたちは，実践・経験を通じて学習する内容の中には，実践行為に必要な直接的知識以外に，その実践する場における「環境に埋め込まれている知識」つまり「環境の中の手がかりとなる知識」をどう活用するのか，という知恵も含まれているのだ，ということを示唆していた。教室の中で頭で理解しただけの知識には，当然のことであるが，こうした付属的な「環境の中の手がかりと

第7章 旅と行商がもたらした「身体的知恵」をめぐって

なる知識」をどう活用するのか,というような知恵は含まれていない。つまりこの環境内で得られる情報をどのように活用するのかに関する知恵の獲得が,決定的に重要なのである。この点が,その後の人間主体の実践力・実行力の大きさを決定していくのである。

ここまでの議論はこれでよい。しかしわれわれが考えている近江商人の実践力・実行力の深い理解のためには,こうしたレイブたちの「状況に埋め込まれた学習」の研究から得られる解答だけでは,まだ不十分である。近江商人の実践力・実行力の秘密の解明は,レイブたちの問題意識の射程を超えている。その理由は,要約的に言うと,(1)近江商人が苦しい行商を通じて学んだ「皮膚感覚としての知恵」,「身体性をもった知恵」,「実践のための知恵」の内容は,「多面的」であったということである。(2)近江商人たちは,こうした「多面的」な内容を持った知恵の総体を,当時の経済社会的環境の中から得られるアフォーダンス知覚に対して繰り返し適用し,その有効性を実証的に確認し是認するという作業を行いつつ,厳しい競争社会を生き抜いてきたということである。

(1)の問題から議論していこう。すでに述べたように,近江商人が行商の旅で学んだ実践の知恵は,具体的には「攻めの合理性」や強い倫理観や強い仲間意識という「多岐」にわたる教訓を生み出した。近江商人の実践の知恵は,複数以上の「教訓」として具現化して現れたのである。こうした複数以上の「教訓」の相互関係を,われわれはいかに理解したらよいのだろうか。つまり利益の最大化をめざそうとする合理性と,倫理観や情動的な仲間意識の尊重は,一部では両立するかもしれないが,しかしこれらの教訓を全体としてまったく矛盾を感じることなく理解することは本当にできるのだろうかという疑問がある。また教訓どうしの整合性を,心の中で確保できないときには,人間の内面世界の中で何が生じるのだろうか。こうした新しい問題が,議論されなければならない。レイブたちが説明のために使用した例は単純な実験の問題なので,こうした相互に矛盾する可能性がある多岐にわたる教訓を生み出すようなケースについては,まだ議論が及んでいなかったのである。

われわれは,新たな問題を解き明かすために,簡単な図を描いてみた。図4を見ていただきたい。この図は,まず長きにわたる行商の実体験に

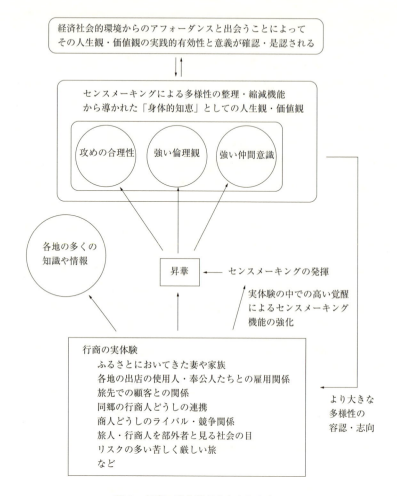

図4　行商の実体験がもたらしたもの

より，各地の多くの知識や情報が獲得できたことを示している。しかしそれだけではなく，「攻めの合理性」，強い倫理観，および強い仲間意識などの種々の人生教訓・価値観が，経験を通じる「身体で覚えた知恵」の具体的成果として獲得されたことも示されている。実体験のさまざまな内容が，センスメーキングによって整理・縮減されて，新たな意味としての人生観・教訓・価値観に昇華されたのである。このとき強調され

ねばならない点は，いくつもの人生観・教訓・価値観が心の中で昇華・形成されてくるが，どれも行商という共通の実体験からセンスメーキングによって形成された人生観・教訓・価値観であったということである。そしてこれら人生観・教訓・価値観の総体は，ともに同じ実体験の中で得た「身体で覚えた知恵」の具体物として，人間主体の心の中で「是認」されえたのではないかということである。いわば，共通な実体験を基礎として行われたセンスメーキングの行為が，「アマルガム」となって，いくつもの人生観・教訓・価値観の存在性を「人間の物語」の視点から強力に結びつけ，それらを総体として是認させる力を生み出していたと考えられるのである。

　実体験に基づくセンスメーキングの「アマルガム」機能の有用性を明確に理解するために，ここで1つの「思考実験」をやってみよう。もし実体験に基づくセンスメーキングという「アマルガム」が存在しなかったら，人間の内面世界はどのように変化するのだろうか，と想定してみよう。そのときには，頭で考えて理解しただけの知識や人生観・教訓・価値観が残されることになる。つまり人生観・教訓・価値観は，「身体的な知恵」ではなくなって，単に頭で理解されただけの知識に変質してしまう。そして次に生じる重大な問題は，これら頭で理解されただけの人生観・教訓・価値観は，これまでと同様に，相互に矛盾を感じることなく整合的なものとして，人間主体に是認されうるのかという疑問である。具体的に言えば，「攻めの合理性」と強い倫理観と強い仲間意識という各種の人生観・教訓・価値観が，頭だけで理解された人生観・教訓・価値観に変質しても，依然として相互に矛盾を感じることなく，人間主体に是認されうるのだろうかという疑問が生まれる。倫理観を重視した行動の一部は，頭だけで考えても，長期的には利潤を増大させるという理由で，「攻めの合理性」という価値観と両立しうると考えられるかもしれない。しかし近江商人の強い同郷意識や仲間意識はどうだろうか。これらは「攻めの合理性」と完全に両立すると考えられるだろうか。これはなかなか難しい問題である。と言うのは，もし同郷という出身地にこだわらず，より広い地域から有能な奉公人の人材を獲得するならば，それのほうが経営利潤を増大させるのに役立つのではないか，そのようにも考えられる。しかしこの同郷意識や仲間意識を強く意識するという

ことは，近江商人が長く苦しい行商体験の中で，故郷に残した家族を思いながら異境で一心に働いてきたが故に自然に獲得したメンタリティーであり，彼らにとっては「心を奮い起こす物語」であっただろう。それをあえて「合理的なものであるか」という理屈の尺度によって理解しようとするのには，無理があるように思われる。理屈から頭だけで理解できるような問題ではないように思われる。これらの人生観・教訓・価値観は，すべて行商を基礎にしたセンスメーキングから得られた人間的な「物語的な知恵」だと思えば，矛盾を感じることなく心の中で是認できるのに，この人間の体験とセンスメーキングいう「アマルガム」が欠落するやいなや，人生観・教訓・価値観相互の整合性を，完全に是認することはきわめて難しいと感じられるようになる。実体験に基づいてセンスメーキングによって自ら作り上げた「身体で覚えた知恵」というものが，いかに強力に，人の心全体の構造を，是認されうる価値観のネットワークに作り上げるのか，われわれは改めてこの認知的メカニズムの意義を深く理解する必要がある。そしてこれらの心の中の是認性こそが，近江商人の精神に，断固たる信念，忍耐力，決断力をもたらしたのではないかと考える。矛盾を感じて「迷い」を持つ心では，こうした断固たる信念，忍耐力，決断力を発揮することは不可能だからである。

　さて（2）の問題について議論してみよう。われわれは近江商人が苦しい行商を通じて学んだ「皮膚感覚としての知恵」，「身体性をもった知恵」，「実践のための知恵」が，具体的には「攻めの合理性」と強い倫理観と強い仲間意識という多面的な人生観・教訓・価値観になったと述べた。そしてその多面的な人生観・教訓・価値観は，ともに同じ実体験を基礎としたセンスメーキングの中で得た経験知であるとして，人間の心の中で「是認」されうるものであると述べた。この心の中でなされる「是認」であるが，これらの人生観・教訓・価値観は，さらに図4で示されているように，当時の経済社会的環境から得られるアフォーダンス知覚に対して繰り返し実践的に適用され，その有効性を経験的に確認されていったのである。この実践よる有効性の確認は，これら人生観・教訓・価値観の正当性を，心の中でさらに強く是認させることになる。近江商人の信念，忍耐力，決断力は，この繰り返しの是認によって，いっそう自己組織的に強化されていったのである。

第5節　江戸時代の石門心学の意義と限界

　実体験を基礎としたセンスメーキングを通じて「身体的知恵」が獲得されたことを述べてきたが，近江商人といえども，子の代，孫の代になって行商から定住の商店経営に転換すると，初代の行商体験の記憶は次第に薄れて，頭の中だけで理解した知識に変質してくる。こうしたことがもたらす影響は，すでに指摘してきたように，人間主体の実践力・実行力の衰退の問題として現れるのであるが，この第5節では，同じ実践力・実行力の問題を，視点を変えて，江戸時代の石門心学に見る「商人道」の主張の有効性とその限界性に関して論じてみたい。

　近年，江戸時代を歴史的にどのように評価すべきか，その検討がさまざまな点に関して行われていて興味深い。近代を準備した近世という時代の再評価である。石田梅岩が開いたいわゆる「石門心学」についても，経済・商業活動を担う人びととの道徳・倫理を説きつつその経済・商業活動の社会的意義を議論している点で，すでに近代西欧思想にも劣らない思想的高みに到達していたのではないかと評価されている。例えば森田（2012）はアダム・スミスの『道徳感情論』の主張と比較しつつ，梅岩の商人道の評価を行っている[31]。

　士農工商の身分制度の社会通念では，「商業活動は不浄なものである」「商人とは売買行為によって人をだまし利益を得る不善をなす者である」という偏見に満ちた考え方があった。これに対して梅岩は，商人が利益を得ることの正当性を論じ，これまでの偏見に満ちた社会通念を払拭しようとした。多くの人びとに，商取引による利益獲得の正当性を是認してもらわなければならないと考えた。アダム・スミスの『道徳感情論』では，市場の基礎にある倫理・道徳の有り様を，「同感原理」を用いて説明した。ある人の商取引の正当性は，その人の胸中にある「公平な観

---

31) これに対して松尾（2009）は，マックス・ウエーバーの『プロテスタンティズムの倫理と資本主義の精神』さらにジェイコブズの『市場の倫理』と比較しつつ，この梅岩の商人道の再評価を行っている。本節では森田（2012）にしたがって，以下，主にアダム・スミス『道徳感情論』との関係から，梅岩の主張する商人道の意味づけを行っていくことにする。

察者」の視点から，「同感原理」にしたがって，その適宜性を是認しうるかどうかで判断されると考えた。その結果，「スミスのいう市場経済とは，弱肉強食の野蛮なゲームではなく，フェア・プレーの精神に則った紳士的なそれである」（森田，15頁）と理解されたのである。森田そしてTessa Morris-Suzuki（1989）が指摘しているように，梅岩の思想は，アダム・スミスのこうした思想とまったく同一ではないが，しかしきわめて相似的内容も含んでいたと認めることができる。

　これまでの偏見に満ちた社会通念を払拭し，多くの人びとに商取引での利益獲得の正当性を是認してもらうために，梅岩は具体的にはどのような議論を展開したのだろうか。梅岩が自ら書いた著作は，『都鄙問答』と『斉家論』の2冊である。まず『都鄙問答』について考えてみよう。梅岩は，商取引による利益の獲得を，支配者階級としての武士の俸禄と比較することから始める。「商人の買利は士の禄に同じ。買利なくは士の禄無して事が如し」（石田梅岩『都鄙問答』巻之二，岩波書店，57頁）と述べている。つまり商取引による商人の利益は，武士の受け取る俸禄と同じである。したがって利益を得ない商人は，禄を得ない武士と同じである。もし武士が主君に仕えて俸禄をもらうのならば，商人も商取引によって天下の人びとにつくすのであるから，利益を得る正当性が認められるべきである，と論じたのである。この主張は，森田も述べているように，「商人と武士を並列して語ることから理解できるように，本質的には，階級によって優劣の差はないということである。……梅岩は四民の本質的平等を強く主張する者であった」（23頁）と評価することができる。

　梅岩のこのような商取引による利益獲得の正当性の主張は，アダム・スミス『道徳感情論』の考え方に従えば，「同感原理」によって多くの人びとに是認される必要があった。この点に関する森田の説明は明快である。次のように述べている。「否定的に受け止められる行為とは，同感不能なものであると表現できよう。同感不能な行為とは，過剰な私性が表出されたそれであり，他者の損得を度外視し，自らの利益を追い求める類のものである。私の肥大化は公の弱体化に繋がり，それは社会秩序の崩壊を招くことになろう。私の利益のみの追求が均衡を崩すことは，万人が首肯するところに違いない。しかし，『正直』かつ誠実な商行為

が，広く批判を受けることは考えにくく，これは経済活動の不浄性に関する判断が，私性の表出具合によることの証左となるように思われる」(24頁)。つまり，梅岩が主張する商取引による利益獲得の正当性の主張は，多くの人びとから「同感原理」によって是認されなければならないが，そのためには「正直かつ誠実な商行為」により過度な私欲の表出を避けることが必要であると考えられたのである。

　私欲の抑制の問題は，倹約と吝嗇の区別という主張になって現れた。この問題は，中井源左衛門の「金持商人一枚起請文」にも出てきたが，梅岩はどのように説明していたのだろうか。梅岩にとっての一番の関心は，節約することの「目的の違い」であった。つまり吝嗇とは私欲のための節約であり，倹約とは天下の人びとのための節約である，と論じた。天下の富の増大に役立つことが意識されているかどうか，という点が重視されている。これについては，梅岩が高く評価した有名な昔話がある。それは青砥左衛門が川に落とした十銭を，五十銭の費用をかけて拾いあげたという話である。山岡(2014)は次のように説明している。「十銭のお金をわざわざ五十銭かけて拾うのは，経済合理性からみればバカげた話なのですが，十銭のお金といえども『公』のものであって，自分個人の所有物ではないという立場に立てば，その行為はたしかに理屈には合わなくとも，『心』にかなったものとなるのです」(101頁)。

　天下の人びとから同感原理によって，商取引の利益獲得の正当性を是認されるためには，正直，誠実，私欲の抑制，倹約の心が必要であることを述べてきたが，ではこうした徳性をどのようにして身につけたらよいのだろうか。梅岩は，まず心の本心である「性」を知覚すべきだと強調する。「『性』を知るならば，『天』をも知ることとなり，『天ノ心ハ人ナリ，人ノ心ハ天ナリ』なる，天人合一の状態に至る。これが，梅岩が説く心学の骨子である」(森田，32頁)。本心である「性」の知覚が必要なのである。ではどのような具体的方法によって，この「性」の知覚を達成するのか。ここで梅岩が強調したのが，「形ニ由ノ心（かたちによるのこころ）」の重要性である。「形ニ由ノ心」とは，一般的に言えば，「形」が「心」を規定しているということである。梅岩は特に「形」として，当時の士農工商という身分・職分の問題を重視した。士農工商の社会の中で自分に与えられた身分・職分は，天によって与えられた

「形」であると言うのである。つまり「性」を知覚するためには，「形」である自分の職分を誠実に果たすことが必要だということになる。

　梅岩は，当初，武士の俸禄と商人の利益獲得の問題を並列して論じ，士農工商の四民の職分には本質的な優劣がないことを主張したが，しかし結局はこうした身分と職分の差別を否定するには至らなかった。結論として到達した内容は，封建的な見解に安住するものになった。森田は，心学としての梅岩の主張に関して，次のような2つの問題点を指摘している。第1は，「自身の『心』を主体的に深めるという自由を許容しつつ，しかしながら，生き様に関する自由を許容しないというのは，思想の自由と行動の不自由を並存させるものであり，結果的には，個人の主体的自由を全般的に抑圧してしまうことに繋がる。『都鄙問答』において展開された梅岩の教説を，社会思想という観点から捉えるならば，既成の階級と体制を是認するそれと分類する他ないであろう」ということである。第2の指摘は次の通りである。「梅岩は，私を滅して公を尊び，日々自身の生業を誠実に勤めなければならないことを説いたが，この根拠として，それが『形ニ由ノ心』を深く解し，『性の知覚』に至る道であるがゆえ，と説いた。……しかしこの『性の知覚』の目的はいったい何であろうか。ここで公私という観点を挟み入れるならば，『性の知覚』への欲求は，公私，いずれの利得に基づくものといえようか。これは必ずしも，後者のみとは考えられない。仕事に励み，『性』を知り，『天』と合一し，また仕事に励むというサイクルは，もちろん天下の万民を利することにも繋がるであろう。しかし，他ならぬ自分，他人でなく自身が『性の知覚』に至るべきであるとするのは，そこに私利も存するため，である」（以上森田同書，39頁）。きわめて重要な指摘である。特に第2の指摘は，こうした梅岩の主張が，実際にどの程度「実践可能」なものなのかを決定していく上で，重大な意味を持っている。もちろん，第2の指摘で「私利」といっているのは，目に見える経済的な利益だけのことを言っているのではない。「私利」には，精神的・宗教的な安心や救いが含まれていてもよい。しかし精神的・宗教的な救済だけというのでは，「『都鄙問答』における経済倫理思想が，超越的価値観の助けなしに完結をみることができなかった」（森田40頁）と批判されてもしかたないと考える。

第 7 章　旅と行商がもたらした「身体的知恵」をめぐって　　　245

　『都鄙問答』におけるこのような問題点は，梅岩のその後のもう 1 冊の著作『斉家論』の中で，どのように取り扱われたのであろうか。『斉家論』では，実は「形ニ由ノ心」の話はほとんど出てこない。その代わりに一般的な徳目として，「倹約」が強調される。『斉家論』は，前著作である『都鄙問答』の内容を，単に簡略化してわかりやすく書き直しただけの著作ではなかった。明らかにその考察の方法が修正されているのである。

　新しく梅岩が主張した「倹約」とはどういう意味の概念であったのか。それは単に金銭的・物質的な節約を意味するものであったわけではない。「物にはそれぞれ本質，すなわち『性』が存するが，その『性』を引き出すことなく，破棄してしまうことも贅沢であると糾弾する」のである。またこのような「倹約」という道徳心は，現実的にも「知らず知らずの内に経済上の『倹約』を行う結果なってしまうという関係にある」（以上森田同書，57 - 59 頁）と考えられている。このような視点に立てば，倹約は，いかなる経済的・社会的行動に対しても，それらより優先されるべきものになる。そして倹約は，なにも商人のみに限らず，他のすべての四民にとっても，もっとも重要視されるべき共通で基本的な徳目ということになる。

　倹約という主張は，「正直」「誠実」という他の徳目とも強くつながっていると考えられた。それは梅岩が基本的には「性善説」を想定しているからであった。基本的徳目である倹約を実行していけば，「心」の本来の姿がよみがえるのであり，それは善であるので，「正直」「誠実」などの他の徳目も実行されていくことになると考えた。

　森田は『斉家論』での梅岩の議論を，前著『都鄙問答』と比較して，高く評価している。「上記の二書を比較すると，梅岩が『心ヲ尽シ性ヲ知』ることを最終的な目標にしていることには変わりがないが，そこに至る修養の道と理由づけとなる存在論を，明らかに変化させていることが判明する。結果的に，社会思想としては現状を肯定するものであった『都鄙問答』に対し，『斉家論』は，現実の社会制度や，それによって規定される身分や職分に対して，積極的に肯定する姿勢を全くみせていない。むしろ，そのような現実の諸関係からは一歩退いた地点で自身の哲学を完結させているように思われる。もちろん，職分を全うせねば『性

の知覚』に至らぬとするのは,『斉家論』の時点においても同じであろうことは,文脈から解されるところである。しかし,その職分を天命とし,それと『心』が不可分で,一致したものとする存在論は,『斉家論』の心学においては必要とされていない。この意味で『斉家論』は,同時代の万人のみならず,近代に向けて開かれた思想書になり得るといえよう」(森田,67-68頁)。「形ニ由ノ心」という「神秘的」な感性に関する議論を取り払い,「近代的な思想」になりえる要因を獲得したことで,石門心学への支持を拡大することができたと論じている。

　私も梅岩が『斉家論』によって,新たに倹約という徳目を強調しつつ,現実の諸関係からは一歩退いた地点で自身の哲学を完結させたことは認めねばならないと考えるが,しかしこれで本当に『都鄙問答』以来のすべての課題はクリアされたのであろうか。特に森田が『都鄙問答』で残された問題として指摘した2つの点のうち,第2番目の問題との関連が気になるのである。それはこの倫理思想が,個々人に十分な実践力をもたらすに足る「私利」をインセンティブとして,個人に担保しているかどうかという問題である。また問題をさらに広げて考えると,「私利」でも「公利」でもよいが,どちらにしても何らかの要因によって,人びとがこの倫理的思想を実践するインセンティブを十分に持ちうるのだろうか,という問題を考える必要があると思う。もし人びとがこの倫理的思想を実践する十分なインセンティブを持ちえないとしたら,倫理的思想はまさに「絵に描いた餅」になってしまう。したがって梅岩の『斉家論』が前著の『都鄙問答』を超えて,より首尾一貫した近代性を有する倫理哲学に到達したことを認めるとしても,われわれはこの時点で立ち止まるわけにはいかない。さらにその倫理思想の実践可能性の問題を論じなければならない。

　実は梅岩自身も,この実践可能性の問題を,後に十分な注意を払って論じている。片岡(2011)は,「梅岩が本心(『性』)を知ったあとの『行』を強調している点は,あまり注目されていないように思う」(190頁)というきわめて興味深い指摘をしている。片岡は,『石田先生語録』(十二,上529-532)に,梅岩が行藤志摩守という人物と,「行状(実行・実践)」に関して議論していると述べている。まず行藤が,梅岩の教導について「『心』を主にしているのか」と問い,それに対して梅岩が否

第7章　旅と行商がもたらした「身体的知恵」をめぐって　　247

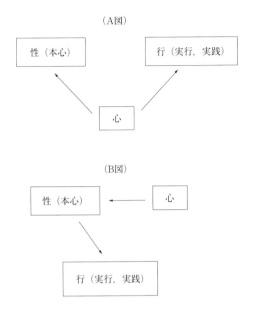

図5　「心」と「性（本心）」と「行（実行，実践）」の関係性
注）片岡（2011）の189-190頁より，一部修正のうえ引用。原典は『石田先生語録』十二，上532。

定して，「行状」を主とすると答えている。そこで行藤が「心」と「性（本心）」と「行」の関係を，図5（A）のように描いて，「心」は「性」に還るとともに「行」は「心」より生じると述べたのに対して，梅岩はそれを否定し，新たに図5（B）を描いて，「心」から「行」が生じるのではなく，「心を尽くして性を知り，性にしたがって行う」のであると説明した，というのである。

しかし梅岩は，この図5（B）の関係を主張しながらも，さらに「性（本心）」を知った後の「行（実践）」の困難さを十分に認識していた。片岡は，『石田先生語録』より，以下のような文章を引用して，この「性」を知った後の「行」の困難さを梅岩が十分に認識していたと指摘している。「我本心ヲ決定スルカラハ，レン直ニ道ノ行ハルルコトハ下リ坂ニ車ヲ推ガ如ク，力ヲ入レズシテ行ハルベシト思ヒシニ，扨サテ行ヒ難キコトハ天ニ梯子ヲカケテ上ルガ如シト思フ，若心易ク行フト云人アラバ今ノ世ノ孔子ナリ，行ヒ難ク困ム筈ナリト決定セリ」（『石田先生語録』

十八，下151）。性（本心）を知った後の実践力に関して，聖人と凡俗の一般人では，大きな違いが存在すると述べられている。では聖人でないわれわれ一般人は，どのようにして，この性を知った後の実践の困難性に立ち向かっていったらよいのだろうか。片岡は，この点に関して梅岩が，微弱なりとも実践を持続させていく必要性を主張していたと説明している。「本心という理念の存在を知るからこそ，理念と自分との距離（実践の困難さ）を自覚し，距離を知るからこそ，微弱なりとも実践して，持続的に理念に近づいていこうという論理である」と述べている。しかしこれで「性（本心）」を知った後の「行（実践）」の困難さが「根本的に解決した」とは，到底考えられない。片岡が，この点に関して，「実践主体の弱さの自覚は，『心学』の自己完結性に風穴を開けるものになっている」（以上194頁）と指摘しているのは，重大な意味を持っていると高く評価できる。

　本章では，こうした梅岩が直面した「性（本心）」を知った後の「行（実践）」の困難さの問題，または「実践主体の弱さの自覚」という問題を，これまで近江商人に関して考察した「身体で覚えた知恵」の「強さ」と比較しつつ，以下において改めて認知科学的視点から考察してみたいと思う。

　石田梅岩の提唱した「石門心学」は，彼自身の著作『都鄙問答』から『斉家論』に進むにしたがって，倫理思想としての完成度を高めていったことは疑いないところである。森田も述べているように，士農工商という身分・職分関係の現実から一歩退いた地点で，四民すべてに向けて「倹約」という徳目を説くという方法で，自身の倫理哲学を完結させていると考えられる。しかし最後に梅岩が直面した問題は，その完成度を高めた倫理思想・哲学をいかに多くの人びとに実践させるのか，その実践に関する困難性をいかに減少させるのかという難問であった。このような石門心学の内容を調べていくと，その対極にある近江商人の「身体で覚えた知恵」の「強さ」の意味が見えてくる。なぜ近江商人の「身体で覚えた知恵」は，倫理思想・哲学として論じられ頭で学習された知と違って，その実践主体に強い実行力を担保するのであろうか。われわれはこの秘密を改めて明らかにしていきたい。

　前節の最後の部分では，以下のように論じた。頭だけで理解していく

つかの価値観を，理屈をつけて，その無矛盾性と首尾一貫性および整合性を論証しようとすると，無理が生じる可能性がある。しかしこれらの価値観を自己の体験を通じて強化されたセンスメーキング行為によって，「身体で覚えた知恵」として得たならば，人はその価値観相互の整合性を「物語」として心の中で問題なく是認することができる。ここでは「形式論理的な整合性」が考えられているのではなく，「意味的な（または物語的な）是認」が問題になっていることに注意すべきである。このとき，自分の体験に基づくセンスメーキング行為はいわば「意味＝知恵を作り出した母」として，各価値観を結びつけるアマルガムの役割を果たしている。しかし実体験が欠落するやいなや，センスメーキング行為は消え去り，価値観相互の無矛盾性と整合性を，改めて頭だけで形式論理的に考えて論証しなければならなくなる。頭だけで論証しようと考えても，納得できない価値観相互の矛盾が心の中に残存すれば，それは「迷い」となって，人間主体の決断力そして行動を鈍らせる。これに対して，体験に基づく「身体で覚えた知恵」は，すべて自己の体験に基づくセンスメーキング行為によって獲得されたものであり，それゆえに意味的・物語的に強力に是認され，人の心の構造全体を是認された価値観の強力なネットワークに作り上げる。心の中で強く是認された実践的価値観のネットワークは，人間主体に，強い信念，忍耐力，決断力をもたらす。行商という苦しく厳しい実体験に基づいて行われたセンスメーキング行為による「身体で覚えた知恵」は，こうして近江商人の断固たる信念，忍耐力，決断力を支える強力な心理的・認知的基盤となったのである。

　石門心学は，確かに『都鄙問答』から『斉家論』に進むにしたがって，倫理思想としての完結度を高めていったが，その内容は，士農工商という身分・職分関係の現実から一歩退いた地点で，四民すべてに向けて，「倹約」という一般的徳目を説くというものであった。四民すべてに向けて一般的な徳目を説くということは，特定な立場やそこで得られる特定な体験の上に立って問題を論じるということの放棄である。それは特定な体験を基礎としたとき初めて深く意味論的に理解できる「身体で覚えた知恵」を重視するという方法論からの乖離を意味している。そこでは頭だけで考えた理屈（＝形式論理）のみが重視され，その理屈によっ

て倫理的主張の無矛盾性が示されねばならなくなっている。しかしはたしてこの「公利」を重視する石門心学の倫理思想は，森田が述べていたように，人びとの心の中から「公利と対立する私利」を完全に排除することに成功したのだろうか，そのような疑問が残る。もし人びとの心の中から「公利と対立する私利」を完全に排除することに成功したのなら，ではなぜ梅岩は，性（本心）を知った後の実践力に関して，聖人と凡俗の一般人では，大きな違いが存在することを認めたのだろうか。倫理思想の実践力に関して，聖人と凡俗のわれわれ一般人では，大きな違いが存在することを梅岩が認めたということは，「倫理思想としては，四民すべてに向けて倹約という徳目を説くという方法で，それ自身の思想・哲学的純化を高めることはできたが，しかし凡俗のわれわれ一般人の心の中には，まだ『公利』と相矛盾する根強い『私利』が残存しており，人間主体の内面世界はまだ無矛盾の整合的な構造にはなっていない」と考えられたということではないのか。石門心学は，凡俗のわれわれ一般人の心の中の構造を，完全に無矛盾の価値観のネットワークとして作り上げる「教え」にはなっていないということである。頭の中だけの理屈では納得できない欲求や価値観相互の矛盾が心の中に残存すれば，それは「心の迷い」となって，人びとの意思決定を鈍らせ，行動を鈍らせる。こうした問題が生じる可能性を，梅岩自身，認識していたのではないだろうか。『斉家論』で倫理思想として完結度を高めたはずの石門心学の教えは，一般化した倫理思想となることで，特定な体験を基礎にしたときに初めて臨場感を持って「身体で覚えた知恵」を語ることができるという状況から遠ざかり，かえって実践力・実行力をどう担保するかという難問に直面してしまったと言える。

　石門心学の完成とそれゆえに新たに発生した実践力・実行力の欠如という難問は，実は，初代の近江商人が行商体験とセンスメーキング行為から得た「身体で覚えた知恵」を，後世の子孫に伝えようとするときにも現れてくる。二代目，三代目と世代を重ねるにしたがって，初代の近江商人の「身体で覚えた知恵」は，子孫が頭だけで理解すべき形骸化した「家訓」となり，その「身体で覚えた知恵」をもたらした実体験とセンスメーキングは，次第に過去の遠い記憶となって，そのリアリティを失っていく。こうした時間の流れの中で「劣化」していく「身体で覚え

た知恵」の変質を，人は頭の中だけでは，いかなる意識的工夫によっても押しとどめることはできない。洗練された「家訓」は，形式的には完成度を高めるが，それを学ぶ者の実践力・実行力は逆に確実に低下していく[32]。石門心学の倫理思想としての完結化とその実践的限界性は，期せずして，江戸期の近江商人などによる現実の「商人道の衰退」を説明するものになったと考えられる。

定住する人びととの安定した社会だけでは，人間の知恵を持続的に発展させていくことはできない。定住的社会の人びとは，「部外者」たる旅人と繰り返し直接接触することによって，彼らの「体験から学んだ知恵の世界」に新たに参加しそれを追体験し，その知的・技術的・文化的追体験を用いて改めてセンスメーキングを行い，創造的破壊としての新陳代謝を生み出していく必要がある。それこそが，われわれの経済社会を繰り返し再活性化させていくメカニズムであると言えよう。柳田＝鶴見は，人間の知恵の「創造的破壊」のプロセスを，こうした漂泊する人びとと定住する人びと（＝常民）のあいだの相互作用から描いていて魅力的である。次節では，この問題について考察する。

第6節　旅の民俗学的意味──社会変動論の視点から

柳田民俗学を「社会変動論」として捉え直す鶴見（1993）の試みは魅力的である。柳田が，漂泊の人びとと定住民との関係性を強く意識し研究を始めたのは，『後狩詞記』（1909，1989）や『遠野物語』（1910，1973）の出版を契機としてである。鶴見はこの柳田の議論を受けて，次

---

[32] 末永（2004）は二代目塚本定右衛門が書いた『続後見録草稿』について説明している。この書は，近江商人などの商家の衰退と没落の事情・理由を集めたものである。この書が示している近江商人の衰亡の理由は，「色欲と奢り，同族の不和と虚栄，過度の家普請と遊興，遊情と放蕩，時勢に疎く無為無策，驕奢と家風の紊乱，無慈悲，強欲，虚飾と放埒，淫乱，空論の実施など」（193頁）である。末永は「これらの事例は，その祖先が勤倹を以て興した家を，その子孫が遊情によって潰したという平明な真理を表して余すところがない。換言すれば，後継者に欲望を制御できる人材を得なかったためであり，環境に流されてそうした人材に育てることを怠ったゆえでもある」（193頁）と述べている。衰退の理由を並べてみれば，きわめて一般的で平凡な理由ばかりであるが，その一方で，こうしたことさえも防ぎえなかったことを考えると，初代の近江商人が「身体で覚えた知恵」を子孫に伝えていくことの難しさを痛感するのである。

のように述べている。「柳田民俗学からみると，常民が社会変動の担い手である，とわたしはこれまでいってきた。しかしこれでは，不十分である。一方では，定住民としての常民は，漂泊民とのであいによって覚醒され，活力を賦与される。また他方では，ひごろは定住している常民が，あるきっかけで，一時的に漂泊することによって，新しい視野がひらけ，活力をとりもどす。常民が社会変動の担い手となるには，みずからが，定住ー漂泊ー定住のサイクルを通過するか，または，あるいはその上に，漂泊者との衝撃的なであいが必要である。このようにいい直さなければならない」(238頁)。きわめて明確に，定住民と漂泊民との欠くべからざる関係性が説明されている。定住民は，繰り返し自ら漂泊の体験（一時的な漂泊の体験）をするか，または漂泊民との「衝撃的な出会い」を体験することが，新しい視野を開き社会に活力をとりもどすために必要だと述べられている[33]。

　柳田が漂泊民として具体的に念頭に入れていたのは，次のような人びとであった。（1）毛坊主や巫女などの信仰の伝播者，（2）村々を渡り歩く職人などの技術者集団，（3）座頭，遊女，獅子舞，傀儡師などの芸能者集団，（4）山男，山姥，サンガなどの山人と呼ばれる人びと，（5）定住地を持っているが随時かつ一時的に漂泊の旅に出る人びと，（6）行商，出稼ぎなど職業として，また職業を求めて，一時的に漂泊する人びと。ここでは漂泊と定住の問題を，抽象概念ではなく，具体的に論じている。そして生涯にわたって漂泊する人びとと，一時的に漂泊する人びと，定住民を区別して，それらの相互関係性を，社会変動論への接近の「基本的なカテゴリー」(鶴見249頁)として考えていたのである。

　本章で取り上げたのは，（5）および（6）のカテゴリーに属する漂泊民の問題であった。これら漂泊民と定住民の関係を論じるときの重要なポイントは，物理的な交易の問題だけでなく，その体験がもたらす心

---

33)　漂泊民と定住民の相互作用の重要性は，鶴見（1989）の『内発的発展論』においても主張されている。鶴見は「内発的発展の単位としての地域は……土と水とに基づいて定住者が生活を営む場所である。それは定住者の間に，定住者と漂泊者との間に相互作用が行われる場所でもある。……地域とは，定住者と漂泊者とが，相互作用することによって，新しい共通の紐帯を創り出す可能性をもった場所である」（53頁）と述べている。若原（2007）も，「『漂泊者』という言葉があらわすように『外部の視点』を重視している点を，鶴見の内発的発展論の担い手像を理解するにあたって確認しておく必要があろう」（41頁）と述べている。

理的・意味的影響の重要さである。鶴見＝柳田は，定住民が漂泊民に対して抱く「複雑な心理」について説明している。「複雑な心理」とは，第1に漂泊民に対して示される差別と蔑視の心であり，第2は，「まれ人」の問題として語られるように，漂泊民に対する「渇仰」の心である。定住民は漂泊民を「部外者」として差別し蔑視する一方で，漂泊者を自分たちにはない新しい知識や技術や情報や，場合によっては神仏の見えざる力・運気をも運んでくれる者として，渇仰の心を抱いて見たのである。こうした複雑な心理のもとで行われる漂泊民と定住民との間の交易は，定住の日常生活では得られない「新鮮な体験」「心躍る体験」「好奇心をかき立てる体験」であったに違いない。そしてこのような体験の中で生じた新たな知識と強い心理的覚醒は，人びとのセンスメーキング機能を刺激・強化して新たなる「意味」を創発し，やがて「知恵の世界」を再構成していったと考えられる。社会の新陳代謝的変動への力は，こうして生まれたのである。

第7節　ま と め

　「実体験を通じて身体で覚えた知恵」は，頭で理解しただけの知識とどのように異なるのか。これがわれわれの考察のメインテーマであった。この問題を，本章では，閉鎖された（そしてバーチャルな）実験室空間で研究するのではなく，われわれの先祖が実際に生きてきた歴史民俗的事実の世界に分け入って見つめてきた。実際に人間が生きてきた歴史民俗の世界を考えなければ，人間の知恵の本質を捉えることはできない。Lave（1988）やLave-Wenger（1991）が「状況に埋め込まれた学習」の研究で主張したように，われわれの知恵とは，特定の環境世界を生きるための現実の知性なのである。一般論として議論するだけでは，その本質を理解することはできない。

　歴史民俗の世界は，1人の研究者が立ち向かう対象としてはあまりに巨大で豊穣な世界である。本章では，流通経済の中の行商人の問題に分析対象を絞った。かつて商人と言えば，一般には行商人のことを意味したからである。特に近江商人は，行商人の代表的な存在である。そこで

われわれは近江商人についてその心理と行動の特性を調べ，彼らが長く苦しい行商を通じて各地で多くの人びとと出会い，その中でセンスメーキングの力を発揮していかなる実践的知恵を獲得したのかを明らかにした。そして近江商人の「身体で覚えた知恵」はどのような特性をもっていたのかを浮き彫りにするために，1つの比較研究を行った。具体的には，江戸時代に「商人道」を説いた石田梅岩の「石門心学」との比較研究を行った。石門心学が倫理思想として陶冶され完結した哲学になっていくにつれて見えてきた難問は，梅岩自身も認めていたように，その思想・哲学をいかに実践していくのか，その実践力をいかに担保するのかということであった。石門心学が，倫理思想として陶冶され，すべての人びとに対して一般的な倫理を説くものになっていく変化は，特定の立場やそこで得られる特定な体験の上に立ってものごとを考えることの放棄を意味した。それは特定の体験を基礎にしたとき初めて意味論的・物語論的に深く理解できる「身体で覚えた知恵」の重視という方法論から，離脱していくことを意味した。石門心学はこうして倫理思想として完成度を高めるとともに，その内容は，頭で理解する思想・哲学に変質していった。そして梅岩自身も認めるところの実践力の困難性の問題が現れてきたのである。

　われわれは，実践力の難問に直面した石門心学と，近江商人が「実体験を通じて覚えた知恵」の問題を比較して議論した。そこで明らかにされた違いは，実体験がセンスメーキングの力を介して人の内面世界に及ぼす深くて強い影響力である。「実体験を通じて身体で覚えた知恵」は，その実体験を基礎としてセンスメーキングによって獲得されるものであり，人びとの心の中に，「物語」として是認された内面的価値観の強いネットワークを作り出すことができた。それが，近江商人に，断固たる決断力・忍耐力をもたらした。しかし頭だけで思想・哲学を理解するときには，内面世界で「アマルガム」として機能する実体験とセンスメーキングが欠けている。頭の中だけの理屈（＝形式論理）では納得できない欲求や価値観相互の関係が心の中に矛盾として残存すれば，それは「迷い」となって，人びとの意思決定を鈍らせ，行動を鈍らせるのである。

　しかし同じ問題は，やがて近江商人がその「身体で覚えた知恵」を子

第 7 章　旅と行商がもたらした「身体的知恵」をめぐって　　255

孫に「家訓」として伝えようとすると，そこにおいても生じてくる。初代の行商人の実体験とそこでのセンスメーキングの物語は，二代・三代と世代を経るごとに，次第に遠い過去の記憶となって，そのリアリティを失っていく。こうして時間の流れの中で劣化していく実体験と意味の創出の記憶そして「身体で覚えた知恵」の変質を，人は頭の中だけではいかなる意識的工夫によっても押しとどめることができない。洗練された「家訓」は，形式的には完成度を高めるが，それを頭で学ぶ者の実践力は，完成された石門心学が直面したのと同様に，低下していくという難問に直面する。

　柳田＝鶴見の民俗学的社会変動論は，こうした難問に「救済」の手をさしのべている。鶴見は，柳田の「漂泊民と定住民」というカテゴリーを，社会変動を語る基本的なフレームワークとして評価した。まず認知論的に表現するならば，漂流民たちは各地を旅することで，地域的多様性を認識すると同時にそれを整理・調和・縮減するセンスメーキングの力をも鍛え上げていった。そしてセンスメーキングの力の陶冶は，さらに新たな地域的多様性を受け入れる認知能力をも強化した。この相互作用的なダイナミックスは，第 2 章で述べたものと同じ性質のものであるが，ここでこのダイナミックスの結果，各地を歩き続ける漂流民たちの「世間師」としての知恵は，定住民のそれよりもはるかに高い内容のものになっていった。定住民は，自ら漂泊体験をすることができないとすれば，あと残された手段としては，漂泊民との「衝撃的な出会い」を通じて，繰り返し漂流民のセンスメーキングを追体験し，それによって自らを再生させていくしかない。その「出会い」を「衝撃的なもの」にしている要因は，漂泊民のみが有している高いレベルの「世間師」としての知恵つまり「旅の実体験を通じて身体で覚えた知恵」の存在であった[34]。その「身体的な知恵」は，定住民にとっては，自分たちの日常

34）　もちろん定住民の経済社会の内部でも，多くの人びとが自分たちの生活の中で，生きるための「知恵」を発揮している。この点に関しては，私は以前拙著（中込［2016 b］）において，また本書第 5 章において，例えば「転用の知恵」という形で，さまざまな生業用の道具類の改良が行われてきたことを明らかにした。しかし人びとが転用の知恵を発揮するためには，転用の元となるアイディアや知識や技術がなければならない。そうした転用の元となるアイディアは，どこからもたらされるのであろうか。このように考えていくと，定住民が自分たちの社会の中で発揮する「転用の知恵」と，本章で考察した漂泊民がもたらす「旅の実体験から獲得した新しい知恵」の問題が，意味的につながってくる。つまり定住民

性の中では得られない「想定外」のものであると同時に，自分たちが時間の流れの中で劣化させてしまった「遠い過去の記憶」の香りがするものであった。それゆえに定住民は，旅する「部外者」である漂泊民を差別・蔑視しつつも，しかし他方ではそうした「部外者」の来訪を心の中で「渇望」したのであった。

　漂泊民と定住民が出会うことによって繰り広げられた社会の新陳代謝的変動は，漂泊民が旅の中で実践したセンスメーキングを定住民が追体験して社会を再活性化させるプロセスであった。いにしえより，旅とは，人間社会を再活性化するために必要とされる「身体で覚えた知恵」を生み出し続ける「社会的なエンジン」であった。この「新陳代謝のためのエンジン」は，人と人が旅で出会って，さらに人びとが広い世の中で「人と人の間に生きること」によって，センスメーキング機能を刺激・促進させ，初めて力強く駆動するものであった。旅が，多くの人と出会うためのものである限り，このメカニズムは有効に機能した。先人たちは，苦しみや危険に遭遇しながらもそれでも旅をして，頭上に広がる大きな青空に自由と開放感を感じ，さらに果てしなく広がる新しい世界への好奇心をかき立てた。そしてなによりも多くの人びとと出会うことに新鮮な喜びを感じた。先人たちの漂泊の旅が，「出会い系の旅」であったからこそ，その思わざる結果として，創造された意味としての「身体で覚えた知恵」が獲得でき，経済社会の新陳代謝を繰り返し達成することができた。旅にあこがれた先人たちの心が，われわれの社会を作ってきたと言えるのではないだろうか。

の社会の中で発揮される「転用の知恵」は，そのアイディアの核心を，漂泊民という外部者と「衝撃的に出会う」ことによって獲得してきたのではないか，そのようにも考えられる。漂泊民と接触することによる知的刺激をベースにしながら，定住民の社会内部での「転用の知恵」の発揮は大きな可能性を獲得したのではないかと想定する。

第8章

「生きる達人」になる知恵のフォークロア
——娑婆世界における和楽・和食と民俗認知経済学の展開——

第1節　序

　先人たちにとって，生きる苦しみがなかったわけではない。人生は苦しみに満ちた修羅場の連続であったはずである[1]。日本の歴史をひもとけば，そこには数年ごとに大きな飢饉が生じていたこと，そして何度も大規模な感染症・伝染病の流行があったことが記されている[2]。年々歳々，多くの人びとの命が，やすやすと失われていった。当時の人びとの平均寿命は，現代のそれと比べると，極端に短かったと推測されている[3]。それでも，それだからこそ，先人たちは限られた人生を充実して

---

　　1)　本章では「苦しみに満ちた修羅場」としての世界を，「娑婆世界」という言葉で表した。この娑婆世界に関する古典的な記述としては，恵心僧都源信『往生要集』による次の文章をあげることができる。「今この娑婆世界はもろもろの留難多し。甘露いまだうるおはざるに，苦海朝宗す」。鎌田（1991）はこの『往生要集』の文章に関して，次のように説明している。「この娑婆世界には留難多しというが，留難というのは，障碍，すなわちさまたげのことである。この現実の世の中には円滑にゆくことはほとんどない。人と人とがぶつかりあう，喧嘩をする。……娑婆世界はありとあらゆるさまたげから成り立っているといってよい。甘露というのは蜜のように甘い飲みものであるが，現実にそんな甘い蜜はほとんどなく，あるものは苦海だけである。苦海という表現がおもしろい。苦しみの世界を海に喩えている。海にはすべての河川が流れ入るように，人間のなすことは皆，苦海に注ぐことを『苦海朝宗す』というのである」(177頁)。

　　2)　飢饉と飢餓については，丸井（1999），菊池（2000），清水（2008）など，病気の流行については新村（2006），立川（2007），酒井（2008, 2011）などを参照されたい。

　　3)　江戸時代の平均寿命（出生時平均余命）については，速水（1992），長澤（2008），木下（2002）などが，宗門改帳を資料として各地の推定値を出しているが，35-46歳の範囲の値となっている。またKobayashi（1967）は，江戸深川の寺院跡から出土した人骨による

生きること，つまり「生きる達人」になることを切に祈った。こうした時代状況では，ただ単に実時間の次元で長く生きようと努力しても，そもそも医学・科学の知識がきわめて未発達ということもあり，長寿への努力は容易に実を結ぶはずもなかった。先人たちは苦しみの娑婆世界の中で，人生の1つの希望の光として，「生きる達人」になるための知恵を生み出さざるをえなかった。そして生み出した知恵を，繰り返し吟味しつつ，それを子々孫々伝えてきた。「生きる達人」になるための知恵は，名もなき多くの人びとが，自らの苦しみによって磨き上げたまさに「知恵の結晶」であったと思う[4]。

　現代に生きるわれわれにとっても，こうした先人たちの「生きる達人」への知恵は，人生の貴重な「導きの灯火」になりうる。いくら医学や科学が発達した時代だといっても，人間はたかだか有限にしか生きられない存在であるし，また必ず天寿を全うして生きられるのかと問うても，それもなかなか難しい状況にある。グローバル化し複雑化した現代社会では，大規模で広域的なリスクや未知なる不確実性がつぎつぎと現れてきて，われわれの生存可能性はこれらによって常に脅かされている。こうした世界の中でも，どうしたらわれわれは「豊かで満ち足りた心」をもって，人間らしく生きていくことができるのだろうか。先人たちの知恵を吟味し理解することで，この問題に対する大きなヒントが得られるかもしれない。本章では，「『生きる達人』になる知恵のフォークロア：娑婆世界における和楽・和食の民俗認知経済学の展開」という題目を掲げた。強い関心と期待を持って，先人たちの知恵の世界に踏み入っていくことにする。この試みを通じて，現代の大規模科学万能主義に対する「対抗力」を得たいのである。日常的な「生活の知恵」の奥深さに，改めて驚きの目を向けることができる「心の謙虚さ」を取り戻すことを

調査で死亡平均年齢を男子45.5歳，女子40.6歳と推定している。
　4)　当事者的視点に立てば，人びとは苦しみの人生の中では刹那的な快楽主義に堕する可能性もあった。しかし先人たちはむしろ「生きる達人」になるための知恵を生み出して生きてきた。このような選択は日常生活の中にある人びとの「こころの賢さ」とも言うべきもののおかげである。長きにわたり育んできた文化が，こうした「こころの賢さ」の発揮を可能にしてきたのだろう。その「こころの賢さ」が「生きる達人」になる知恵の創造を可能にし，そして創造された知恵がさらに日本の文化を豊かにし深化させ，そしてさらにいっそう大きな「こころの賢さ」を生み出していく。ここでは大きないわば螺旋的な発展が生じていたと考えられる。

めざしたい。

　本章の論考は，次のように2段階で展開される。前半では，まず第2節で，貝原益軒『楽訓』を取り上げる。そして彼の別の代表作『養生訓』と比較しながら，この『楽訓』で主張されている「生きる達人」になる知恵の意味を検討する。また第3節では，益軒の主張をただ単に文献学的に検討するだけではなく，現代の認知科学的視点から見たとき，その主張はどのように再解釈できるのか，文献学と現代認知科学のいわば「複眼的視点」から新たに考察を展開していく。このことは益軒の主張の有効性を，現代の認知科学の視点からチェックするという意味を持つ。特に本章では，心理的時間論の立場から，益軒の主張の有効性を再検討していくことにする[5]。

　第4節以下が本章の後半部分である。われわれの先人たちは「生きる達人」になるための知恵を，具体的にいかに獲得しようとしたのか，この問題を実際の人びとの生活に即して吟味していく。益軒『楽訓』では，まず四季の変化に富む日本の風土を念頭において，「季節を楽しむ心」を論じている。また彼はもう1つの大きな話題として，「書を楽しむ心」を論じている。本章でも益軒の主張の意味を，こうした具体的な生活の中の問題として考えていく。

　第5節では，益軒『楽訓』の議論を越えて，「食」の問題を取り上げる。食は，人びとの生活の最も基本的な問題だからである。近年，日本の伝統的な和食は，「健康食」という理由で，先人たちの知恵を多く含むものとして高く評価されている。専門的な栄養学，生理学および医学的な研究も進められている[6]。しかし和食は，このようにわれわれの健康を増進するものとして，長寿の達成にも役立つものとして理解されるだけでは不十分である。和食の知恵の問題は，もっと広い視野を持って，たとえば「生きる達人」になるための知恵と関連づけて，益軒流に言えば「楽」の実現という視点からも議論される必要がある。こうした心理

　5）　本章では，益軒理論の有効性を，心理的時間論から見たときの「整合性」という視点から再検討する。しかし私はこうした再検討を，さらに実験研究として行うことも可能ではないかと考えている。本書第9章を参照されたい。
　6）　小泉（2002, 2011, 2016），井上（2000, 2007），山田（2009），鶴見（2013），北本（2016），農山漁村文化協会（1990），持田（2005），永山（2012），辻（2013）などを参照されたい。

学や認知科学の視点から和食の知恵を改めて考えることは，これまでほとんど行われてこなかったが，しかし先人たちが苦しみの娑婆世界の中でいかに精神的・心理的に充実した人生をすごそうと努力してきたか，また苦しみの世界の中でいかに「生きる達人」になるための知恵を得ようと工夫してきたかを思うとき，きわめて自然な研究の方向性であると思われる。食は人間にとってもっとも基本的な問題であるがゆえに，「生きる達人」への知恵を切実に希求した人びとの心とまったく無関係であったはずはない。むしろ「生きる達人」への知恵は，生活のもっとも基本的な食の問題の中に，一番多く埋め込まれているのではないだろうか。われわれは先人たちの「目線」に立って，和食形成の民俗認知科学的意味の探求を積極的に試みたいと思う。

　具体的に言うと，例えば和食ではなぜ「腹八分目」とか「素食」とかいうことを重視してきたのだろうか。懐石料理の本来の基本は「一汁三菜」であった。しかし興味深いのは「腹八分目」あるいは「素食」といっても，人びとは食に「関心が薄かった」わけではない。むしろ人びとは食にはきわめて強い関心を示してきた。例えば「旬の味」や「出汁の旨み」にこだわった食のあり方を強く追い求めてきた。このように食に強い関心を示しながらも，しかし満腹になることやカロリーを十分にとることではなくて，抑制的な「腹八分目」または「素食」が重視されてきたのである[7]。食の本来の意味から言えば，生存に必要なカロリーをたっぷりと摂取することが，何をおいても第1に強調されるべきであった。それにもかかわらず日本では伝統的に，量的にもカロリー的にも抑

---

[7]　日本人は「素食」という抑制的な食のあり方を重視したと述べたが，しかしこの点については「なにがなんでも素食でなければならない」という硬直的な考えだったわけではない。たとえば「薬食い」や「養生食」という名目で，体力が落ちたときや病気のときには，スタミナのつくタンパク質や脂肪分を含む肉食が広く許容されていたのである。そのときには，イノシシの肉は「牡丹」または「山クジラ」，シカ肉は「紅葉」と称されていた。これら「薬食い」や「養生食」の実態については，例えば岡田（1997），北岡（2011），酒井（2011）などを参照されたい。なお日本人がこうした柔軟な発想法に立つことができた理由も深く考える必要がある。本書では，意味論的な視点に立って，そもそも日本人が何のために「腹八分目」や「素食」という抑制的な食のあり方を重視したのかを考えていきたい。具体的には，益軒的な「生きる達人」になるための知恵を生活世界の中で実践するという視点から，日本人の食のあり方の意味を考察していくことにする。こうした考察を行えば，柔軟な「薬食い」や「養生食」という行為の成立理由も同時に理解できよう。「薬食い」や「養生食」も，ともに「生きる知恵」を構成する重要な部分だったと考えられるからである。

制的な食のあり方が強調されてきた。それはなぜなのか。栄養学的に見て抑制的な食のあり方に関連して，小泉（2002）は，日本人のみがなぜ「ゴボウ」を食べるのか，と言う問題を提示していて興味深い。中国ではゴボウを漢方薬の材料として使うことはあるが，食材としてはほとんど使用されていないということである。小泉は次のように述べている。「牛蒡の繊維素は，白米や肉などに比べ20－30倍もの水を吸収して膨張し，腸管を通過する際に腸管を清掃し，お通じがよくなることは，昔からいわれているところである。そのうえ，繊維素は体にとって，有益な腸内細菌を多く増殖させる場ともなるから，腸に浸入した腐敗菌や異常発酵菌の増殖を抑えるとともに，そこでさまざまなビタミンを生合成するから，体はそれを吸収し利用していることもわかった。さらに，繊維素は胆汁酸の分泌を多くして，脂肪の分解やコレステロールの過剰を抑えるのに効果ありとされるなど，栄養価ゼロの食品が，実は体にとって大変に役立つものであることがわかってきた」（10－11頁）。また日本にはゴボウ以外にも，たとえばゼンマイ，ワラビ，ツクシ，タケノコ，レンコンなど，「栄養的には無駄な食べものでありながら，実は貴重な価値を持っているものがずいぶん多い」（11頁）と指摘している。こうした栄養学的説明は，日本人がゴボウなどの繊維素を食べることの合理的理由を明らかにするもので，きわめて貴重なものである。しかしこのような説明が貴重だと認めながらも，あえて問題を指摘してみると，「なぜ日本人のみ」がゴボウを食べるのかという疑問がまだ解消されていないのである。われわれは，先人たちが抑制的な食のあり方を重視するという独特な考えを強くもっていたがゆえに，こうした繊維素のみでほとんど栄養価のない「ゴボウ」を平気で食べるに至った，と考えなければならない。そうするとさらに残された問題は，「ではなぜ日本人は抑制的な食のあり方という独特な価値観を持って生きてきたのか」ということになる[8]。本章では，和食のあり方の根本に立ち戻って，意味論的に，

---

8) 厳密に言えば，「日本人のみ」がこうした抑制的な価値観を持っていたわけではない。例えば中国の『菜根譚』の中には，「花は半開を見，酒は微酔を飲む，此の中に大いに佳趣あり」（洪自誠［今井訳注］『菜根譚（後集123）』353頁より引用）と書かれている。中国にもこうした抑制的な価値観はあったのである。しかしそれがどのくらい強く実際の食の問題に影響を及ぼしたかという点が重要だと思う。ここで取り上げている「日本人のみがゴボウを食べた」という問題は，われわれの祖先が，他の国々よりも特に強くこうした抑制的

また民俗認知科学的視点から問題を改めて考えてみたい。苦しい娑婆世界の中でも、なんとかして充実した人生を送ろうとして生み出された「生きる達人」になるための知恵と関連づけて、この和食のあり方を理解する必要がある。和食は、まさに「生きる達人」になるための知恵を生活世界の中で実践するための具体的な方法、その中心的な方法であったと考えるからである。

　本論に入る前に2つのことを強調しておきたい。第1は本章の見出しからもわかるように、再び「民俗」学的研究という点が強調されていることである[9]。民俗学的研究としたい理由は、「生きる達人」になる知恵が、実質的には名もない多くの先人たちによって形成され吟味されそして伝承されてきたからである。確かに益軒『楽訓』において、「生きる達人」になるための知恵が、要約的に説明されている。しかし『楽訓』のみならず『養生訓』『和俗童子訓』『大和俗訓』などを含むいわゆる「益軒本」全体は、それまで日本人が学び親しんできた古典的書物を多く引用しつつ、民衆にもわかりやすく受け入れやすい形で、日常生活に関する教訓を述べており、明らかに益軒が1人で独自に創作した内容を表現しているわけではない。その1つの証拠として、横田（1995）も述べているように、これら益軒本が当時もそしてそれ以後も、多くの人びとによって自然な形で受け入れられて支持され、そして広く読まれているという事実を指摘することができる。横田は、益軒本が江戸時代に武士層のみによって読まれてきたと考える従来の通説に対して、具体的な歴史的資料を示しながらそれを批判している。歴史的資料を調べてみると、益軒本は武士層のみならず、庄屋層や上級農民層によっても広く読まれていたことがわかる。このように益軒本が多くの人びとに読まれたのは、その内容が日本人の心の中で自然に形成され陶冶され伝承されてきた考え方や感じ方をうまくすくい取っていたからであり、それゆえ強い共感を持って受け入れられたからであると考えられる。『楽訓』のみに着目してみても、「生きる達人」への知恵をわかりやすく説明するシンボリックな著作となっているが、しかしその「生きる達人」への知

な価値観を重視して、それを実際に食文化の中に取り入れて実践してきたことを示す具体的証拠であると考える。

　9）　拙著（中込［2016a］［2016b］）も、民俗認知経済学の研究として書かれている。

恵は益軒個人の創作ではなく，実質的には，名もない多くの庶民の「知恵の結晶」として形作られそして伝承されてきたものを，彼がうまく整理して論じたものである。第5節で述べる食の問題に関しても，広く認知された和食のあり方の中に，人びとの「生きる達人」への知恵は自然な形で浸透し，その食文化の考え方を支え強化して，日本人の誇るべき伝統的な生活文化を完成させていったと考えられる。私は，娑婆世界の中の「生きる達人」への知恵を，「民俗」学的研究として考察しなければならないと強く感じるのである。

　第2に強調したい点は，ここでの考察が「経済学研究につながるもの」として行われることである。本章の副題も「民俗認知経済学の展開」となっている。この理由は，「生きる達人」になるための知恵が，現代経済学の理論的基礎である「効用理論」を根本的に批判し，新たな「経済学の人間学的基礎」の研究を求めるものとなっているからである。もし便宜的な「効用」という概念を持って人間の福祉を語るならば，現代の人間社会の深い苦悩を浮き彫りにすることはできないし，それをいかに「癒やしていくか」を考えることも不可能になってしまう。深い人間研究を行わなければ，人間を真に幸せにする処方箋は見えてこない。益軒的な「楽」を楽しみ味わうという知恵の研究は，「人間学としての経済学」をめざすものである。本章の考察は，あくまでも経済学研究につながっていくものとして試みられる。

第2節　貝原益軒『楽訓』が示した「生きる達人」への道

　本節では貝原益軒著『楽訓』を取り上げて議論を展開する。『楽訓』という本の興味深い点は，「楽」という概念をわかりやすく整理して説明していることである。益軒はこの「楽」の実践を強調した。「楽」を楽しみ味わうことが，まさに「生きる達人」になる道であると主張したのである。

　益軒の「楽」の概念は，現代のわれわれが理解している「楽」の意味とは，かなり異なったものである。『楽訓』の「総論」は，「楽」の概念を次のように説明している。

「およそ人の心に，天地よりうけ得たる太和の元気あり。是人のいける理なり。草木の発生してやまざるが如く，つねにわが心の内に，天機のいきてやわらぎ，よろこべるいきほいのやまざるものあり。是を名づけて楽と云。」（『楽訓』の「巻之上・惣論」より）10)

益軒は，人の心の内から「太和の元気」としてわき上がってくる「やわらかいそしてよろこばしい気の勢い」として，「楽」を定義している。「即是仁の理なり。只賢者のみ此楽あるにあらず，なべての人も皆これあり」（『楽訓』の「巻之上・惣論」より）とも述べている。つまりすべての人にとって，「楽」の実践は（潜在的に）可能であると説明している。また益軒は「楽」の実践を，「仁」や「善」の実践と結びつけて考えている。「人はいとけなきより，いにしえのひじりの道をまなび，我が心にあめつちより生まれ得たる仁を行ひてみづから楽しみ，人に仁をほどこして楽しましむべし。仁とは何ぞや，あはれみの心を本として，行い出せるもろもろの善をすべて仁と云。仁とは善の惣名也」（『楽訓』の「巻之上・惣論」より）と述べている11)。

「仁や善の実践」を「楽の実現」と結びつけて考えると，私欲の追求は，楽の実現を妨げる大きな障害物になる。現代のわれわれは，一般的に私欲の追求を楽しみや喜びの実現だと考えているが，こうした現代の理解に対して，益軒の主張は大きく異なっていた。小川（2006）もこの点の重要性を強調している。「人と共に楽むは，天のよろこび給ふ理にして，誠の楽なり」（『楽訓』の「巻之上・惣論」より）という益軒の言葉を深く味わうべきである。益軒の言う「楽」の実践とは，あくまでも「他者とともに楽しむ」という仁または善の実践でなければならなかった。自分個人のためだけの私欲の追求は，自己規律を失った欲求の無制限的拡大を必然的に生み出すことによって，それは途中から苦しみに転

---

10) 『楽訓』の原文は，斉藤（1984）に収録されているものを引用した。
11) 人間の本来の「太和の元気」の発揮を「善」と考える益軒の考えは，後年の西田哲学『善の研究』と共通したものがある。西田（1923）は以下のように述べている。「善とは自己の発展完成 self-realization であるといふことができる。即ち我々の精神が種々の能力を発展し円満なる発達を遂げるのが最上の善である（アリストテレースのいわゆる Entelechie が善である）。竹は竹，松は松と各自其天賦を十分に発揮するやうに，人間が人間の天性自然を発揮するのが人間の善である」（「第9章善（活動説）」224頁）。

じてしまうものである12)。益軒は私欲追求の害を次のように述べている。「心ここにあらざれば見れども見えず。目のまへにみちみちて，楽しむべきありさまあるをもしらず。春秋にあひても感ぜず。月花を見ても情なし。聖賢の書にむかひてもこのまず。只私欲にふけりて身をくるしめ，不仁にして人をくるしめ，さがなくいやしきわざをのみ行ひて，わづかなるいのちの内を，はかなく月日をおくる事をしむべし」(『楽訓』の「巻之上・惣論」より)。「世俗の楽は，其楽いまだやまざるに，はやくわが身のくるしみとぞなれる。たとへば味よき物をむさぼりて，ほしいままにのみくへば，はじめは快しといえど，やがて病おこり身の苦しみとなるが如し。凡世俗の楽は心を迷はし，身をそこなひ，人をくるしましむ」(同書)。ここで述べられている「世俗の楽」とは，明らかに私欲の追求の意味である。私欲の追求は，やがて「身の苦しみ」に転化するのだ13)。

---

　12)　現代の経済理論の基礎をなす「効用理論」は，「より多くを消費する」ことによって私欲を満たそうとする性向を，人間心理のもっとも基本的な特性と理解している。「利他主義の経済学」というタイトルの経済理論でも，「見返りのある利他主義」を考察しているにすぎない。そこでは「利他主義的な心理や行動」と言っても，究極的なところでは「私欲の充足」につながっているものにすぎない，というシニカルな見方が表明されている。こうした視点に立てば，益軒の主張する「仁」「善」さらには「共楽」「敬天」などという価値観も，結局は「私欲の充足」とつながる表面的な「利他主義的な心理や行動」であろうと決めつけられそうである。しかしわれわれは益軒の主張を，矮小化して理解してしまってよいのだろうか。私は益軒が主張する「仁」「善」などの価値観を，結局は「私欲の充足」にすぎないものだと決めつけることには同調できない。その理由は，自己規律を失った欲求の無制限的拡大が生じる可能性を重要視するからである。益軒の主張する「仁」「善」などの価値観は，「自足」と「自祝」の心理とともに成立している。しかし「私欲」にかられた心理や行動は，やがて必ず自己規律を失った欲求の無制限的拡大を引き起こす。こうした問題は「資本主義の文化的矛盾」としてかつてBell (1976) も指摘していた。「私欲の充足」とつながる「利他主義的な心理や行動」も，「私欲」にかられたものであれば，必ずこうした自己規律を失った欲求の無制限的拡大を必然化する。しかし益軒の「仁」「善」の境地は，あくまでも「自足」と「自祝」の心とともにあり，欲求の無制限的拡大とは無縁のものである。結局言えることは，「利他主義の経済学」そしてそれを含む現代経済学全体も，人間心理の基本的な特性を，矮小化して理解してきたということである。自分たちが理解できる世界，つまり「私欲」の支配する世界のみが，「世界のすべて」であると考えるのは，傲慢がもたらした悲しむべき自己中心的な「矮小化」の病理である。益軒の主張を入り口にして，先人の民俗的知恵の世界に踏み込んでみることの魅力は，現代のわれわれを縛っているこうした無自覚の「傲慢さ」を徹底的にたたき割ってくれるところにある。「心の謙虚さ」を取り戻すことから始めなければならない。
　13)　なぜ私欲の追求が「身の苦しみ」に転化するのかという理由については，さらに深く考える必要がある。先の注12でも述べたが，その考えられる理由は，私欲にかられた心

益軒は，私欲の追求の代わりに，「知足」の重要性を主張する。

「君子は足る事をしり，むさぼりなければ，身貧しけれども心富めり。古語に『知足者は心富り』といへるが如し。小人は身富めれども心まどし。むさぼり多くしてあきたらざればなり。然れば只此楽をしりて貧賤をやすんじ，富貴をねがはざるはかり事をなすべし。老いてはいよいよむさぼらず，足る事をしりて貧賤を甘んずべし。」
（『楽訓』の「巻之上・惣論」より）

「知足の理をよく思ひてつねに忘るべからず。足ることをしれば貧賤にても楽しむ。足ることをしらざれば富貴をきはむれども，猶あきたらずして楽まず。かくて富貴ならんは，貧賤なる人の足れる事をしれるにははるかにおとれり。……分をやすんじて分外をうらやみねがふべからず。外をねがふ人は楽しみなくしてうれひ多し。わざはひも亦これよりおこる，愚なりと云べし。」（同書より）

このように「楽」の実現とは，人の心の内からの本来的な「太和の元気」の発揮である。人は，そのために「仁や善の実践」をめざして「小欲知足」の心を持たねばならない。益軒はこうした「楽」の実現法を「学ばなければならない」と主張する。あらゆる人は，潜在的に「楽」を実現できる可能性を持っているが，その現実化のためには，改めて自分の心を深く見つめ直す必要がある。外界にあるモノを私欲の対象とし

理や行動が，やがて自己規律を失った欲求の無制限的拡大を引き起こすということである。ではさらに「なぜそうした自己規律を失った欲求の無制限的拡大を引き起こすのか」という疑問についても，考究が進められなければならない。この点に関しては，至道無難の『仮名法語』（寛文6年［1666］）の言葉が心に突き刺さる。「おのれを以て，人を見るものなり。愚人の見るは，おそろし。おのれに利欲あれば，人をも其心を以て見るなり。色ふかきは，色を以て見るなり。聖賢の人にあらざれば，見る事あやふし」（鎌田［1991］288頁より引用）。この禅の言葉はさすがに本質を突いている。人は自分の心をもって他人そして世界を見るのである。私欲の心で世界を見れば，私欲のみで世界が動いているように見える。見るということは，単に受け身的に世の中の情報を受け取ることではない。単なる視覚情報の「インプット」ではない。Gibson（1966, 1977, 1979）のアフォーダンス理論も，見る行為を「能動的な行為」としてとらえている。私欲の心で見れば，世界は私欲のみで動いているように見える。それにより，自分の私欲の心はさらに刺激され，自己増殖的に強化されていく。私欲の心がさらに新たな私欲の心を引き起こす。至道無難の「聖賢の人にあらざれば，見る事あやふし」とはこのことである。益軒の主張する「生きる達人」になるための知恵とは，こうした認知的悪循環を絶つための知恵であると理解すべきである。

て追い求めなくても，自分の内面世界を深く見つめることで，真の「楽」を実現していける自律的な力を「自分の内」に見つけ出していく必要がある。益軒は，「学ばざる人は，内にある楽をしらず。又外なる楽をむなしくす。内外二ながら失へり」（『楽訓』の「巻之上・惣論」より）と述べている。

『楽訓』という書物のおもしろさと深さは，この「楽」の実践の意義を，長寿に関する人間心理の問題と関連づけて論じているところにある。「人間心理と関連づけて」長寿を論じるところにこの本の価値がある。他の書物，とりわけ彼の代表作である『養生訓』でも，いかに長寿を達成するかが論じられているが，議論の力点の置き方が異なっている。『養生訓』でも「長生すれば楽多し益多し」と述べられているが，そこでは当時の医学的知識を踏まえつつ，実際に長く生きるための具体的な養生法が説明されているにすぎない。しかし『楽訓』では，実時間として長く生きられるかどうかという意味での長寿が語られるだけではなくて，「心理的・精神的に長く生きられるか否か」が問題にされている。つまり，リアルな時間的長さの寿命のみが重要だと理解されているわけではない。益軒は，白楽天や蘇東坡の詩を引用しながら，次のように述べている。

　「白楽天が詩に曰，『自延年の術あり，心閑なれば歳月長し』。又曰『閑中日月長し』。東坡が詩に『無事にして此静坐すれば一日是両日，人若し活ること七十ならば，便是百四十といへるも，心しづかなれば月日長き事をいへり』。」（『楽訓』の「巻之上・惣論」より）

また益軒は次のようにも述べている。

　「人もしいとまあらば心のどけく閑にし，日を永くしていそがはしかるべからず。ことに老いては残れるよはひやうやくすくなく，時節のすぐること殊に早ければ，時刻をおしみて一日を以十日とし，一月を以一年とし，一年を以十年として楽しむべし。」（同書より）

横山（1995b）もこれらの益軒の言葉を引用しながら，「時は工夫しだ

いでゆっくり歩ませることもできる……『楽訓』は，このいわば制御可能な時間概念を核にすえている」(30頁)と述べていて，きわめて興味深い。益軒は，人が工夫を重ねれば，まさに「一日を以十日とし，一月を以一年とし，一年を以十年として楽しむ」ことが可能である，と考えていたのである。では益軒が考えた「時間をゆっくり歩ませることを可能にする方法」とはどのようなものであったのだろうか。横山は，「今を肯定し，自足し，他人とのつきあいも限り，淡くし……はた目に映る自分をかぎりなく希薄にし，ただ自分が生きてあることに向き合うことである」(34頁)と説明している。つまり「自足と自祝の念」をもって「心閑なる」境地で生きるということである。「今を無条件で徹底して肯定する心」でいることが必要である。まさに「而今」の心である。人は，外に対する願いを絶っているとき，外的な状況変化に振り回されることなく，外的条件からは独立して，「閑たる自足と自祝の心」でいることができる。このような精神世界の完成により，人は実時間的には限られた人生に対しても，その心理的時間感覚を制御可能なものとして延長し，自分の人生を「一日を以十日とし，一月を以一年とし，一年を以十年として」生きていくことができるようになる。これが益軒『楽訓』で主張されている「生きる達人」になる知恵の中核であったと考えられる。先に述べたように，益軒が生きた江戸時代は，数年ごとに大きな飢饉が生じていたし，また何度も大規模な感染症・伝染病の流行があった。人びとは生きることに対する危機を常に強く感じていたはずである。当時の人びとの平均寿命は，現代のそれと比べると極端に短かった。しかしそれだからこそ，益軒の主張する「生きる達人になる知恵」が，強く求められたのだろう。益軒の本は，まさに当時の人びとが求めていた「知恵」をわかりやすく説明するものであった。益軒の本によって，人びとは改めて自分たちの求める「知恵」の本質をはっきりと理解することができた。そしてその意味内容を繰り返し吟味し，民衆の知恵として伝えてきたのである。

第3節　心理的時間論からの再検討

　第3節では，益軒が述べた「生きる達人」になるための知恵，つまり心理的時間を制御するための知恵を，現代の「心理的時間論」という認知科学の視点から再検討する。

　私は最初に益軒の『楽訓』を読んだとき，知的関心を大いに刺激されたが，しかし正直に言うと，それと同時に，心にわき上がってくる疑問もあった。それは，一般的によく言われている次のような「話」との関連である。「楽しい時間は，あっという間に過ぎてしまうのに，つまらない時間や苦しい時間は，長く感じるものだ」。このような常識的な「話」と上述の益軒の主張は，明らかに対立しているように思われる。もしこの常識的な「話」が正しいとするならば，益軒の主張を実現することは，きわめて困難になるのではないか。益軒は，「楽」を楽しむことで，一定の人生の時間を「長く感じる」ようにしたい，と主張していた。しかし常識的な「話」では，人は楽しめば，その時間は「あっという間に過ぎ去ってしまう」ことになる。常識的な「話」と益軒の主張を両立させることは，不可能なように思われる。もし何とか益軒の主張を成立させたいと思うのなら，彼の主張の内容とこの常識的な「話」が，何らかの意味で「矛盾しない」ことを示す必要があるが，この矛盾しないという論証ができなければ，益軒の主張は「単なる架空のお話」だったことになる。それとも常識的な「話」は何らかの理由で間違っているのだろうか。以上が，私の抱いた「疑問」であった。

　この疑問に立ち向かうために，「つまらない時間や苦しい時間は，長く感じるものだ」という「話」の真偽から検討していくことにする。この問題に関しては，実は専門の認知科学的研究により，心理学的事実としてすでに証明されている。たとえばWatts=Sharrock（1985）は，恐怖を感じながら過ごした時間は，実際よりも長く感じられることを実験により示している。またFraisse（1963）も，興味や関心がない出来事に対しては，その経過時間は長く感じられることを示している。一川（2008）は，ドライバーが交通事故のできごとを「スローモーション」

のように記憶していると指摘している。われわれの日常の感覚としても，退屈や苦しいときの時間は，確かに長く感じられることは否定しがたい心理的事実であるように思われる。

　では「楽しい時間は，あっという間に過ぎてしまう」という「話」の真偽はどうであろうか[14]。この問題の代表的な例は，なんと言っても「浦島太郎」のおとぎ話である。松田（2004）と島内（1988）は，太郎が楽しさのあまり「時間の経過に注意を向けなかった」こと，さらに竜宮城では春夏秋冬という四季が同時に存在していて，そもそも太郎が四季の変化に気づけない環境だったという要因を指摘している。これらの指摘は深い意味を含んでいる。まず「時間の経過に注意を向けなかった」ということには2つの意味がある。第1は，竜宮城の楽しさに溺れて，時間の経過に注意を向ける認知能力や覚醒度が低下していたという意味である。第2は，楽しさに執着して，「いつまでもこのままでいたい」「時間が経過してほしくない」「時間の経過を認めたくない」と感じていたという意味である。「時間の経過に注意を向ける」ということを，「物事の変化に注意を向ける」と言い換えると，以上の話は次のように言い換えることができる。つまり第1は，楽しさに溺れて，物事の変化を認識する認知能力や覚醒度が低下していたということ，第2は，楽しさに執着して，このままの状態が続いてほしい，つまり物事の変化が生じないことを強く願っていたということである。竜宮城では四季が同時に存在していて，太郎が四季の変化に気づけない環境だったというおとぎ話の内容は，以上の太郎の2つの心理的可能性を，具体的な「お話」として表現したものだったと考えることができる。一般的にも楽しさの中にあるとき，われわれはその楽しさに溺れるかその楽しさに執着するか，そのうちのどちらかになると思われる。実際にどちらの心理に強く傾くかは，それぞれの人の個性の違いやそのときの状況によって変化するで

14）松田（1985, 1996）は，「4要因乗数モデル」を用いて，人の心理的時間を説明している。そこでは，「内的時間のテンポの単位時間当たりの頻度，時間経過に注意を集中する程度，経過時間中の事象の時間以外の属性の認知の影響度」が考察されている。本章で最初に取り上げるのは，主に心理的時間と時間経過への注意度である。さらにその後は，認知的文脈変化としての分節化の影響，さらに心理的な時間切迫感との関係性を考えていく。本章は，総合的にすべての心理的時間の決定要因を議論するのが目的ではない。益軒的な「楽」の楽しみ方・味わい方の問題に関連した要因のみを取り上げて議論していくことにする。

あろうが少なくとも，どちらかの心理状態に陥ることはだれでも経験するところである。そうであるとしたら，楽しさの中にあるとき，結局われわれも浦島太郎と同様に，「楽しい時間は，あっという間に過ぎてしまう」と感じることになるだろう。このおとぎ話のもつ心理的事実の有効性は，否定しえないものである。浦島太郎の話は，それゆえ長く人びとによって語られそして伝えられてきたと考えられる。

ところでここで立ち止まって考えねばならない重要な問題がある。それは，時間の経過に対して，われわれが自分の注意をどのように向けるのか，言い換えると物事の変化に対して自分の注意をどのように向けるのか，こうした人間の注意の向け方が，心理的時間評価に大きな影響を及ぼすという問題である。「つまらない時間や苦しい時間は，長く感じるものだ」という場合には，人びとは時間の経過を強く意識していて，さらにその時間が今すぐにでも過ぎ去ってもらいたいと考えている。現状の変化を強く希望しているのである。これに対して「楽しい時間は，あっという間に過ぎてしまう」という場合には，人びとは時間の経過を強く意識する力を失っているか，または時間が経過しないことを強く念じている。つまり物事の変化への注意力を失っているか，物事の変化がこれ以上生じないで現状が維持されることを強く願っているか，どちらかである。これらを総合すると次のように整理できる。心理的に時間経過が速まる要因は2つある。第1は，時間の経過を強く意識しないこと（または強く意識できないこと）である。第2は，時間の経過を強く意識するとしても，その時間が速く経過しないことを強く願っていることである。心理的な時間経過が速まる以上の2つの要因がともに成立しないとき，時間の経過は遅くなると考えられる。図1は，以上述べた時間評価の決定要因の関係性を示したものである[15]。図1のA2とBの領域では，人は時間が速く流れると感じ，A1の領域では，時間はゆっくりと

---

15) 松田他 (1996) は，「せいぜい5秒以内の心理的現在の範囲内の時間についての心理的時間の構成を時間的知覚と呼び，その範囲を超えた長い時間に関しては時間評価と呼ぶ」(14頁) と述べている。したがって本章でも，以上の意味を踏まえて「時間評価」という単語を用いることにする。なおこの時間評価を行う人間の身体的認知能力に関しては，視覚や聴覚と異なって，専門の感覚器官が存在せず，したがって時間評価は大脳の高次の認知プロセスの中で行われていることに注意する必要がある。時間評価が，環境的・社会的文脈から影響を受けた人間心理の動きに複雑に関連しているのは，こうした大脳の高次の認知プロセスの結果であるということから説明できよう。

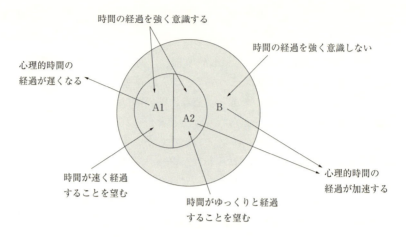

図1　心理的時間評価の決定要因の関係性

流れると感じるのである。

　議論を進める前に,「時間経過の分節化」という考え方について説明しておこう。時間経過の分節化という考え方に立つと,これまで述べてきた問題をさらに深く理解することができる。前段落では,心理的な時間評価が速まる要因は2つあると述べた。第1は時間の経過を強く意識しないこと,第2は時間の経過を強く意識するとしてもその時間が速く経過しないことを強く願っていることであった。ではこのような要因は,なぜ人の時間評価を速めるのだろうか。また逆にこれら第1と第2の条件が成立しないケースでは,なぜ人の時間評価は遅くなるのだろうか。一川(2008)は次のように説明している。「時間経過に注意が向けられる回数が多いほど時間が長く感じられるという現象に関しては,時間の経過に注意が向けられるほど,時間経過が多くの部分に分節化され,その分節化された時間帯の数が多いほど時間を長く感じるとする仮説もある。時間の経過に注意を向ける回数に対応して,心理的時間の目盛りの数が増えるのに,1目盛りあたりの針の進む速さはいつも同じであるため,時間の進行がゆっくり感じられるのかもしれない」(126頁)。この説明の仕方は,Block (1989, 1990, 1992) の考え方と整合的である。ブロックも,認知的な文脈の変化の数が増大すると,人は心理的に時間経過を長く感じるようになると論じていた[16]。ブロックの「認知な文

脈変化」を「分節化」と置き換えれば，上述の一川の説明に一致する。さて分節化の説明を用いると，第1の要因，つまりなぜ時間の経過を強く意識しないときには心理的な時間評価は速まり，逆になぜ時間の経過を強く意識すると心理的な時間評価は遅くなるのか，このことが理解できる。時間経過への意識が，時間の分節化を促進するからである。ところで第2の要因については，どのように理解したらよいのだろうか。この問題については，時間の分節化を「意味論的に拡張」して考える必要がある。これに関しては松田（1965）の研究が参考になる。松田は時間の分節化を，意味的な「まとまりの効果」から再評価している。一川は次のように述べている。「物理的には同じ数の要素からなる刺激であっても，その要素のうちのいくつかをまとまりのあるものとして知覚した場合には，それぞれの要素を独立したものと知覚した場合よりも時間が短く感じられる。たとえば，相互に無関係な映像を次々と見せられた場合と，同じ映像の中に何らかの脈絡（ストーリー）が見出された場合とでは，後者のほうが時間が短く感じられる」（129頁）。このように時間の分節化の問題を，意味的な内容を考慮して修正すれば，第2の要因，つまり時間の経過を同じように強く意識するとしても，その時間が速く経過することを願っているか逆に願っていないかによって，心理的な時間評価が変化するということも理解できる。時間が速く経過することを願っている場合には，人はこれまでの時間の意味的な「まとまり」を嫌悪して時間経過の分節化を増やすと考えられるし，逆に時間が速く経過することを願っていない場合には，人は同じ状況の継続を望んで時間の意味的な「まとまり」に固執すると考えられる。このときには時間の分節化は意味的に減少する。時間経過の分節化を意味的にどのように修正したいと考えるかによって，実質的に分節化の数が変化して，心理的時間の速さも変化すると理解できるのである[17]。

---

16) 松田（1996）はこのブロックの分析に対しては，「きわめて包括的なモデルを提唱している」と認めつつ，しかし「何が変化なのかよくわからない要因もあり，要因がどう相互作用するのかもわからず，定性的な結果すら十分予想できないことが多い」（134頁）と批判している。しかしブロックが主張する認識的な文脈変化が及ぼす時間評価への影響は，個々の具体的な状況を特定化して研究するときにはきわめて重要な分析視点を与えるものとして高く評価されるべきだと考える。

17) 分節化という視点から議論してきたが，それとは別に時間記憶の「距離感」という問題意識から議論することもできる。時間記憶の距離感の研究は，Friedman（1993,

話を図1に戻そう。ここでぜひ考えておくべき問題がある。それは「楽しい時間は，あっという間に過ぎてしまう」という話の「楽しさ」とは，どういう意味の「楽しさ」なのだろうかということである。前段落で述べたように，「楽しい時間は，あっという間に過ぎてしまう」というケースの「楽しみ」は，人がその楽しみに「溺れて」しまったり「執着して」しまうようなものであると想定されていた。「溺れる」にしてもまた「執着する」にしても，人はその楽しみの中で「自分を見失ってしまっている」という状況になっている。多かれ少なかれ自己規律性，セルフコントロールの力を失っているのである。ところで益軒の「楽」の概念を思い起こしてみよう。益軒の主張する「楽」は，「自足」と「自祝」の心とともにあるもので，それを実現するためには，自分の内面世界を見つめつつ，その「楽」の実現化の力が，まさに「自分の心の中に内在していること」を「学ぶ」必要があると考えられていた。益軒の「楽」は，「自分を深く知る」こと，「学ぶ」こと，そしてそれを自ら「喜ぶ」こととともにある。「溺れ」たり「執着」して「自分を見失ってしまっている」ような「楽しみ」や「享楽」とは，まったく異なるものとして，益軒の「楽」を理解する必要がある。以上の点は，議論の核心部分である。たとえ一般的に「楽しい時間は，あっという間に過ぎてしまう」という「話」が多くの人によって信じられていて，その内容もある程度われわれの生活の中で正しい心理的事実であると是認されていようとも，それをもって益軒の「楽」に関する議論の有効性は否定されるものではないということを強く示すものである。世俗的な「楽しみ」と益軒の「楽」は，明らかに似て非なるものである。われわれは，世間一般で信じられている「話」を認めるとしても，益軒の「楽」の実践が，限られた人生の時間概念の操作可能性を生み出し，心理的次元での長寿を実現する可能性があるという「夢」を捨て去る必要はないと言える。
　益軒の「楽」に関する議論は，具体的に図1の内容をどのように修正

1996）などによって，時間記憶の中の位置ベースの問題と区別して進められてきた。きわめて楽しかったことがらの始まりの記憶が，他のことがらの記憶を押しのけて強い印象を心に刻みつけているとしたら，人はそのことがらの始まりの時間記憶の距離を「近い」ものとして感じているであろう。このとき人は「楽しいことは始まったばかりなのに，もうあっという間に終わってしまった」と感じることになる。こうした時間記憶の距離感に関する研究については，さらに矢野（2010），Hintzman（2001, 2004, 2005）などを参照されたい。

第8章 「生きる達人」になる知恵のフォークロア　　　275

するであろうか。前段落で説明したように，益軒の「楽」は，「溺れたり執着したり」するような「楽しみ」とは異なるものであるから，図1のA2やBの領域には含まれないものである。また益軒の「楽」は，「つまらない時間や苦しい時間」とは無関係のものであるから，図1のA1の領域にも含まれないことは明らかである。では益軒の「楽」を，どのように位置づけたらよいのだろうか。現状の図1の中では，益軒の「楽」を表現することはできない。そこで図1を描いたときの考え方を拡張して，益軒の「楽」を新たに図の中で表現する方法を工夫してみよう。問題になるのは，図1では，「時間の経過を強く意識する」ケースが，たった2つのケースに分類されていたことである。つまり「時間が速く経過することを望む」というケースと「時間がゆっくりと経過することを望む」というケースに分類されていただけである。しかし考えてみれば，われわれは時間の経過を強く意識したからといって，必ず「時間が速く経過することを望む」かまたは「時間がゆっくりと経過することを望む」か，どちらかになるとは限らないのである。時間が速く経過しようがゆっくりと経過しようがそういうこととは関係なく，時間の経過そのものを「大切に考えて」，それを例えば「豊かな心で味わう」ということもできるのではないだろうか。時間の経過を「コントロールしたい」と強く念じる場合には，確かに「時間が速く経過することを望む」というケースと「時間がゆっくりと経過することを望む」というケースの2つに分類されてしまうのであるが，しかし時間の経過を「コントロールしよう」という願望を捨てて，もっと自然体で「時間の経過を味わう」という「透徹した心」「ゆとりある心」を持ったならば，人は時間の経過を強く意識したからといって，必ずしも上述の2つのケースにはならないと考えられる。時間をコントロールしたいという次元を越えて，自然体で「時間の経過を味わう」という境地に至れば，そこには新たに図2で描かれているような新しい領域A3が出現する。実は益軒の「楽」の概念は，まさにこの新しい領域A3で表現されるものだと思われる。益軒流の「時間の経過を味わう」という「ゆとりの心」は，前節で述べたように，具体的には「今を無条件で肯定する心」という形で述べられていた。「時間の経過を強く意識」していても，「今を肯定して大切に生きる」，そして時間の経過を自然体で「味わう」という「心の

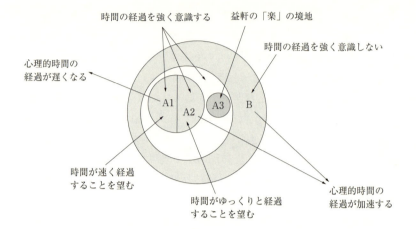

図2 益軒の「楽」の境地を書き入れた図

ゆとり」，そのような人間の心の境地をイメージできたとき，われわれは初めて益軒の「楽」の考え方の魅力を理解することができるようになる。そしてあくまでも「結果的」に，人生の時間評価を操作可能化できると考えられる[18]。

18) 心理学の分野には，「無意識の思考の優越性（Unconscious-thought advantage）」は成立するかどうかという研究がある。研究者間の論争もあるが，未だ結論には至っていない。Nieuwenstein-Van Rijn (2012), Newell-Shanks (2014), Strick et al. (2011), Dijksterhuis (2013) などを参照されたい。またGladwell (2005), Gigerenzer (2007), Wilson (2002) の読み物も参考になる。しかし本章で議論している益軒の「楽」の実践法とそれが心理的な時間評価に及ぼす影響の問題は，こうした「無意識の知」や「無意識の思考の優越性」という研究の射程を超えているように思われる。益軒の主張は確かに部分的には，「無意識の知」や「無意識の思考の優越性」に関連してはいるが，しかしそれだけではない。いわば意識と無意識が併存する心境の重要性を主張している。より正確に言うと，時間の経過に執着して，同時にそれに執着しないという主張である。執着しない心は，実質的には無意識と同じような心になっている。つまり益軒の「楽」の実践法は，確かに心理的時間の延長を「意識」はするが，他方でその時間の経過を自然なものとして受け入れる，言い換えれば心理的時間の延長欲求を「忘れているかのごとく」の「こだわらない深い心のゆとり」を強調しているのである。このように「意識して意識せず」「こだわってこだわらない」というようなことを言うと，「単なる言葉遊び」をやっているように思われるかも知れないが，すでに拙著［中込 2016b］でも述べたように，この境地は大乗仏教の「維摩経」などで最高の境地として述べられている「不二法門」の世界に一致する。聖徳太子も「聖俗一如」の視点からこの経で説かれている内容を重視し，推古天皇23年（615年）に『維摩経義疏』を著したのは周知の事実である。いわば「不二法門」の心は，日本人が古代より有してきた理想の1つであり，歴史的・民俗的に実体のある内容のものである。こうした高度な宗教的境地といわば一般向けに述べられた益軒『楽訓』の主張とが強く一致しているのは感動的であ

第 8 章 「生きる達人」になる知恵のフォークロア

　ところで領域A3で示される益軒流の「楽」を楽しみ味わう心は，本当に心理的な時間評価を遅くして，限りある人生を長く楽しむことに役立つのであろうか。この問題を解明するために，われわれは以下２つの可能性を指摘する。第１の可能性は，領域A3が，時間の経過を強く意識するという領域に含まれていることから生じる。このように人が時間経過を強く意識するとき，心理的な時間経過のスピードは遅くなることはすでに述べたとおりである。したがって可能性の１つは成立する。第２の可能性は，「楽」を楽しみ味わうときの「ゆとりの心」から生じると考えられる。Burnam-Pennebaker-Glass（1975）やYarnold-Grimm（1982）は，時間に追われて常に時間不安を持っている「タイプＡ」の人に関して研究を行い，彼らが時間の経過を速く感じる傾向が強いことを明らかにした。これに対して「楽」を楽しみ味わうことは，人びとに「ゆとりの心」をもたらし，こうした「タイプＡ」の心理を消滅することに役立つ。この第２の可能性からも，益軒流の「楽」の実践は，限りある人生を長く楽しむことに役立つと考えられる。したがって結論として，「楽」を楽しみ味わうという「生きる達人」になる知恵は，心理的な長寿の実現に関しても，有効なものであると言える。

　私は，益軒流の「生きる達人」の「境地」をイメージするとき，陶淵明の「帰去来の辞」が心に浮かぶ[19]。

　　帰りなんいざ　請う交わりを息め以って游を絶たん

る。この問題については，また別のところで考察を加えたいと思う。なお「不二法門」の境地については，鎌田（1990），植木（2011），高橋・西野（2011）などを参照されたい。また茅原（1993，1996）も「座禅時の時間体験」という問題を扱っており興味深かった。「欲望を捨て自我を無化し，一切が回互的に相入する空の場に立つことによって，同時的に古仏に出会うことも可能となるが，これを実現せしめるのが座禅による『心身脱落』にほかならない」（茅原［1996］280頁）と述べられている。「欲望を捨て」というところは，本章の「生きる達人」になる知恵の問題関心と部分的に重なっている。ただし茅原の研究とわれわれの研究との大きな違いは，ここでの「生きる達人」になる知恵の考察対象は，あくまでも「娑婆世界」の中に身を置きながら，「楽」を楽しみ味わうという「世俗人」の時間評価の問題である。上で述べたように，「欲望を捨てながらも，（ある意味において）欲望を持ち続けている」，「欲望を持ちながらも，欲望を捨てている」という「不二法門」の境地で生きている「世俗人」の人生の時間評価の問題である。本章で新しい日本研究の切り口が提示できたら幸いである。

　19）　深澤（2013）より一部修正の上，この書き下し文を引用した。

世と我れと相い違う　復た駕して言になにをか求めん
　　　親戚の情話を悦び　琴書を楽しみ以って憂いを消さん
　　　農人は余に告ぐるに春及べるを以ってし　将に西疇に事有らんとす
　　　或いは巾車を命じ　或いは孤舟に棹さす
　　　既に窈窕とし以って壑を尋ね　亦た崎嶇として邱を経
　　　木は欣欣とし以って栄に向かい　泉は涓涓として始めて流る
　　　万物の時を得たるを善しとし　吾が生の行き休するに感ず

　この文章の最後の部分,「万物の時を得たるを善しとし　吾が生の行き休するに感ず」には凄味さえも感じる。万物の時の流れを肯定しながらも,それだけでなく,やがて自分の生命が「休止」するであろうことも自然な心で受け入れているのである。「今を肯定して大切に生きる」こと,そして時の流れを「味わい」ながら自然体でそれを受け入れること。人間の精神は,ここまで高められるのか。感動を禁じえない。

第4節　季節を楽しみ,書を楽しむ心——和楽の実践

　益軒は『楽訓』の中で,「楽」を実践する具体的な方法として,季節を楽しむこと,そして書を楽しむことについて述べている。まず『楽訓』の「巻之中」により,季節を楽しむことについて見ていこう。
　斉藤（1984）は,益軒が描く季節を楽しむ心を,次のように説明している。

　　「天地の恵みは,毎年めぐってくる四季それぞれに施されて,太古の昔から休むことがない。霞がかかる春から,雪の降り積もる冬まで,景色は刻々と変わってゆくし,一日のうちでも,朝夕の景色は日ごとに異なって,めまぐるしいほどの変化を見せる。そうした風景を彩る主なものとして,空には,光り輝く太陽と月,うるおいを与える雨や風,清らかに降る雪や霜,たなびく雲や霞などがあり,地には,そびえる山,流れる川,深く広い海,さえずる鳥やうごめく獣,生い茂る草木などがある。めぐり来る四季の中で,さまざま

な活動が目の前にくりひろげられ、見る人の心に喜びと感動をもたらすことは、大きな楽しみであろう。この楽しみがわかる人は、高い地位や財産でさえかなわない、限りない楽しさをもたらしてくれるのである。」(100-101頁)

　この文章は、益軒『楽訓』の「巻之中」の初めの部分をわかりやすく訳したものである。益軒は次のように述べている。

「一とせの内あめつちのみちつねにめぐり、四時に行はれて、萬古よりこのかたやまず。其間かすみたつより雪のつもれるまで、其けしきをりをりにことなり、又あさゆふのけしき、日々にことなれる。變態きはまりなきながめなり。……かくの如くあめつちの内四時の行はれ、百物のなれるさま、目のまへにみちみちて、人の見る事をよろこばしめ、心を感ぜしむる事、大なる楽なるかな。これを楽まん人は眼力を以境界とし、四時を以良辰として、其楽何ぞ只人間三公の貴き萬戸侯の富にくらべんや。よく心をとめて玩ばん人は、其楽きはまりなかるべし。」（『楽訓』「巻之中・節序」より）

　この中で、「あめつちの内四時の行はれ、百物のなれるさま、目のまへにみちみちて、人の見る事をよろこばしめ、心を感ぜしむる事、大なる楽なるかな」と述べられているところに注意されたい。四季を味わうこと、まさにこれこそ「楽」を実践する具体的な方法であると強調されている。
　現代においても図3で示した例のように、季節を楽しみ、自然の変化を楽しむことは可能である。益軒も具体的に四季折々の景物のすばらしさを、春から冬にかけて順に述べている。斉藤の訳にしたがって見ていくと、次のような心和みまた心に沁みる文章となる。

「春のさきがけである1月は、空の景色もしだいに様変わりして、東風がゆったりと吹き、氷も解けだし、遠くの山辺に霞がうすくたなびいている。冬とちがい、さまざまなものがくっきりと見えるその空は、春の訪れを最もよく教えてくれる。まだらな残雪が、垣根

（A）早春，寒梅を楽しむ　　　　（B）盛夏，大賀蓮を楽しむ

図3　季節を楽しむ心

注）（A）は2016年2月，小田原市の蘇我別所梅林にて。毎年，梅まつりも開かれ，多くの人びとが早春の寒梅を楽しむ。（B）は2016年7月，町田市の薬師池公園にて。大賀蓮は2000年以上前の古代の蓮で，1952年に大賀一郎によって復活・開花に成功したもの。その後，各地に移植され，盛夏，多くの人びとの目を楽しませている。

越しに見えがくれしているのも，去年の名残として心惹かれる」，「二月に入ると，冬の名残りもすっかり消えて，明るく柔らかい日の光にあふれた空や，春霞におおわれた山々のたたずまい，とくに曙の景色は，たとえようもなく趣がある。清少納言が『春は曙』と書いたのも，もっともだと思う」，「そして桜の開花をむかえるのである。桜の花に心があるわけではないだろうが，なんとも美しいその姿は，人の心をゆり動かす。日本の四季を通じて，もっとも美しく咲く花だから，梅の花がすでにないこの時期には，ほかの花を圧倒してしまう」，「やがて春も深まって，風もおだやかに吹き，日ざしも暖かくなると，百草はその香を，百花はその美を，たがいに競いあうときとなる。そんなとき，浮きたつ気持ちで友をさそい，春の風物をもとめて，一日中歩きまわるのもいい」，「四月は空も晴れやかなのだが，やがて五月を迎えると，うって変わってさみだれが降りつづき，ときには雷鳴もとどろき，雨でなくとも曇りがちというはっきりしない天候が続く。庭の散策も満足にできず，たれこめた曇り空の下で日々を過ごすのは，わびしいものだ」，「水無月（六月）になると，縁先に吹く風がうれしく，円座にすわっているのが爽快だ。蓮の葉は，池水の濁りにも染まらず，夕風に薫る」，「秋のおとずれは風によって知らされる。涼しげに吹く秋風は草木をなび

かせ，そのそよぐ音がどこからも聞こえて，秋の気配が痛いほど心に沁みるのだ」，「心身ともに充実し，灯火に親しみ，古典をひもとく喜びをじっくり味わえるのも，この季節である。萩の上を吹きわたる風，萩の下葉にやどる露，さまざまに鳴きかわす虫の音など，秋の情緒をしみじみ伝えて余すところがない。稲穂は朝露にうるおい，夕風にそよいでいるが，とりわけ早稲，晩稲が実りのときを前後して並んでいる光景は，これまた見事なものといってよい」，「夜空にかかる秋の月は，浮き世の歓楽を超越したひとときをもたらす。毎月それぞれ，三日月から居待ち（十八夜）の月まで，空が晴れてさえいれば，夜ごとに人の目を楽しませてくれるのが月である。中でも，秋の三か月間の月を見ることができるというのは，実に幸多き人生といえよう」，「九月も末になると，秋の花はすべてしおれて，虫の鳴き声もやみ，ようやく紅葉が色づいてくるから，秋も暮れてゆくという思いがひとしおである。秋は今日限りかと思うと，やはり名残惜しい」，「冬の到来，寒さも一段と加わり，火のそばをさすがに離れがたい。露に代わって霜がおりるようになり，紅葉の色濃くなり，木々や草原も冬枯れて，秋とは変わった眺めとなる」，「雪が多く降り積もった朝は，山も里も，ことごとく銀世界となって，ほかの土地のような気がする。冬ごもりしている木の枯れ枝に再び花が咲いたかのようだ。とくに，澄んだ月がかかり，雪と相対している冬の夜空は，見あげる人もなく，それが一段と身にしみてあわれ深い。」（以上，斉藤［1984］より抜粋）

益軒はこうした四季の移り変わりそして一年の経過を「名残り惜しいものだ」と述べている。特に老人の身にはその名残惜しさが心に強く沁みるものであると語っている。しかし益軒の主張の真髄は，次のような言葉の中にある。

「すべて一とせの内，月日のめぐり，四時の行はれ，百物のなれる，ついで年ごとにたがはず，萬古より末の世までかはらざる事，天道の誠いたりてたふとぶべし。しづかにこれを感じる人は，其楽ふかかるべし。もしよく此理をしれらん人は即道をしれる人なるべし。」

(『楽訓』「巻之中」より)

　月日の経過を「天道」として尊ぶべきである。その道理に通じた「生きる達人」になれれば，そして静かにその「理」を感じることができる人になれれば，四季の経過からむしろ深い「楽」を得ることができるのだ，と強調している。この点に関して，斉藤は次のように説明する。

　「四季おりおりの推移に心を動かされる人は，情緒豊かな人だ。ただ，心に愁いをもつ人はこれによって悲しみ，道理に通じた人生の達人はこれによって楽しむ。見る人によって，同じ景色があでやかにもなるし，ひえびえとしたものともなるのである。」(130頁)

　われわれは自分の内面を深く見つめることで，人間が本来有する「楽」に向かう力が，自分の内に存在することを学ばなければならない。このことに気づけば，四季を味わうことは，まさに「楽」を楽しみ実践する具体的な方法になるのである。時の流れをこの上なく「大切なもの」と意識しつつ，またその時の流れを自然体で受け入れつつ，人生を楽しみ味わうことができる。ここには「自足」と「自祝」の心が満ちあふれている。益軒の『楽訓』の世界は，自己増殖する私欲の追求によって常に満たされざる思いを抱いて生きている現代人の心に，新たな覚醒の機会をもたらすものとなる。
　ところで『楽訓』の「巻之下」で述べられているもう1つの「楽」を実践する具体的方法は，書を楽しむことである。

　「凡そ読書の楽は，いろをこのまずして悦びふかく，山林にいらずして心閑に，富貴ならずして心ゆたけし。此故に人間の楽是にかふるものなし。天地陰陽を以道の法とし，古今天下を以心を遊ばしむる境界として，其おもむき至りて大に，ひろき事きはまりなし。一日書をよむの楽至れるかな。聖賢のふみを見て，其こころを得て楽むは楽しき事の至也。其次にいにしへの事をしるせる史には，わが國は神武天皇よりことしまで，二千三百七十年，もろこしは黄帝より今まで，四千四百年の間の事をのせたり。此の故にからやまとの

史を見れば，遠きいにしへのあと，日のあたりに明らかに見えて，わが身あたかも其世にあへる心地して，数千年のよはひをたもてるが如し。此楽も亦大なるかな。」(「楽訓」「巻之下・読書」より)
　「およその事，友を得ざれば，なしうるべからず。只読書の一事は，友なくてひとり楽しむべし。一室の内に居て天下四海の内を見，天下萬物のことわりをしる。数千年の後にありて，数千年の前を見る。今の世にありて古の人に対す。わが身おろかにして聖賢にまじはる。是皆読書の楽なり。凡よろづのことわざの内，読書の益にしく事なし。然るに世の人これをこのまず。其不幸甚し。これを好む人は天下の至福を得たりと云うべし。」(同書より)

　これ以上，説明を付け加える必要はない。読書の「楽」が明瞭に説明されている。自由自在に古今天下に心を遊ばせて，一日書を読むの「楽」が生き生きと描かれている。まさに「山林にいらずして心閑に，富貴ならずして心ゆたけし。此故に人間の楽是にかふるものなし。天地陰陽を以道の法とし，古今天下を以心を遊ばしむる境界として，其おもむき至りて大に，ひろき事きはまりなし。一日書をよむの楽至れるかな」である。益軒の「楽」は，けっして現状維持的で消極的な時間の楽しみ方を意味しているのではない。その心は，「天下国家に遊び，わが身おろかなるといえども，古今の聖賢に交わる」という壮大なロマンに満ちている。それは人間が本来有している躍動する好奇心と探求心の発露である。「太和の元気」の自由なる発露である。読書はまさに益軒流の「楽」を実践する素晴らしい方法であると言える。

第5節　食を楽しむ心──「一期一会」の和食の知恵と時間論

　『楽訓』にしたがって，具体的に四季を楽しむこと，及び書を楽しむことを取り上げ，「楽」の実践法を眺めてきた。この第5節ではさらに議論を拡張して考察を深める。『楽訓』の考察範囲を離れて，それ以外の「楽」の実践方法を考えてみたいのである。ここでは「食を楽しむ心」を取り上げる。

益軒本の中でも，例えば『養生訓』では，食の問題は健康や長寿の基本であるという認識から重要視されている。井上（2000）は，『養生訓』で述べられている内容を，次のように要約している。「（1）心を平静にして体を動かす（2）鳥獣肉を少なく，野菜をたくさん食べる（3）新鮮な魚を食べ，匂いの強い魚は避ける」（4頁）。これらの点に該当する『養生訓』の箇所をピックアップして読んでみよう。

　第1の「心を平静にして体を動かす」という点は，「心を平静にする」ことと「体を動かす」ことに分けられる。食に関係するのは，主に前者の「心を平静にする」という問題である。斉藤（2012）も，『養生訓』が強調するこの「心を平静にする」ということと食の問題に関しては，「食事の時にマイナスの感情を持ち込むな」そして「命への感謝が人をつくる」という項目で説明している。『養生訓』では次のように述べられていた。

　　「怒の後，早く食すべからず。食後，怒るべからず。憂ひて食すべからず，食して憂ふべからず。」（『養生訓』「巻第四」より）
　　「食する時，五思あり。一には，此食の来るところを思ひやるべし。」（『養生訓』「巻第三」より）

　第2の「鳥獣肉を少なく，野菜をたくさん食べる」という点については，斉藤は「バランスのとれた食べ方で健康は決まる」と「身体を温めれば病は減らせる」という項目で説明している。『養生訓』では次のように述べられている。

　　「五味をそなへて，少づつ食へば病生ぜず。諸肉も諸菜も同じ物をつづけて食すれば，滞りて害あり。」（『養生訓』「巻第三」より）
　　「凡の食，淡薄なる物を好むべし。肥濃油膩の物多く食ふべからず。」（「同書より」）

　第3の「新鮮な魚を食べ，匂いの強い魚は避ける」という点については，斉藤は「その食には生気があるか」という項目で説明している。『養生訓』では次のように述べられていた。

「諸の食物，皆あたらしき生気ある物をくらふべし。」（『養生訓』「巻第三」より）

しかしこれらは身体的な「健康と長寿」に影響を与える要因として食の問題を論じているのであり，認知論的な「楽」の実践という視点に議論の重きがあるわけではない。本章のように，心理的時間論と関連づけられた「生きる達人」になるための知恵という視点から食の問題を考えようとすると，こうした『養生訓』での論じ方では，まだ議論が不十分と感じられる。

改めて時間論の視点から，和食の特性を見つめ直してみよう。和食は，限られた時間を生きる人間の存在をどのように理解して，その命をどのような「かたち」で表現してきたのだろうか。原田（2014a）は『和食とはなにか』という著書の中で，和食が成立するのは室町期のことであり，その和食の精神的な特色としては「もてなしのこころ」があげられると述べている。「もてなしのこころ」の源流は遠く遡ると神饌という神への饗応料理に求められるが，しかし和食の成立期に大きな影響を及ぼしたのは「懐石料理を生んだ茶の湯」であると指摘している[20]。神饌料理は「永遠を生きる神」に対して「有限の時間を生きるにすぎない人間」がささげる「もてなし」である。そして懐石料理は「有限の時間を生きる人間どうし」だからこそ大切にしたい「一期一会」の時間の中での「もてなし」である。そう考えると，この「もてなしのこころ」は時間の流れの中にあって，われわれの心に「切ないほどの輝き」を与えるものとなる。また「もてなしのこころ」こそが和食の魂であるとしたら，「和食の時間論」なるものを考えることで，和食の「真髄」に迫ることができるのではないだろうか。それは「有限の時間を生きる人間」

20）「懐石」という言葉が登場するのは，近世初期の茶書『南方録』である。茶人がお客に飢えと寒さを凌いでもらうために温めた石を布に包んで渡し，懐に入れてもらったという言い伝えがある。これが「懐石」という言葉の由来とされている。しかし利休の時代には実際は「会席」という言葉が使われていた。その後「会席料理」という語は，転用されて使用されるようになる。江戸時代になると「会席料理」とは，高級料理屋の料理を意味するものとなっていった。原田（2010, 2014a）はこの高級料理屋料理と利休が完成させた茶の湯料理との内容の違いを重視して，茶会をともなう場合を懐石料理，料理屋料理のものを会席料理と区別することにしたいと述べている。本章でも，この区別にしたがって議論を展開していきたい。

であるからこそ生み出せる「生きる達人」になるための知恵とつながるものである。「一期一会」の出会いの中での「もてなしのこころ」は，時間の経過を強烈に意識しつつも，その経過を自然体で受け入れ，そのかけがえのない時間の流れを「ともに楽しむ」という益軒の世界を確実に現実化している。「生きる達人」になるための知恵と和食の魂が，時間論という共通の基盤の上で結ばれている。ここでは以下具体的に和食の意味論を，時間論的視点から展開してみたいと思う。

　和食の成立期における懐石料理について，その内容を見ていこう。懐石料理は，利休にとっては，「一汁三菜」が理想であった。茶会記『利休百会記』には，天正18年（1590年）9月22日に利休が織部を招いたときの記録が残っているが，そこでも典型的な「一汁三菜」であった。筒井（1998）は次のように説明している。「膳の手前には小鳥の汁と飯の椀，向こう側には鮭の焼物と柚味噌が載せてある。膳の上には『一汁二菜』が載っているのである。次いで引物として鱠物が出されたあと，湯桶で口直しをして，すぐに麩焼と栗の二種菓子が出て中立となる。仕立は一汁三菜と二種菓子であったことがわかる。膳と器についての記述はないが，推測するとすれば，膳の上には器は四つ椀（飯椀・汁椀・坪椀・平椀）であったと考えられる。しかし引物の方の器は不明である。利休によって完成された一汁三菜の仕立と膳の上の器，引物，菓子の出し方の基本的な姿であった」（43頁）。図4（A）は，以上述べられている膳の上の椀の配置を示したものである[21]。もちろん常に「一汁三菜」であったわけではない。例えば筒井によると，利休が秀吉を招いたときには特に二の膳を出して，「二汁二菜」または「二汁三菜」または「一汁五菜」になっていたそうである。図4（B）は，天正18年9月13日に利休が秀吉を招いたときの「二汁三菜」の膳の椀の配置を示している[22]。

21）ただし図4（A）の鱠物については，もとの説明では「引物として鱠物が出された」（43頁）となっていたが，状況的に考えて，本書では「挽物膳（ひきものぜん）で鱠物が出された」と解釈して図を描いている。挽物膳については，宮本（1973）と植田（1985）に説明がある。宮本は「挽物膳は一般に丸膳とか木地膳などと呼ばれ，もっぱら木地師が轆轤（ろくろ）を使って木地を挽いた。普通，材料は栃・栗などを用い，直径36cm，高さ12cm，足もまるく中空に刳りぬいて，漆で内朱外黒に塗るが，足を指物膳のように蝶足・銀杏足・猫足に作ったものもある」（256-257頁）と説明している。

22）このような初期の懐石料理は，先の注でも述べたように，江戸時代になると「会

第8章 「生きる達人」になる知恵のフォークロア　　287

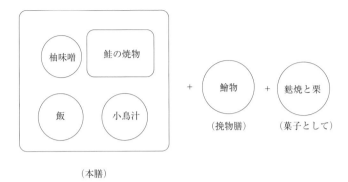

図4A　利休が織部を招いたときの懐石料理の内容（天正18年9月22日）

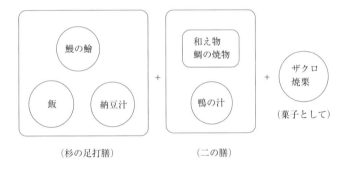

図4B　利休が秀吉を招いたときの懐石料理の内容（天正18年9月13日）
注）　図4A・4Bは，筒井（1998）の説明を一部修正して，筆者が描いたものである。

　このように時には追加的なもてなしもしたが，しかし基本はあくまでも「一汁三菜」という「素食」であった。問題は，なぜお客は「素食」であっても満足してくれたのかということである。それはひとえに主人の「もてなしのこころ」によるものであった。主人自らが料理を持ち出し，「一期一会」の出会いを大切にし，お客とともにその出会いの時間

席料理」に変容して，高級料理屋の料理を意味するものとなっていった。また江戸期には，高級料理屋のみならず江戸庶民が気楽に入れる飲食店が増加し活況を呈した。その当時の様子は『皇都午睡』，『熈代勝覧』，『守貞謾稿』，『江戸買物独案内・飲食之部』などに示されている。詳しくは大久保（2012），原田（2014b）などを参照されたい。

を喜ぶ。料理にもまた器にも，もてなしのさまざまな配慮と工夫が凝らされる。まず食材について言えば，季節を重視した工夫がなされている。季節の「旬」の食材が積極的に用いられる。例えば「初物」が珍重された。季節の旬の食材を喜ぶという人の心は，古くから存在した。収穫した初穂を神前に奉納することは古来より行われてきた。こうした「もてなしのこころ」を重視する懐石料理の成立によって，さらに旬の食材を喜ぶという和食の伝統は強められ，また後世に大きな影響を与えていったのである[23]。

また食材だけでなく，料理と調和した器類の組み合わせも考え抜かれた。茶の湯でも，一般に茶道具そのものがきわめて重要なものと考えられるが，懐石料理でも食材がどういうものかによって，用いられる器の選択が行われた。その器にどのように料理を盛りつけるかも工夫された。原田（2014a）は，「工夫を凝らした料理をどう見せるかも，重要な演出のひとつで，どんな器にどう盛りつけるかが見せ場となる。料理そのものの膨らみや，高さをうまく演出して立体感を出す。あるいは赤の刺身に青の三つ葉や白の大根を添える。さらにさまざまな視覚的な美しさや効果を演出し，色彩だけでなく立体感を伴うようなかたちで，食べものをおいしく見せる。そうした努力によって，懐石料理は洗練の度を高めてきたのである」（116頁）と述べている。

懐石料理ではお客をもてなすために，料理を出すタイミングが重視された。この点は，時間論的にきわめて興味深い問題である。かつての神

---

[23] 初物について，原田（2014b）は以下のように説明している。「旬の食材をその年最初に食べるのが『初物』だ。『初物七十五日』ということわざがある。初物を食べると七十五日間，寿命が延びるという意味だが，これは日本人が初物を好んだ証しといえるだろう」（150頁）。初物の中でも特に有名な例は，「初鰹」だろう。この初鰹については，寛永7年（1630）刊の『魚鳥野菜乾物時節記』や安永5年（1776）刊の『福寿草』にも記載がある。原田は江戸時代における初鰹の熱狂を次のように説明している。「初鰹に対する江戸市民の関心がもっとも高まったのは，天明期（1781-89）だった。天明3年（1783）刊の黄表紙『作意妖恐懼感心』には『江戸っ子の心意気は，初鰹一匹が銭四貫文しても五貫文してもかまわず買って食う。よそ目には銭の刺身を食べているようだが，高価でなければ初鰹ではない』という記述がある。……天明期はある意味で消費が美徳とされ，『通』や『粋』といった価値観が浸透し，いわゆる『江戸っ子』が成立した時期とする説もある。初鰹への熱狂も，そうした風潮と連動した価値観だったと思われる」（150頁）。なお江戸幕府は寛文5年（1665）に初物買いによる生鮮食品の物価上昇を防ぐため，その売り出し期月を指定したが，これを見ると江戸市民の初物に対する嗜好が初鰹以外にもかなり多岐にわたっていたことを知ることができる。坂詰（1989），北原（1991）などを参照されたい。

表1　懐石料理の時間的構成

寄付	客の参集と用意。白湯（香煎）をだす。
初座	客の席入り。炭手前
懐石	(1) 飯，汁，向付
	(2) 朱盃，銚子で酒
	(3) 飯，汁の替え
	(4) 煮物
	(5) 焼物
	(6) 土のものの盃，徳利で酒
	(7) 強肴
	(8) 吸物，八寸
	(9) 朱盃と銚子で千鳥の盃
	(10) 飯，汁の替え
	(11) 湯桶と香の物
菓子	
中立	(休憩)
後座	濃茶
	炭手前
	薄茶，干菓子
	退出

注）熊倉（1985）より引用。桃山期の懐石の時間的構成を推測したもの。

饗料理では，料理はすべていっしょに出された。しかし懐石料理は，お客の食の進み具合や，料理を運ぶ距離までも考慮して，順次ジャストタイミングで料理を出していく。温かい料理は温かく，冷たい料理は冷たく，それぞれを最高の条件でお客に出して楽しんでもらうために繊細な気遣いをする。それがまさに「もてなしのこころ」である。熊倉（1985）は，桃山期の懐石がどのような時間的構成になっていたか，歴史的資料が欠けているので不明の点もあるのだが，後世の資料も利用して興味深い推論を行っている。表1を見られたい。この例では，心細やかに，飯や汁の替えが何度も行われていること，酒も三度出されているがその都度違う種類の盃が使用されていること，そうしたものの間にタイミングをはかって「煮物」「焼物」「強肴」の料理が出されていることが見て取れる。「一期一会」の人の出会いを，その「一期一会」にふさわしいもてなしのやり方で演出する。和食の完成形としての懐石料理が，時間概念を基軸にして，高い精神性によってデザインされていたことに，

われわれは深い感銘を受ける。

　お客は，こうした主人の「もてなしのこころ」を深く心に刻み込む。「素食」で「腹八分」であることも，「楽」を楽しみ味わうための和食の知恵である。「素食」で「腹八分」は，益軒『養生訓』でも述べられているように，身体の健康のためにも有益なことである[24]。しかし問題を身体的な健康のためだけと限定して考えるべきではない。それはお客が「一期一会」の主人の気遣いを心に刻みながら，食を楽しみ味わうためにも必要なことであった。人が人生において「楽」を実践するための必要条件であった。もし栄養豊かな料理を満腹になるまで食べてしまえば，人は食の余韻を深く味わう心の余力を失ってしまう。主人の気遣いや「もてなしのこころ」を深く味わう心の余力を失ってしまう。食は本来，人がエネルギーを摂取するためのものではあるが，しかし社会的・文化的視点から見れば，食はただ生存へのエネルギーを摂取するためのものではない。それは社会の中で他者の思いを受け取りながら，人生の「楽」をともに楽しみ味わうための知恵にまで高められた「精神的行為」でもあった。

　和食では，季節の旬の食材が積極的に用いられた。たとえば「初物」が珍重された。しかし「初物」という視点から食の時間概念の重要性を考えるだけでなく，ここでは他の面からも論じてみたい。それは食の「熟成」という問題である。時間をかけて熟成させて「満を持して」食膳に載せる料理の中には，「時間の重み」とそれによって実現した奥深い「旨み」が含まれている。和食には特に発酵食品が多い。各種の漬け物，納豆，また味噌・醤油・酒などの例を直ちに挙げることができる。こうした微生物を巧みに利用して作られた発酵食品については，近年栄養学の視点から，きわめて高い評価が与えられている。例えば小泉（1999, 2002, 2012），須見（2007），津志田（2007），河野・柴田（2010）やKatz（2003, 2012）などは，発酵食品の摂取によって，腸内でよい働きをする微生物つまり乳酸菌を取り込み，健康の増進に役立てることが

---

24)　『養生訓』では，「腹八分」が身体的健康と長寿の達成のために必要なことだとして，次のように述べられている。「酒は微酔にのみ，半酣をかぎりとすべし。食は半飽に食ひて，十分にみつべからず。酒食ともに限を定めて，節にこゆべからず。」(『養生訓』「巻第一」より)

できると主張している。乳酸菌の腸内での増殖は，腐敗菌などの悪玉菌の繁殖を抑制するとともに，各種のビタミン類を腸内で合成して吸収することを可能にし，疲労回復のみならず免疫力の強化にも役立つ[25]。

こうした日本の発酵食品は，石毛（1985），田中（1988），森枝（1988）などが述べているように，中国や朝鮮半島など他のアジア圏の食文化と共通の基盤を持ちながらも，そこから出発して，日本独自の発展を遂げてきたものと評価できる。須見（2007），原田（2014a），小泉（2016）は納豆について，その歴史的来歴を説明している。奈良時代に大陸から伝えられたもので当時「鼓（くさ）」と呼ばれた「糸をひかぬ納豆」があったが，それが後に「寺納豆」さらに「塩辛納豆」とも呼ばれるものになった。この経緯については『和漢三才図会』や『本朝食鑑』などにも詳しく説明されている。これに対して現在日本で食されている「糸ひき納豆」は，その後室町時代中期に作られたと考えられている。それは日本で工夫された「日本人の知恵」であった。この糸引き納豆は，江戸時代の『松屋筆記』『精進魚類物語』『大和本草』などで詳しく説明されているから，この時期になると日本人の食べものとして十分に一般化したと考えることができる。納豆は，単に煮ただけの大豆と比べるとはるかに消化がよく，納豆菌の繁殖によってビタミンB1，B2，B6およびニコチン酸などを多く含み，「粗食であった日本人には格好の滋養食品となり，多くの日本人から絶大の愛され方をしてきた」（原田（2014a），109頁）と指摘されている[26]。

　こうした発酵食品の栄養学的な説明は重要であり，さらに研究が進ん

25）小泉（2002）は，昔の日本人も発酵食品が健康のためによいことは知っていたと指摘している。たとえば伊豆七島・新島の古老が「腹の具合が悪くなったら，くさやの漬け汁をぬるま湯に溶いて飲む」と語ったと述べている。

26）小泉（2016）は，納豆が有するその他の健康的機能についても，次のように説明している。「納豆から由来した納豆菌は，腸内で有害菌の繁殖を防ぐ作用を有するが，ほかに２つの重要な物質が注目されるのである。ひとつはナットウキナーゼという酵素，もう１つはアンジオテンシン変換酵素（ACE）阻害物質だ。前者は，血栓の主成分であるフィブリン（繊維素）を溶解する働きをする。この酵素は血栓溶解剤として開発されたが，経口投与することにより，腸管内から血中に吸収されて血栓を溶解することが証明され，経口繊維素溶解治療法として実用化されている。後者のアンジオテンシン変換酵素（ACE）阻害物質には抗血圧上昇性という機能があり，高い血圧を抑えてくれる。今日では，高血圧の治療を目的にしたACE阻害薬が開発され，ひろく臨床に用いられている。糸引き納豆が美味で，そして体にとっていかに健康的なものであるかの証しだろう」（21頁）。

でほしいと期待する。しかしわれわれは，ここではあえて栄養学的な視点からではなく，発酵食品の「時間論的な意味」を考えてみたい。長い時間をかけて熟成された食材が，今日のこの「一期一会」のお客をもてなすために出されるのである。長い時間を経て「満を持して」出されるその食材は，季節の「旬」の食材に比べれば，「今」という時間を演出するための「派手さ」はないかもしれないが，しかしその熟成の長い時間を背負って食膳に給されるのであり，やはり「今」を「しぶく」演出する「名優」であると言える。

　いや，発酵食品のみが，「しぶい名優」というわけではない。われわれは，和食の味付けの基本をなしている「出汁」についても論じる必要がある。出汁は，鰹節と昆布を用いて作られる[27]。ここで重要な点は，鰹節も，カツオの切り身を乾燥させさらに繰り返しカビ付けをして大変な手間をかけて作った「発酵食品」だということである。昆布にも，乾燥させた後にさらに時間をかけて熟成して旨みを出す工夫がほどこされている。鰹節の食としての魅力については，小泉（2016）が詳しく説明している。鰹節は「日本人がつくった世界一硬い食品」であり「日本食文化の原点」と言って差し支えないと述べている。鰹節の原型は平安時代の『延喜式』に書かれている素干しの保存食である「鰹魚（かたうお）」だが，江戸時代になって現代の鰹節が完成した。鰹節の製法は，いぶして乾燥した後にカビ付け，またそのカビを刷毛でこすり取って再びカビ付け，それを何度も繰り返して最後にもう一度完全に乾燥させてできあがるという，大変に手間のかかるものである。カビによって鰹節の内部から完全に水分が吸い上げられ，きわめて堅いものとなっていく。鰹節自身のタンパク質が分解されてアミノ酸となり，それがカビの作ったイノシン酸との相乗作用で，旨み成分となる。一方，昆布の有用性については，井上（2000）が詳しく語っている。古来から中国では昆布は料理用さらに薬用として珍重され，日本からも中国に多く輸出されてきたが，

　27）　この出汁の利用が「腹八分」を重視する和食にとってきわめて「合理的」なものであることは，伏木（2006）が次のように説明している。「日本のカツオ昆布ダシはカツオ由来のアミノ酸であるヒスチジンが特に多い。ヒスチジンの一部は脳でヒスタミンに変わる。ヒスタミンは食欲を抑制する作用がある。和風カツオダシを飲んだら満腹感が生じるのはそのためではないかと考える研究者もいる」（19頁）。つまり和風の出汁を飲むことで食欲が抑制されるというのである。

日本での昆布の需要の高まりは平安時代からである。昆布は幅の広い海藻という意味で「比呂米（ひろめ）」と呼ばれたことから，婚礼などの「おひろめ」とつながり，また「幅が広く長く続く」ということから長寿を意味するものと解釈されて，縁起物として利用された。戦国時代になると，打ちアワビと勝ち栗と昆布という組み合わせで，「打ち，勝ち，喜ぶ」と解釈されて，ここでも縁起物として用いられた。しかし井上も強調しているように，昆布の有用性は，何と言ってもその栄養面にある。昆布は「ヨードの宝庫」としてきわめて大きな意味を持ち，また保存がきく備蓄品にもなりえたということから，実質的に広く食用として用いられてきた。

　このように時間と手間をかけ熟成させて作った鰹節と昆布を材料として，いよいよ出汁が作られる。しかし出汁をとる作業は，素材の鰹節と昆布を作るためにかかった時間と手間の重みを考えると，あっけないほどに「手早い作業」である。しばらく水につけておいた昆布を中火にかけ沸騰する前に引き上げる。そこで削った鰹節を加えてわずか2分か3分，あとはもう濾し器で鰹節を取り出す。これで出汁のできあがり。素材を作り出すための長い熟成のための時間と手間，それに対して，あっけないほどの手早い調理法。この時間のコントラストを演出する調理の「いさぎよさ」が，和食料理人のプロとしての「心意気」であろうか。長い年月をかけ丹精こめて作られた素材に敬意を表しながらも，それを一瞬ともいえる時間の内に「活かし切る」，見事な「いさぎよさ」である。

　すべては，「一期一会」である和食の精神とつながっている。主人がお客に対して「一期一会」の出会いを演出するために示す「もてなしのこころ」，それを形にしたのが和食の世界である。それは「一汁三彩」の一見質素な料理であったが，その中には季節を感じさせる「旬」の食材が用いられ，それをひきたてるための器の選択とそれに盛りつける工夫がなされ，そして料理を出すタイミングもお客の食の進み具合などにあわせて細かく配慮される。またこの「一期一会」の出会いの時間のために，これまで長い時間をかけて熟成されてきた素材を，満を持して一瞬ともいえる時間の内に「出汁」として「いさぎよく」活かし切る料理法。一度過ぎ去れば再び戻らない時間を愛しく大切に思いながらも，ま

さにこの「今」において、その大切な食材と人の心を完全燃焼させる「而今の芸術」のような感を抱くのである。長き時間の重みは今のこの時間の中にすべて凝縮されている。こうした高い精神性を感じさせるものとして和食が形成されてきた。これこそが先人たちの知恵である。「一期一会」を大切にして、ともに完全燃焼して「今」を楽しむ人生の知恵。そうした知恵を形にした和食の世界は、娑婆世界において人びとが「楽」を楽しみ味わうためにあみ出した最良の生活文化と言えるだろう。

第6節　見えてくるもの——人間学としての経済学

　われわれは先人たちの知恵の研究から、経済学研究をさらに進めていく上での貴重な教訓を受け取ることができる。それは教訓と言うより、批判と言ったほうがよい厳しい内容のものである。われわれは先人たちの知恵を研究することで、現代経済学の基礎部分をなす人間理解に関して、根源的な反省と改革の必要性に気づかされる。これまでの経済学は、消費の増大という物質的な豊かさを実現できれば、それをもってとりあえず人間の福祉の「望ましい状況」が実現できると想定した。そのときの人間福祉の内容とは、消費によって感じることができる「効用」の増大ということである。しかしこれまで述べてきたように、益軒は人生の「楽」を楽しみ味わうためには、むしろ自己の内面世界にある「楽」を楽しむ力に目覚めることが必要であり、物質的な外的諸条件が重要というわけではないと主張した。「自足」と「自祝」の心を持って、自分の内部にある「太和の元気」の自在な発露を楽しみそしてそれを味わうこと、それがめざされるべきことであって、そのためには自分自身の内面を見つめその心を深めていくこと、これこそが必要なことだと考えた。物質的な消費の増大という「私欲」の追求は、むしろ制御不能な抑えがたい欲求の自己増殖プロセスを生み出して、やがて恒常的な満たされざる「苦しみ」をもたらし、けっして人生の「楽」を楽しみ味わうことにはつながっていかないと考えた。現代経済学の福祉や効用に対する理解と、益軒の人生の「楽」の楽しみ方そしてその味わい方は、鋭く対立す

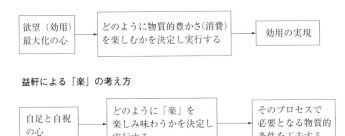

図5 現代経済学の考え方と益軒による「楽」の考え方の本質的相違

る関係におかれている。

　これらの考え方の相違は，われわれ人間がいかに生きていくべきか，またいかなる社会を作っていくべきかを考えるとき，きわめて重大な「方向性の違い」を生み出す。現代経済学の考え方と益軒の「楽」の主張の違いを，わかりやすく図を用いて表してみよう。図5を見られたい。現代経済学の効用理論では，消費という形でどのように物質的な豊かさを享受していくかが重要視され，それにより喜びや楽しみという効用が実現していくと考える。物質的な条件の決定が「原因」で，効用という楽しみや喜びが「結果」として考えられている。ところが益軒による「楽」の考え方では，まず自分の内面世界を見つめることで，どのように人生の「楽」を楽しみ味わうかが決められそして実行にうつされ，そのプロセスの中で必要な物質的条件が工夫されていくのである。「楽」の楽しみ方の決定が「原因」で，物質的条件はその後「付随的」に必要となる要因にすぎない。現代経済学の効用理論では，物質的な条件の決定が直接的に人間の効用や福祉を左右するので，人間社会のあり方としては，ただひたすら物質的な豊かさの増大・拡大がめざされることになる。しかし益軒による「楽」の考え方では，人びとがどのように人生の「楽」を楽しみ味わうかは，自分の内面世界の「自足」と「自祝」の心の深まりによって決まってくるので，必ずしも物資的な消費の拡大を必要としないのである。益軒的人間観および世界観では，物質的な豊かさ

の追求がひたすらめざされるという必要性はない。素朴な生活のほうが，むしろ純粋に自分の人生を味わいまた隣人の「思いやり」を深く感じる心のゆとりをもたらすものと考えられる。「食を楽しむ心」のところで述べたように，「懐石料理」では，あえて「一汁三菜」という素朴で抑制的な形態を採用して，主人のお客に対する「もてなしのこころ」の深さが伝わるように工夫された。主人とお客がともに「一期一会」の場を楽しめるように，あえて「素食」の形態がとられたのである。また「懐石料理」という洗練された伝統文化の場を離れてみても，日本の社会ではこれまで一般的に「腹八分」という考え方が重視され，物質的な豊かさのみをひたすら追求することへの批判的な視点が人びとのあいだに広く浸透していた。本章では，益軒本が江戸時代以来，日本において広く共感を持って読まれてきたことを示す研究も紹介したが，こうした「腹八分」的な考え方の民俗的な精神風土の広がりと深さを証明するものであると言える。

　われわれの先人たちは，現代から見れば物質的にもまた科学知識の面においても，きわめて貧しい状態で生きなければならなかった。それゆえに，そうした中でも充実した人生を過ごすために「生きる達人」になる知恵を生み出し実践してきた。これに対して現代社会は，物質的にも科学的知識の面でも豊かになり，われわれはそれらを享受して暮らしている。このような豊かさの達成は，もはや先人たちが生み出した「生きる達人」への知恵を「不要」なものとしてしまったのだろうか。「生きる達人」への知恵は，もはや現代人には，必要のないものであろうか。私にはとてもそうは考えられない。周知のように「イースターリンの幸福のパラドックス」の議論は，経済的豊かさが必ずしも人びとの幸福感を増加させないことをすでに1970年代に指摘していた[28]。なかなか厳密な意味での判断をくだすことは難しいが，しかし物質的に豊かになった社会が，そこで生きる人びとの幸福感を大きく増加させていると安易に断定できるほど楽観的な評価ができないことは明らかである。むしろ物質的に豊かになったはずの現代社会の中で，人びとの不確実性への不安は増大し，それが集団心理的な相互作用をも引き起こして，自己増殖

---

[28] 「イースターリンの幸福のパラドックス」については，Easterlin（1974, 1995），Stevenson-Wolfers（2008）などを参照されたい。

的なリスク認知の波及効果をも生み出しているのではないか。Beck (1986) は,「リスク社会論」を展開した。人びとの心を捉えていた問題は，確かに当初（前期資本主義社会において）は，人間にプラスの価値をもたらす財をいかに生産し分配し消費するかということであったが，時代の変遷とともに（後期資本主義社会になると）人びとの認識は大きくシフトし，現代社会ではむしろ人間にマイナスの価値をもたらすリスクをだれが負担するのか，そうした自己保全的な視点のみが人びとの心を捉えるようになってしまった。抑えがたい欲求の自己増殖プロセスが生み出す欲求不満の心の蔓延，そして損失可能性としてのリスクを「だれが負担するのか」と相互に押しつけ合う心理，いったいどこに豊かな社会を楽しみ味わう心のゆとりがあるというのだろうか。むしろ現代社会ほど，人びとのより良き生を取り戻すために，先人たちが苦しみの中で磨き鍛えてきた「生きる達人」になる知恵を必要としているのではないだろうか。「生きる達人になる知恵」があって初めて，そうした物質的な豊かさや科学の発達を人間のために有効に利用できるのであって，「知恵」がなければ人はそうしたものを自分のために「使いこなす」ことができない。図5で示した益軒的な考え方を思い浮かべる必要がある。「生きる達人になるための知恵」は，「自足」と「自祝」の心を持つことから始めて，人間の内面的な力とその可能性を取り戻すべきことを教えている。それはいつの時代になっても，普遍的に必要不可欠なものであり，われわれはこの現代においても，謙虚に自分の内面世界を見つめながら，自分の潜在的な力を陶冶する努力を継続していく必要があると思う。

　現代の経済学は，物質的な豊かさや科学の発達によってもたらされる便益や福祉の可能性を過大に評価してきた。先人たちの生み出した知恵などにはもう見向きもしない「傲慢な社会科学」を作り上げてきた。物質的な豊かさや科学の発達があれば「何でも可能になる」，人間の悦びも楽しさも幸福も何でも実現できる，そう思ったのである。人間の喜びや人生の「楽」がいかなるものであるかなど，そんな「面倒な考察」は不必要である。とりあえず「便宜的」に，物質的条件に依存して人生の喜びが決定されると考える「効用理論」なるものを想定しておけば，それで十分であろうと考えた。しかしそうした「傲慢さの報い」を，今も

ろに受けている。物質的な豊かさや科学の発達は,「予想外」にも, 人間たちに大きな幸せや喜びをもたらさなかった。むしろさまざまな新しい不確実性や不安要因におびえる自分たちの姿を, 今ここに見るのである。これがわれわれのめざした社会だったのか。なぜこういう苦難がもたらされたのか。そう問うても,「人間研究」を放棄した経済学には, もはやそれに応える十分な能力はない。とりあえずわれわれにできることは, 一度放棄してしまった先人たちの知恵を, ほこりを払って御蔵から大切に取り出し, その価値を再評価することである。先人たちの知恵を「導きの光」として, 改めて自分たちの学問や科学を「人間学」として鍛え直すことが必要である。現代経済学は「人間学としての経済学」に生まれ変わらなければならない。

　本章では, 主に益軒の著書『楽訓』の内容に寄り添いながらさらに議論を発展させて, 先人たちの「生きる達人になる知恵」の内容とそれを具体的に実践する方法の有効性を考察してきた。この『楽訓』に代表的に著されている「生きる達人になる知恵」は, 当時, 物質的にも科学的知識においても不十分な時代を生きた人びとが, それでも「充実した人生を送るにはどうしたらよいか」を求めて導き出した1つの工夫であった。いかにしてこの苦しみに満ちた時代的状況を超えて「充実した人生を送ることができるのか」。人びとはこの難問への解答を求めて, 伝統的な文化に寄り添いながらセンスメーキングの力によって,「生きる達人」になる知恵という「意味世界」「意味的な物語世界」を創り出したのである。人びとのセンスメーキングの力は,「より良く生きたい」という深い願望によって触発されて起動し,「生きる達人」になる知恵という共通の「意味世界」を作り出し, そして人びとの内面的な価値観と幸福観に大きな影響を及ぼしていった。またフィードバックして, 和食文化を含め, 日本文化にきわめて広範囲な影響を及ぼしていったのである。次章では, 上述の論考を支えるための1つの実験研究を示すことにしたい。「心理的長寿」に関する認知科学・脳科学的な実験研究である。

第9章

歴史民俗学的な視点からの心理的時間論の実験
――貝原益軒「心理的長寿」の認知科学的・
脳科学的実験による再検討[1]――

第1節　序

　本章では，貝原益軒の著書のうち，特に『楽訓』を取り上げて，彼が社会生活の中で実現しようとした「夢」や「理想」の有効性を，現代の認知科学の視点から再検討していくことにする。益軒の抱いた夢や理想は，科学的・医学的知識が不足していた当時の人びとの願いを代弁するものであったし，現代のわれわれにとっても，リスク社会を生きる上で，依然として必要な夢や理想であると考えられる。その夢や理想を，「人間学的認知科学」として研究していきたいと思う。

第2節　実験の目的と意義

　本章では，脳科学的実験とアンケート調査を併用して，人間の生活スタイルが「心理的時間評価」にいかなる影響を与えるのか，調べていくことにする。心理的時間評価に関する研究は，現代認知科学の研究分野の1つであるが，本章の研究の特徴は，特に歴史民俗学的な視点に立つ

---

[1]　本章は，中込・牧（2016 d）の実験研究論文を基礎として，さらに第一著者によって加筆・修正されたものである。このため本章の文責はすべて第一著者にある。実験研究を行うに当たっては，共著者でもある牧和生氏から貴重な助力をいただいた。また小田切史士氏からも貴重な助力をいただいた。記して感謝したい。また内容的には，本章は，第8章とペアになっている。文献および歴史民俗学的な詳しい考察は，そちらを参照されたい。

てこの研究を行うことである[2]。貝殻益軒が書いた『養生訓』・『和俗童子訓』・『大和俗訓』などのいわゆる「益軒本」は，伝統的な日本人の情感や価値観をわかりやすく説明し，共感をもって江戸時代以降多くの人びとに広く読まれてきたが，その中で特に『楽訓』は興味深い内容を有している。彼の主著『養生訓』などとはまたひと味違って，心理的時間論の内容を多く含むものになっている。単に実時間的な長寿を達成するために，どのように健康に気をつけたらよいかが書かれているだけでなく，限られた人生の時間を「いかに楽しみながら長く生きるか」，心理的な時間評価を延長させるための知恵とその具体的な実践法が説明されている。その知恵は，彼が医者であるとともに儒学者であったという関係から，儒学的な（または仏教的な）香りがする内容となっているが，しかし現代の認知科学的な心理学的時間論の視点から見ても，一定の妥当な内容のものになっているのではないだろうか。ではなぜ，またどの程度，現代の研究水準から考えても妥当なものなのか，ぜひ調べてみたい。これが本章の研究目的である。このような研究の魅力は，現代の認知科学の研究が，もっぱら実験室の中の「バーチャルな世界」に限定された実験研究に頼っているのに対して，益軒の『楽訓』における主張が，日本社会の歴史的・文化的背景を直接背負って書かれていたということから生じている。こうした現実感から生じる「緊張」と「重み」を快く感じながら，実験研究を展開できたというのが，本研究におけるわれわれの「喜び」であった。

　益軒は，医者として長寿の方法を研究していたが，単に長く生きるにはどうすべきかという身体的な健康増進の問題だけでなく，「心理的」にも充実して楽しく長く生きる方法を提案していた。私は本書第8章で，すでに益軒の主張を詳細に検討したが，ここでは以下の実験研究に必要な範囲で再述してみたい。益軒は，たとえば1年という時間を，2年にも場合によっては10年にも長く感じるような，いわば心理的な時間評価の延長が可能かどうかを考えたのである。人の心の中から発露する「太

---

[2] 現代認知科学における心理的時間論に関しては，詳しくは松田（1965，1985，1996，2004），一川（2008），矢野（2010）や，Block（1989，1990，1992），Burnam et al.（1975），Fraisse（1963），Friedman（1993，1996），Hintzman（2001，2004，2005），Strick et al.（1985），Yarnold-Grimm（1982）などを参照されたい。

第9章 歴史民俗学的な視点からの心理的時間論の実験　　301

和の元気」は，「楽」を楽しみ味わうことで実現化されるが，その具体的な方法としては，例えば四季の変化を心のゆとりを持って楽しみ味わうことで実践できると述べられていた[3]。また過去の時代の聖賢に出会える読書も，もう1つの別の有効な方法として主張されていた。このような生活スタイルを採用すれば，時間の流れを意識しつつもそれを自然な形で受け入れながら，人生の「楽」を楽しみ味わいながら生きていける。これは，私欲に駆られてその充足のために日々追い立てられて生きている人間の生活スタイルとは，対極にある生活の姿の提案である。四季の変化を楽しんだり読書を楽しんだりすることで，時間の流れを意識しつつもそれを自然な形で受け入れながら，心にゆとりをもって人生の「楽」を楽しみ味わうことができれば，人は心理的時間評価を延長することができ，1年を2年にも10年にも感じることができるようになる，と言うのである。こうして味わい深い充実した人生を長く楽しんで生きていけると考えたのである。

　益軒が生きた江戸時代は，数年ごとに大飢饉が発生し，また大きな感染症の流行もあって，一般の人びとの平均寿命は，現代よりもはるかに短かった[4]。このような状況でも，いやこうした状況だからこそ，人びとはより強く，限られた人生の時間を充実して心理的に長く生きたいと願ったのであろう。それは現代のわれわれにあっても同じことである。そうであるならば，現代におけるわれわれも，益軒の主張する方法によって，心理的な時間評価を長くして，充実した人生を心理的に伸ばすことができるのかどうか，大変に興味ある問題である。また日常生活で時間に追われて忙しく生きているわれわれ現代人は，この心理的時間評価の面において，どのような問題に直面しているのか，益軒の主張を「鏡」として，自分たちの状況を写し出し，その問題点をチェックすることもできる。益軒の主張の有効性の研究は，われわれ現代人の視点から見ても，人間学的にきわめて魅力的な課題である。本章では，アンケート調査とそれをサポートする意味で実施される脳科学的な計測実験に

　3）詳しくは斉藤（1984），横山（1995b），小川（2006），中込（2016）などを参照されたい。
　4）江戸時代の平均寿命（出生時平均余命）は，調査対象の地域によっても異なるが，だいたい35-46歳の範囲と推定されている。詳しくは第8章注3を見られたい。

よって，歴史民俗学的視点に立つ認知科学研究を展開していくことにする。

第3節　実験方法と実験タスク

　貝原益軒著『楽訓』で述べられている内容に即して実験を行う。『楽訓』には，人生の「楽」を楽しみ味わう具体的な方法として，四季の移り変わりを楽しむことの有用性が書かれている。そこでわれわれの実験でも，四季の移り変わりを示す美しい画像を時間の経過が感じられるようにパソコン画面上に提示して，被験者にそれらをリラックスして楽しんで見てもらうことにした。このときの被験者の脳（前頭葉）の反応をfNIRS（機能的近赤外分光装置）で調べることにした。また実験を4つのパートに区切って行ったが，その実験パート間の区切りでは，気分転換のための時間を十分にとるとともに，簡単なアンケートにも答えてもらった。アンケートの質問事項は，2つで，「どのくらい四季の変化を楽しめましたか」ということと，「四季の変化の画面を見ているあいだに，どのくらい時間が経過したと思いますか」というものであった。われわれは，このアンケートの回答内容を分析するとともに，またそれを裏付けるために必要な脳の反応データの分析を行った。これらの実験研究により，益軒が『楽訓』で主張した心理的な時間評価の延長が本当に実現できるのか，つまり「心理的長寿」は本当に可能なのか，彼の主張の有効性を科学的に検討したのである。

被験者数と実験機器
　被験者は青山学院大学の学生14人（男子7人，女子7人）であった。これら被験者は全員が右利きであり，年齢は18歳から21歳まで，平均年令は19.86歳であった。各被験者には，実験実施の2時間前から，食事禁止とカフェインを含むお茶などの飲用禁止をお願いし，実験に備えてもらった。これらの禁止措置は，満腹とカフェインの摂取により，被験者の脳の活性度が鈍ることを防ぐものであった。また被験者には，青山学院大学倫理審査委員会が定める規定に従って，実験の安全性と個人情

第9章　歴史民俗学的な視点からの心理的時間論の実験　　303

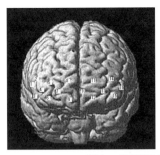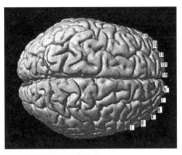

図1　fNIRSによる脳機能計測の位置
注）日本人の標準脳を用いて，fNIRS（Spectratech製のOEG-SpO$_2$モデル）用の16チャンネルのセンサーの固定位置を示している。左図は，前面から見たときの写真，右図は上方から見たときの写真である。これらの図は，われわれが実験のプロセスで作成したものである。各チャンネルの3次元位置測定には，専用ソフト（F-1000 & FN-Calib. by Topcon）とカメラ（NikonD5100）を用いている。

報の保護の条件のもとで実験が行われることを説明して同意を得た。その上で，自由意思で実験に参加することを明記した「実験参加承諾書」にサインしてもらった。使用した脳機能計測機器は本書第6章の実験研究でも用いられた同じfNIRS（機能的近赤外分光装置）で，機種名はSpectratech製のOEG-SpO$_2$モデルであった。サンプリングレートは6.10Hzである。計測単位は，脳血流の濃度長変化を示すmMmmである。実験を始める前の値をベースラインとして，実験開始後にどのように脳機能（または脳の活性度）が変化したかを，この濃度長変化の数字によって表すことができる。具体的には被験者の前頭葉部分にヘッドバンドで固定された16チャンネルのセンサーから，オキシヘモグロビンの変化量，デオキシヘモグロビンの変化量，そしてそれら2種類のヘモグロビンの合計変化量という3種類の脳血流のデータが得られた。前頭葉部分にヘッドバンドで固定された16チャンネルの位置は，図1で示されている通りである。（チャンネルの位置も第6章と同一であるが，以下の議論の便宜のために再掲する。）チャンネル8及び9を中心として，右脳から左脳にかけて，チャンネルが1から16まで並んでいる。これらのチャンネルから得られるデータのうち，特にオキシヘモグロビンの変化量のデータは，アメリカを含む諸外国で汎用されているfMRIによるデータと高い相関を持っていることが，Strangman et al.（2002）により証明されている。そのため，われわれも以下のデータ解析を，この学術的に信用度

が高いオキシヘモグロビンの変化量のデータを用いて行うことにした。また覚醒度の低い被験者による実験を避けるために，念のため皮膚電位計で被験者のSPL（皮膚電位水準）の計測を行ったが，今回は覚醒度の低下による実験のキャンセルはなかった。

実験環境

実験は，窓のない静かな広さ40m^{2}の個室で行った。実験実施時期が夏期だったので，被験者の快適性を確保するために，設定温度を25度摂氏にしてエアーコンディショナーを使用した。被験者に余計なストレスを与えないために，図2のように，実験室には被験者以外には，fNIRS等の計測機器を操作するための係員が1人いただけだった。その係員も，実験中は被験者の視界に入らないように，左横に2m離れて座っていた。さらに実験が始まる前に，天井の大きな照明は消灯して暗くし，被験者用の画像提示パソコンの周辺のみを照らす部分照明にした。被験者を落ち着かせて，集中力を持って実験を行ってもらうための配慮だった。

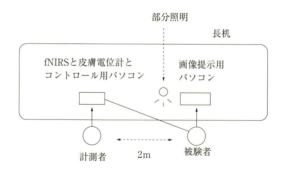

図2　実験時の被験者，計測者，および計測機器等の位置

実験手順

実験全体は図3のように，4つの小さな実験に分かれていた。第1は，まず被験者に自然な状態で特別何の指示も出さずに行った「基礎実験」である。ここでは図4のように，四季の変化を示す美しい写真画像24枚を，順番に一定のスピード（4秒間隔の比較的速いスピード）で見てもら

第9章　歴史民俗学的な視点からの心理的時間論の実験　　305

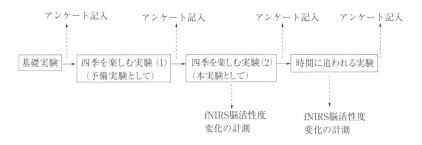

図3　実験の手順

図4　四季の変化を楽しむための写真画像
注）　実験に使用した24枚の写真画像のうち，ここでは紙面の制約上，6枚のみを示した。なおこれら24枚の写真画像は，インターネット上でフリー画像を提供しているサイトで，特に高画質で優良な画像を提供している「Photo Stocker」と「風のおひるね」から入手させていただいた。上の6枚の図に関して言えば，下段の左図は「風のおひるね」から，他の5枚は「Photo Stocker」からの引用である。

った。この実験では全部を見終わるのに，96秒かかった。24枚の写真画像は，春夏秋冬がそれぞれ6枚ずつの構成になっていた。なおこれらの写真画像は，インターネットでフリー画像を提供しているサイトの中か

ら，特に高画質の写真を提供している２つのサイトを選び，それらのサイトから入手したものであった[5]。

　第２と第３の実験でも，やはり四季の変化を示す写真画像を見てもらったが，「十分に楽しんで見てください」と指示を出すとともに，それらを見ていくスピードも被験者が自由に自分でコントロールして，たとえば好きな画面はじっくり見られるという設定になっていた。しかし実験時間の全体は，第１の実験と同様に，それぞれ96秒で終了した。これらを「四季を楽しむ実験（１）および（２）」と名付けた。実験の意味づけとしては，図３に示してあるように，「四季を楽しむ実験（１）」は予備実験，「四季を楽しむ実験（２）」は本実験というべきものであった。これら２回の実験を行った意図は，被験者に十分に実験になれてもらって本当に落ち着いたところで本実験をしたいということもあったが，それ以外に，特に「四季を楽しむ実験（２）」は益軒が主張していた「楽」を楽しみ味わうというときの「共楽」という視点を重視する実験内容になっていたからである。具体的には「四季を楽しむ実験（２）」では，自然の中に生息する動物たちのかわいい模型やぬいぐるみの写真を被験者の目の前に示しながら，「これらの森の動物たちといっしょに四季の変化を楽しんでください」という「共楽」の感情を刺激する指示をだした。益軒は，「楽」の実践とは，本質的に社会生活の中での「仁」や「善」の実践でもあると述べていて，自分が楽しむときには他者もともに楽しむ，つまり「共楽」という視点を強調していたからである。この意味で，「四季を楽しむ実験（２）」は，益軒が主張した「楽」を楽しみ味わうという状況に，一番近い内容になっていたと解釈することができる。

　第４番目の実験は，一転して「時間に追われる実験」であった。この実験時間も96秒とした。ここでは被験者は美しい自然の写真を見るだけでなく，それ以外に指定された「邪魔な急ぎの作業」をやらなければならなかった。つまり四季の変化を十分に楽しめない状況に置かれた。具体的に急ぎの追加的作業とは，「２秒以内に（または１秒または３秒以内に）画面を切り替えてください」という作業であり，これらに関する指

---

[5]　写真画像を入手した具体的なサイト名は，図４に付記してある。画像を利用させていただいたことに感謝したい。

示は被験者が見ているパソコンの画面上から不定期なタイミングで24回以上与えられた。画像切り替えの時間制限も，1秒以内か，2秒以内か，3秒以内か，不定期に変更された。なお被験者には，こうした急ぎの指示に従わないときには，ペナルティーとして，「実験の謝礼が減額されるかもしれない」と第4実験前に通告し，心理的プレッシャーを課した。

各実験間でのアンケート調査

4つに分かれた実験の間には，10分間の休憩時間があった。その間に，被験者には簡単なアンケートに答えてもらい，その後は次の実験のために自由に気分転換を行ってもらった。このアンケートの質問事項は，先に述べたように，「どのくらい四季の変化を楽しめましたか」ということと，また「四季の変化の画面を見ているあいだに，どのくらい時間が経過したと思いますか」という2つであった。第1の質問事項の「どのくらい四季の変化を楽しめましたか」については，「すごく楽しめた」「ある程度楽しめた」「ちょっとは楽しめた」「あまり楽しめなかった」「ぜんぜん楽しめなかった」という5つの選択肢から答えを選んでもらった。第2の質問事項の「四季の変化の画面を見ているあいだに，どのくらい時間が経過したと思いますか」については，分または秒の数字で答えてもらった。心理的な時間評価を調べる実験では，松田（1996）も述べているように，「一対比較法」「カテゴリー評価法」「マグニチュード評価法」「再生法」「言語的見積り法」「作成法」など多数の方法があるが，本実験ではこれらのうち「言語的見積り法」を用いたのである[6]。

第4節　実験結果とその含意（1）

実験結果としては，2種類のものが得られた。第1は，fNIRSによる脳の活性化に関するデータであり，第2は，実験の合間に行ったアンケートの結果である。まずアンケートの結果から見ていく。最初に，被験者の心理的な時間評価が現実の時間の長さに比べてどれだけ乖離してい

6）　これら心理的な時間評価の実験的方法については，松田（1996）の第3節「心理的時間の研究法」（14-17頁）を見られたい。

たか，その乖離度を4種類の実験ごとに示してみよう。心理的時間評価の乖離度の計算式は，次のようなものであった。

（心理的な時間評価の乖離度）＝［（心理的な時間評価）－（実際の経過時間）］／（実際の経過時間）

　表1を見られたい。ここで示されているのは，被験者14人の乖離度の平均値である。4種類の実験すべてにおいて，被験者の心理的時間評価は現実の時間を上回っており，第1番目の「基礎実験」では32.58％の過大，第2番目と第3番目の「四季を楽しむ実験（1）（2）」ではそれぞれ52.9％と60.41％の過大，第4番目の「時間に追われる実験」でも0.93％の過大となっていた。また各実験結果についてWelch法による検定を行ってp値も計算した。これらp値が0.05以下であり，統計的に有意であったのは，第2番目と第3番目の実験つまり「四季を楽しむ実験（1）（2）」であった。これらの実験では，真の平均値が0であるという帰無仮説を棄却することができた。つまり四季を楽しむ2つの実験では，被験者の心理的時間評価は現実の時間を大きく超えており，その時間延長は統計的にも有意であり，被験者が時間経過を実際よりもゆっくり感じることができたと結論づけることができる。

　しかしわれわれは，問題をさらに慎重に分析する必要がある。以上の分析のように，心理的時間評価が現実の時間に対してどのくらいの長さだったかを見ただけでは不十分である。各被験者はさまざまな個性を有していて，普段から人によっては心理的な時間評価が低かったり，逆に高かったりするからである。これらの「個性的な要因」を差し引いたところで，実験の結果を再評価する必要がある。そこで具体的には基礎実験のデータをベースラインと考えて，各実験の結果が，そのベースラインをどのくらい超過したのかを計算し直すことにした。基礎実験の結果が，心理的時間評価に関する「個性の違い」を表していると考えたからである。表2は，各実験での心理的時間評価の結果が，このベースラインをどのくらい超過したかを表1に基づいて2つの超過率の格差として示している。この表からわかることは，第2番目と第3番目の「四季を楽しむ実験（1）（2）」では，それぞれ20.31％と27.82％の超過率のベ

第9章　歴史民俗学的な視点からの心理的時間論の実験

表1　心理的時間評価の超過率（現実時間に対する超過率）

	基礎実験	四季を楽しむ実験1	四季を楽しむ実験2	時間に追われる実験
全被験者平均値	0.325892857	0.529017857	0.604166667	0.009309513
p値（Welch法）	0.156550334	0.030144037	0.018511436	0.948867632

表2　心理的時間評価の超過率（基礎実験をベースラインにした時の実験結果の再評価）

	四季を楽しむ実験1	四季を楽しむ実験2	時間に追われる実験
全被験者平均値	0.203125	0.27827381	-0.316583344
p値（Welch法）	0.104823828	0.156320425	0.093199803

ースライン超過が見られ，第4番目の「時間に追われる実験」では逆に平均して-31.65％とベースラインよりも過小になっていた。つまり被験者の時間評価に関する個性の違いを考慮しても，「四季を楽しむ実験（1）（2）」では依然として20％を超える心理的時間評価の過大が見られるが，「時間に追われる実験」では心理的時間評価はベースラインより大幅に低くなって，被験者は時間の経過をきわめて速く感じていたことになる。しかしこれらの再計算された心理的時間評価の数字は，Welch法による検定のp値を見ると，いずれも統計的に有意ではないことがわかる。これは個性のばらつきが大きくて統計的に有意でない基礎実験の数字をベースラインとして，各実験の結果を再評価したからであると解釈できる。

　しかし問題はここからである。実は現代生活における多忙の悪影響から脱出するために益軒的工夫を実践することは，個性の違いを超えて，われわれの心理的時間評価に，広く共通の良質な効果を与えるのではないか。そのように考えられるのである。以下では，このことを示していきたい。

　現代社会の中でわれわれは常に時間に追われて生活をしている。さまざまな仕事に忙殺されて生きている。このような状況でわれわれの心理的な時間評価はどのような影響を受けているのか。これはすでに表2の中で示されていた。個性を消去して考えると，p値は有意ではなかったものの，平均的には仕事に忙殺される生活スタイルは，われわれの心理的時間評価を大幅に低下させて，時間の経過をかなり速く感じる状態を作り出していると思われる。そこでこのような現代人の生活スタイルが

表3 心理的時間評価の超過率

(時間に追われる実験をベースラインにした時の実験結果の再評価)

	四季を楽しむ実験1	四季を楽しむ実験2
全被験者14人の平均値	0.519708344	0.594857154
p値(Welch法)	0.015114905	0.025052264
四季を楽しむ実験1が楽しめた被験者13人の平均値	0.544111694	
p値(Welch法)	0.018103261	
四季を楽しむ実験2が楽しめた被験者12人の平均値		0.712428873
p値(Welch法)		0.017246078

引き起こしている問題を直視して，今後それをどのように修正・改善していくかを考えるために，新たに第4番目の「時間に追われる実験」の結果をベースラインとして，他の実験結果を再評価してみよう。再度表1を用いて，心理的時間評価超過率の格差を計算した。

　表3を見られたい。われわれは「時間に追われる実験」の結果をベースラインと考えて他の実験結果を再評価し，Welch検定も行ってp値を計算した。さらに表3では，全被験者14人の平均値のみならず，それ以外にも，第2番目と第3番目の「四季を楽しむ実験（1）（2）」でそれぞれ「時間に追われる実験より多く楽しめた」と回答している被験者のみを集めて，その平均値も示している。ちなみに「四季を楽しむ実験（1）」で「時間に追われる実験より多く楽しめた」と回答している被験者数は13人，「四季を楽しむ実験（2）」で「時間に追われる実験より多く楽しめた」と回答している被験者数は12人であった。

　全被験者14人の平均値に関して言うと，「四季を楽しむ実験（1）（2）」ともに，それぞれの心理的時間評価の超過率はベースラインの「時間に追われる実験」の値より，51.97％および59.48％も過大であった。またそれぞれのWelch法のp値も，0.015と0.025であり，統計的に有意（5％有意）であった。さらにこれら「四季を楽しむ実験（1）（2）」で，「時間に追われる実験より楽しめた」と回答している被験者のみを集めた平均値も，それぞれ54.41％および71.24％の過大という高い値を示し，またWelch法のp値もそれぞれ0.018と0.017で統計的に有意（5％有意）であった。楽訓の主張している「四季を楽しみ味わう方法」は，心のゆとりを持つことを可能にして，時間に追われる生活のと

きより心理的時間評価を大幅に延長させ，時間の経過をゆっくりと感じることができるようにするのである。この効果は，各人の個性の違いをこえて，多くの人びとに共通に生じうるのである。われわれは実験結果から，このことを統計的な有意性をもって示せた。

第5節　実験結果とその含意（2）

　次に，これまで分析してきた結果を，さらにfNIRSによる脳科学的な計測結果を用いて裏付けてみよう。すでに述べたように，益軒の主張をもっとも強く反映しているのは，「共楽」の要因を入れた「四季を楽しむ実験（2）」であった。この「四季を楽しむ実験（2）」のアンケート結果を，「時間に追われる実験」のアンケート結果と比較すると，「楽」を楽しむ心がいかに大きくわれわれ現代人の心理的時間評価の改善に役立つのかがわかった。問題はその理由または心理的・脳科学的メカニズムの解明である。そこで本節で行う脳科学的な実験結果の検討でも，「四季を楽しむ実験（2）」における被験者の脳の活性度のデータと，「時間に追われる実験」における被験者の脳の活性度のデータを比較しながら，考察を進めていくことにした。

　さて「四季を楽しむ実験（2）」と「時間に追われる実験」における14人の被験者の脳の活性度のfNIRS計測データ（時系列データ）を実験ごとにそれぞれ加算平均し，そこからそれぞれランダムに40データをサンプリングして，そのサンプリング・データの平均値を計算し，またWelch検定を行ってp値を計算した[7]。表4を見られたい。前頭葉に固定された16チャンネルごとの脳の活性度変化の平均値が示されている。表示単位は，濃度長を示すmMmmである。また求められたp値を見る

　7）詳しくは，この計算は，表4の下の注にも示してあるとおり，次のような作業で行われた。「四季を楽しむ実験（2）」と「時間に追われる実験」のそれぞれにおいて，前頭葉の16チャンネルごとに被験者14人分のfNIRSの時系列データを加算平均し，その加算平均した時系列データからさらにチャンネルごとに40データをランダム・サンプリングしてその平均値を求めた（単位は濃度長mMmm）。そしてチャンネルごとに「四季を楽しむ実験（2）」と「時間に追われる実験」の平均値の違いが統計的に有意であるかどうかを，Welch法の検定によって確かめたのである。なおここでの計測値はすべて，各実験において，実験前のベースラインより実験中にどのくらい脳の活性度が変化したかを示すものになっている。

表4 「四季を楽しむ実験2」と「時間に追われる実験」における
脳活性度変化の違いを示すfNIRSの計測データ（平均値とp値）

	X	Y	p値（Welch法）
1 ch.	-0.129946475	0.113168425	2.20058E-31
2 ch.	-0.009138609	0.128646585	1.6706E-29
3 ch.	-0.235424075	-0.05215494	2.86026E-16
4 ch.	-0.015133375	0.099601483	9.19475E-23
5 ch.	0.15803238	0.119152275	8.31766E-29
6 ch.	-0.036672303	-0.037218447	2.1974E-15
7 ch.	0.030226975	0.035476	1.12384E-07
8 ch.	0.075352928	0.018923965	2.33761E-22
9 ch.	-0.2344685	-0.068874965	0.001244439
10 ch.	-0.04056518	0.16132919	1.2619E-28
11 ch.	0.151628148	0.159829773	5.46502E-23
12 ch.	-0.23445275	-0.41870425	4.55039E-35
13 ch.	-0.2135005	0.072090636	9.49458E-15
14 ch.	-0.031699713	0.209175175	8.71033E-16
15 ch.	-0.498605675	-0.4643385	0.000102676
16 ch.	-0.15181575	0.104875203	4.03608E-33

注）　Xは，「四季を楽しむ実験2」における被験者14人の前頭葉の16チャンネルごとに，以下の解析作業を行って導出した脳の活性度の変化を示すデータである。具体的には，まず被験者14人分のfNIRSの時系列データをチャンネルごとに加算平均し，その加算平均した時系列データからさらにチャンネルごとに40データをランダム・サンプリングしてその平均値を求めた（単位は濃度長mMmm）。
　　Yは，「時間に追われる実験」における被験者14人の前頭葉の16チャンネルごとに，以下の解析作業を行って導出した脳の活性度の変化を示すデータである。具体的には，まず被験者14人分のfNIRSの時系列データをチャンネルごとに加算平均し，その加算平均した時系列データからさらにチャンネルごとに40データをランダム・サンプリングしてその平均値を求めた（単位は濃度長mMmm）。
　　p値は，上述の平均値のちがいの統計的有意性を調べるために，Welch法によって計算されたものである。

と，「四季を楽しむ実験（2）」と「時間に追われる実験」における16チャンネルでの脳活性度の変化の平均値の違いは，すべて統計的に有意であったことがわかる。

　この表4の結果を加工して，「四季を楽しむ実験（2）」と「時間に追われる実験」の脳の活性度の違いをさらに明確にしてみよう。表4で得られた「四季を楽しむ実験（2）」と「時間に追われる実験」の平均値の差をグラフで表したのが図5である。このグラフから，われわれは，心理的時間評価の変化がなぜ生じたのかの理由を考えることができる。

　図5のグラフでは，前頭葉内側部のいくつかのチャンネル（5, 8, 12チャンネル）はプラスの値であるが，他の前頭葉の多くのチャンネルは

第 9 章　歴史民俗学的な視点からの心理的時間論の実験　　313

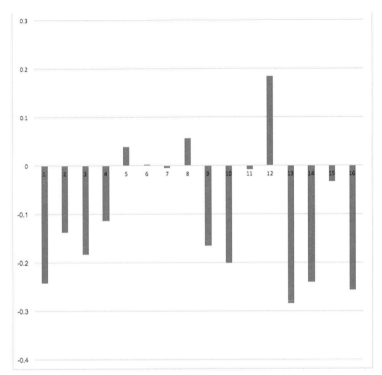

図 5　「四季を楽しむ実験 2」と「時間に追われる実験」における
　　　　脳活性度変化の違い（それぞれの変化の平均値の違い）

注）　表 4 で示した各チャンネルにおける「四季を楽しむ実験 2」と「時間に追われる実験」の脳活性度変化の平均値の差をグラフで表したもの。横軸にそって，1 チャンネルから16チャンネルまでのグラフを順番に表示。縦軸方向には，脳活性度変化の違い（その平均値の違い）をグラフとして，濃度長mMmmの単位で示している。

大きなマイナスの数字になっている。以下その意味を考えてみよう。まず被験者は「四季を楽しむ実験（2）」では，「時間に追われる実験」より全体的に脳の活性度を低下させている。この意味は，「時間に追われる実験」では，被験者は何度も追加的な急ぎの作業を行わなければならなかったので，脳はそれだけ高い緊張状態にありそれゆえ全体的に高い活性度を示していたと解釈できる。しかし「四季を楽しむ実験（2）」ではそうしたプレッシャーはなくリラックスした心理状態になっており，被験者の脳の活性度はそれだけ全般的に低かった。

　しかし図 5 が示すように，すべてのチャンネルが大きなマイナスの値

になっていたわけではない。プラスの値を示すチャンネルが前頭葉内側部にいくつもあった。この意味は重大である。前頭葉内側部は，Damasio（1994，1999，2003）などが明らかにしているように，人間が理性と情動をマッチングさせる高度な統合機能を果たす部位である。この部位が活性化することは，そのときの人間心理が，高い「境地」を実現しようとしていたことを強く示唆するものである。つまりわれわれは次のことを思い出す必要がある。「四季を楽しむ実験（2）」では被験者は単にリラックスしていたというわけではなく，時間の経過を意識しつつ，かつそれを楽しみながら，具体的には四季の変化を示す美しい画面を味わうということを奨励されそれを実行していたということである。こうした「時間の経過を意識すること」そして「その経過をゆったりとした気持ちで楽しむこと」を行うために，高い統合機能の脳の活性は生じていたのである。これに対して，「時間に追われる実験」では，追加的に課された急ぎの作業のために，「時間の経過を意識すること」そして「その経過をゆったりとした気持ちで楽しむこと」は妨害され，そうした関連の脳の活性度も抑制されていた。図5に示されたプラスのグラフの部分は，そうしたことから生じた脳の活性度の違いを示していると解釈できる。

　図5で示された全般的な脳の活性度の低下と，部分的には高くなっている脳（前頭葉内側部）の活性度という2側面から，われわれは「四季を楽しむ実験（2）」で得られた被験者の「楽」の実践の効果をはっきりと確認することができる。益軒の主張した「共楽」という形での「楽」を楽しみ味わうという人生の知恵は，「時間の経過を意識すること」そして「その経過をゆったりとした気持ちで楽しむこと」という心のゆとりから，われわれの脳においても，上述の2側面の大きな変化を生じさせたのである。特に理性と情動のマッチングをもたらす前頭葉内側部の機能の高まりは，人間心理の高い境地を示唆するものであった。こうした脳の2側面の変化が，心理的時間評価の延長をもたらし，結果的に「心理的長寿」の達成を可能にすると考えられるのである。

第6節 ま と め

　われわれは歴史民俗学的視点から，新たな人間学的基礎を持った認知科学を展開しようと試みた。具体的には貝原益軒『楽訓』で主張されている心理的時間評価の「操作可能性」の問題を取り上げ，その主張の有効性をアンケート調査とそれをサポートする目的で行われたfNIRSを用いた脳科学的実験によって検討してきた。単に身体的に健康を維持して長寿を達成しようというのではなく，「心理的な長寿」を達成するためには，いかなることを行えばよいかを考えることは，まさに物質中心主義・物質万能主義に凝り固まったわれわれ現代人の考え方に本質的な「発想の転換」を迫るものであった。しかし益軒の時代を考えてみれば，そこでは飢饉が数年ごとに生じ，また大規模な感染症の流行なども起き，さらにそれらの問題を有効に防ぐための科学的・医学的知識もほとんどなく，身体的な意味での長寿を達成しようにもその実現はほとんど絶望的とも言えるような状態であった。人びとはこうした状況の中で生きていたからこそ，まさに「心理的長寿」を切実に願ったのである。そしてこうした「心理的長寿」の達成は，なにも昔の人びとだけの願いではないことも明らかである。われわれ現代人は，時間に追われ忙殺されて生きている。昔より多少実時間的に長生きができるようになったと言っても，心理的には「あっという間の人生」だったということにもなりかねない。生まれてきたからには，みんな充実した楽しい人生を「長く生きたい」と願っている。とすれば，益軒が主張した「心理的長寿」は，われわれ現代人の夢でもあり願いでもあるだろう。

　本章ではこうした問題意識から出発して，歴史民俗学的な視点に立つ新たな認知科学研究をめざした。われわれの得た実験研究の結果は，まとめると次のような意味を持つものである。

　『楽訓』が主張している「四季を楽しみ味わう」という心のゆとりを持つことによって，人は時間に追われ忙殺された生活をしているときより，確かに心理的時間評価を大幅に延長できて，時間の経過をゆっくりと感じることができるようになる。われわれの実験でも，このことを統

計的な有意性をもって主張できた。脳科学的なfNIRSのデータもこの主張の有効性を裏付けるものになっていた。「楽」の実践時の脳の全般的な活性度の落ちつきと，理性と情動をマッチングさせる高い心理的境地を示す前頭葉内側部の機能の高まりが，その証拠であった。益軒『楽訓』の中で強調されている人生の「楽」を楽しみ味わうという知恵を，われわれはこの忙しい現代社会の中でも実践することで，具体的には「心理的長寿」の達成という形で，その有効性を享受することができるのではないかと考える。

　『楽訓』の主張は，科学的・医学的知識も不足していた昔の時代に，それでも「充実した人生を長く生きたい」と思う人びとの切実な願いを受けて展開されたセンスメーキングにより作られた1つの「物語」であった。しかしこの「物語」は，「単なる作り話」ではなかったのである。われわれの実験研究の結果は，このことをはっきりと示している。この『楽訓』の実践の有効性から，われわれは再度，本書の中心的主張を確認することができる。つまり「科学」とは異なった「物語」という形であっても，人間の知性の発揮は可能なのであると。先人の知恵を敬意をもって振り返ることで，科学至上主義を超える人間の知性の世界を，とりもどさなければならない。

結　び

　本書では「知恵の復権」を主張する。知恵とは，情報や知識と異なった概念であり，われわれが厳しい「トランス・サイエンスの時代」を生き抜いていくのに，ぜひ必要なものだと考える。

　われわれの先人たちは，知恵の重要さをよく理解していた。また知恵は，知識とは異なる概念であると明確に理解していた。例えば大乗仏典の「法華経」を開いてみると，「真理を知る」ことは「体」の問題と呼ばれ「如来寿量品」で説かれるが，「真理を活用する」ことは「用」の問題であり「観世音菩薩普門品」で区別して説かれている。知恵とは「用」の問題であり，「知識を活用・応用するときに人間の知性をいかに発揮すべきか」を明らかにする概念であると考えられていた。

　本書では「知恵の世界」をめざして，ブルーナーとワイクの主張の検討から始めた。彼らが，「行為の意味論」を超えてさらに「意味の行為論」を展開し，人びとの「意味を希求し新たな意味を創る行為」が「多様性を整理・調和・縮減する」ためになされること，特に「フォークサイコロジー」の中で人びとによって「物語を語る」という形をとってその行為が実践されることを強調していたからである。私は彼らの主張に着目して，ここから新たな「知恵の研究」を展開すべきだと考えた。そして「意味を創る行為」が「多様性を整理・調和・縮減する」ためになされるとき，それはラベッツが示唆していたように，はからずも結果論的に社会全体で新たに「集合知」を実現するための準備となっていること，このことの重大さを示そうと考えたのである。ラベッツもこうした可能性を予期して，東洋文明に学ぶべきものがあると述べたのであろう。このように「意味を創る行為」が，フォークサイコロジーの世界の中で多様性を整理・調和・縮減する機能を果たし，新たに「集合知」を発揮していくための準備を整えるものになっているとしたら，それは「科学」の世界とは異なるが，やはり注目すべき偉大な「人間知性の発揮の

方法」であると言ってよいだろう。社会的動物である人間は，社会の中でともに生きることで，具体的に「集合知」の発揮の可能性を広げていかなければならない。集合知の発揮という形で，さまざまな知識を実際に活用していく道を切り開くのが，「意味を創る行為」の多様性を整理・調和・縮減する機能の「意義」である。

　知恵の問題の根源にあるものは「意味」であり，そして「意味を創りその意味を活用する人間の力と行為」である。その行為の実践は，ブルーナーが語っていたように，具体的にはフォークサイコロジーの世界の中で，人びとによって「物語を語る」という形をとって行われる。それは形式論理のみを展開する「科学」の世界からは逸脱した，生きている人間の「日常的行為」である。われわれが「科学至上主義」にとらわれ，ひたすら「科学のみに依存した社会」を創ろうとするならば，こうした「物語を語る」という形をとって実践される「意味を創りそれを活用する人間の力と行為」の可能性は窒息してしまう。「科学に依拠しない人間知性の発揮」の大いなる可能性は，すべて見過ごされてしまう。

　われわれは「科学のみに依存した社会」を創ろうとして，知恵の本質が理解できなくなっている。しかし振り返ってみれば，われわれの先人たちは，科学的知識も医学的知識も決定的に不足している状況下で，それでもその知恵の力を活用して生きてきたのである。われわれは，歴史民俗の世界に分け入って，今こそ，その先人たちの「知恵の世界」を学ばなければならない。先人たちが「意味を創りそれを活用する行為」つまりセンスメーキングの行為をどのように行って，実際にいかなる「知恵の世界」を創ってきたのかを明らかにし，その意義を認知心理学的に，また認知経済学的に深く理解する必要がある。本書でも「リスクとともに生きていく知恵」，「転用の知恵」，「心理的長寿の知恵」など，多くの先人たちの「知恵の世界」を具体的に説明してきたが，これらはすべて「科学に依拠しない人間知性の発揮」として導かれたものであった。これらの研究をさらに超えて，歴史民俗的世界に分け入り，こうした先人たちの姿から，忘れかけている「知恵の問題」の大切さをもっと深くそして広く学ぶ必要がある。これからの厳しい「トランス・サイエンスの時代」を生きていくために，われわれは今こそ歴史民俗学研究を経由して，認知心理学的および認知経済学的視点に立った知恵の研究の橋頭堡

を作り上げることが必要だと考える。

　本書は，私の研究者生活に一区切りをつけるものとして書かれた。振り返ってみると，若い頃の「マクロ経済学のミクロ的基礎」及び「非ワルラス経済学」の勉強から始まって，「不確実性の経済学」,「都市と地域の経済学」,「事業再生の経済学」,「行動経済学」,「実験ニューロエコノミクス」,「歴史民俗の認知経済学」などと，学問的関心と問題意識に導かれて，自由な研究生活をさせていただいた。このことを心ひろくお許しいただき，またご指導・ご支援していただいた諸先生方・諸先輩方・所属してきた大学・そして私事にわたって恐縮であるが亡くなった両親にも，心より感謝したいと思います。

　本書の第1章第1節のところでも述べたように，さまざまな研究遍歴をもう一度振り返ってみると，私の心の底には，いつも「意味の問題」への強い関心が潜んでいた。情報や知識の問題ではなく，生身の人間が生きていくのに必要な「意味の問題」を，もっと深く考えてみたいという欲求が常にあった。したがって「意味と人間知性の民俗認知経済学」という本書で，一応の締めくくりをつけることができ，自分としては一息つけたかなという気持ちである。もちろんこうした分野のさらなる深い研究は，これからの課題であり，論争的で未解決な問題も数多く残されているのだが，貝原益軒『楽訓』の教訓から言えば，「小欲知足」「足るを知る」の心をもって，今後もこうした課題に無心で取り組んでいくのがよいことになる。執着すれば，「意味の世界」も「知恵の世界」もまた見えなくなるからである。

　今回の出版に関しても，知泉書館社長の小山光夫氏に大変お世話になった。小山光夫氏には，私の最初の著作『不均衡理論と経済政策』の出版以来，『意味世界のマクロ経済学』も含めて，30年以上にわたり，何度もお世話になってきている。その上，このたびは，研究者生活に一区切りをつけるものとして書かれた本書が，再び同氏の手で出版されることを，心より深く感謝するものです。このような長きにわたるご縁をいただけたことに対しては，人知を越える神仏に対しても，深く感謝したいと思います。本当にありがとうございました。

2018年3月　　　　　　　　　　　　　　　　　中込　正樹

参 考 文 献

日本語文献

赤坂憲雄（1997），『漂泊の精神史：柳田国男の発生』小学館。
秋山知宏（2016），「統合学の構築に向けて：統合という言葉の意味は何か」『地球システム・倫理学会会報』11号，144-148頁。
朝倉無声（1992），『見世物研究：姉妹編』平凡社。
─────（2002），『見世物研究』筑摩書房。
天野清（2002），「訳者解説とあとがき」Cole, M.（1996）. *Cultural Psychology: A Once and Future Discipline*. Cambridge: Harvard University Press.（天野清訳（2002），『文化心理学：発達・認知・活動への文化・歴史的アプローチ』新曜社。）
網野善彦（1980），『日本中世の民衆像：平民と職人』岩波書店。
─────（1996），『無縁・公界・楽』平凡社。
─────（1998），『日本中世の百姓と職能民』平凡社。
─────（2001），『中世民衆の生業と技術』東京大学出版会。
─────（2005），『日本の歴史をよみなおす』ちくま学芸文庫。
─────（2013），『『忘れられた日本人』を読む』東京大学出版会。
安室知（1984），「稲作文化と漁労：生態学的アプローチの試み」『日本民俗学』153巻。
─────（1997），「複合生業論」『講座日本の民俗学（5）：生業の民俗』雄山閣。
─────（2008），「生業の民俗学：複合生業論の試み」国立歴史民俗博物館（編）『生業から見る日本史：新しい歴史学の射程』吉川弘文館。
─────（2012a），「『遊び仕事』とは何か：労働論との融合」安室知『日本民俗生業論』慶友社。
─────（2012 b），「復活する田んぼの魚捕り：現代社会のなかの水田漁労」安室知『日本民俗生業論』慶友社。
─────（2013），「生業と近代化：水田と環境思想」鳥越皓之（編）『環境の日本史（5）：自然利用と破壊』吉川弘文館。
荒川歩（2005），「心理学は『科学的』でなければならないのか？：質的心理学と実験心理学の対立と社会との関係を軸に」『立命館人間科学研究』第10号，29-35頁。
─────（2006），「『科学』に依存しない知識の可能性と物語りのリスク：『知識生産』を『フィードバック』から再考する」『立命館人間科学研究』第11号，1-10頁。
有田英也（2014），「加藤周一『雑種文化論』に見る日本とフランス」『比較日本学

教育研究センター研究年報』, 68-74頁.
安藤礼二（2014），『折口信夫』講談社.
飯沼二郎・堀尾尚志（1976），『農具：ものと人間の文化史』法政大学出版局.
池内了（2012），『科学の限界』筑摩書房.
───（2015），「科学と科学者のあり方」山脇直司（編）『科学・技術と社会倫理：その統合的思考を探る』東京大学出版会.
石井寛治（2003），『日本流通史』有斐閣.
石井進（1998），「商人と市をめぐる伝説と実像」国立歴史民俗博物館（編）『中世商人の世界：市をめぐる伝説と実像』日本エディタースクール出版部.
石毛直道（編）（1985），『論集　東アジアの食事文化』平凡社.
石田梅岩（足立栗園校訂）（2016），『都鄙問答』岩波文庫.
───（1972），柴田實（編）『石田梅岩全集（上下）』清文堂出版.
石原潤（1987），『定期市の研究：機能と構造』名古屋大学出版会.
市川浩（1993），『「身」の構造：身体論を越えて』講談社.
一川誠（2008），『大人の時間はなぜ短いのか』集英社.
伊東俊太郎（2013），『変容の時代』麗澤大学出版会.
───（2015），「質疑応答：討論　科学・科学者のあり方とトランス・サイエンス」山脇直司（編）『科学・技術と社会倫理：その統合的思考を探る』東京大学出版会.
───（2016），「文明の転換期：人類の過去と未来」『東洋学術研究』55巻1号，114-131頁.
稲垣佳世子・波多野誼余夫（1983），「文化と認知」坂元昂（編）『現代心理学7』東京大学出版会.
───・───（1989），『人はいかに学ぶか：日常的認知の世界』中公新書.
井上勝六（2000），『食と健康の文化史：薬になる食べものの話』丸善.
───（2007），『脳で食べる：美味と滋味，おいしさの健康学』丸善.
今村仁司（1998），『近代の労働観』岩波書店.
入来篤史（2004），『道具を使うサル　Homo faber』医学書院.
岩井宏實（2002），『旅の民俗誌』河出書房新社.
植木雅俊（2011），『維摩経　梵漢和対照・現代語訳』岩波書店.
上田閑照（編）（1996），『西田幾多郎随筆集』岩波書店.
植田啓司（1985），「日本の正式な膳について」石毛直道（編）『論集東アジアの食事文化』平凡社.
上野誠（2008），『魂の古代学：問いつづける折口信夫』新潮社.
内山淳一（1996），『江戸の好奇心：美術と科学の出会い』講談社.
瓜生政和（1769，明和6年），『童蒙心得草（巻之下）』（出版者）須原屋茂兵衛等.
エディキューブ（編）（2012），『江戸の技と匠』双葉社.
遠田雄志（編著）（2001），『ポストモダン経営学』文眞堂.
大石学（監修）（2009），『江戸の科学力』学習研究社.
大久保洋子（2012），『江戸の食空間』講談社.

参 考 文 献

大熊孝（2004），『技術にも自治がある』農山漁村文化協会。
岡田章雄（1997），「文明開化と食物」芳賀登・石川寛子（監修）『異文化との接触と受容』（『全集　日本の食文化』第8巻）雄山閣。
岡本信也（2002），「日常生活用品への視点」香月洋一郎・野本寛一（編）『民具と民俗：講座日本の民俗学』雄山閣。
小川晴久（2006），「貝原益軒の『楽訓』の世界：自然と読書（2つの楽しみの源泉）」小川晴久（編著）『実心実学の発見：いま甦る江戸期の思想』論創社。
興津要（2013），『大江戸商売ばなし』中央公論新社。
小倉榮一郎（1990），『近江商人の系譜：活躍の舞台と経営の実像』社会思想社。
小谷方明（1982），『大阪の民具・民俗志』文化出版局。
小野重朗（1985），『民具の伝承：有形文化の系譜（下）』慶友社。
小野均（1928），『近世城下町の研究』至文堂。
折口信夫（1929），「国文学の発生（第三稿）」『古代研究（第二部，国文学編）』大岡山書店（『古代研究3：国文学の発生』中央公論新社，2003年）。
─── （1975），「古代生活の研究」『折口信夫全集』中央公論社。
貝原益軒（石川謙校訂）（1961），『養生訓・和俗童子訓』岩波書店。
角山栄（1984），『時計の社会史』中公新書。
─── （2000），「近世日本人の時間意識と時間文化」伊東俊太郎（編）『日本の科学と文明』同成社。
片岡龍（2011），「石田梅岩から考える『公共する』実践」片岡龍・金泰昌（編）『石田梅岩：公共商道の志を実践した町人教育者（公共する人間［2］）』東京大学出版会。
片桐一男（2004），『平成蘭学事始：江戸・長崎の日蘭交流秘話』智書房。
─── （2008），『それでも江戸は鎖国だったのか：オランダ宿日本橋長崎屋』吉川弘文館。
カタジーナ・チフィエルトカ（1997），「近代日本の食文化における『西洋』の受容」芳賀登・石川寛子（監修）『異文化との接触と受容』雄山閣。
加藤周一（1968），『続・羊の歌』岩波書店。
─── （1976），『日本人とは何か』講談社。
─── （1979a），「文芸時評1977」『文学の擁護：著作集第1巻』平凡社。
─── （1979b），「日本文化の雑種性」『近代日本の文明史的位置：著作集7巻』平凡社（初出，『思想』6月号，1955年）。
─── （1979c），「雑種的日本文化の希望」『近代日本の文明史的位置：著作集7巻』平凡社（初出，『思想』7月号，1955年）。
─── （1980），『日本文学史序説（上）（下）』筑摩書房。
金子祥行（2013），「川のなかの定住者たちの災害対応：利根川・布鎌地域における水神祭祀」鳥越皓之（編）『環境の日本史（5）：自然利用と破壊』吉川弘文館。
鎌田茂雄（1990），『維摩経講話』講談社。
─── （1991），『観音経講話』講談社。
─── （1994），『法華経を読む』講談社。

川喜田二郎（1980），「生態学的日本史臆説」蒲生正男他（編）『歴史的文化像』新泉社．
川添裕（2000），『江戸の見世物』岩波書店．
神崎宣武（1987），『日本人は何を食べてきたか：食の民俗学』大月書店．
菊池勇夫（2000），『飢饉：飢えと食の日本史』集英社．
北岡正三郎（2011），『物語　食の文化：美味い話，味な知識』中央公論新社．
北原進（1991），『百万都市　江戸の生活』角川学芸出版．
北見俊夫（1977），『市と行商の民俗』岩崎美術社．
北本勝ひこ（2016），『和食とうま味のミステリー：国産麹菌オリゼがつぐむ千年の物語』河出書房新社．
木下直之（1999），『美術という見世物』筑摩書房．
木下太志（2002），『近代化以前の日本の人口と家族：失われた世界からの手紙』ミネルヴァ書房．
木村敏（2000），『偶然性の精神病理』岩波書店．
工藤員功（2002），「民具・その造形への序説：知恵と技のつながり」香月洋一郎・野本寛一（編）『民具と民俗：講座日本の民俗学』雄山閣．
熊倉功夫（1985），「日本料理における献立の系譜」石毛直道（編）『論集　東アジアの食事文化』平凡社．
慶応義塾大学国文学研究会（1983），『折口信夫まれびと論研究』桜楓社．
敬学堂主人（1872，明治5年），『西洋料理指南』雁金書屋．
楠木建（2010），『ストーリーとしての競争戦略：優れた戦略の条件』東洋経済新報社．
邦光史郎（1986），『日本の三大商人』徳間書店．
來馬琢道（編）（1911），『禅宗聖典』平楽寺書店．
小泉武夫（1999），『発酵食品礼讃』文芸春秋社．
─────（2002），『食と日本人の知恵』岩波書店．
─────（2011），『すごい和食』ベストセラーズ．
─────（編著）（2012），『発酵食品学』講談社．
─────（2016），『江戸の健康食：日本人の知恵と工夫を再発見』河出書房新社．
洪自誠（今井宇三郎訳注）（1975），『菜根譚』岩波書店．
河野通明（2009），「福岡県の在来犂：民具から見た6-7世紀の福岡県域」『商経論叢』44巻，1-2号，99-129頁．
河野一世・柴田英之（2010），「日本食からみる発酵食品の多様性と日本人の健康：肥満を中心に」『日本調理科学会誌』43巻2号，131-135頁．
河野哲也（編）（2013），『倫理，人類のアフォーダンス（知の生態学的転回，第3巻）』東京大学出版会．
小菅桂子（2013），『カレーライスの誕生』講談社．
小林傳司（2004），『誰が科学技術について考えるのか：コンセンサス会議という実験』名古屋大学出版会．
─────（2007），『トランス・サイエンスの時代：科学技術と社会をつなぐ』

NTT出版。
子安増生（2000），『心の理論：心を読む心の科学』岩波書店。
─────・大平英樹（2011），『ミラーニューロンと「心の理論」』新曜社。
五来重（2010），『仏教と民俗：仏教民俗学入門』角川文庫。
近藤雅樹（1992），「転用について」国立民族学博物館『民博通信』54号，68-76頁。
─────（2002），「民具の定義とイメージ」香月洋一郎・野本寛一（編）『民具と民俗：講座日本の民俗学』雄山閣。
西条剛央（2003），「構造構成的質的心理学の構築：モデル構成的現場心理学の発展的継承」『質的心理学研究』2巻，164-186頁。
斉藤茂太（1984），『人間この楽しきもの：貝原益軒「楽訓」を読む』三笠書房。
斉藤孝（2012），『養生訓』株式会社ウエッジ。
佐伯胖（1975），『「学び」の構造』東洋館出版。
─────（1986），『認知科学の方法』東京大学出版会。
酒井シズ（2008），『病が語る日本史』講談社。
─────（監修）（2011），『江戸の医学』KKベストセラーズ。
坂詰秀一（編）（1989），『江戸町の風光』名著出版。
桜井英治（1998），「商人道の故実」国立歴史民俗博物館（編）『中世商人の世界：市をめぐる伝説と実像』日本エディタースクール出版部。
─────（2002a），「中世・近世の商人」桜井英治・中西聡（編）『流通経済史，新体系日本史（12）』山川出版社。
─────（2002b），「中世の商品市場」桜井英治・中西聡（編）『流通経済史，新体系日本史（12）』山川出版社。
─────（2011），『贈与の歴史学：儀礼と経済のあいだ』中央公論新社。
佐々木銀弥（1981），『日本商人の源流』教育社。
佐々木長生（2001），『農具が語る稲とくらし：「会津農書」による農具の歴史』歴史春秋社。
佐々木正人（1994），『アフォーダンス：新しい認知の理論』岩波書店。
笹本正治（2002），『異境を結ぶ商人と職人（日本の中世（3））』中央公論新社。
サトウタツヤ（2013），『質的心理学の展望』新曜社。
里深文彦（1980），『等身大の科学：80年代科学技術への構想』日本ブリタニカ。
佐野賢治（1978），「民具論」福田アジオ・上野和男・高桑守史・宮田登・野村純一（編）『民俗研究ハンドブック』吉川弘文堂。
三方よし研究所（2015），『三方よし』第40号（2月号）。
柴谷篤弘（1998），『反科学論』筑摩書房。
渋沢敬三（1992），『渋沢敬三著作集（第3巻）』平凡社。
島内景二（1988），『御伽草子の精神史』ペリカン社。
清水正徳（1982），『働くことの意味』岩波書店。
清水克行（2008），『大飢饉，室町社会を襲う！』吉川弘文館。
下山晴彦・子安増生（2002），『心理学の新しいかたち』誠信書房。
末永國紀（2004），『近江商人学入門：CSRの源流「三方よし」』サンライズ出版。

菅野昭正（編）（2011），『知の巨匠　加藤周一』岩波書店．
菅野英機（2003a），『民俗経済学への招待：世界と日本の文化と経済』現代図書．
─── （編）（2003b），『民俗経済学研究（1）』青山社．
杉田玄白・前野良沢・中川淳庵訳（小川鼎三・酒井シズ校註）（1972），「解体新書」『日本思想体系（洋学・下）』第65巻，岩波書店．
杉田玄白（緒方富雄校註）（1982），『蘭学事始』岩波書店．
鈴木一義（監修）（2016），『八百八知恵　江戸の科学』宝島社．
鈴木由紀子（2008），『田沼時代を生きた先駆者たち』日本放送出版．
須藤自由児（1990），「科学論の試み：現代の科学技術と社会を考えるために」『フォーラム』第8号，19-40頁．
須見洋行（2007），「納豆の歴史と機能成分」『日本味と匂学会誌』第14巻，129-136頁．
園部寿樹（2002），『日本中世村落内身分の研究』校倉書房．
田内幸一（1983），「日本人経営者の資質」内橋克人『概説　日本の商人：近江・伊勢の商人魂』TBSブリタニカ．
高橋和雄（編著）（2014），『災害伝承：命を守る地域の知恵』古今書院．
高橋尚夫・西野翠（2011），『梵文和訳　維摩経』春秋社．
田口富久治（2002），「丸山真男の『古層論』と加藤周一の『土着世界観』」『政策科学』第9巻，2号，55-69頁．
立川昭二（2007），『病気の社会史：文明に探る病因』岩波書店．
田中静一（1988），「日本化した中国の食と料理」熊倉功夫・石毛直道（編）『外来の食の文化』ドメス出版．
田中一彦（1993），「訳者あとがき」ジェローム・ブルーナー『心を探して：ブルーナー自伝』みすず書房．
谷川彰英（1996），「書評：藤井隆至著『柳田国男　経世済民の学：経済・倫理・教育』」『教育学研究』第63巻，第2号，155-157頁．
谷本雅之（1997），「在来産業と農村労働力」中村隆英（編著）『日本の経済発展と在来産業』第3章，山川出版社．
茅原正（1993），「禅瞑想と時間体験に関する心理学研究」『駒沢大学禅研究所年報』第4巻，1-11頁．
─── （1996），「座禅時の時間体験」松田文子他『心理的時間：その広くて深いなぞ』北大路書房．
塚原美村（1970），『行商人の生活』（生活史叢書19）雄山閣．
津志田藤二郎（2007），「日本の伝統食品の健康機能」『フードケミカル』2007-1号，40-45頁．
辻芳樹（2013），『和食の知られざる世界』新潮社．
筒井紘一（1998），「会席料理の近代的展開」芳賀登・石川寛子（監修）『日本料理の発展』（『全集　日本の食文化』第7巻）雄山閣．
鶴見和子（1989），「内発的発展論の系譜」鶴見和子・川田侃（編）『内発的発展論』東京大学出版会．

―――― (1993),『漂泊と定住と：柳田国男の社会変動論』筑摩書房。
鶴見孝史 (2013),『「酵素」の謎：なぜ病気を防ぎ寿命を延ばすのか』祥伝社。
帝国データバンク史料館・産業調査部 (編) (2009),『百年続く企業の条件：老舗は変化を恐れない』朝日新聞出版。
東畑精一 (1956),「農業人口の今日と明日」有沢広巳・宇野弘蔵・向坂逸郎 (編)『世界経済と日本経済』岩波書店。
徳永真一郎 (1983),「中井源左衛門」内橋克人『概説　日本の商人：近江・伊勢の商人魂』TBSブリタニカ。
豊田武 (1949),『日本商人史　中世編』東京堂。
―――― (1983),『中世の商人と交通』(豊田武著作集　第3巻) 吉川弘文館。
鳥越皓之 (1994),『試みとしての環境民俗学：琵琶湖のフィールドから』雄山閣。
―――― (2012),『水と日本人』岩波書店。
中込正樹 (1999),『フラクタル社会の経済学』創文社。
―――― (2001),『意味世界のマクロ経済学』創文社。
―――― (2002),「NPOと『遊び』の哲学：自律性・内発性の認識論的分析」『青山経済論集』54巻1号, 49-82頁。
―――― (2008),『経済学の新しい認知科学的基礎：行動経済学からエマージェンティストの認知経済学へ』創文社。
―――― (2015 a),「歴史のなかの心理と認知の経済学およびニューロエコノミクス実験研究：『無縁の場』の市場,『有縁の場』の贈与社会,および『縁切り』の貨幣 (試論)」『青山経済論集』第67巻1号, 31-70頁。
―――― (2015 b),「フォークロアの行動経済学：『仕事』とは何か『生きる』とは何か」『青山経済論集』67巻, 2号, 111-135頁。
―――― (2016a),「環境リスクと生業のフォークロア：リスクとともに生きそして働いてきた人々の民俗認知経済学」『青山経済論集』67巻4号, 21-48頁。
―――― (2016 b),「農具を発達させた知恵のフォークロア：生業用民具の考古学および民俗認知経済学」『青山経済論集』第68巻, 第1号, 25-72頁。
―――― (2016 c),「『生きる達人』になる知恵のフォークロア：娑婆世界の和楽と和食そして民俗認知経済学の展開」『青山経済論集』第68巻3号, 129-175頁。
――――・牧和生 (2016d),「歴史民俗学的な視点に立つ心理的時間論の実験研究：貝原益軒による『心理的長寿』の知恵の認知科学的・脳科学的実験研究による再検討」『青山経済論集』第68巻3号, 243-263頁。
――――・小田切史士・牧和生 (2017),「ともに働く人々の共感と自己拡大そしてアフォーダンス知覚の実験研究：『世界が新しく見えてくるとき』を考える」『経済研究』第9号, 59-86頁。
仲村研 (1994),「保内商人」『日本史大事典』平凡社。
中村周作 (2009),『行商研究：移動就業行動の地理学』海青社。
中西僚太郎 (2003),『近代日本における農村生活の構造』古今書院。
中村征樹 (2008),「科学技術と市民参加：参加の実質化とその課題」『待兼山論叢』哲学編, 42巻, 1-15頁。

中村雄二郎（1992），『臨床の知とは何か』岩波書店。
中村隆英（編著）（1997），『日本の経済発展と在来産業』山川出版社。
─────（1985），「在来産業論の発想」『明治大正期の経済』東京大学出版会。
長澤克重（2008），「人口構造と平均余命」高木正朋（編）『18・19世紀の人口変動と地域・村・家族：歴史人口学の課題と方法』古今書院。
永山久夫（2012），『なぜ和食は世界一なのか』朝日新聞出版。
南條範夫（1983），「三井高利：新商法『店前・現金売り』で成功した『三井』の祖」内橋克人『概説　日本の商人：近江・伊勢の商人魂』TBSブリタニカ。
新村拓（編著）（2006），『日本医療史』吉川弘文館。
西川400年史編纂委員会（編）（1966），『西川400年史』西川400年史編纂委員会出版。
西垣通（2013），『集合知とは何か』中央公論新社。
─────（2014），『ネット社会の「正義」とは何か』角川書店。
西田幾多郎（1923），『善の研究』岩波書店。
日本民俗経済学会（2008），『地域経済と民俗文化（民俗経済学研究3）』現代図書。
農山漁村文化協会（編）（1990），『健康食雑穀（手づくり日本食シリーズ）』農文協。
野家啓一（2005），『物語の哲学』岩波書店。
野本寛一（1984），『焼畑民俗文化論』雄山閣。
─────（1994），『共生のフォークロア：民俗の環境思想』青土社。
─────（2013），『自然災害と民俗』森話社。
芳賀日出男（2014），『日本の民俗：暮らしと生業』角川文庫。
長谷川哲哉（2006），「ミューズ教育思想における『余暇と労働』の問題」『和歌山大学教育学部紀要　教育科学』第56集，93-105頁。
秦孝治郎（坂本武人編）（1993），『露天市・縁日市』中央公論社。
畑中章宏（2011），『柳田国男と今和次郎：災害に向き合う民俗学』平凡社。
羽原又吉（1949），『日本古代漁業経済史』改造社。
花登筐（1983），「西川甚五郎：別家制度で人心をとらえた『西川ふとん』の祖」内橋克人『概説　日本の商人：近江・伊勢の商人魂』TBSブリタニカ。
速水融（1992），『近世濃尾地方の人口・経済・社会』創文社。
原田信男（2010），『日本人はなにを食べてきたか』角川文庫。
─────（2014a），『和食とはなにか：旨みの文化をさぐる』角川文庫。
─────（編）（2014b），『江戸の食文化：和食の発展とその背景』小学館。
ハンガーフリーワールド（編）（2012），『世界から飢餓を終わらせるための30の方法』合同出版。
ハンナ・アーレント（志水速雄訳）（1994），『人間の条件』ちくま学芸文庫。
平川祐弘（1987），『和魂洋才の系譜：内と外からの明治日本』河出書房新社。
─────（2017），「『外』との実りある対話を行うために」『CEL』115号，東京ガス・エネルギー・文化研究所。
平野哲也（2004），『江戸時代村社会の存立構造』お茶の水書房。
深澤一幸（2013），「中国文化にみる老いの諸相」横山俊夫（編著）『達老時代へ：「老いの達人」へのいざない』株式会社ウエッジ。

福田アジオ（2009 a），『日本民俗学の開拓者たち』山川出版社。
─────（2009 b），『日本の民俗学：「野」の学問の200年』吉川弘文堂。
─────（2014），『現代日本の民俗学：ポスト柳田の50年』吉川弘文堂。
伏木亨（2006），『おいしさを科学する』筑摩書房。
藤井隆至（1995），『柳田国男　経世済民の学：経済・倫理・教育』名古屋大学出版会。
藤垣裕子（編）（2005），『科学技術社会論の技法』東京大学出版会。
保立道久（1987），『中世民衆経済の展開』東京大学出版会。
松井健（1998），「マイナーサブシステンスの世界」『民俗の技術』朝倉書店。
松尾匡（2009），『商人道ノススメ』藤原書店。
松田文子（1965），「時間評価の発達（1）：言語的聴覚刺激のまとまりの効果」『心理学研究』第36巻，169-177頁。
─────（1985），「時間評価とその発達モデル」『心理学評論』28巻，597-623頁。
─────・甲村和三・山崎勝之・調枝孝治・神宮英夫・平伸二（1996），『心理的時間：その広くて深いなぞ』北大路書房。
─────（編）（2004），『時間を作る，時間を生きる：心理的時間入門』北大路書房。
丸井英二（1999），『飢餓』（『食の文化フォーラム』17巻）ドメス出版。
丸山真男（1952），『日本政治思想史研究』東京大学出版会。
─────（1961），『日本の思想』岩波書店。
─────（1964），『現代政治の思想と行動』未来社。
三嶋博之（1994），「『またぎ』と『くぐり』のアフォーダンス知覚」，*The Japanese Journal of Psychology*, vol.64, pp.469-475.
水野祐（1978），『続律令国家と貴族社会』吉川弘文堂。
水原正亨（1993），「近江商人の生成：移入商品と移出商品の流通の側面から」『彦根論叢』285・286合併号，141-162頁。
宮家準（1994），『日本の民俗宗教』講談社。
宮田登（1985），『日本の民俗学』講談社。
宮本馨太郎（1973），『めし，みそ，はし，わん』岩崎美術社。
宮本常一（1966），『海に生きる人びと』未来社。
─────（1967），「農民不安の根源」『日本の中央と地方　著作集2』未来社。
─────（1979），『民具学の提唱』未来社。
─────（1984），『忘れられた日本人』岩波書店。
─────（1985），『塩の道』講談社。
─────（編著）（1987），『旅の発見：旅の民俗と歴史』八坂書房。
─────（2006），『庶民の旅』八坂書房。
─────（2009），『川の道』八坂書房。
─────（2012a），『生きていく民俗：生業の推移』河出書房新社。
─────（2012b），『民俗のふるさと』河出書房新社。
─────（2012c），『飢餓からの脱出：生業の発展と分化』八坂書房。

―――― (2014),「固定社会における人間の移動」『旅と観光：移動する民衆』(宮本常一講演選集　第5巻) 農文協.
御代川貴久夫 (2010),「訳者あとがき」ラベッツ著・御代川貴久夫訳『ラベッツ博士の科学論：科学神話の終焉とポスト・ノーマル・サイエンス』こぶし書房.
村上陽一郎 (1979),『科学と日常性の文脈』海鳴社.
―――― (2010),『人間にとって科学とは何か』新潮社.
持田鋼一郎 (2005),『世界が認めた和食の知恵：マクロビオティック物語』新潮社.
本吉良治 (編) (1995),『心と道具：知的行動からみた比較心理学』培風館.
森枝卓士 (1988),「日本化した朝鮮半島の食」熊倉功夫・石毛直道 (編)『外来の食の文化』ドメス出版.
―――― (2015),『カレーライスと日本人』講談社.
森岡正芳 (2002),『物語としての面接』新曜社.
森島中良・大槻玄沢 (1972),『紅毛雑話・蘭説弁惑』八坂書房.
森田健司 (2012),『石門心学と近代：思想史学からの接近』八千代出版.
野外活動研究会 (2003),『目からウロコの日常物観察：無用物から転用物まで』OM出版.
柳田国男 (編) (1925),『郷土会記録』大岡山書店.
柳田国男 (1937),『分類農村語彙』信濃教育会.
―――― (1967),『郷土生活の研究』筑摩書房.
―――― (1973),『遠野物語』新潮社 (原典は1910年出版).
―――― (1989),「後狩詞記」『柳田国男全集 (5)』筑摩書房 (原典は1909年出版).
―――― (1989-91),『柳田国男全集』ちくま文庫.
矢野円郁 (2010),『時間記憶の認知心理学：記憶における経過時間とその主観的感覚』ナカニシヤ出版.
山泰幸 (2013),「物語としての人と自然」鳥越皓之 (編)『環境の日本史 (5)：自然利用と破壊』吉川弘文館.
山岡正義 (2014),『魂の商人　石田梅岩が語ったこと』サンマーク出版.
山折哲雄 (1993),『仏教民俗学』講談社.
山田知子 (1996),『相撲の民俗史』東京書籍.
山田豊文 (2009),『食を変えれば人生が変わる：病気にならない体を手に入れる食の改善法』河出書房新社.
やまだようこ (編) (1997),『現場心理学の発想』新曜社.
やまだようこ (2000),『人生を物語る』ミネルヴァ書房.
山根寛 (1999),『ひとと作業・作業活動』三輪書店.
矢守克也・吉川肇子・網代剛 (2005),『防災ゲームで学ぶリスクコミュニケーション』ナカニシヤ出版.
横田冬彦 (1995),「益軒本の読者」横山俊夫 (編著)『貝原益軒：天地和楽の文明学』平凡社.
横山俊夫 (1995a),「安定社会を生きる：益軒翁のうわさにことよせて」横山俊夫 (編著)『貝原益軒：天地和楽の文明学』平凡社.

―――― (1995b),「達人への道：『楽訓』を読む」,横山俊夫（編著）『貝原益軒：天地和楽の文明学』平凡社.
横山草介（2015）,「ジェローム・ブルーナーと『意味の行為』の照準：混乱と修復のダイナミズム」（博士論文）青山学院大学大学院社会情報学研究科.
芳澤勝弘・山下裕谷（監修）（2013）,「白隠：衆生本来仏なり」『別冊太陽：日本の心』203号,平凡社.
吉田實男（2010）,『商家の家訓：経営者の熱きこころざし』清文社.
竜門冬二（2012）,『近江商人のビジネス哲学』NPO法人三方よし研究所.
若原幸範（2007）,「内発的発展論の現実化に向けて」『社会教育研究』25号,39-49頁.
鷲田清一（2011）,『だれのための仕事：労働vs余暇を超えて』講談社.
渡辺仁（1977）,「アイヌの生態学」渡辺仁（編）『人類学講座（12）：生態』雄山閣.
渡部景俊（2008）,『農具図解』秋田文化出版.

外国語文献

Akerlof, G. A. (1984). *An Economic Theorist's Book of Tales*. Cambridge: Cambridge University Press.
―――― (1997). Rational Models of Irrational Behavior. *American Economic Review*, vol.77, pp.137-142.
Altick, R. D. (1978). *The Shows of London*. Cambridge, MA: Belknap Press of Harvard University Press.（小池滋・浜名恵美・高山宏・森利夫・村田靖子・井田弘之訳（1989）『ロンドンの見世物（1）』国書刊行会.）
Amodio, D.M. and Frith, C.D. (2006). Meeting of Minds: The Medial Frontal Cortex and Social Cognition. *Nature Review Neuroscience*, vol.7, no.4, pp.268-277.
Arendt H. (1958). *The Human Condition*. Chicago: The University of Chicago Press.（志水速雄訳（1994）『人間の条件』ちくま学芸文庫.）
―――― (1977). *Between Past and Future*. London: Penguin Books.（引田隆也・齋藤純一訳（1994）『過去と未来との間』みすず書房.）
Arnstein, S. R. (1969). A Ladder of Citizen Participation. *Journal of the American Institute of Planners*, vol.35, no.4, pp.216-224.
Aron, A., Aron, E. N., Tudor, M. and Nelson, G. (1991). Close Relationships as Including Other in the Self. *Journal of Personality and Social Psychology*, vol.60 (2), pp.241-253.
Aron, A. and Aron, E. N. (1996). Self and Self Expansion in Relationships. In Fletcher, G. J. O. and Fitness, J. (Eds.), *Knowledge Structures in Close Relationships: A Social Psychological Approach*. NJ: Lawrence Erlbaum Associates.
Aron, A., Norman, C. C. and Aron, E. N. (1998). The Self-expansion Model and Motivation. *Representative Research in Social Psychology*, vol.22, pp.1-13.
Aron, A., Mclaughlin-Volpe, T., Mashek, D., Lewandowski, G., Wright, S. C. and

Aron, E. N. (2004). Including Others in the Self. *European Review of Social Psychology*, vol.15, pp.101-132.

Beck, U. (1986). *Risikogesellschaft: Auf dem Weg in eine andere Moderne*. Frankfurt: Suhrkamp.（東廉・伊藤美登里訳（1998）『危険社会：新しい近代への道』法政大学出版局。）

Bell, D. (1976). *The Cultural Contradictions of Capitalism*. New York: Basic Books.（林雄二郎訳（1976）『資本主義の文化的矛盾』講談社。）

Berlyne, D.E. (1960). *Conflict, Arousal and Curiosity*. New York: McGraw-Hill.

——— (1966). Curiosity and Exploration. *Science*, vol.153, pp.25-33.

Block, R.A. (1989). A Contextualistic View of Time and Mind. In Fraser J.T. (Ed.) *Time and Mind*. Madison, CT: International University Press.

——— (1990). Models of Psychological Time. In Block, R.A. (Ed.) *Cognitive Models of Psychological Time* .NJ: Lawrence Erlbaum Associates.

——— (1992). Prospective and Retrospective Duration Judgment: The Role of Information Processing and Memory. In Macar, F., Pouthas, V. and Friedman W.J. (Eds.) *Time, Action, and Cognition*. Dordrecht: Kluwer Academic Pub.

Blumer, H. (1969). *Symbolic Interactionism: Perspective and Method*. Englewood Cliffs, NJ: Prentice Hall.

Boland, R. J., Jr. (1984). Sense-making of Accounting Data as a Technique of Organizational Diagnosis. *Management Science*, vol.30, pp.868-882.

Bruner, J. S. (1983). *In Search of Mind: Essays in Autobiography*. New York: Harper & Row.（田中一彦訳（1993）『心を探して：ブルーナー自伝』みすず書房。）

——— (1990). *Acts of Meaning*, Cambridge. MA: Harvard University Press.（岡本夏木・仲渡一美・吉村啓子訳（1999）『意味の復権：フォークサイコロジーに向けて』ミネルヴァ書店。）

Burnam, M. A., Pennebaker, J. W. and Glass, D. C. (1975). Time Consciousness Achievement Striving, and the Type A Coronary-prone Behavior Pattern. *Journal of Abnormal Psychology*, vol.84, pp.76-79.

Caillois, R. (1967). *Les Jeux et les Hommes (Le masque et le vertige)*. Paris: Gallimard.（多田通太郎・塚田幹夫訳（1990）『遊びと人間』講談社。）

Camerer, C.F., Babcook, L., Loewenstein, G. and Thaler, R.H. (1997). Labor Supply of New York City Cab Drivers: One Day at a Time. *Quarterly Journal of Economics*, vol.112, pp.407-441.

Carello, C., Grosofsky, A., Reichel, F. D., Solomon, H.Y. and Turvey, M. T. (1989). Visually Perceiving What is Reachable. *Ecological Psychology*, vol.1, pp.27-54.

Chatman, J. A., Bell, N. E. and Staw, B. M. (1986). The Managed Thought: The Role of Self-justification and Impression Management in Organizational Settings. In Sims, H. P. Jr. and Gioia, D. A. (Eds.) *The Thinking Organization*. San Francisco: Jossey-Bass.

Cole, M. and Scribner, S. (1974). *Culture and Thought: A Psychological*

参 考 文 献

Introduction. New Jersey: John Wiley & Sons.（若井邦夫訳（1982）『文化と思考：認知心理学的考察』サイエンス社。）
Cole, M.（1996）. *Cultural Psychology: A Once and Future Discipline*. Cambridge: Harvard University Press.（天野清訳（2002）『文化心理学：発達・認知・活動への文化・歴史的アプローチ』新曜社。）
Cron, L.（2012）. *Wired for Story: The Writer's Guide to Using Brain Science to Hook Readers from the Very First Sentence*. Berkeley, CA: Ten Speed Press.（府川由美恵訳（2016）『脳が読みたくなるストーリーの書き方』フィルムアート社。）
Czarniawska-Joerges, B.（1992）. *Exploring Complex Organizations: A Cultural Perspective*. Newbury Park, CA: Sage.
Damasio, A.R., Tranel, D. and Damasio, H.（1990）. Individuals with Sociopathic Behavior Caused by Frontal Damage Fail to Respond Automically to Social Stimuli. *Behavioral Brain Research*, vol.41, pp.81-94.
Damasio, A.R.（1994）. *Descartes' Error: Emotion, Reason, and the Human Brain*. New York: Putnam.（田中三彦訳（2010）『デカルトの誤り：情動，理性，人間の脳』筑摩書房。）
――――（1999）. *The Feeling of What Happens: Body and Emotion in the Making of Consciousness*. New York: Harcourt.（田中三彦訳（2003）『無意識の脳，自己意識の脳：身体と情動と感情の秘密』講談社。）
――――（2003）. *Looking for Spinoza*. New York: Harcourt.（田中三彦訳（2005）『感じる脳：情動と感情の脳科学，よみがえるスピノザ』ダイヤモンド社。）
de Bono, E.（1967）. *Lateral Thinking: An Introduction*. London: Jonathan Cape.（藤島みさ子訳（2015）『水平思考の世界：固定観念がはずれる創造的思考法』きこ書房。）
――――（1973）. *Lateral Thinking: Creativity Step by Step*. New York: Harper & Row.
Dijksterhuis, A.（2013）. First Neural Evidence for the Unconscious Thought Process. *Social Cognitive and Affective Neuroscience*, vol.8, pp.845-846.
Drucker, P.E.（1974）. *Management: Tasks, Responsibilities, Practices*. New York: Harper & Row.
Easterlin, R.A.（1974）. Does Economic Growth Improve the Human Lot?: Some Empirical Evidence. In David P.A. and Melvin W.R.（Eds.）*Nations and Households in Economic Growth*. New York: Academic Press.
――――（1995）. Will Raising the Incomes of All Increase the Happiness of All? *Journal of Economic Behavior and Organization*, vol.27, pp.35-47.
Ellis, M.J.（1973）. *Why People Play*. New Jersey: Prentice-Hall.（森しげる・大塚忠剛・田中亨胤訳（2000）『人間はなぜ遊ぶか：遊びの総合理論』黎明書房。）
Farne, A. and Ladavas E.（2000）. Dynamic Size-change of Hand Peripersonal Space Following Tool Use. *Neuroreport*, vol.11, no.8, pp.1645-1649.

Fehr, E. and Schmidt, K. M. (2004). A Theory of Fairness, Competition, and Cooperation. In Camerer, C. F., Loewenstein, G. and Rabin, M. (Eds.) *Advances in Behavioral Economics*. Princeton: Princeton University Press.

Festinger, L., Riecken, H. W. and Schacheter, S. (1956). *When Prophecy Fails: A Social and Psychological Study of* a *Modern Group That Predicted the Destruction of the World*. New York: Harper-Torchbooks.（水野博介訳（1995）『予想がはずれるとき』勁草書房。）

Festinger, L. (1957). *A Theory of Cognitive Dissonance*. Stanford, CA: Stanford University Press.（末永俊郎訳（1965）『認知的不協和の理論：社会心理学序説』誠信書房。）

Feyerabend, P.K. (1991). *Three Dialogues on Knowledge*. Oxford: Blackwell.（村上陽一郎訳（1993）『知とは何か：3つの対話』新曜社。）

Fiske, S. T. (1992). Thinking is for Doing: Portraits of Social Cognition from Daguereotype to Laserphoto. *Journal of Personality and Social Psychology*, vol. 63, pp.877-889.

Fraisse, P. (1963). Perception et Estimation du Temps. In Fraisse, P. and Piaget, J. (Eds.) *Traite de Psychologie Experimentale VI: La Perception*. Paris: Presses Universitaires de France.（岩脇三良訳（1971）『現代心理学 VI: 知覚と認知』白水社。）

Frake, C.O. (1964). The Diagnosis of Disease among the Subanun of Mindanao. *American Anthropology*, vol.63. (Reprint in Hymes, D. (Ed.) *Language in Culture and Society*. New York: Harper and Row.)

Friedman, W. J. (1993). Memory for the Time of Past Events. *Psychological Bulletin*, vol.113, pp.44-66.

―――― (1996). Distance and Location Processes in Memory for the Time of Past Events. In Medin, D.L. (Ed.) *The Psychology of Learning and Motivation*. New York: Academic Press.

Frost, P. J. and Morgan, G. (1983). Symbols and Sensemaking: The Realization of a Framework. In Pondy, L.R., Frost, P.J., Morgan, G. and Dandridge, T.C. (Eds.) *Organizational Symbolism*, Greenwich, CT: JAI Press.

Gallagher, H.L and Frith, C.D. (2003). Functional Imaging of 'Theory of Mind'. *Trends in Cognitive Science*, vol.7, no.2, pp.77-83.

Garfinkel, H. (1967). *Studies in Ethnomethodology*. Englewood Cliffs, NJ: Prentice Hall.

Gazzaniga, M.S. (2008). *Human: The Science Behind That Makes Us Unique*. New York: Ecco/Harper Collins Pub.（柴田裕之訳（2010）『人間らしさとはなにか？：人間のユニークさを明かす科学の最前線』インターシフト社。）

Geertz, C. (1973). *The Interpretation of Cultures*. New York: Basic Books.（吉田禎吾・中牧弘允・柳川啓一・板橋作美訳（1987）『文化の解釈学』岩波書店。）

―――― (1983). *Local Knowledge: Further Essays in Interpretive Anthropology*.

New York: Basic Books.
Gibson, J. J.（1966）. *The Senses Considered as Perceptual Systems*. Boston: Houghton Mifflin.
――――（1977）. The Theory of Affordances. In Shaw, R. E., and Bransford, J.（Eds.）*Perceiving, Acting and Knowing*. Hillsdale, NJ: Lawrence Erlbaum Associates.
――――（1979）. *The Ecological Approach to Visual Perception*. Boston: Houghton Mifflin.（古崎敬・古崎愛子・辻敬一郎・村瀬晃訳（1985）『ギブソン生態学的視覚論：ヒトの知覚世界を探る』サイエンス社。）
Gigerenzer, G.（2007）. *Gut Feelings: The Intelligence of the Unconscious*. London: Penguin Books.
Gladwell, M.（2005）. *Blink: The Power of Thinking Without Thinking*. New York: Little, Brown and Company.（沢田博・阿部尚美訳（2006）『第1感：「最初の2秒」の「なんとなく」が正しい』光文社。）
Hagendijk, R., Healey, P., Horst, M. and Irwin, A.（2005）. *Science, Technology, and Government in Europe: Challenges of Public Engagement*. STAGE（HPSE-CT2001-50003） Final Report.
Hanson, N. R.（1958）. *Patterns of Discovery*. Cambridge: Cambridge University Press.
Hintzman, D.L.（2001）. Judgment of Frequency and Recency: How They Relate to Reports of Subjective Awareness. *Journal of Experimental Psychology: Learning, Memory, and Cognition*, vol.27, pp.1347-1358.
――――（2004）. Time Versus Items in Judgment of Recency. *Memory and Cognition*, vol.32, pp.1298-1304.
――――（2005）. Memory Strength and Recency Judgments. *Psychonomic Bulletin and Review*, vol.12, pp.858-864.
House of Lords Select Committee on Science and Technology（2000）. *Third Report: Science and Society*. The Stationery Office.
Huber, G. P. and Daft, R. L.（1987）. The Information Environments of Organizations. In Jablin, F. M., Putnam, L. L., Roberts, K. H. and Porter, L. W.（Eds.）*Handbook of Organizational Communication*, CA: Sage.
Irwin, A. and Michael. M.（2003）. *Science, Social Theory and Public Knowledge*. Maidenhead, UK: Open University Press.
Iyengar, S.（2010）. *The Art of Choosing*. New York: Little Brown.（櫻井祐子訳（2010）『選択の科学』文藝春秋社。）
Jacobs, J. B.（1993）. *Systems of Survival: A Dialogue on the Moral Foundations of Commerce and Politics*. New York: Random House.（香西泰訳（1998）『市場の倫理，統治の倫理』日本経済新聞社。）
Jacobson, N. S., Roberts, L. J., Berns, S. B. and McGlinchey, J. B.（1999）. Methods for Defining and Determining the Clinical Significance of Treatment Effects:

Description, Application, and Alternatives. *Journal of Consulting and Clinical Psychology*, vol. 67, pp.330-307.

Katz, S.E. (2003). *Wild Fermentation: The Flavor, Nutrition, and Craft of Live-culture Foods*. Vermont: Chelsea Green Pub.（きはらちあき訳（2015）『天然発酵の世界』築地書館。）

――― (2012). *The Art of Fermentation: An In-depth Exploration of Essential Concepts and Processes from Around the World*. Vermont: Chelsea Green Pub.（水原文訳（2016）『発酵の技法：世界の発酵食品と発酵文化の探求』オライリージャパン。）

Kazdin, A. E. (1999). The Meanings and Measurement of Clinical Significance. *Journal of Consulting and Clinical Psychology*, vol. 67, pp.332-339.

Keynes, J.M. (1921). A *Treatise on Probability*. London: Macmillan.（Reprinted as vol. VIII of The Collected Writings）（佐藤隆三訳（2010）『確率論』ケインズ全集第8巻，東洋経済新報社。）

Knight, F.H. (1921). *Risk, Uncertainty and Profit*. London: Hart, Schaffner & Marx.（奥隅栄喜訳（1959）『危険・不確実性および利潤』文雅堂書店。）

Knorr-Cetina, K. D. (1981). The Microsociological Challenge of Macro-sociology: Toward a Reconstruction of Theory and Methodology. In Knorr-Cetina, K.D. and Cicourel, A.V. (Eds.) *Advances in Social Theory and Methodology*. Boston: Routledge & Kegan Paul.

Kobayashi, K. (1967). Trend in the Length of Life Based on Human Skeleton from Prehistoric to Modern Times in Japan. *Journal of the Faculty of Science, University of Tokyo Sect. 5, Anthropology*（『東京大学理学部紀要』第5類，人類学）, vol. 3, pp. 107-162.

Lave, J. (1988). *Cognition in Practice: Mind, Mathematics and Culture in Everyday Life*. Cambridge: Cambridge University Press.（無藤隆・山下清美・中野茂・中村美代子訳（1995）『日常生活の認知行動』新曜社。）

――― and Wenger, E. (1991). *Situated Learning: Legitimate Peripheral Participation*. Cambridge: Cambridge University Press.（佐伯胖訳・福島真人（解説）（1993）『状況に埋め込まれた学習：正統的周辺参加』産業図書。）

Lombardo, T. J. (1987). *The Reciprocity of Perceiver and Environment: The Evolution of James J Gibson's Ecological Psychology*. New Jersey: Lawrence Erlbaum Associates.（古崎敬・境敦史・河野哲也（監訳）（2000）『ギブソンの生態学的心理学：その哲学的・科学史的背景』勁草書房。）

Maravita, A. and Iriki, A. (2004). Tools for the Body. *Trends in Cognitive Sciences*, vol.8, no.2, pp.79-86.

Mark, L. S. (1987). Eyeheight-scaled Information about Affordances: A Study of Sitting and Climbing. *Journal of Experimental Psychology: Human Perception and Performance*, vol.13, pp.361-370.

―――, Balliett, J. A., Craver, K. D., Stephan, D. D. and Fox, T. (1990). What an

Actor Must Do in Order to Perceive the Affordance for Sitting. *Ecological Psychology*, vol.2, pp.325-366.

Mead, G.H.（1913）. The Social Self. *Journal of Philosophy, Psychology, and Scientific Methods*, vol. 10, pp. 374-380.（In Reck, A. J.（Ed.） *G. H. Mead, Selected Writings*. Indianapolis: The Bobbs-Merrill, 1964, pp.142-149.）（船津衛・徳川直人（編訳）（1991）『社会的自我』恒星社厚生閣。）

―――― （1934）. *Mind, Self, and Society: From the Standpoint of* a *Social Behaviorist*. Chicago: The University of Chicago Press.（河村望訳（1995）『精神・自我・社会』デューイ＝ミード著作集　第6巻，人間の科学社。）

Merleau-Ponty, M.（1960）. *Signes*. Paris: Gllimard.（竹内芳郎監訳（1970）『シーニュ』みすず書房。）

Miller, D.（1993）. The Architecture of Simplicity. *Academy of Management Review*, vol.18, pp.116-138.

Nakagome, M., Maki, K., Fujimori, H. and Ide, H.（2013）. Our Free Choice of Reason-based Actions Can Produce Herd Behavior in Financial Markets: A Neuroeconomic Study Using Brain Decoding Methods. Working Paper Series, Institute of Economic Research, Aoyama Gakuin University, no.1, pp.1-26.

Nakagome, M., Maki, K. and Ide, H.（2014 a）. Framing Effects are too Weak to Affect Herd Mentality in Financial Decisions: A Neuroeconomic Study Using Brain Decoding. Working Paper Series, Institute of Economic Research, Aoyama Gakuin University, no.2, pp.1-20.

―――― （2014 b）. Framing Effects Cannot Effectively Weaken Herd Mentality: Reconsidered. Working Paper Series, Institute of Economic Research, Aoyama Gakuin University, no.5, pp.1-38.

Newell, B.R. and Shanks, D. R.（2014）. Unconscious Influences on Decision Making: A Critical Review. *Behavioral Brain Science*, vol. 37, pp.1-19.

Nieuwenstein, M. and Van Rijn H.（2012）. The Unconscious Thought Advantage: Further Replication Failures from a Search for Confirmatory Evidence. *Judgement and Decision Making*, vol. 7, pp.779‐798.

Nordgren, L.F.（2011）. A Meta-analysis on Unconscious Thought Effects. *Social Cognition*, vol. 29, pp.738-763.

Page, S. E.（2007）. *The Difference*. Princeton: Princeton University Press.（水谷淳訳（2009）『「多様な意見」はなぜ正しいのか』日本経済新聞社。）

Paillard, J.（1993）. *The Use of Tools by Human and Non-human Primates*. New York: Oxford University Press.

Panoff, M.（1977）. Energie et vertu. *L'Hommer: revue française d'anthropologie*, vol. 17, pp.7-21.

Polany, M.（1966）. *The Tacit Dimension*. London: Routledge & Kegan Paul.（佐藤敬三訳（1980）『暗黙知の次元：言語知から非言語知へ』紀伊國屋書店。）

Pottier, J.（1999）. *Anthropology of Food: The Social Dynamics of Food Security*.

Cambridge: Polity Press.（山内彰・西川隆訳（2003）『食糧確保の人類学：フードセキュリティー』法政大学出版局。）

Rabinow, P. and Sullivan, W. M. (1987). *Interpretive Social Science: A Second Look*. Berkeley: University of California Press.

Ravetz, J. (2006). *The No-nonsense Guide to Science*. Oxford: New Internationalist Pub.（御代川貴久夫訳（2010）『ラベッツ博士の科学論：科学神話の終焉とポスト・ノーマル・サイエンス』こぶし書房。）

Reed, E. S. (1993). The Intention to Use a Specific Affordance: A Conceptual Framework for Psychology. In Wozniak, R. H. and Fischer, K. W. (Eds.) *Development in Context: Acting and Thinking in Specific Environments*. Hillsdale, NJ: Lawrence Erlbaum Associates.

―――― (1996). *Encountering the World: Toward an Ecological Psychology*. New York: Oxford University Press.（細田直哉・佐々木正人訳（2000）『アフォーダンスの心理学：生態心理学への道』新曜社。）

Ricoeur, P. (1981). The Narrative Function. In Ricoeur, P. (Ed. and trans. by Thompson, J. B.) *Hermeneutics and the Human Sciences*. Cambridge: Cambridge University Press.

Rowe, G. and Frewer, L.J. (2005). A Typology of Public Engagement Mechanisms. *Science, Technology, and Human Values*, vol.30, no.2, pp.251-290.

Schon, D. A. (1983). *The Reflective Practitioner*. New York: Basic Books.

Schultz, D.D. (1965). *Sensory Restriction: Effects on Behavior*. New York: Academic Press.

Screech, T. (1996). *The Western Scientific Gaze and Popular Imagery in Later Edo Japan: The Lens Within the Heart*. Cambridge: Cambridge University Press.（田中優子・高山宏訳（1998）『大江戸視覚革命：18世紀日本の西洋科学と民衆文化』作品社。）

Sen, C.T. (2009). *Curry: A Global History*. London: Reaktion Books.（竹田円訳（2013）『カレーの歴史』原書房.）

Shafir, E. (1993). Choosing Versus Rejecting: Why Some Options Are Both Better and Worse Than Others. *Memory and Cognition*, vol.21, pp.546-556.

―――― and Simonson, I. and Tversky, A. (1993). Reason-Based Choice. *Cognition*, vol.49, pp.11-36.

Simmons, A. (2001). *The Story Factor*. New York: Basic Books.（池村千秋訳（2012）『プロフェッショナルは「ストーリー」で伝える』海と月社。）

Slovic, P. (1998). Do Adolescent Smokers Know the Risk? *Duke Law Journal*, vol.47, pp.1133-1141.

Smith, A. (1759). *The Theory of Moral Sentiments*. London: Andrew Millar.（高哲男訳（2013）『道徳感情論』講談社。）

Starbuck, W. H. and Milliken, F. J. (1988). Executives' Perceptual Filters: What They Notice and How They Make Sense. In Hambrick, D. C. (Ed.) *The*

Executive Effect: Concept and Methods for Studying Top Managers. Greenwich, CT: JAI.
Stevenson, B. and Wolfers, J.（2008）. Economic Growth and Subjective Well-Being: Reassessing the Easterlin Paradox. NBER Working Paper Series.
Strangman, G., Culver, J.P., Thompson, J.H. and Boas, D.A.（2002）. A Quantitative Comparison of Simultaneous BOLD fMRI and NIRS Recordings During Functional Brain Activation. *Neuro Image*, vol.17, pp.719-731.
Strick, M., Dijksterhuis, A., Bos, M. W., Sjoerdsma, A., Van Baaren, R. B. and Nordgren, L. F.（2011）. A Meta-analysis on Unconscious Thought Effects. *Social Cognition*, vol.29, pp.738-763.
Tessa Morris-Suzuki（1989）. *A History of Japanese Economic Thought*. Oxford: Routledge.（藤井隆至訳（1991）『日本の経済思想：江戸から現代まで』岩波書店。）
Thaler, R.H.（1985）. Mental Accounting and Consumer Choice. *Marketing Science*, vol.4, pp.199-214.
――――（1992）. *The Winner's Curse: Anomalies and Paradoxes of Economic Life*. New York; Free Press.（篠原勝訳（1998）『市場と感情の経済学：「勝者の呪い」はなぜ起こるのか』ダイヤモンド社。）
――――（1999）. Mental Accounting Matters. *Journal of Behavioral Decision Making*, vol.12, pp.183-206.
Vygotsky, L. S.（Edited by Michael Cole et al.）（1978）. *Mind in Society: The Development of Higher Psychological Processes*. Cambridge: Harvard University Press.
Walsh, J. P. and Ungson, G. R.（1991）. Organizational Memory. *Academy of Management Review*, vol.16, pp.57-91.
Warren, W.H.（1984）. Perceiving Affordances: Visual Guidance of Stair Climbing. *Journal of Experimental Psychology: Human Perception and Performance*, vol. 10, pp.683-703.
―――― and Whang, S.（1987）. Visual Guidance of Walking through Apertures: Body-scaled Information for Affordances. *Journal of Experimental Psychology: Human Perception and Performance*, vol.13, pp.371-383.
Waterman, R. H., Jr.（1990）. *Adhocracy: The Power to Change*. Memphis, TN: Whittle Direct Books.
Watts, F.N. and Sharrock, R.（1985）. Relationships between Spider Constructs in Phobics. *British Journal of Medical Psychology*, vol.58, pp.149-153.
Weber Max（2002）. *The Protestant Ethic and the Spirit of Capitalism*. London: Penguin Books.（大塚久雄訳（1989）『プロテスタンティズムの倫理と資本主義の精神』岩波文庫。）
Weick, K.E.（1979）. *The Social Psychology of Organizing*. MA: Addison-Wesley Pub.（遠田雄志訳（1997）『組織化の社会心理学』文眞堂。）

────── (1995). *Sensemaking in Organizations*. California: Sage Pub.（遠田雄志・西本直人訳（2001）『センスメーキング・イン・オーガニゼーションズ』文眞堂。）

Weinberg, A. M. (1972). Science and Trans-science. *Minerva*, vol. 10, no. 2, pp. 209-222.

White, R. W. (1959). Motivation Reconsidered: The Concept of Competence. *Psychological Review*, vol.66, pp.297-333.

Wilson, T.D. (2002). *Strangers to Ourselves: Discovering the Adaptive Unconscious*. Cambridge: Harvard University Press.（村田光二訳（2005）『自分を知り，自分を変える：適応的無意識の心理学』新曜社。）

Wolf, M. M. (1978). Social Validity: The Case for Subjective Measurement or How Applied Behavior Analysis is Finding Its Heart. *Journal of Applied Behavior Analysis*, vol.11, pp.203-214.

Yamamoto, S. and Kitazawa, S. (2001). Sensation at the Tips of Invisible Tools. *Nature Neuroscience*, Vol. 4, pp. 979-980.

Yarnold, P. R. and Grimm, L. G. (1982). Time Urgency among Coronary-prone Individuals. *Journal of Abnormal Psychology*, vol.91, 175-177.

人 名 索 引

欧 文

Akerlof, G.A.　110, 125
Arendt, H.　46, 171
Arnstein, S.R.　26
Aron, A.　176
Bell, D.　170
Berlyne, D.E.　126
Block, R.A.　273, 300
Boland, R.J.　35
Bruner, J.S.　iii, 10, 33
Burnam, M.A.　277, 300
Camerer, C.F.　92
Carello, C.　178
Chatman, J.A.　40
Cole, M.　91, 107, 226
Czarniawska, J.B.　41
Damasio, A.R.　179, 193
de Bono, E.　169
Dijksterhuis, A.　276
Drucker, P.E.　38, 51
Easterlin, R.A.　296
Ellis, M.J.　126
Fehr, E.　106
Festinger, L.　37
Feyerabend, P.K.　45
Fiske, S.T.　42
Fraisse, P.　269, 300
Frake, C.O.　12
Friedman, W.J.　274, 300
Frith, C.D.　179, 193
Gallagher, H.L.　179
Garfinkel, H.　37
Gazzaniga, M.S.　44
Geertz, C.　11
Gibson, J.J.　163, 175

Hagendijk, R.　27
Hanson, N.R.　45
Hintzman, D.L.　274, 300
Huber, G.P.　35
Iriki, A.　162
Irwin, A.　25
Jacobson, N.S.　47
Katz, S.E.　290
Kazdin, A.E.　47
Keynes, J.M.　5
Knight, F.H.　5
Kobayashi, K.　258
Lave, J.　226, 236
Loewenstein, G.　92
Lombardo, T.J.　163, 176
Mark, L.S.　178
Mead, G.H.　8, 40
Merleau-Ponty, M.　106
Nakagome, M.　106
Paillard, J.　162
Polany, M.　106
Rabinow, P.　36
Ravetz, J.　17
Reed, E.S.　163, 175
Ricoeur, P.　14
Rowe, G.　26
Schon, D.A.　37
Schultz, D.D.　126
Screech, T.　59, 60
Shafir, E.　106
Schmidt, K.M.　106
Scribner, S.　91, 107
Simonson, I.　106
Slovic, P.　109, 124
Stevenson, B.　296
Strangman, G.　181, 304
Strick, M.　276, 300

Suzuki, T.M.   242
Thaler, R.H.   92
Tversky, A.   106
Vygotsky, L.S.   7, 11, 91, 226
Walsh, J.P   42
Warren, W.H.   178
Waterman, R.H.   36
Watts, F.N.   269
Weick, K.E.   iv, 33, 38
Weinberg, A.M.   17
Wenger, E.   226, 236
White, R.W.   126
Wolf, M.M.   47, 297
Yamamoto, S.   162
Yarnold, P.R.   277, 300

ア 行

アーレント, H.   v, 35, 46, 86, 103, 112, 207
赤坂憲雄   207
秋山知宏   35
朝倉無声   62, 63
麻田剛立   66
天野清   228
網野善彦   94, 101, 207, 211
安室知   119, 122, 125, 143
荒川歩   22, 43, 44, 47
有田英也   50
安藤礼二   99
飯沼二郎   140, 144, 157
池内了   24, 30, 34
石井寛治   212
石井進   211
石毛直道   291
石田梅岩   241, 247, 254
石原潤   211
市川浩   162
一川誠   270, 272
一田正七郎   63, 64
一勇斎国芳   62
井出英人   175

伊東俊太郎   34
稲垣佳世子   168
井上勝六   259, 284
今村仁司   97, 98
入来篤史   162
岩井宏實   214
岩橋善兵衛   66
ウエーバー, M.   241
植木雅俊   163, 277
植田啓司   286
上野誠   56, 99, 217
内山淳一   59, 61, 70
瓜生政和   68
恵心僧都源信   73, 257
エディキューブ   69
遠田雄志   38
大石学   59, 61, 66
大久保洋子   287
大熊孝   114
大蔵永常   60, 136, 138
大津末次郎   160
大槻玄沢   60
岡田章雄   260
岡本信也   134
興津要   71
小川晴久   264, 301
小倉榮一郎   214, 219, 231
小田切史士   ix, 175, 299
小野重朗   144
小野均   211
小野田直武   62, 72
折口信夫   99

カ 行

貝原益軒   vi, ix, 203, 259, 263, 299, 302
片岡龍   246, 248
片桐一男   80
葛飾北斎   64
加藤周一   49, 64
金子祥行   96, 115, 129, 133

人名索引

鎌田茂雄　74, 82, 208, 257, 277
茅原正　277
川喜田二郎　119
川添裕　58, 64, 75
神崎宣武　50
菅野昭正　50
菅野英機　90
菊池勇夫　257
北岡正三郎　260
喜多川歌麿　62, 71
北原進　288
北見俊夫　211
北本勝ひこ　259
紀伊国屋文左衛　221
木下直之　68
木下太志　257
ギブソン, J. J.　163, 168, 175, 228
楠木建　43
工藤員功　149, 150
国友籐兵衛　66
邦光史郎　214, 220, 222
熊倉功夫　289
來馬琢道　74
慶応義塾大学国文学研究会　99
小泉武夫　218, 259, 290
洪自誠　261
河野通明　160
河野一世　290
河野哲也　177
五来重　136
小菅桂子　53, 55
小谷方明　149
後藤梨春　60
小林傅司　19, 23, 30, 33
子安増生　22, 179, 193
近藤雅樹　134

サ 行

西条剛央　22
斉藤茂太　264, 282
斎藤孝　284

佐伯胖　76, 77, 226
酒井シズ　257, 260
坂詰秀一　288
桜井英治　104, 211
佐々木銀弥　212
佐々木長生　149, 151
佐々木正人　163, 175
笹本正治　212
佐竹曙山　62
サトウタツヤ　22
里深文彦　30
佐野賢治　135
山東京伝　61, 70
三方よし研究所　214
式亭三馬　71
柴田英之　290
柴谷篤弘　21, 22
渋沢敬三　135
島内景二　270
清水正徳　97
清水克行　257
下山晴彦　22
末永國紀　224, 233, 251
杉田玄白　60, 72
鈴木一義　61, 65
鈴木由紀子　72
須藤自由児　21
須見洋行　290, 291
清少納言　144, 281
園部寿樹　104

タ 行

大工邑人　146, 147
田内幸一　234
高北新次郎　161
高橋和雄　131
高橋尚夫　277
田口富久治　49
立川昭二　257
田中静一　291
田中一彦　7

人名索引

谷川彰英　vii
谷本雅之　96, 97
チフィエルトカ・カタジーナ　56
塚原美村　219
辻芳樹　214, 259
津志田藤二郎　290
筒井紘一　286
角山栄　66
鶴見和子　251, 253
帝国データバンク史料館　233
土井利位　60, 61
陶淵明　277
東畑精一　vii, 96
徳川吉宗　65
徳永真一郎　215, 217, 220
豊田武　211
豊臣秀次　214
鳥越皓之　131

ナ 行

中井源左衛　215, 217, 222, 243
中川淳庵　72
中込正樹　111, 126, 142, 172, 211, 255, 301
長澤克重　257
中西僚太郎　120
中村周作　211
中村征樹　25
中村雄二郎　106
中村隆英　96
仲村研　214
永山久夫　259
南條範夫　221
新村拓　257
西垣通　32, 35, 37
西川400年史編纂委員会　223
西川仁右衛門・甚五郎　215, 222
西田幾多郎　207, 264
西野翠　277
二宮尊徳　136
日本民俗経済学会　90

野家啓一　22, 45, 47
農山漁村文化協会　259
野本寛一　119, 131

ハ 行

芳賀日出男　94, 99, 130
白隠　74
長谷川哲哉　98
秦孝治郎　211
畑中章宏　131, 175
波多野誼余夫　168
花登筐　223, 229, 236
パノフ, M.　98, 105,
羽原又吉　102
速水融　257
原田信男　153, 285, 291
ハンガーフリーワールド　113
平賀源内　62
平川祐弘　81
平野哲也　124
深澤一幸　278
福田アジオ　99, 174
藤井隆至　vii
藤垣裕子　19
伏木亨　292
ブルーナー, J.S.　iv, 7, 9, 209, 317
保立道久　104
堀尾尚志　140, 144, 157

マ 行

前野良沢　72
牧和生　ix, 61, 175, 299
松井健　120
松居遊見　217
松尾匡　241
松田文子　270, 300, 307
松本喜三郎　74, 76
松山原造　161
丸井英二　257
丸山真男　49, 50

人名索引

円山応挙　68
三嶋博之　102, 178, 189
水野祐　102
水原正亨　213
宮家準　135
宮田登　174
宮本馨太郎　286
宮本常一　94, 100, 103, 112, 116, 150, 207
御代川貴久夫　18, 24
村上陽一郎　19, 22, 83
持田鋼一郎　259
本吉良治　168
森枝卓士　53, 291
森岡正芳　22, 44
森島中良　60
森田健司　241, 245

ヤ〜ワ 行

野外活動研究会　134
柳田国男　vii, 131, 155, 174, 202, 207, 251
矢野円郁　220, 274, 300
山泰幸　131, 163, 279, 281
山岡正義　243
山折哲雄　135
山下裕谷　74
やまだようこ　22, 45
山田知子　118
山田豊文　259
山中兵衛門　216, 224
山根寛　106
矢守克也　111
横田冬彦　262
横山俊夫　268, 301
横山草介　7
芳澤勝弘　74
吉田實男　222
米津恒次郎　56
ラベッツ, J.　18, 20, 23, 49, 80, 84, 317
利休　285, 286
竜門冬二　216, 223, 233
ワイク, K.E.　iv, 7, 9, 35, 40, 43, 51, 317
若原幸範　252
鷲田清一　97
渡辺仁　119
渡部景俊　139

事項索引

ア 行

会津農書　139, 154, 155
秋田蘭画　61, 68, 72
アクティブなリスク　111
遊び仕事　120, 125, 131, 142, 167, 171
遊びの現代理論　126
遊びの哲学　126
アノマリー　90, 92, 94, 97, 104
アフォーダンス知覚　v, 87, 168, 185, 202, 237
油揚万能　141
あまからや　75
アマルガム　239, 249, 255
合薬　217
杏葉万能　141
生きていることのリアリティ　86
生き人形　62, 74, 75
生きる達人　vi, 203, 257, 266, 277, 282, 296
伊勢神宮への御陰参り　206
一期一会　283, 285, 293, 296
一汁三菜　260, 286, 296
一切種智　82
糸ひき納豆　291
イナクトメント　39, 41
いにしえの日本人の心　208
稲用の千歯扱き　145, 146
意味世界のマクロ経済学　5, 9
意味の復権　7, 10, 12
浮絵　68, 71
永代店卸勘定書　220, 231, 232
益軒本　262, 284, 296, 300
枝村商人　213
江戸時代の平均寿命　257, 301

遠隔地間流通　212
往生要集　73, 257
近江商人などの商家の没落　251
近江商人の実践力　237
近江商人の合理主義　223
押込め隠居　224

カ 行

懐石料理　260, 285, 296
会席料理　285, 287
解体新書　60, 72, 73
カエル入りカレー　54
抱持立犂　159, 161
科学至上主義　iii, 10, 17, 21, 43, 79, 317
科学に依拠しない人間知性の発揮　viii, 205, 318
拡大ピア・コミュニティ　20, 25, 29, 30, 33
家族・同族・同郷意識　235
形ニ由ノ心　243, 244, 246
鰹節と昆布　292, 293
角万能　141
仮名法語　266
金持商人一枚起請文　215, 221, 233, 243
唐臼　151, 153
カレーライスに福神漬け　57
川に落とした十銭　243
観世音菩薩普門品　135, 317
乾田馬耕　160
関東後家　218, 235
飢餓の歴史　112
帰去来の辞　277
季節を楽しむ心　259, 278
機能的近赤外分光装置　vi, 87, 175,

事項索引

203, 302
究理　79
共有の経験知　133, 142
金次郎使用の鍬　138, 139
薬食い　260
区別を楽しみながら区別を願わず　82, 83
組合商内　220
経験を通じて身体で覚えた知恵　209
経済学の新しい認知科学的基礎　8
経済学の人間学的基礎　263
経済社会の新陳代謝　257
形式論理的な整合性　249
経世済民の学　vii, 9, 174
決定のステークス　23
権威主義的知識観　76
言語的見積り法　307
顕在化条件　83
現代の飢餓の問題　113
倹約と吝嗇の区別　243
口上芸人　45, 59, 64, 70, 74, 79
行動経済学　iv, viii, 89, 97, 104, 111, 319
傲慢な社会科学　297
効用理論　263, 265, 295, 298
五カ商人　212
国民食　57, 58
後家倒し　149
心の家計簿　92, 97, 104, 105
心の道具　168
心の理論　12, 179, 193
こころの賢さ　258
コンセンサス会議　26, 30, 33

サ 行

サーシ　144
細工物　45, 62, 65, 76
菜根譚　261
作業のフィロソフィー　106
座禅時の時間体験　277
座禅和讃　74

雑種文化　v, 49, 50, 57
参加の梯子　26, 27
3種類の脳血流のデータ　181, 303
産物廻し　219, 220
三方よし　214, 233
視覚革命　59, 60
視覚遊戯　64
時間記憶の距離感　273, 274
時間経過の分節化　272, 273
時間に追われる実験　307, 310
時間評価　271, 276, 299, 307
四季を楽しむ実験　306, 308
自己拡大　v, 87, 175, 185, 198
自己の身体を内包したπ値　189
自主決壊　114, 116
自足と自祝の心　268
自由運動場　176, 177
システムの不確実性　23, 24
実践の困難性　248
実践力　202, 210, 230, 241, 246, 254
質的研究法　22, 44
資本主義の文化的矛盾　170, 265
社会の新陳代謝的変動　253, 256
社会変動論　251, 255
娑婆世界　ix, 74, 257, 277, 294
ジャムの法則　iv
集合知定理　32, 33, 48, 49
主観主義的知識観　76
状況に埋め込まれた学習　226, 236, 254
商人道　ix, 241, 251, 254
定法書　224, 235
情報の経済学　209, 230
小欲知足　169, 267, 319
私欲の追求　264, 282
食を楽しむ心　283, 296,
除草用の熊手　141
諸道・諸職の人達　207
書を楽しむ心　259, 278
信玄堤　114
身体的知恵　ix, 202, 205, 210, 225, 241

事項索引

真の不確実性　5, 6
心理的時間論　ix, 259, 269, 285, 299
心理的長寿　vi, ix, 203, 299, 303, 315
心理的貧困　170, 171
水神様　118
水神相撲　118
水田養鯉　120
水平思考　169, 172
斉家論　242, 248, 250
西洋犂の導入　157
世界一硬い食品　292
世界が新しく見えてくる　v, 87, 175
世間知　vi, 202
石門心学　ix, 241, 246, 254
雪華図説　60, 61
是認された価値観の強力なネットワーク　249
攻めの合理主義　225, 232
センスメーキングによる多様性の縮減　v, vi, 202
センデイ　156
前頭葉内側部　179, 193, 197, 313, 162

タ 行

「体」の問題　317
太陽黒点の連続観測　67
太和の元気　264, 283, 295, 301
出汁　56, 260, 292
店卸記　217, 220, 231
多様性増大の常在的性向　v, vi, 202
単ざん双用犂　161
短床犂　161, 162
済州島の臼　150
中興の祖　224, 235
強い同郷意識　235, 240
適切性条件　14, 15
哲学の鬼　207
鉄塔　140
天口齋玉眠　65
てんびんの里　216
天秤棒　210, 216

転用の知恵　v, 87, 133, 166, 255, 318
ドイツ式総合簿記法　220, 221, 231
同感原理　242, 243
東京の多国籍料理　50
道具の身体化　162, 163
道具を作り出す人間　133
統合学　34
当事者意識欠落のバイアス　110
等身大の科学　30, 59, 80
童蒙心得草　67
道徳感情論　241, 242
土搗臼の使用禁止令　151
都鄙問答　242, 244
トランス・サイエンスの時代　iii, 10, 18, 317
トンボじるし　217

ナ 行

内発的発展論　252
中井コンチェルン　231
中山道　215, 216
ナットウキナーゼ　291
ナラカシ　104
ナラティブアナリシス　22
南方録　285
而今の芸術　294
二重性の世界　226
日本永代蔵　145, 149
日本食文化の原点　292
日本の臼の形態的特質　150
ニュートラルなリスク　111
ニューヨークのタクシー・ドライバー　93, 97
如来寿量品　135, 317
人間学としての経済学　263, 294, 298
人称科学　45
認知革命　10
脳科学的実験研究　v, 87
農業全書　145
農具の改良や発明　87, 133, 142, 166, 173

農具の祭祀道具への転用　155, 157
濃度長変化　180, 303
のこぎり商法　219, 223
覗きからくり　70, 72
覗き眼鏡　70, 71

ハ 行

ハカバタケ　116
初鰹　288
発酵食品　290, 292
初物　288, 290
腹八分目　260
挽物膳　286
ヒスチジン　292
日野商人　215, 218, 219, 222
日野の千両店　215
皮膚感覚としての知恵　226, 229, 240
皮膚電位計　185, 304
百姓伝記　136, 140, 145, 157
漂泊民と定住民　252, 255
風流志道軒伝　62
フォークサイコロジー　iv, vii, 12, 84, 317
複合生業　v, 87, 117, 118, 130
複雑系の問題　24, 31
不二法門　6, 82, 163, 276
不定時法時刻制度　66
太物　217
不用になったテレビ台　134
フランス印象派への大きな影響力　69
文化心理学　7, 9, 11, 91, 107, 226, 228
文化的雑種性を促す常在的傾向　51, 52
文化的雑種性を促進するプロセス　53
別家制度　224, 235
ヘルメットをかぶらない行為　111
便利論　136, 138, 141, 148, 157
方法主義的学習観　76, 77

星久　217
ポスト・ノーマル・サイエンス　18, 20, 80, 86
ボッカ拾い　117, 121, 127
法華義疏　135
保内商人　213
ホモ・ファーベル　134, 166, 168

マ 行

まごつき仕事　121, 125, 172
まとまりの効果　273
守りの合理主義　225
マルコ犂　160
まれびと　99
見返りのある利他主義　265
ミコラスコーピユン　60
水塚　116
見世物研究　62
三ツ割銀　225
民具研究　134
民俗経済学　90, 91
民俗認知経済学　vii, 17, 109, 133, 210, 225
無意識の思考の優越性　276
無縁の場　211
麦用の千歯扱き　145
メソッコスイ　117, 121, 125
目で食べる日本人　56
メンタライジング　179, 193
萌黄のカヤア　224
もてなしのこころ　285, 290, 293, 296
物語的説明　45
モミウチドンジ　144

ヤ〜ワ 行

山越衆　212
維摩経　6, 135, 276
ゆり板　154, 156
ゆり桶　154
養生訓　259, 262, 267, 284, 290, 300

養生食　260
「用」の問題　317
欲求の無制限的拡大　265
楽訓　259, 262, 277, 282, 299, 315, 319
「楽」の概念　263, 275
楽の実現　264
楽観主義バイアス　110
蘭学事始　72
リスク社会論　297
リスクとともに生きる　v, 87, 111, 122, 172
利他主義の経済学　265
竜宮城　270
流通のガバナンス　47
理由づけ行動　105
倫理思想の実践可能性　246
連雀商人　211
ロウ・ナラティヴィスト　48
ロンドンの見世物　58
和魂洋才　82
和食の知恵　259, 283, 290

中込 正樹（なかごめ・まさき）

1950年甲府市生まれ。1973年東京大学経済学部卒業。その後同大学院経済学研究科博士課程を経て，現在青山学院大学経済学部教授。経済学博士（東京大学）。
（著書）『フラクタル社会の経済学』，『意味世界のマクロ経済学』，『都市と地域の経済理論』，『経済学の新しい認知科学的基礎』（以上創文社刊）。『事業再生のマクロ経済学』（岩波書店刊）など。
（論文）"Learning Behavior in Non-Walrasian Economy," *Journal of Economic Theory*. "The Spatial Labor Market and Spatial Competition," *Regional Studies*. "Urban Unemployment and the Spatial Structure of Labor Market," *Journal of Regional Science*. 「旅と行商の経験がもたらした『身体的知恵』の民俗認知経済学：近江商人と石門心学の商人道および漂泊民・定住民による社会変動メカニズム」，「歴史民俗学的な視点に立つ心理的時間論の実験研究：貝原益軒の『心理的長寿』の知恵の認知科学的・脳科学的実験による再検討」（以上『青山経済論集』）など。

〈青山学院大学経済研究所研究叢書 9〉

［意味と人間知性の民俗認知経済学］　ISBN978-4-86285-272-4

2018年3月25日　第1刷印刷
2018年3月31日　第1刷発行

著　者　中　込　正　樹
発行者　小　山　光　夫
印刷者　藤　原　愛　子

発行所　〒113-0033 東京都文京区本郷1-13-2
　　　　電話03(3814)6161　振替00120-6-117170
　　　　http://www.chisen.co.jp
　　　　株式会社 知泉書館

Printed in Japan　　　　印刷・製本／藤原印刷

コモンズのドラマ　持続可能な資源管理論の15年
全米研究評議会編／茂木愛一郎・三俣学・泉留維監訳　菊/694p/9000円

情報の世界史　外国との事業情報の伝達 1815-1875
S.R. ラークソ／玉木俊明訳　菊/576p/9000円

重商主義　近世ヨーロッパと経済的言語の形成
L. マグヌソン／熊谷次郎・大倉正雄訳　A5/414p/6400円

産業革命と政府　国家の見える手
L. マグヌソン／玉木俊明訳　A5/304p/4500円

原子力時代の驕り　「後は野となれ山となれ」でメルトダウン
R. シュペーマン／山脇直司・辻麻衣子訳　四六/136p/2200円

生態系存在論序説　自然のふところで誕生した人間と文明の相克
八木雄二著　四六/304p/2800円

生態系存在論の構築　「ある」と言われるべき「ある」の地平を見いだす
八木雄二著　四六/312p/2800円

生態系倫理学の構築　生きることの「あるべき」かたち
八木雄二著　四六/244p/2400円

地球に自然を返すために　自然を復活させるボランティア
八木雄二著　四六変型/144p/1000円